数值计算方法

魏毅强 张建国 张洪斌 等编

科学出版社
北京

内 容 简 介

本书介绍数值计算方法的研究对象、内容和特点，主要内容为误差理论、方程求根、线性方程组的数值方法、矩阵的特征值与特征向量问题、代数插值、数据拟合与函数逼近、数值积分与数值微分、常微分方程数值解法、偏微分方程的数值解法和数值试验．每章都配有一定量的习题，书末附有答案．

本书可作为高等院校计算机和计算专业本科生教材，也可供相关专业的教师和科技工作者参考．

图书在版编目(CIP)数据

数值计算方法/魏毅强，张建国，张洪斌等编．—北京：科学出版社，2004
ISBN 978-7-03-013488-2

Ⅰ．数⋯　Ⅱ．①魏⋯②张⋯③张⋯　Ⅲ．数值计算-计算方法-高等学校-教材　Ⅳ．O241

中国版本图书馆 CIP 数据核字(2004)第 050681 号

责任编辑：马长芳　李鹏奇　王　静／责任校对：包志虹
责任印制：张　伟／封面设计：陈　敬

科学出版社 出版
北京东黄城根北街 16 号
邮政编码：100717
http://www.sciencep.com

北京虎彩文化传播有限公司 印刷
科学出版社发行　各地新华书店经销
*

2004 年 8 月第　一　版　开本：B5 (720×1000)
2023 年 11 月第二十六次印刷　印张：18 1/2
字数：352 000

定价：49.00 元

(如有印装质量问题，我社负责调换)

前　言

随着科学技术的飞速发展和计算机的广泛应用,科学计算已发展成为科学研究和工程技术中不可缺少的重要方法之一.掌握数值计算方法的基本知识,熟练地运用计算机进行科学计算,已成为当代理工科大学生必备的基础与技能.本书正是为适应这一需要而编写的.

本书讲述以计算机为计算工具的数值计算方法,内容共分为10章.第1章主要介绍计算机数系、误差概念及数值计算中的若干原则;第2章介绍求解代数方程和超越方程根的基本方法,包括增值寻根法、二分法、迭代法、牛顿法、割线法;第3章主要讲述线性方程组的数值方法,包括各种消元法、矩阵分解法及迭代法;第4章讲述特征值与特征向量的计算方法,包括幂法与反幂法、雅可比方法、多项式法、QR迭代法;第5章介绍了用实验数据建立数学模型的曲线拟合与逼近理论;第6章讲述实验数据点之间的插值法,包括拉格朗日插值法、牛顿插值法、埃尔米特插值法;第7章讲述数值积分与数值微分,包括牛顿-科茨公式、龙贝格算法、高斯公式、插值型求导公式;第8章讲述常微分方程数值解法,主要包括欧拉法、龙格-库塔法、亚当斯法、方程组与高阶方程及边值问题的数值解法;第9章主要讲述了椭圆型、抛物型、双曲型三种偏微分方程中最基本形式的数值解法,包括差分法、变分法与有限元法;第10章主要给出了对应第2~9章的数值实验.第1~9章后配有适量的习题,供读者练习.

本书注重理论联系实际,在介绍基本算法的同时,结合工程实例,讨论算法的逻辑结构、计算步骤和编程技巧.本书还强调对学生实际能力的培养,强调与计算机的密切结合,书中绝大部分算法都给出了详细的流程图,据此读者容易编程上机计算.读者只有编写出满足精度和计算速度要求的实用程序才能体会到每种算法的实质,有助于读者巩固、加深、拓广所学的基本理论与方法,积累计算经验,提高理论联系实际的能力和分析问题与解决问题的能力.

本教材是编者多年来教学工作经验的总结,是在原有讲义的基础上修改补充编写而成的,其中第1章由太原理工大学魏毅强编写,第2章由北方工业大学张建国编写,第3,4,7章由太原理工大学王彩贤编写,第5,6,10章由太原理工大学王淑丽编写,第8章由北方工业大学邹杰涛编写,第9章由太原理工大学张洪斌编写.

由于编者水平所限,书中难免有错误不妥之处,恳请读者指正.

编者
2004.5

目　　录

第1章　绪论 …… 1
1.1　数值计算方法的研究对象和特点 …… 1
1.2　浮点数 …… 2
1.3　误差的基本概念 …… 5
1.4　误差传播 …… 9
1.5　设计算法的注意事项 …… 13
习题1 …… 17

第2章　方程求根 …… 18
2.1　增值寻根法与二分法 …… 18
2.2　迭代法 …… 21
2.3　迭代收敛的加速 …… 26
2.4　牛顿法 …… 29
2.5　割线法 …… 32
习题2 …… 34

第3章　线性方程组的数值方法 …… 35
3.1　高斯消元法 …… 35
3.2　高斯主元素消元法 …… 40
3.3　高斯－若尔当消元法 …… 44
3.4　矩阵分解 …… 48
3.5　向量和矩阵的范数 …… 59
3.6　误差分析 …… 66
3.7　迭代法及其收敛性 …… 70
3.8　雅可比迭代法与高斯－赛德尔迭代法 …… 74
3.9　超松弛迭代法 …… 80
习题3 …… 85

第4章　矩阵的特征值与特征向量问题 …… 88
4.1　幂法与反幂法 …… 88
4.2　雅可比方法 …… 95
4.3　多项式方法求特征值问题 …… 101
4.4　QR算法 …… 109

习题 4 ··· 113
第5章　代数插值 ··· 115
　5.1　插值多项式的存在唯一性 ··· 115
　5.2　拉格朗日插值多项式 ·· 117
　5.3　牛顿插值多项式 ·· 122
　5.4　埃尔米特插值 ··· 130
　5.5　分段低次插值 ··· 133
　5.6　三次样条插值函数 ·· 137
　5.7　反插值 ·· 145
　　习题 5 ··· 147

第6章　数据拟合与函数逼近 ··· 149
　6.1　最小二乘法的基本原理和多项式拟合 ·························· 149
　6.2　超定方程组的最小二乘解 ··· 156
　6.3　一般最小二乘拟合 ·· 158
　6.4　最佳平方逼近多项式 ··· 165
　　习题 6 ··· 171

第7章　数值积分与数值微分 ··· 173
　7.1　数值积分的基本概念 ··· 173
　7.2　牛顿－科茨公式 ·· 175
　7.3　复合求积公式 ··· 179
　7.4　龙贝格公式 ·· 183
　7.5　高斯公式 ··· 188
　7.6　数值微分 ··· 193
　　习题 7 ··· 197

第8章　常微分方程数值解法 ··· 199
　8.1　欧拉法 ·· 199
　8.2　龙格－库塔法 ··· 205
　8.3　亚当斯方法 ·· 211
　8.4　线性多步法 ·· 216
　8.5　方程组与高阶方程的数值解法 ···································· 218
　8.6　边值问题的数值解法 ··· 221
　　习题 8 ··· 224

第9章　偏微分方程的数值解法 ······································ 226
　9.1　椭圆型方程的差分解法 ··· 226
　9.2　抛物型方程的差分解法 ··· 234

9.3 双曲型方程的差分解法 ·············· 247
9.4 变分方法 ·············· 255
9.5 偏微分方程的有限元方法 ·············· 261
习题 9 ·············· 267

第 10 章 数值实验 ·············· 269
10.1 数值实验报告格式 ·············· 269
10.2 数值实验报告范例 ·············· 270
10.3 数值实验 ·············· 273

答案 ·············· 283

第1章 绪　　论

本章简要介绍数值计算方法的研究对象、内容和特点,讨论浮点数、误差的基本概念,并且提出在数值计算中应当普遍遵循的若干原则.

1.1　数值计算方法的研究对象和特点

随着电子技术的发展和科学研究、生产实践的需要,电子计算机的使用日益广泛.计算机作为科学计算的主要工具越来越不可缺少,因而要求研究适合计算机使用的数值计算方法.为了更具体地说明数值计算方法的研究对象,我们考察用计算机解决科学计算问题的一般过程,可以概括为

| 实际问题 | → | 数学模型 | → | 计算方法 | → | 程序设计 | → | 上机计算 |

由实际问题应用有关科学知识和数学理论建立数学模型这一过程,通常作为应用数学的任务.而根据数学模型提出求解的计算方法直到编出程序上机算出结果,进而对计算结果进行分析,这一过程则是计算数学的任务,也是数值计算方法的研究对象.因此,数值计算方法就是研究用计算机解决数学问题的数值方法及其理论.它的内容包括:误差理论、线性与非线性方程(组)的数值解、矩阵的特征值与特征向量计算、曲线拟合与函数逼近、插值方法、数值积分与数值微分、常微分方程与偏微分方程数值解等.

数值计算方法是一门与计算机使用密切结合的实用性很强的数学课程,它既有纯数学的高度抽象性与严密科学性的特点,又有应用广泛性与实际试验的高度技术性的特点.例如,考虑线性方程组的解,在"线性代数"中,只介绍解的存在唯一性及有关理论和精确解法,用这些理论和方法还不能直接在计算机上求解.我们知道,用克拉默(Cramer)法则求解一个 n 阶线性方程组,要算 $n+1$ 个 n 阶行列式,总共需要 $(n-1)(n+1)n!$ 次乘法,当 n 充分大时,计算量是相当惊人的.如一个20阶不算太大的方程组大约要做 10^{21} 次乘法,这项计算即使用每秒百亿次的计算机去做,也要连续工作数千年才能完成,当然这是完全没有实际意义的.而如果用消元法,求解一个 n 阶线性方程组大约需要 $\frac{1}{3}n^3+n^2$ 次乘法,一个20阶的方程组即使用一台小型计算器也能很快解出来.这一简单的例子告诉我们,能否正确地制定算法,是科学计算成败的关键.另外,要求解这类问题还应根据方程特点,研究适合计算机使用的满足精度要求的,计算时间省的有效算法及其相关理论.在实现这

些算法时往往还要根据计算机容量、字长、速度等指标,研究具体求解步骤和程序设计技巧.有的方法在理论上虽不够严密,但通过实际计算、对比分析等手段,证明是行之有效的方法,也应该采用,这些都是数值计算方法应有的特点.概括起来有四点:

第一,面向计算机,要根据计算机特点提供实际可行的有效算法,即算法只能包括加、减、乘、除运算和逻辑运算,是计算机能直接处理的.

第二,有可靠的理论分析,能任意逼近并达到精度要求,对近似算法要保证收敛性和数值稳定性,还要对误差进行分析,这些都建立在相应数学理论基础上.

第三,要有好的计算复杂性,时间复杂性好是指节省时间,空间复杂性好是指节省存储量,这也是建立算法要研究的问题,它关系到算法能否在计算机上实现.

第四,要有数值实验,即任何一个算法除了从理论上要满足上述三点外,还要通过数值试验证明是行之有效的.

根据"数值计算"的特点,学习时,首先要注意方法处理的技巧及其与计算机的结合,要重视误差分析、收敛性及稳定性的基本理论,其次,要通过例子,学习使用各种数值方法解决实际计算问题.

本章先对计算机数系和计算的误差做一些初步介绍.

1.2 浮 点 数

数值计算的工具是电子计算机,计算机的字长和运算方式对数值计算的结果有直接的影响.对给定的数值方法,一个注意到计算机有限字长和运算方式的程序员可以写出具有较高计算精度的程序,反之,也会得到十分粗糙甚至完全失真的计算结果.因此,了解计算机数的表示和运算方式对使用计算机十分必要.

1.2.1 定点数

设 r 为大于 1 的正整数,a_i 为 $0,1,\cdots,r-1$ 中的某一个,位数有限的 r 进制正数可以写成

$$x \triangleq a_{l-1}a_{l-2}\cdots a_0 \cdot a_{-1}a_{-2}\cdots a_{-m} \tag{1.2.1}$$

x 有 l 位整数,有 m 位小数.因为进位制的基数是 r,所以

$$x = a_{r-1}r^{l-1} + a_{l-2}r^{l-2} + \cdots + a_0 r^0 + a_{-1}r^{-1} + \cdots + a_{-m}r^{-m} \tag{1.2.2}$$

当 $l = 4, m = 4, r = 10$ 时

$$109.312, \quad 0.4375, \quad 4236$$

分别表示为

$$0109.3120, \quad 0000.4375, \quad 4236.0000$$

这种把小数点永远固定在指定位置上位数有限的数称为定点数,称 $n = l + m$ 为

字长.一般地常取 $l = n, m = 0$ 或 $l = 0, m = n$.

当 $l = m = 4$ 而 $r = 10$ 时,8 位定点非零数中绝对值最小和最大的数分别为

$$0000.0001, \quad 9999.9999$$

由此可见,定点数所能表示的数的范围非常小.

值得指出的是,在定点数运算系统中,不仅要求运算操作数在它所能表示的范围内,而且还要求运算结果也在它所能表示的数的范围内,否则会产生溢出.例如,在左边定小数点($l = 0$)的定点运算系统中,$0.5 + 0.6 = 0.1$ 产生上溢出,在 16 位二进制系统的计算机上计算 $\omega = \dfrac{2^{-7} \times 2^{-9}}{2^{-10}}$,利用算法 $\omega = \dfrac{2^{-7} \times 2^{-9}}{2^{-10}} = \dfrac{0}{2^{-10}} = 0$ 产生下溢出.而利用算法 $\omega = \left(\dfrac{2^{-7}}{2^{-5}}\right) \times \left(\dfrac{2^{-9}}{2^{-5}}\right) = 2^{-2} \times 2^{-4} = 2^{-6}$ 则会得到正确的结果.因此,在编制定点运算程序时,要尽量避免运算结果的上、下溢出,计算次序的选择要十分慎重.

1.2.2 浮点数

用于数值计算的计算机多采用浮点系统.因为用浮点方式表示的数有比较大的取值范围,且浮点运算有较高的计算精度,从而为编制程序提供了方便.

设 s 是 r 进制数,p 是 r 进制正负整数或零,r 进制数 x 可以用 s 和 r^p 的乘积表示为

$$x = s \times r^p \tag{1.2.3}$$

再设 s 的整数部分等于零,即 s 满足条件

$$-1 < s < 1 \tag{1.2.4}$$

则形如(1.2.3)而满足条件(1.2.4)的 r 进制数 x 称为 r 进制浮点数.s 和 p 分别称为浮点数 x 的尾数和阶数.如果尾数的小数位数等于有限正整数 t,则把 x 称为 t 位浮点数.

此外,如果还要求尾数 s 小数点后第一位数字不等于 0,也就是要求尾数 s 满足条件

$$r^{-1} \leqslant s < 1 \tag{1.2.5}$$

则形如(1.2.3)而满足条件(1.2.5)的浮点数称为 r 进制规格化浮点数.

例如,十进制数

$$0.003012, \quad 0.3217, \quad 283.4$$

的规格化浮点数分别为

$$0.3012 \times 10^{-2}, \quad 0.3217 \times 10^{0}, \quad 0.2834 \times 10^{3}$$

二进制数

$$1001.101, \quad 0.10101, \quad 0.00101$$

的规格化浮点数分别为
$$0.1001101 \times 2^4, \quad 0.10101 \times 2^0, \quad 0.101 \times 2^{-2}$$

显然,只要数 $x \neq 0$,则 x 一定可以表示为规格化浮点数,这样一来,一个数的数量级就一目了然.

1.2.3 计算机数系

上面介绍的数的浮点表示方法为计算机所通用,是我们研究数值方法的基础,任一计算机只能用有限的位数来表示浮点的尾数和阶数.设进位制为 r,阶数 p 满足条件

$$l \leqslant p \leqslant u \tag{1.2.6}$$

其中 l,u 为整数,它们主要由计算机用多少位数来表示阶数所确定.如果尾数的小数位数为 t,则计算机数系由一切阶数满足(1.2.6)的 t 位 r 进制浮点数的集合 F 组成,F 中的浮点数具有以下形式

$$\begin{aligned} x &= \pm \left(\frac{d_1}{r} + \frac{d_2}{r^2} + \cdots + \frac{d_t}{r^t} \right) \cdot r^p \\ &\triangleq \pm 0.d_1 d_2 \cdots d_t \times r^p \end{aligned} \tag{1.2.7}$$

其中 $d_1, d_2, \cdots, d_t$ 为整数,满足关系

$$0 \leqslant d_i \leqslant r-1, \quad i = 1, 2, \cdots, t \tag{1.2.8}$$

若对 $x \neq 0$,规定(1.2.7)中 $d_1 \neq 0$,则 F 为规格化的浮点数系.不难证明,F 中共有

$$2(r-1)r^{t-1}(u-l+1) + 1 \tag{1.2.9}$$

个浮点数.例如,若 $r=2, t=3, l=-1, u=2$,则相应的浮点数系 F 中共有 33 个浮点数.

当 $r=10, t=4, l=-99, u=99$ 时,
$$-0.0001 \times 10^{-99}, \quad 0.0001 \times 10^{-99}$$
是数系 F 中绝对值最小的非零数,而
$$-0.9999 \times 10^{99}, \quad 0.9999 \times 10^{99}$$
是此数系中的最小数和最大数,若计算的中间结果超出了上述范围,则称为溢出.

由此可见,在计算机数系 F 中,数的个数有限,数系中的每一个数都是有理数.从整体看,数系中的数分布很不均匀;从局部看,阶数相同的数,又以相等的距离,分布在数轴的某一段上.所以计算机数系是由一些残缺不全,分布不均匀的数组成,如果运算结果超出了 F 的范围,则产生溢出.

在计算机中,常用尾数等于 0 而阶数最小的数来表示零.例如在上述计算机数系中,用 0×10^{-99} 来表示常数零.零不能化为规格化浮点数.

1.3 误差的基本概念

除了极个别的情况外,数值计算总是近似计算,实际计算结果与理论结果之间存在着误差.数值分析的任务之一是将误差控制在一定的允许范围内或者至少对误差有所估计.

1.3.1 误差的来源

用计算机解决科学计算问题首先要建立数学模型,它是对被描述的实际问题进行抽象,简化而得到的,因而是近似的,我们把数学模型与实际问题之间出现的这种误差称为模型误差.只有实际问题提法正确,建立数学模型时又抽象,简化得合理,才能得到好的结果.由于这种误差难于用数量表示,通常都假定数学模型是合理的,这种误差可忽略不计,在数值计算方法中不予讨论.

在数学模型中往往还有一些根据观测得到的物理量,如温度、长度、电压等等,这些参量受测量工具及手段的影响,测量的结果不可能绝对正确,由此产生的误差称为观测误差.观测误差在数值计算方法中也不予讨论.

在数学模型不能得到精确解时,通常要用数值方法求它的近似解,其近似解与精确解之间的误差称为截断误差或方法误差.例如,函数 $f(x)$ 用泰勒多项式

$$P_n(x) = f(0) + f'(0)x + \frac{1}{2!}f''(0)x^2 + \cdots + \frac{1}{n!}f^{(n)}(0)x^n \quad (1.3.1)$$

近似代替时,有误差

$$R_n(x) = f(x) - P_n(x) = \frac{1}{(n+1)!}f^{(n+1)}(\xi)x^{n+1} \quad (1.3.2)$$

其中 ξ 在 0 与 x 之间.这种误差就是截断误差.

有了求解数学问题的计算公式以后,用计算机做数值计算时,由于计算机的字长有限,原始数据常常不属于计算机数系,而采用计算机数系中和它们比较接近的数来表示它们,由此产生的误差以及计算过程又可能产生新的误差,这些误差称为舍入误差.例如,用 3.14159 近似代替 π,产生的误差

$$R = \pi - 3.14159 = 0.0000026\cdots$$

就是舍入误差.

观测误差和原始数据的舍入误差,就其来源说,有所不同,就其对计算结果的影响看,完全一样,数学描述和实际问题之间的模型误差,往往是计算工作者不能独立解决的,甚至是尚待研究的课题.基于这些原因,在数值计算方法课程中所涉及的误差,一般指舍入误差(包括初始数据的误差)和截断误差.讨论它们在计算过程中的传播和对计算结果的影响;研究控制它们的影响以保证最终结果有足够

的精度;既希望解决数值问题的算法简便而有效,又想使最终结果准确而可靠.

1.3.2 绝对误差和相对误差

设数 x(精确值)有一个近似值为 x^*,记
$$e(x^*) \triangleq x^* - x \tag{1.3.3}$$
称 $e(x^*)$ 为近似值 x^* 的绝对误差,简称误差.

注意这样定义的误差 $e(x^*)$ 可正可负,当它为正时,近似值 x^* 偏大,叫做强近似值;当它为负时,近似值 x^* 偏小,叫做弱近似值.

准确值 x 一般是未知的,因而绝对误差 $e(x^*)$ 也是未知的,但往往可以估计出绝对误差的一个上界,即可以找出一个正数 η,使
$$|e(x^*)| \leqslant \eta \tag{1.3.4}$$
实践中用 $|e(x^*)|$ 尽可能小的上界 $\varepsilon(x^*)$ 估计 x^* 的误差,称 $\varepsilon(x^*)$ 为 x^* 的绝对误差限(或误差限).

例如,$\pi = 3.14159265358\cdots$,若取 $\pi^* = 3.14159$,于是
$$|e(\pi^*)| \leqslant 0.000003$$
则 $\varepsilon(x^*) = 0.000003$ 就可以作为用 π^* 近似表示 π 的绝对误差限.

显然,误差限 $\varepsilon(x^*)$ 总是正数,且
$$|e(\pi^*)| \leqslant \varepsilon(x^*) \tag{1.3.5}$$
即
$$x^* - \varepsilon(x^*) \leqslant x \leqslant x^* + \varepsilon(x^*) \tag{1.3.6}$$
这个不等式在应用上常常采用如下写法:
$$x = x^* \pm \varepsilon(x^*) \tag{1.3.7}$$
例如,用毫米刻度的米尺测量一长度 x 时,如果该长度接近某一刻度 x^*,则 x^* 作为 x 的近似值时
$$|e(x^*)| = |x^* - x| \leqslant \frac{1}{2}(毫米) = 0.5(毫米)$$
它的误差限是 $\varepsilon(x^*) = 0.5$ 毫米.如果读出的长度为 $x^* = 765$,则有 $|765 - x| \leqslant 0.5$,从这个不等式我们仍不能知道准确的 x 值,只知道 $764.5 \leqslant x \leqslant 765.5$,即 x 在区间 $[764.5, 765.5]$ 内.

绝对误差还不足以刻画近似数的精确程度,例如,有两个量 $x = 10 \pm 1, y = 1000 \pm 10$,虽然 x 的绝对误差限比 y 的绝对误差限小,但 $\frac{\varepsilon(y^*)}{y^*} = \frac{10}{1000} = 1\%$ 比 $\frac{\varepsilon(x^*)}{x^*} = \frac{1}{10} = 10\%$ 要小得多,这说明 $y^* = 1000$ 作为 y 的近似值远比 $x^* = 10$ 作为 x 的近似值的近似程度要好得多.所以,除考虑误差的大小外,还应考虑准确

值 x 本身的大小. 我们把近似值的误差 $e(x^*)$ 与准确值 x 的比值, 记作

$$e_r(x^*) \triangleq \frac{e(x^*)}{x} = \frac{x^* - x}{x} \tag{1.3.8}$$

称为近似值 x^* 的相对误差.

在实际计算中, 由于真值 x 总是未知的, 且由于

$$\frac{e(x^*)}{x} - \frac{e(x^*)}{x^*} = \frac{e(x^*)(x^* - x)}{xx^*} = \frac{[e(x^*)]^2}{x(x + e(x^*))} = \frac{[e_r(x^*)]^2}{1 + e_r(x^*)}$$

是 $e_r(x^*)$ 的平方项级, 故当 $e_r(x^*)$ 较小时, 常取

$$e_r(x^*) = \frac{e(x^*)}{x^*} = \frac{x^* - x}{x^*} \tag{1.3.9}$$

相对误差也可正可负, 它的绝对值的上界称为该近似值的相对误差限, 记作 $\varepsilon_r(x^*)$, 即

$$|e_r(x^*)| \leqslant \frac{\varepsilon(x^*)}{|x^*|} \triangleq \varepsilon_r(x^*) \tag{1.3.10}$$

由定义可知, 绝对误差与绝对误差限是有量纲的量, 而相对误差和相对误差限是无量纲的量.

1.3.3 有效数字

如果近似值 x^* 的误差限是某一位的半个单位, 该位到 x^* 的第一位非零数字共有 n 位, 则我们称 x^* 有 n 位有效数字.

例如, $x = \pi = 3.14159265\cdots$, 取 $x^* = 3.14$ 时,
$$|x^* - x| \leqslant 0.002 \leqslant 0.005$$

所以, $x^* = 3.14$ 作为 π 的近似值时, 就有 3 位有效数字; 而取 $x^* = 3.1416$ 时,
$$|x^* - x| \leqslant 0.000008 \leqslant 0.00005$$

所以, $x^* = 3.1416$ 作为 π 近似值时, 就有 5 位有效数字. 一般地, 在 r 进制中, 设近似值 x^* 可表示为

$$x^* = \pm (a_1 r^{-1} + a_2 r^{-2} + \cdots + a_n r^{-n}) \times r^m \tag{1.3.11}$$

$a_1 \neq 0$, 且

$$|x^* - x| \leqslant \frac{1}{2} r^{m-n} \tag{1.3.12}$$

则由定义可知, x^* 有 n 位有效数字.

当 $r = 10$ 时, (1.3.11) 式中表示十进制数, 而当 $r = 2$ 时, (1.3.11) 式表示二进制规格化浮点数.

例1 按四舍五入原则, 写出下列各数具有 5 位有效数字的近似数
187.9325, 0.03785551, 8.000033, 2.7182818

按定义,上述各数具有 5 位有效数字的近似数分别是
$$187.93,\quad 0.037856,\quad 8.0000,\quad 2.7183$$
注意到,$x = 8.000033$ 的 5 位有效数字是 8.0000,而不是 $8,8$ 只有 1 位有效数字.

(1.3.11) 式说明,有效位数与小数点的位置无关,而具有 n 位有效数字的近似数 x^* 其误差限为
$$\varepsilon(x^*) = \frac{1}{2} \times r^{m-n} \tag{1.3.13}$$
在 m 相同的条件下,有效位数越多,则绝对误差限越小.而有效数字与相对误差限有下列关系.

定理 1　用 (1.3.11) 式表示的近似数 x^*,若具有 n 位有效数字,则其相对误差限为
$$|e_r(x^*)| \leqslant \frac{1}{2a_1} \times r^{-(n-1)} \tag{1.3.14}$$

证明　由 (1.3.11) 式知,$|x^*| \geqslant a_1 \cdot r^{m-1} > 0$,故
$$|e_r(x^*)| = \frac{|x^* - x|}{x^*} \leqslant \frac{\frac{1}{2} \times r^{m-n}}{a_1 \cdot r^{m-1}} = \frac{1}{2a_1} r^{-(n-1)}$$

定理 2　由 (1.3.11) 式表示的近似数 x^*,若满足
$$|e_r(x^*)| \leqslant \frac{1}{2(a_1+1)} r^{-(n-1)}$$
则 x^* 至少有 n 位有效数字.

证明　因为 $|x^* - x| = |x^*| \cdot |e_r(x^*)|$,且 $|x^*| \leqslant (a_1+1)r^{m-1}$,故
$$|x^* - x| \leqslant (a_1+1)r^{m-1} \cdot \frac{1}{2(a_1+1)} \cdot r^{-(n-1)} = \frac{1}{2} \times r^{m-n}$$
故 x^* 至少有 n 位有效数字.

定理 1 说明,近似数 x^* 的有效位数越多,它的相对误差限越小;反之,x^* 的相对误差越小,它的有效位数越多.

例 2　要使 $\sqrt{20}$ 的近似值的相对误差限小于 0.1%,要取几位有效数字.

解　由于 $4 < \sqrt{20} < 5$,所以 $a_1 = 4$,由定理有
$$\frac{1}{2a_1} \times 10^{-n+1} \leqslant 0.1\%$$
即 $10^{n-4} \geqslant \frac{1}{8}$,得 $n \geqslant 4$.故只要对 $\sqrt{20}$ 的近似数取 4 位有效数字,其相对误差就可小于 0.1%,因此,可取 $\sqrt{20} \approx 4.472$.

1.4 误差传播

1.4.1 误差分析的重要性

在数值计算方法中,除了研究数学问题的算法外,还要研究计算结果的误差是否满足精度要求,这就是误差估计问题.下面举例说明误差分析的重要性.

例1 计算 $I_n = \int_0^1 \dfrac{x^n}{x+10}\mathrm{d}x$,并估计误差.

解 因为

$$I_n + 10I_{n-1} = \int_0^1 \dfrac{x^n + 10x^{n-1}}{x+10}\mathrm{d}x = \int_0^1 x^{n-1}\mathrm{d}x = \dfrac{1}{n}$$

可得递推关系

$$I_n = \dfrac{1}{n} - 10I_{n-1}, \qquad n = 1, 2, \cdots$$

其中

$$I_0 = \int_0^1 \dfrac{1}{x+10}\mathrm{d}x = \ln 11 - \ln 10 = \ln 1.1$$

如果取 $\tilde{I}_0 = 0.095310$ 作为 I_0 的近似,则其误差为 $|e(\tilde{I}_0)| = |\tilde{I}_0 - I_0| \leqslant 0.0000002$,并由递推公式

$$(\mathrm{A}) \quad \begin{cases} \tilde{I}_n = \dfrac{1}{n} - 10\tilde{I}_{n-1}, & n = 1, 2, \cdots \\ \tilde{I}_0 = 0.095310 \end{cases}$$

计算结果见表 1-1.

表 1-1

n	$\tilde{I}_n$	I_0^*
0	0.095310	0.095310
1	0.046900	0.046898
2	0.031000	0.031018
3	0.023333	0.023154
4	0.016667	0.018464
5	0.033333	0.015357
6	−0.166667	0.013093
7	1.809524	0.011932

从表中看出，$\tilde{I}_5 > \tilde{I}_4$，且 $\tilde{I}_6$ 出现负值，这与一切 $I_{n-1} > I_n > 0$ 相矛盾. 因此，当 n 较大时，用 $\tilde{I}_n$ 近似 I_n 显然是不正确的. 这里计算公式与每步计算都是正确的，那么什么原因使计算结果出现错误呢？主要就是初值 $\tilde{I}_0$ 有误差 $e(\tilde{I}_0)$，由此引起以后各步计算的误差 $e(\tilde{I}_n)$，它满足关系

$$e(\tilde{I}_n) = -10 e(\tilde{I}_{n-1}), \qquad n = 1, 2, \cdots$$

从而

$$e(\tilde{I}_n) = (-10)^n e(\tilde{I}_0)$$

这说明 $\tilde{I}_0$ 有误差 $e(\tilde{I}_0)$，则 $\tilde{I}_n$ 就有 $e(\tilde{I}_0)$ 的 $(-10)^n$ 倍误差.

我们下面换一种计算方法. 由于 $0 < x < 1$ 时，

$$\frac{1}{11} x^n \leqslant \frac{x^n}{10 + x} \leqslant \frac{1}{10} x^n$$

所以

$$\frac{1}{11(n+1)} \leqslant I_n \leqslant \frac{1}{10(n+1)}$$

我们粗略地取

$$I_7^* = \frac{1}{2}\left(\frac{1}{11 \times 8} + \frac{1}{10 \times 8}\right) = 0.011932$$

然后将递推公式倒过来使用，即由公式

$$(B) \quad \begin{cases} I_{n-1}^* = \dfrac{1}{10}\left(\dfrac{1}{n} - I_n^*\right), & n = 7, 6, \cdots, 1 \\ I_7^* = 0.011932 \end{cases}$$

计算结果见表 1-1 的 I_n^* 列. 尽管 I_7^* 是粗略地取的，有很大误差 $e(I_7^*)$，但因误差随传播逐步缩小，$e(I_0^*)$ 比 $e(I_n^*)$ 缩小了 $(-10)^n$ 倍. 故计算的数值可靠，可用 I_n^* 近似 I_n.

此例说明，在数值计算中如不注意误差分析，用了类似 (A) 的计算公式，就会出现"差之毫厘，失之千里"的错误结果. 尽管数值计算中估计误差比较困难，我们仍应重视计算过程中的误差分析.

1.4.2 四则运算的误差传播

设 x_1, x_2 的近似值分别为 x_1^*, x_2^*，有误差

$$e(x_1^*) = x_1^* - x_1, \qquad e(x_2^*) = x_2^* - x_2$$

如果以 $x_1^* + x_2^*$，$x_1^* - x_2^*$ 分别作为 $x_1 + x_2, x_1 - x_2$ 的近似值，则有

$$e(x_1^* \pm x_2^*) = e(x_1^*) \pm e(x_2^*) \tag{1.4.1}$$

即和的误差是误差之和，差的误差是误差之差，进一步有

$$|e(x_1^* \pm x_2^*)| \leqslant |e(x_1^*)| + |e(x_2^*)|$$

即
$$\varepsilon(x_1^* \pm x_2^*) = \varepsilon(x_1^*) + \varepsilon(x_2^*) \tag{1.4.2}$$

所以误差限之和是和或差的误差限. 以上的结果适用于任意多个近似数的和或差. 而相对误差有

$$e_r(x_1^* + x_2^*) = \frac{x_1}{x_1 + x_2} e_r(x_1^*) + \frac{x_2}{x_1 + x_2} e_r(x_2^*) \tag{1.4.3}$$

即和的相对误差等于各项相对误差的加权平均.

若 x_1 与 x_2 同号, 则(1.4.3)式右端 $e_r(x_1^*)$ 与 $e_r(x_2^*)$ 的系数满足

$$0 < \frac{x_1}{x_1 + x_2}, \frac{x_2}{x_1 + x_2} < 1$$

且

$$\frac{x_1}{x_1 + x_2} + \frac{x_2}{x_1 + x_2} = 1 \tag{1.4.4}$$

此时, 由(1.4.3)式可得

$$|e_r(x_1^* + x_2^*)| \leqslant \max\{|e_r(x_1^*)|, |e_r(x_2^*)|\}$$

即
$$\varepsilon_r(x_1^* + x_2^*) \leqslant \max\{\varepsilon_r(x_1^*), \varepsilon_r(x_2^*)\} \tag{1.4.5}$$

和的相对误差限不超过各项相对误差限中的最大者.

若 x_1 与 x_2 异号, 则(1.4.3)式中两个系数的绝对值至少有一个大于1, 如果这时 x_1 与 $-x_2$ 相当接近, 则(1.4.3)式中的两个系数的绝对值都可能很大, 从而使 $e_r(x_1^* + x_2^*)$ 很大, 在这种情况下, 原始数据的误差会对计算结果产生相当大的影响.

如果以 $x_1^* \cdot x_2^*$ 与 $\frac{x_1^*}{x_2^*}$ 分别作为 $x_1 \cdot x_2$ 与 $\frac{x_1}{x_2}$ 的近似值, 则有

$$e(x_1^* \cdot x_2^*) \approx x_2^* \cdot e(x_1^*) + x_1^* \cdot e(x_2^*) \tag{1.4.6}$$

$$e\left(\frac{x_1^*}{x_2^*}\right) \approx \frac{x_2^* e(x_1^*) - x_1^* e(x_2^*)}{(x_2^*)^2} \tag{1.4.7}$$

于是

$$\varepsilon(x_1^* \cdot x_2^*) \approx |x_2^*| \cdot \varepsilon(x_1^*) + |x_1^*| \cdot \varepsilon(x_2^*) \tag{1.4.8}$$

$$\varepsilon\left(\frac{x_1^*}{x_2^*}\right) \approx \frac{|x_2^*| \cdot \varepsilon(x_1^*) + |x_1^*| \cdot \varepsilon(x_2^*)}{|x_2^*|^2} \tag{1.4.9}$$

例 2 求解二次方程 $x^2 - 26x + 1 = 0$, 并估计误差.

解 利用二次方程的求根公式得

$$x_1 = 13 - \sqrt{168}, x_2 = 13 + \sqrt{168}$$

取 $\sqrt{168} = 12.961$，有 $|\sqrt{168} - 12.961| \leqslant 0.0005$，于是

$$x_1^* = 13 + 12.961 = 25.961$$
$$x_2^* = 13 - 12.961 = 0.039$$
$$|e(x_1^*)| = |e(x_2^*)| \leqslant 0.0005$$

而相对误差

$$|e_r(x_1^*)| \leqslant \frac{0.0005}{25.961} \approx 1.9 \times 10^{-5}$$

$$|e_r(x_2^*)| \leqslant \frac{0.0005}{0.039} \approx 1.3 \times 10^{-2}$$

尽管 x_2^* 的绝对误差比较小，但相对误差却很大. 原因是计算 x_2^* 时有效数字的丢失比较多. 所以，如果把计算 x_2^* 的公式改为

$$x_2 = 13 - \sqrt{168} = \frac{1}{13 + \sqrt{168}}$$

则有 $x_2^* = \frac{1}{25.961} \approx 0.03851932$，这是 x_2 比较好的近似，因为

$$|e(x_2^*)| \leqslant \left| x_2 - \frac{1}{25.961} \right| + \left| \frac{1}{25.961} - 0.03851932 \right|$$
$$\leqslant \left| e\left(\frac{1}{25.961}\right) \right| + 0.5 \times 10^{-8}$$
$$|e_r(x_2^*)| \leqslant \left| e_r\left(\frac{1}{25.961}\right) \right| + \frac{0.5 \times 10^{-8}}{0.03851932}$$
$$\leqslant 1.9 \times 10^{-5} + 1.3 \times 10^{-7} \approx 1.9 \times 10^{-5}$$

此时，x_2^* 与 x_1^* 的相对误差基本一样.

1.4.3 函数计算的误差传播

设 $f(x)$ 在 (a,b) 内连续可微，x 的近似值为 x^*，以 $f(x^*)$ 近似 $f(x)$ 时，利用函数的泰勒展开式有

$$f(x^*) - f(x) = f'(x^*)(x^* - x) - \frac{1}{2}f''(\xi)(x - x^*)^2$$

其中 ξ 在 x 与 x^* 之间，如果 $f'(x^*)$ 与 $f''(\xi)$ 的比值不太大，可忽略 $(x^* - x)$ 的高阶项，于是

$$f(x^*) - f(x) \approx f'(x^*)(x^* - x)$$

即

$$e(f(x^*)) \approx f'(x^*) \cdot e(x^*) \qquad (1.4.10)$$

$$\varepsilon(f(x^*)) \approx |f'(x^*)| \cdot \varepsilon(x^*) \qquad (1.4.11)$$

$$\varepsilon_r(f(x^*)) \approx \frac{|f'(x^*)|}{|f(x^*)|} \cdot \varepsilon(x^*) \tag{1.4.12}$$

例如,设 $y = \ln x$,若我们把 x^* 的误差看作是 x 的微分

$$e(x^*) = x^* - x = \mathrm{d}x \tag{1.4.13}$$

则有

$$\mathrm{d}\ln x^* = e(\ln x^*) = \frac{1}{x^*} e(x^*) = e_r(x^*) \tag{1.4.14}$$

所以相对误差是对数函数的微分.

当 $f(x)$ 为多元函数时,设 $y = f(x) = f(x_1, x_2, \cdots, x_n)$,如果 $x_1, x_2, \cdots, x_n$ 的近似值依次为 $x_1^*, x_2^*, \cdots, x_n^*$,则 y 的近似值为 $y^* = f(x_1^*, x_2^*, \cdots, x_n^*) = f(x^*)$,于是函数值 y^* 的误差由泰勒展开式得

$$e(y^*) = y^* - y \approx \sum_{j=1}^{n} \frac{\partial f(x_1^*, \cdots, x_n^*)}{\partial x_j} \cdot (x_j^* - x_j)$$

$$= \sum_{j=1}^{n} \frac{\partial f(x^*)}{\partial x_j} e(x_j^*) \tag{1.4.15}$$

从而误差限为

$$\varepsilon(y^*) \approx \sum_{j=1}^{n} \left| \frac{\partial f(x^*)}{\partial x_j} \right| \varepsilon(x_j^*) \tag{1.4.16}$$

相对误差限为

$$\varepsilon_r(y^*) \approx \frac{\varepsilon(y^*)}{|y^*|} \approx \sum_{j=1}^{n} \left| \frac{\partial f(x^*)}{\partial x_j} \right| \cdot \left| \frac{x_j^*}{y^*} \right| \varepsilon_r(x_j^*) \tag{1.4.17}$$

例 3 设测得某场地长 l 的值为 $l^* = 110$ 米,宽 d 的值为 $d^* = 80$ 米,已知 $|l - l^*| \leqslant 0.2$ 米,$|d - d^*| \leqslant 0.1$ 米,试求面积 $s = l \cdot d$ 的绝对误差限与相对误差限.

解 因为 $s = l \cdot d$,$\frac{\partial s}{\partial l} = d$,$\frac{\partial s}{\partial d} = l$,所以由(1.4.16)式知

$$\varepsilon(s^*) \approx \left| \frac{\partial s}{\partial l} \right| \varepsilon(l^*) + \left| \frac{\partial s}{\partial d} \right| \cdot \varepsilon(d^*)$$

$$= |d^*| \cdot \varepsilon(l^*) + |l^*| \cdot \varepsilon(d^*)$$

由于 $l^* = 110$,$d^* = 80$,$\varepsilon(l^*) = 0.2$,$\varepsilon(d^*) = 0.1$,于是绝对误差限

$$\varepsilon(s^*) = 27 \text{ 平方米}$$

而相对误差限

$$\varepsilon_r(s^*) = \frac{\varepsilon(s^*)}{|s^*|} = \frac{27}{110 \times 80} = 0.31\%$$

1.5 设计算法的注意事项

解决数值问题,需要设计出好的算法,衡量算法的标准,一般地有:运算次数的

多少;运算过程是否规律,需要记录的中间结果的多少;算法是否能控制误差的传播和积累以保证结果有足够的精度. 当这些要求不能兼备时,应根据需要,权衡利弊,综合平衡而做决择.

1.5.1 要注意简化计算步骤,减少运算次数

同样一个计算问题,如果能减少运算次数不但可节省计算时间,提高计算速度,而且还能减少舍入误差的积累,这是数值计算必须遵循的原则.

例如,计算 x^{255} 的值,如果逐个相乘要用 254 次乘法,但若写成
$$x^{255} = x \cdot x^2 \cdot x^4 \cdot x^8 \cdot x^{16} \cdot x^{32} \cdot x^{64} \cdot x^{128}$$
只要做 14 次乘法运算即可.

又如,计算多项式
$$P_n(x) = a_n x^n + a_{n-1} x^{n-1} + \cdots + a_1 x + a_0$$
的值,若直接计算 $a_k \cdot x^k$ 再逐项相加,一共需做
$$n + (n-1) + \cdots + 2 + 1 = \frac{1}{2} n(n+1)$$
次乘法和 n 次加法,若采用秦九韶算法
$$\begin{cases} S_n = a_n \\ S_k = x S_{k+1} + a_k, \quad k = n-1, n-2, \cdots, 2, 1, 0 \\ P_n(x) = S_0 \end{cases}$$
只要 n 次乘法和 n 次加法就可算出 $P_n(x)$ 的值.

在数值计算方法中,这种节省计算次数的算法还有不少,快速富氏变换(FFT)就是一个最成功的范例.

1.5.2 要避免两相近数相减

在数值计算中两相近数相减有效数字会严重损失. 例如,$x = 123.45, y = 123.55$ 都具有 5 位有效数字,但 $y - x = 0.10$ 却只有 2 位有效数字.这说明必须尽量避免出现这类运算,最好是改变计算方法,防止这种现象产生.

例如,计算 $x = 10^7 \cdot (1 - \cos 2°)$,如果通过 $\cos 2° = 0.9994$,直接计算
$$x^* = 10^7 \cdot (1 - 0.9994) = 6 \times 10^3$$
只有 1 位有效数字,若利用 $1 - \cos x = 2\sin^2 \frac{x}{2}$,且取 $\sin 1° = 0.0175$ 时,有
$$x^* = 10^7 \times 2 \times (0.0175)^2 = 6.125 \times 10^3$$
此时它有 4 位有效数字.

此例说明,可通过改变计算公式避免或减少有效数字的损失,类似地,如果 x_1 和 x_2 很接近,则

$$\ln x_1 - \ln x_2 = \ln \frac{x_1}{x_2}$$

用右边算式有效数字就不损失. 当 x 很大时

$$\sqrt{x+a} - \sqrt{x} = \frac{a}{\sqrt{x+a} + \sqrt{x}}$$

按上式右边计算,结果较好. 一般地,当计算 $f(x) - f(x_0)$ 的近似值时,可用泰勒展开式

$$f(x) - f(x_0) = f'(x_0)(x - x_0) + \frac{1}{2}f''(x_0)(x - x_0)^2 + \cdots$$

取右端的有限项近似左端. 如果无法改变算式,则采用增加有效位数进行运算;在计算机上则采用双倍字长运算,但这要增加机器计算时间和多占内存空间.

1.5.3 要注意浮点运算的特点,防止大数"吃掉"小数

计算机数系是有理数集的有限子集,浮点数的算术运算和实数的算术运算的显著差别是前者每做一次运算都可能有舍入误差,实际计算时必须注意这种特点.

例如,在 5 位十进制计算机上计算 $x = 52492 + 0.9$ 的值时,由于在计算机内计算时,要写成浮点形式,且要对阶,对阶时 $0.9 = 0.000009 \times 10^5$,而在 5 位计算机中表示为机器 0,因此,

$$x^* = 0.52492 \times 10^5 + 0.00000 \times 10^5$$
$$= 0.52492 \times 10^5$$

在数值运算中,参加运算的数有时数量级相差很大,而计算机位数有限,如不注意运算次序就可能出现类似上述大数"吃掉"小数的现象,影响计算结果的可靠性.

例 1 在 5 位十进制计算机上,计算

$$A = 52492 + \sum_{j=1}^{1000} \delta_j$$

其中 δ_j 满足 $0.1 \leqslant \delta_j \leqslant 0.9$, $j = 1, 2, \cdots, 1000$.

解 若取 $\delta_j = 0.9$, $j = 1, 2, \cdots, 1000$,按 A 的表达式计算,对阶时 $\delta_j = 0.000009 \times 10^5 = 0.00000 \times 10^5$,因此

$$A = 0.52492 \times 10^5 + 0.00000 \times 10^5 + \cdots + 0.00000 \times 10^5$$
$$= 0.52492 \times 10^5$$

结果显然不可靠,这是由于运算时出现了大数 52492 "吃掉"了小数 δ_j 造成的. 如果计算时先把数量级相同的 δ_j 相加,最后再加 52492,就不会出现大数"吃"小数现象,这时

$$0.1 \times 10^3 \leqslant \sum_{j=1}^{1000} \delta_j \leqslant 0.9 \times 10^3$$

于是
$$0.52492 \times 10^5 + 0.001 \times 10^5 \leqslant A \leqslant 0.52492 \times 10^5 + 0.009 \times 10^5$$
即
$$0.52592 \times 10^5 \leqslant A \leqslant 0.53392 \times 10^5$$

1.5.4 要避免除数绝对值远远小于被除数绝对值的除法

用绝对值很小的数作除数舍入误差会增大,如计算 $\frac{x}{y}$,若 $0<|y|\ll|x|$,则可能对计算结果带来严重影响,应尽量避免.

例 2 求解线性方程组
$$\begin{cases} 0.00001 x_1 + x_2 = 1 \\ 2 x_1 + x_2 = 2 \end{cases}$$

解 在 4 位浮点十进制数(仿机器实际计算)下用消元法求解.上述方程组为
$$\begin{cases} 0.1000 \cdot 10^{-4} \cdot x_1 + 0.1000 \cdot 10^1 \cdot x_2 = 0.1000 \cdot 10^1 \\ 0.2000 \cdot 10^1 \cdot x_1 + 0.1000 \cdot 10^1 \cdot x_2 = 0.2000 \cdot 10^1 \end{cases}$$

若用 $\frac{1}{2}(0.1000 \cdot 10^{-4})$ 除第一个方程再减去第二个方程,得到
$$\begin{cases} 0.1000 \cdot 10^{-4} \cdot x_1 + 0.1000 \cdot 10^1 \cdot x_2 = 0.1000 \cdot 10^1 \\ 0.2000 \cdot 10^6 x_2 = 0.2000 \cdot 10^6 \end{cases}$$

由此解出
$$\begin{cases} x_1 = 0 \\ x_2 = 0.1000 \times 10^1 = 1 \end{cases}$$

此结果严重失真,因为,它用小的数除大数.

若反过来用第二个方程消去第一个方程中含 x_1 的项,即用 $0.2000 \cdot 10^6$ 除第二个方程再减去第一个方程,则避免了大数除小数,且得到
$$\begin{cases} 0.1000 \cdot 10^1 \cdot x_2 = 0.1000 \cdot 10^1 \\ 0.2000 \cdot 10^1 x_1 + 0.1000 \cdot 10^1 \cdot x_2 = 0.2000 \cdot 10^1 \end{cases}$$

由此求得相当好的近似解
$$\begin{cases} x_1 = 0.5000 \\ x_2 = 0.1000 \times 10^1 = 1 \end{cases}$$

1.5.5 要设法控制误差的传播,选取数值稳定的计算公式

利用递推关系进行计算时,运算过程比较规律,相当方便,但多次递推必须注意误差的积累.如果递推过程中误差增大,多次递推会得到错误的结果;如果递推

过程中误差减少,则得出的结果比较准确. 一个算法如果计算过程对初始数据的误差或计算中产生的舍入误差不增加,便说这个算法是数值稳定的,否则若计算过程对初始误差增加,便说这个算法是数值不稳定的. 例如,在第四节中例 1 给出的计算公式 (A) 与 (B),由于 (A) 在计算过程中使误差逐渐增大,故它是不稳定的;而公式 (B) 虽然初始数据也有误差,但计算过程误差不增加,因此 (B) 是数值稳定的.

习 题 1

1. 按四舍五入原则,将下列各数舍成 5 位有效数字.
   816.9567,   6.000015,   17.32250,
   1.235651,   93.18213,   0.01523623

2. 下列各数是按四舍五入原则得到的近似数,它们各有几位有效数字?
   81.897,   0.00813,   6.32005,   0.1800

3. 若 $\frac{1}{4}$ 用 0.25 来表示,问它有多少位有效数字?

4. 若 $a^* = 1.1062, b^* = 0.947$ 是经过舍入后得到的近似值,问 $a^* + b^*, a^* \times b^*$ 有几位有效数字?

5. 设 $x_1^* = 0.9863, x_2^* = 0.0062$,是经过舍入后作为 x_1, x_2 的近似值,求 $\frac{1}{x_1^*}$ 和 $\frac{1}{x_2^*}$ 的计算值和真值的相对误差限及 x_1^*, x_2^* 和真值的相对误差限.

6. 计算 $\sqrt{10} - \pi$ 的值,准确到 5 位有效数字.

7. 正方形的边长约为 100 厘米,应该怎样测量,才能使其面积的误差不超过 1 平方厘米.

8. 计算球的体积,为了使相对误差限为 1%,问度量半径 R 时允许的相对误差限如何.

9. 设 x 的相对误差为 $a\%$,求 x^n 的相对误差.

10. 设 $s = \frac{1}{2}gt^2$,假设 g 是准确的,而 t 的测量有 ± 0.1 秒的误差,证明当 t 增加时,s 的绝对误差增加,而相对误差却减少.

11. 求方程 $x^2 - 56x + 1 = 0$ 的两个根,使它至少具有 4 位有效数字 ($\sqrt{783} \approx 27.982$).

12. 当 n 充分大时,怎样求 $\int_n^{n+1} \frac{1}{1+x^2} dx$.

13. 计算 $f = (\sqrt{2} - 1)^6$,取 $\sqrt{2} = 1.4$,利用下列公式计算,哪一个得到的结果最好?
$$\frac{1}{(\sqrt{2}+1)^6}, \quad (3 - 2\sqrt{2})^3, \quad \frac{1}{(3+2\sqrt{2})^3}, \quad 99 - 70\sqrt{2}$$

14. 改变下列表达式,使计算结果比较准确.
   (1) $\ln x_1 - \ln x_2, x_1 \approx x_2$;
   (2) $\frac{1}{1-x} - \frac{1-x}{1+x}, |x| \ll 1$;
   (3) $\sqrt{x + \frac{1}{x}} - \sqrt{x - \frac{1}{x}}, 1 \ll x$;
   (4) $\frac{1 - \cos x}{x}, x \neq 0, |x| \ll 1$;
   (5) $\frac{1}{x} - \cot x, x \neq 0, |x| \ll 1$.

第 2 章 方程求根

在许多实际问题中,常常会遇到方程 $f(x) = 0$ 求解的问题. 当 $f(x)$ 为一次多项式时,$f(x) = 0$ 称为线性方程,否则称为非线性方程. 对于非线性方程,由于 $f(x)$ 的多样性,求其根尚无一般的解析方法可以使用,因此研究非线性方程的数值解法是十分必要的.

本章主要介绍求非线性方程根的一些常用方法. 它们是增值寻根法、二分法、迭代法、牛顿法及割线法. 这些方法均是知道根的初始近似值后,进一步把根精确化,直到达到所要求的精度为止. 也即求非线性方程根的数值方法.

2.1 增值寻根法与二分法

2.1.1 增值寻根法

设非线性方程 $f(x) = 0$ 的根为 x^*,增值寻根法的基本思想是,从初始值 x_0 开始,按规定的一个初始步长 h 来增值. 令 $x_{n+1} = x_n + h(n=0,1,2,\cdots)$,同时计算 $f(x_{n+1})$. 在增值的计算过程中可能遇到三种情形:

(1) $f(x_{n+1}) = 0$,此时 x_{n+1} 即为方程的根 x^*.

(2) $f(x_n)$ 和 $f(x_{n+1})$ 同符号,这说明区间 $[x_n, x_{n+1}]$ 内无根.

(3) $f(x_n)$ 和 $f(x_{n+1})$ 异号,即有

$$f(x_n) \cdot f(x_{n+1}) < 0$$

此时当 $f(x)$ 在区间 $[x_n, x_{n+1}]$ 上连续时,方程 $f(x) = 0$ 在 $[x_n, x_{n+1}]$ 一定有根.

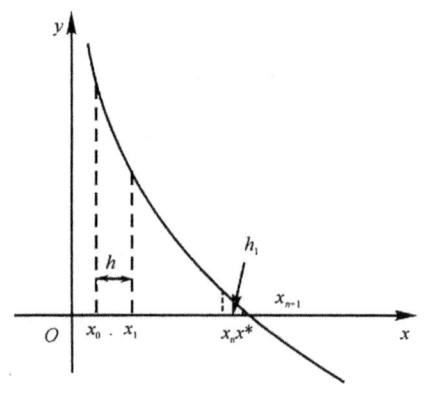

图 2-1

也即我们用增值寻根法找到了方程根的存在区间,x_n 或 x_{n+1} 均可以视为根的近似值. 下一步就是设法在该区间内寻找根 x^* 更精确的近似值,为此再用增值寻根法把 x_n 作为新的初始近似值,同时把步长缩小,例如选新步长 $h_1 = \dfrac{h}{100}$,这样会得到区间长度更小的有根区间,从而也得到使 $f(x)$ 更接近于零的 x_n,作为 x^* 更精确的近似值,若精度不够,可重复使用增值寻

根法,直到有根区间的长度 $|x_{n+1} - x_n| < \varepsilon$($\varepsilon$ 为所要求的精度)为止.此时 $f(x_n)$ 或 $f(x_{n+1})$ 就可近似认为是零. x_n 或 x_{n+1} 就是满足精度的方程的近似根(如图 2-1).

例1 用增值寻根法求方程 $f(x) = x^3 + 4x^2 - 10 = 0$ 的有根区间.

解 取 $x_0 = -4, h = 1$,则计算结果如表2-1.

表 2-1

x	-4	-3	-2	-1	0	1	2
f(x)	-10	-1	-2	-7	-10	-5	14

所以 $f(x) = 0$ 的有根区间为 $(1,2)$.再取 $x_0 = 1, h = 0.1$,计算结果如表2-2.

表 2-2

x	1	1.1	1.2	1.3	1.4
$f(x)$	-5	-3.829	-2.512	-1.043	0.584

所以 $f(x) = 0$,更进一步的有根区间为 $(1.3, 1.4)$.

2.1.2 二分法

设 $f(x)$ 在区间 $[a,b]$ 上连续,且 $f(a) \cdot f(b) < 0$,则由连续函数性质知,方程 $f(x) = 0$ 在 (a,b) 内至少有一实根,为以下讨论方便,设 (a,b) 内仅有唯一实根 x^*.

二分法的基本思想就是逐步对分区间 $[a,b]$,通过判断两端点函数值乘积的符号,进一步缩小有根区间,将有根区间的长度缩小到充分小,从而求出满足精度的根 x^* 的近似值,如图 2-2.具体做法如下:

用区间 $[a,b]$ 的中点 $x_1 = \dfrac{a+b}{2}$ 平分区间,并计算 $f(x_1)$,同时记 $(a_1, b_1) = (a,b)$,如果恰好有 $f(x_1) = 0$,则我们已经找到方程的根

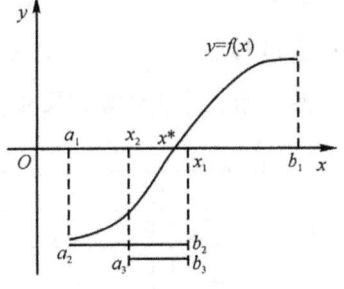

图 2-2

$x^* = x_1$.如若不然, $f(x_1) \neq 0$,如果 $f(a_1) \cdot f(x_1) < 0$,则记 $(a_2, b_2) = (a_1, x_1)$,如果 $f(x_1) \cdot f(b_1) < 0$,则记 $(a_2, b_2) = (x_1, b_1)$,在后两种情形区间 (a_2, b_2) 为新的有根区间.它包含在旧的有根区间 (a_1, b_1) 内,其区间长度是原区间的一半.对区间 (a_2, b_2) 施行同样的办法,即平分区间,求中点判断函数值乘积的符号,得到新的有根区间 (a_3, b_3),它包含在区间 (a_2, b_2) 内,其区间长度是 (a_2, b_2) 的

$\frac{1}{2}$,(a_1,b_1) 的 $\frac{1}{4}$.如此重复 n 次,如果还没有找到方程的精确根 x^*,此时我们得到方程的有根区间序列

$$(a_1,b_1),(a_2,b_2),\cdots,(a_n,b_n),\cdots$$

它满足

$$(a_1,b_1)\supset(a_2,b_2)\supset\cdots\supset(a_n,b_n)\supset\cdots$$
$$f(a_n)f(b_n)<0$$
$$b_n-a_n=\frac{b_1-a_1}{2^{n-1}}=\frac{b-a}{2^{n-1}}, \quad n=1,2,\cdots$$

当 n 充分大时,(a_n,b_n) 的长度缩小到充分小,此时它的中点 x_n 与 x^* 夹在 a_n 与 b_n 之间,它们的距离也充分小,且序列 $\{x_n\}$ 满足

$$|x_n-x^*|<\frac{b_n-a_n}{2}=\frac{b-a}{2^n} \tag{2.1.1}$$

上式表明

$$\lim_{n\to\infty}x_n=x^* \tag{2.1.2}$$

即序列 $\{x_n\}$ 以等比数列的收敛速度收敛于 x^*.同时也表明序列 $\{x_n\}$ 是 x^* 的一个近似值序列.因此对任意给定的精度 $\varepsilon<0$,总存在 n,使

$$|x_n-x^*|<\frac{b-a}{2^n}<\varepsilon$$

此时,我们可以取 x_n 作为 x^* 的近似值,即可满足精度.

例 2 用二分法求方程 $f(x)=x^3+4x^2-10=0$ 在 $[1,2]$ 内的一个实根,且要求满足精度 $|x^*-x_n|<\frac{1}{2}\times10^{-3}$.

解 用二分法计算结果如表 2-3.

表 2-3

n	a_n	b_n	x_n	$f(x_n)$
1	1.0	2.0	1.5	2.375
2	1.0	1.5	1.25	−1.79687
3	1.25	1.5	1.375	0.16211
4	1.25	1.375	1.3125	−0.84839
5	1.3125	1.375	1.34375	−0.35098
6	1.34375	1.375	1.359375	−0.09641
7	1.359375	1.375	1.3671875	0.03236
8	1.359375	1.3671875	1.36328125	−0.03215
9	1.36328125	1.3671875	1.365234375	0.000072
10	1.36328125	1.365234375	1.364257813	−0.01605
11	1.364257813	1.365234375	1.364746094	−0.00799

迭代 11 次,近似根 $x_{11} = 1.364746094$ 即为所求,其误差

$$|x^* - x_n| < \frac{b_{11} - a_{11}}{2} = 0.000488281 < \frac{1}{2} \times 10^{-3}$$

这种方法的优点是简单,对 $f(x)$ 只要求连续.它的收敛速度与比值为 $\frac{1}{2}$ 的等比级数相同,它的局限性是只能用于求实根,不能用于求复根及偶数重根.

2.2 迭 代 法

迭代法是一种逐步逼近的方法,它是解代数方程、超越方程、微分方程等的一种基本而重要的数值方法.

2.2.1 迭代法的基本思想

由函数方程 $f(x) = 0$,构造一个等价方程
$$x = \varphi(x) \tag{2.2.1}$$
从某个近似根 x_0 出发,令
$$x_{n+1} = \varphi(x_n), \quad n = 0,1,2,\cdots \tag{2.2.2}$$
可得到序列 $\{x_n\}$,若 $\{x_n\}$ 收敛,即
$$\lim x_n = x^*$$
只要 $\varphi(x)$ 连续,有
$$\lim_{n\to\infty} x_{n+1} = \lim_{n\to\infty} \varphi(x_n) = \varphi(\lim_{n\to\infty} x_n)$$
也即
$$x^* = \varphi(x^*)$$
从而可知 x^* 是方程(1)的根,也就是 $f(x) = 0$ 的根.此时 $\{x_n\}$ 就是方程(1)的一个近似解序列,n 越大,x_n 的近似程度就越好.若 $\{x_n\}$ 发散,则迭代法失败.

例1 用迭代法求方程 $f(x) = x^3 + 4x^2 - 10 = 0$ 在 $[1,2]$ 内的一个近似根,取初始近似值 $x_0 = 1.5$.

解 原方程的等价方程可以有以下不同形式:

(1) $x = x - x^3 - 4x^2 + 10$,

(2) $x = \sqrt{\frac{10}{x} - 4x}$,

(3) $x = \frac{1}{2}\sqrt{10 - x^3}$,

(4) $x = \sqrt{\frac{10}{4+x}}$.

对应的迭代公式有

(1) $x_{n+1} = x_n - x_n^3 - 4x_n^2 + 10$,

(2) $x_{n+1} = \sqrt{\dfrac{10}{x_n} - 4x_n}$,

(3) $x_{n+1} = \dfrac{1}{2}\sqrt{10 - x_n^3}$,

(4) $x_{n+1} = \sqrt{\dfrac{10}{4 + x_n}}$.

取 $x_0 = 1.5$，列表计算如表 2-4.

表 2-4

n	(1)	(2)	(3)	(4)
0	1.5	1.5	1.5	1.5
1	−0.875	0.8165	1.28695377	1.34839973
2	6.732	2.9969	1.40254080	1.36737637
3	−469.7	$(-8.65)^{\frac{1}{2}}$	1.34545838	1.36495701
4	1.03×10^8		1.37517025	1.36526475
5			1.36009419	1.36522559
6			1.36784697	1.365223058
7			1.36388700	1.36522994
8			1.36591673	1.36523002
9			1.36487822	1.36523001
10			1.36541006	
15			1.36522368	
20			1.36523024	
23			1.36522998	
25			1.36523001	

与上节二分法比较，(3)、(4)都得到较好的结果，而用二分法达到同样的精度，需要迭代 27 次，同时也看出迭代函数构造不同，收敛速度也不尽相同，迭代函数构造不当(如(1)、(2))，序列 $\{x_n\}$ 就不收敛.

2.2.2 迭代法的几何意义

以上可以看到迭代法可能收敛，也可能不收敛. 一般来说从 $f(x) = 0$，构造

2.2 迭代法

$\varphi(x)$ 不止一种,有的收敛,有的不收敛,这取决于 $\varphi(x)$ 的性态. 方程 $x = \varphi(x)$ 的根,在几何上就是直线 $y = x$ 与曲线 $y = \varphi(x)$ 交点的横坐标 x^*,如图 2-3 所示.

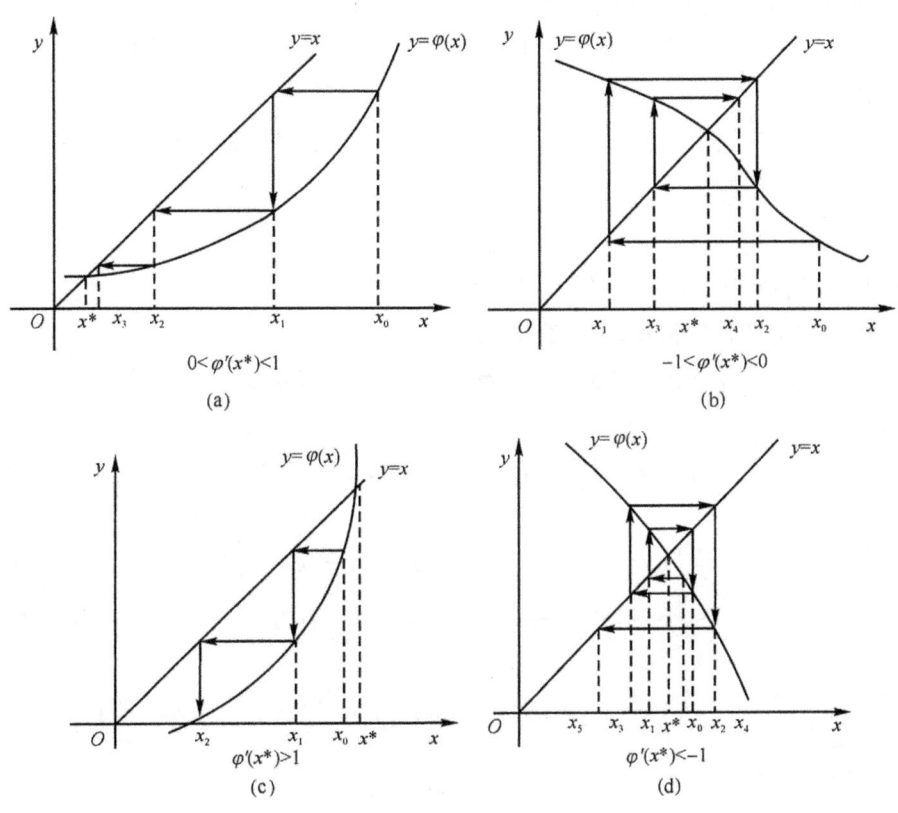

图 2-3

图 2-3 中(a)、(b)收敛,(c)、(d)发散.

2.2.3 迭代法收敛的条件

定义 1 如果在根 x^* 的某个邻域 $B = \{x \mid |x - x^*| \leqslant \delta\}$ 中,使对任意的 $x_0 \in B$,迭代过程 $x_{n+1} = \varphi(x_n), n = 0, 1, 2, \cdots$ 收敛,则称迭代过程在 x^* 附近局部收敛.

定理 1 设 $x^* = \varphi(x^*)$,在 x^* 的某个邻域 B 内 $\varphi'(x)$ 连续,并且 $|\varphi'(x)| \leqslant q < 1$,则对任何 $x_0 \in B$,由迭代公式 $x_{n+1} = \varphi(x_n)$ 决定的迭代序列 $\{x_n\}$ 收敛于 x^*,且

$$|x_n - x^*| \leqslant \frac{q^n}{1-q} |x_1 - x_0| \qquad (2.2.3)$$

$$|x_n - x^*| \leqslant \frac{1}{1-q}|x_{n+1} - x_n| \tag{2.2.4}$$

证明 由拉格朗日中值定理,存在 $\xi \in B$,使

$$x_n - x^* = \varphi(x_{n-1}) - \varphi(x^*) = \varphi'(\xi)(x_{n-1} - x^*)$$

由已知 $|\varphi'(\xi)| \leqslant q$,从而得

$$|x_n - x^*| \leqslant q|x_{n-1} - x^*| \leqslant \cdots \leqslant q^n|x_0 - x^*|$$

所以

$$\lim_{n \to \infty} x_n = x^*$$

这样我们就证明了 $\{x_n\}$ 收敛于 x^*.

再由拉格朗日中值定理,存在 $\xi' \in B$,使

$$x_{n+1} - x_n = \varphi(x_n) - \varphi(x_{n-1}) = \varphi'(\xi')(x_n - x_{n-1})$$

所以

$$|x_{n+1} - x_n| \leqslant q|x_n - x_{n-1}| \leqslant \cdots \leqslant q^n|x_1 - x_0| \tag{2.2.5}$$

又由于

$$|x_{n+p} - x_n| = |(x_{n+p} - x_{n+p-1}) + (x_{n+p-1} - x_{n+p-2}) + \cdots + (x_{n+1} - x_n)|$$
$$\leqslant |x_{n+p} - x_{n+p-1}| + |x_{n+p-1} - x_{n+p-2}| + \cdots + |x_{n+1} - x_n|$$

所以

$$|x_{n+p} - x_n| \leqslant (q^{p-1} + q^{p-2} + \cdots + q + 1)|x_{n+1} - x_n| = \frac{1-q^p}{1-q}|x_{n+1} - x_n|$$

令 $p \to +\infty$,有

$$|x^* - x_n| \leqslant \frac{1}{1-q}|x_{n+1} - x_n|$$

也即

$$|x_n - x^*| \leqslant \frac{1}{1-q}|x_{n+1} - x_n|$$

这样(2.2.4)式得证.再由(2.2.5)式得

$$|x_n - x^*| \leqslant \frac{q^n}{1-q}|x_1 - x_0|$$

这样(2.2.3)式也得证.

这个定理是一个很实用的收敛定理.一方面它可以判定我们所构造的迭代函数 $\varphi(x)$ 是否收敛.另一方面(2.2.3)式还可以估计迭代次数.但结果偏保守,次数也偏大,实际中很少用.通常由(2.2.4)式,当 $|x_{n+1} - x_n| < \varepsilon$ (ε 为给定精度)时,认为 $|x^* - x_n| < \varepsilon$,方可停止迭代,这时 x_n 就是 x^* 满足精度的一个近似解了.

定理2 对于方程 $x = \varphi(x)$,如果满足

(1) 对任意 $x \in [a,b]$,有 $\varphi(x) \in [a,b]$;

(2) 对任意 $x \in [a,b]$,有 $|\varphi'(x)| \leqslant q < 1$.

则对任意 $x_0 \in [a,b]$,迭代 $x_{n+1} = \varphi(x_n)$ 所决定的序列 $\{x_n\}$ 收敛于 $x = \varphi(x)$ 的根 x^*,且(2.2.3)、(2.2.4)式也都成立.

证明与定理 1 相仿,故略去.

以上两定理中的条件要严格验证都较困难,实用时常用以下不严格的标准.

有根区间 $[a,b]$ 较小,对某一 $x_0 \in [a,b]$,$|\varphi'(x_0)|$ 明显小于 1,由 $\varphi'(x)$ 连续性知在 x_0 的某领域内 $|\varphi'(x)|$ 也小于 1,则迭代收敛.

例 2 考察例 1 中四种迭代法在根附近的收敛情况,取根的近似值为 $x_0 = 1.5$.

解 (1) $\varphi(x) = x - x^3 - 4x^2 + 10$

$\varphi'(x) = 1 - 3x^2 - 8x$

$|\varphi'(1.5)| = 17.75 > 1$ 不收敛,

(2) $\varphi(x) = \sqrt{\dfrac{10}{x} - 4x}$

$\varphi'(x) = \dfrac{1}{2}(\dfrac{10}{x} - 4x)^{-\frac{1}{2}} \cdot (-\dfrac{10}{x^2} - 4)$

$|\varphi'(1.5)| \approx 5.128 > 1$ 不收敛,

(3) $\varphi(x) = \dfrac{1}{2}\sqrt{10 - x^3}$

$\varphi'(x) = \dfrac{-3}{4}x^2(10 - x^3)^{-\frac{1}{2}}$

$|\varphi'(1.5)| \approx 0.656 < 1$ 收敛,

(4) $\varphi(x) = \sqrt{\dfrac{10}{4 + x}}$

$\varphi'(x) = -5(\dfrac{10}{4 + x})^{-\frac{1}{2}} \cdot \dfrac{1}{(4 + x)^2}$

$|\varphi'(1.5)| \approx 0.122 < 1$ 收敛.

上例说明 $\varphi'(x_0)$ 值越小,收敛速度就越快.

2.2.4 迭代法的收敛速度

用迭代法求方程的近似根,我们不仅要构造适当的 $\varphi(x)$ 要求它收敛,而且还需要知道它的收敛速度.关于收敛速度,有如下定义:

定义 2 设序列 $\{x_n\}$ 收敛于 x^*,令 $\varepsilon_n = x^* - x_n$,若存在某实数 $p \geqslant 1$ 及正常数 C,使

$$\lim_{n \to \infty} \dfrac{|\varepsilon_{n+1}|}{|\varepsilon_n|^p} = C \tag{2.2.6}$$

则称序列 $\{x_n\}$ p 阶收敛.如果序列 $\{x_n\}$ 是由 $x_{n+1} = \varphi(x_n)$ 产生的,且 p 阶收敛,

则称这种迭代过程是 p 阶收敛的.

当 $p = 1$,且 $C < 1$ 时,称为线性收敛;

当 $p = 2$ 时,称为平方收敛(或二次收敛);

当 $1 < p < 2$ 时,称为超线性收敛.

同前面一样,设 $x_{n+1} = \varphi(x_n), x^* = \varphi(x^*)$,则有

$$x^* - x_{n+1} = \varphi'(\xi)(x^* - x_n) \qquad (\xi 在 x^* 与 x_n 之间)$$

所以

$$\varepsilon_{n+1} = \varphi'(\xi)\varepsilon_n$$

因而

$$\frac{|\varepsilon_{n+1}|}{|\varepsilon_n|} = |\varphi'(\xi)| \to |\varphi'(x^*)| \qquad (n \to \infty)$$

若 $0 < |\varphi'(x^*)| < 1$,则迭代过程为线性收敛.

若 $|\varphi'(x^*)| = 0$,由泰勒展开得

$$\varphi(x_n) = \varphi(x^*) + \frac{\varphi''(\xi)}{2}(x_n - x^*)^2$$

设 $\varphi''(x^*) \neq 0$,则

$$x_{n+1} - x^* = \varphi(x_n) - \varphi(x^*) = \frac{\varphi''(\xi)}{2}(x_n - x^*)^2$$

从而

$$\frac{|\varepsilon_{n+1}|}{|\varepsilon_n|^2} \to \frac{|\varphi''(x^*)|}{2} > 0 \qquad (n \to \infty)$$

此时迭代过程为二阶收敛.

定理 3 设 $\varphi(x)$ 在 $x = \varphi(x)$ 的根 x^* 邻近有连续的 p 阶导数,当 $|\varphi'(x)| < 1$,且 $\varphi'(x^*) \neq 0$ 时,迭代过程 $x_{n+1} = \varphi(x_n)$ 为线性收敛;而当 $\varphi'(x^*) = 0$,$\varphi''(x^*) \neq 0$ 时为二阶收敛.

一般来说,若 $\varphi'(x^*) = \varphi''(x^*) = \cdots = \varphi^{(p-1)}(x^*) = 0$,而 $\varphi^{(p)}(x^*) \neq 0$,则称 $x_{n+1} = \varphi(x_n)$ 在 x^* 附近为 p 阶收敛.

2.3 迭代收敛的加速

从 $f(x) = 0$ 构造出的迭代格式 $x = \varphi(x)$ 可能收敛也可能不收敛,在收敛的情形,收敛速度也取决于 $|\varphi'(x)|$ 的大小,当 $|\varphi'(x)|$ 接近于 1 时,收敛可能很慢.后两种情形都影响迭代法的应用.能否从 $x = \varphi(x)$ 出发构造出新的迭代形式,使收敛速度加快呢?

2.3.1 松弛法

对 $x = \varphi(x)$ 引入一个任意常数 λ 作为参数,并假设 $\lambda \neq -1$,在方程两边加上 λx,得

$$(1 + \lambda)x = \lambda x + \varphi(x)$$

于是

$$x = \frac{\lambda}{1+\lambda}x + \frac{1}{1+\lambda}\varphi(x) \qquad (2.3.1)$$

显然方程(2.3.1)式与方程 $x = \varphi(x)$ 等价,若令 $\psi(x) = \frac{\lambda}{1+\lambda}x + \frac{1}{1+\lambda}\varphi(x)$,(2.3.1)式可写成

$$x = \psi(x) \qquad (2.3.2)$$

为了使得用 $x = \psi(x)$ 做迭代比用 $x = \varphi(x)$ 做迭代收敛的更快,我们希望 $|\psi'(x)|$ 比 $|\varphi'(x)|$ 更小,又由于

$$\psi'(x) = \frac{1}{1+\lambda}(\lambda + \varphi'(x)) \qquad (2.3.3)$$

若 $\varphi'(x)$ 连续,则当 x 在根 x^* 附近时,$\varphi'(x)$ 也在 $\varphi'(x^*)$ 附近,为此选取 $\lambda = -\varphi'(x^*)$。这样可以使得 $|\psi'(x)|$ 较小。但在求解过程中 x^* 未知,故用 x_n 来代替,只要 $\lambda_n = -\varphi'(x_n) \neq -1$,记 $\omega_n = \frac{1}{1+\lambda_n}$,于是代入(2.3.1)式有松弛法迭代公式

$$\begin{cases} \omega_n = \dfrac{1}{1-\varphi'(x_n)} \\ x_{n+1} = (1-\omega_n)x_n + \omega_n\varphi(x_n) \end{cases}, \quad n = 0,1,2,\cdots \qquad (2.3.4)$$

ω_n 称为松弛因子。松弛法的加速效果是明显的,甚至不收敛的迭代函数经加速后一般也能获得收敛。

2.3.2 埃特金方法

用松弛法计算时,要先算 $\varphi'(x_n)$,在使用时有时不太方便,假若在求得 x_n 以后,先求出

$$x_{n+1}^{(1)} = \varphi(x_n) \text{ 和 } x_{n+1}^{(2)} = \varphi(x_{n+1}^{(1)})$$

再利用 $x_{n+1}^{(1)}$ 和 $x_{n+1}^{(2)}$ 构造格式

$$x_{n+1} = x_{n+1}^{(2)} - \frac{(x_{n+1}^{(2)} - x_{n+1}^{(1)})^2}{x_{n+1}^{(2)} - 2x_{n+1}^{(1)} + x_n}$$

由此得到埃特金(Altken)公式

$$\begin{cases} x_{n+1}^{(1)} = \varphi(x_n) \\ x_{n+1}^{(2)} = \varphi(x_{n+1}^{(1)}) \\ x_{n+1} = x_{n+1}^{(2)} - \dfrac{(x_{n+1}^{(2)} - x_{n+1}^{(1)})^2}{x_{n+1}^{(2)} - 2x_{n+1}^{(1)} + x_n} \end{cases}, \quad n = 0,1,2,\cdots \qquad (2.3.5)$$

它的加速效果也十分明显.

例 分别用松弛法、埃特金法求方程 $x^3 + 4x^2 - 10 = 0$ 在初值 $x_0 = 1.5$ 附近的一个根,取迭代格式

$$x = \left(\frac{10}{4+x}\right)^{\frac{1}{2}}$$

解 用松弛法计算,取

$$\varphi(x) = \left(\frac{10}{4+x}\right)^{\frac{1}{2}}$$

$$\varphi'(x) = -\frac{\sqrt{10}}{2}(4+x)^{-\frac{3}{2}}$$

因此松弛法的迭代公式为

$$\begin{cases} w_n = \dfrac{1}{1 + \dfrac{\sqrt{10}}{2}(4+x_n)^{-\frac{3}{2}}} \\ x_{n+1} = (1-w_n)x_n + w_n\varphi(x_n) \end{cases}, \quad n = 0,1,2,\cdots$$

列表 2-5 计算如下:

表 2-5

n	0	1	2	3
w_n	0.890803686	0.887123141	0.887130869	
x_n	1.5	1.364953916	1.365230012	1.365230013

用埃特金方法计算,迭代格式为

$$\begin{cases} x_{n+1}^{(1)} = \left(\dfrac{10}{4+x_n}\right)^{\frac{1}{2}} \\ x_{n+1}^{(2)} = \left(\dfrac{10}{4+x_{n+1}^{(1)}}\right)^{\frac{1}{2}} \\ x_{n+1} = x_{n+1}^{(2)} - \dfrac{(x_{n+1}^{(2)} - x_{n+1}^{(1)})^2}{x_{n+1}^{(2)} - 2x_{n+1}^{(1)} + x_n} \end{cases}, \quad n = 0,1,2,\cdots$$

列表2-6 计算如下:

表 2-6

n	0	1	2
x_n	1.5	1.365265224	1.365230013
$x_{n+1}^{(1)}$	1.348399725	1.365225534	
$x_{n+1}^{(2)}$	1.367376372	1.365230583	

与 2.2 节例 1 中(3)与(4)相比收敛速度明显加快.

2.4 牛顿法

解非线性方程 $f(x) = 0$ 的牛顿(Newton)法,就是将非线性方程线性化的一种方法.它是解代数方程和超越方程的有效方法之一.

2.4.1 牛顿法的基本思想

把非线性函数 $f(x)$ 在 x_0 处展开成泰勒级数

$$f(x) = f(x_0) + (x - x_0)f'(x_0) + (x - x_0)^2 \frac{f''(x_0)}{2!} + \cdots$$

取其线性部分,作为非线性方程 $f(x) = 0$ 的近似方程,则有

$$f(x_0) + (x - x_0)f'(x_0) = 0$$

设 $f'(x_0) \neq 0$,则其解为

$$x_1 = x_0 - \frac{f(x_0)}{f'(x_0)} \tag{2.4.1}$$

再把 $f(x)$ 在 x_1 处展开为泰勒级数,取其线性部分为 $f(x) = 0$ 的近似方程,若 $f'(x_1) \neq 0$,则得

$$x_2 = x_1 - \frac{f(x_1)}{f'(x_1)}$$

如此继续下去,得到牛顿法的迭代公式

$$x_{n+1} = x_n - \frac{f(x_n)}{f'(x_n)}, \qquad n = 0, 1, 2, \cdots \tag{2.4.2}$$

例 用牛顿法求方程 $f(x) = x^3 + 4x^2 - 10 = 0$ 在 $[1,2]$ 内一个实根,取初始近似值 $x_0 = 1.5$.

解 因为

$$f'(x) = 3x^2 + 8x$$

所以迭代公式为

$$x_{n+1} = x_n - \frac{x_n^3 + 4x_n^2 - 10}{3x_n^2 + 8x_n}, \qquad n = 0,1,2,\cdots$$

列表 2-7 计算如下:

表 2-7

n	0	1	2	3
x_n	1.5	1.3733333	1.36526201	1.36523001

2.4.2 牛顿法的几何意义

方程 $f(x) = 0$ 的根就是曲线 $y = f(x)$ 与 x 轴交点的横坐标 x^*,当初始近似值 x_0 选取后,过 $(x_0, f(x_0))$ 做切线,其切线方程为

$$y - f(x_0) = f'(x_0)(x - x_0)$$

它与 x 轴交点的横坐标为

$$x_1 = x_0 - \frac{f(x_0)}{f'(x_0)}$$

一般地,设 x_n 是 x^* 的第 n 次近似值,过 $(x_n, f(x_n))$ 做 $y = f(x)$ 的切线,其切线与 x 轴交点的横坐标为

$$x_{n+1} = x_n - \frac{f(x_n)}{f'(x_n)}$$

即用切线与 x 轴交点的横坐标近似代替曲线与 x 轴交点的横坐标,如图 2-4.

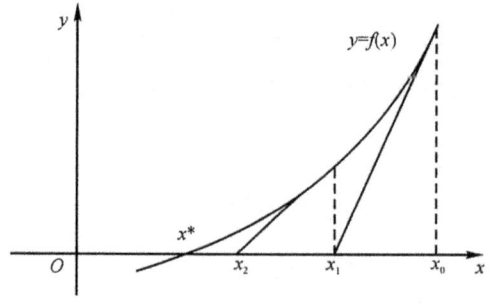

图 2-4

牛顿法正因为有此明显的几何意义,所以也叫切线法.

2.4.3 牛顿法的收敛性及收敛速度

定理 设 $f(x)$ 在 $[a,b]$ 满足
(1) $f(a) \cdot f(b) < 0$;

(2) $f'(x), f''(x)$ 均存在,且 $f'(x)$ 与 $f''(x)$ 的符号均保持不变;

(3) $f(x_0) \cdot f''(x) > 0, x_0 、 x \in [a,b]$.

则方程 $f(x) = 0$ 在 $[a,b]$ 上有且只有一个实根,由牛顿法迭代公式计算得到的近似解序列 $\{x_n\}$ 收敛于方程 $f(x) = 0$ 的根 x^*.

由方程 $f(x) = 0$ 得到的牛顿迭代形式

$$x = x - \frac{f(x)}{f'(x)} = \varphi(x)$$

$$\varphi'(x) = 1 - \frac{[f'(x)]^2 - f(x)f''(x)}{[f'(x)]^2} = \frac{f(x)f''(x)}{[f'(x)]^2}$$

由于 $f(x^*) = 0$,所以当 $f'(x^*) \neq 0$ 时,$\varphi'(x^*) = 0$,牛顿法至少是二阶收敛的,即牛顿法在单根附近至少是二阶收敛的,在重根附近是线性收敛的.

牛顿法收敛很快,而且可求复根,缺点是对重根收敛较慢,要求函数的一阶导数存在.

2.4.4 牛顿二阶导数法

这里将简单介绍一下牛顿二阶导数法.对其几何意义及收敛性不做详细的叙述,读者可仿照牛顿法进行讨论,其基本思想如下.

将 $f(x)$ 在 x_0 处展开泰勒级数

$$f(x) = f(x_0) + f'(x_0)(x - x_0) + \frac{1}{2!}f''(x_0)(x - x_0)^2 + \cdots$$

取右端前三项近似代替 $f(x)$,于是得 $f(x) = 0$ 的近似方程为

$$f(x_0) + f'(x_0)(x - x_0) + \frac{1}{2!}f''(x_0)(x - x_0)^2 = 0$$

也即

$$f(x_0) + (x - x_0)\left[f'(x_0) + \frac{f''(x_0)}{2}(x - x_0)\right] = 0 \quad (2.4.3)$$

设其解为 x_1.利用(2.4.1)式, $x_1 - x_0 = -\frac{f(x_0)}{f'(x_0)}$,代入(2.4.3)中括号内 $x_1 - x_0$,则得

$$f(x_0) + (x_1 - x_0)\left[f'(x_0) - \frac{f''(x_0)}{2}\frac{f(x_0)}{f'(x_0)}\right] = 0$$

于是解出 x_1 ,得

$$x_1 = x_0 - \frac{f(x_0)}{f'(x_0) - \dfrac{f''(x_0)f(x_0)}{2f'(x_0)}}$$

重复以上过程得

$$x_{n+1} = x_n - \frac{f(x_n)}{f'(x_n) - \frac{f''(x_n)f(x_n)}{2f'(x_n)}}$$

于是得牛顿二阶导数法的迭代公式为

$$x_{n+1} = x_n - \frac{2f(x_n)f'(x_n)}{2[f'(x_n)]^2 - f''(x_n)f(x_n)}, \qquad n=0,1,2,\cdots \quad (2.4.4)$$

上式与牛顿法迭代公式(2.4.2)相比,利用此公式求根收敛更快,迭代次数更少.其缺点是要求 $f(x)$ 的二阶导数存在.

2.5 割 线 法

用牛顿法解非线性方程 $f(x) = 0$,虽然在单根附近有较高的收敛速度,但需要计算 $f'(x)$.若 $f(x)$ 比较复杂时,每次计算 $f'(x)$ 带来很多不便;如果用不计算导数的迭代方法,往往只有线性收敛的速度.本节我们介绍割线法,采取在迭代过程中不仅用前一步 x_n 处的函数值,而且还使用 x_{n-1} 处的函数值来构造迭代函数,这样做能提高迭代的收敛速度.

2.5.1 割线法的基本思想

设非线性方程 $f(x) = 0$,其中 $f(x)$ 为 $[a,b]$ 上的连续函数,且 $f(a) \cdot f(b) < 0$.

设 x_0、x_1 为 $f(x) = 0$ 的根 x^* 的两个初始近似值,过 $(x_0, f(x_0))$ 和 $(x_1, f(x_1))$ 做一直线,其方程为

$$y - f(x_1) + \frac{f(x_1) - f(x_0)}{x_1 - x_0}(x - x_1)$$

当 $f(x_1) \neq f(x_0)$ 时,此直线与 x 轴交点为

$$x_2 = x_1 - \frac{f(x_1)}{f(x_1) - f(x_0)}(x_1 - x_0) \quad (2.5.1)$$

x_2 作为 $f(x) = 0$ 根的第二次近似值,可以预期 x_2 比 x_0, x_1 更接近于 x^*.重复上述过程可得 $x_3, x_4, \cdots, x_{n-1}, x_n$,从而可得割线法的迭代公式

$$x_{n+1} = x_n - \frac{f(x_n)}{f(x_n) - f(x_{n-1})}(x_n - x_{n-1}), \qquad n = 1,2,\cdots \quad (2.5.2)$$

很明显,它也可由牛顿法用差商 $\frac{f(x_n) - f(x_{n-1})}{x_n - x_{n-1}}$ 近似代替微商 $f'(x_n)$ 而得.

若把(2.5.2)式中的 x_{n-1} 换为 x_0,则得迭代公式

$$x_{n+1} = x_n - \frac{f(x_n)}{f(x_n) - f(x_0)}(x_n - x_0), \qquad n = 1,2,\cdots \quad (2.5.3)$$

2.5 割线法

显然,它也可由牛顿法用差商 $\dfrac{f(x_n) - f(x_0)}{x_n - x_0}$ 近似代替微商 $f'(x_n)$ 而得.

以上两种迭代方法都称为割线法(或弦截法). (2.5.2)式称为双点割线法,也称为有记忆割线法. (2.5.3)式称为单点割线法.它们都需要 x^* 邻近的两个初始近似值 x_0、x_1 才能启动.

例 用双点割线法求方程 $x^3 - 3x + 1 = 0$ 在 0.5 附近的根(精确到小数点后第6位).

解 令 $f(x) = x^3 - 3x + 1$

$$x_{n+1} = x_n - \frac{f(x_n)}{f(x_n) - f(x_{n-1})}(x_n - x_{n-1}), \quad n = 1, 2, \cdots$$

即

$$x_{n+1} = x_n - \frac{x_n^3 - 3x_n + 1}{x_n^3 - 3x_n - x_{n-1}^3 + 3x_{n-1}}(x_n - x_{n-1}), \quad n = 1, 2, \cdots$$

取 $x_0 = 0.5, x_1 = 0.2$ 列表 2-8 计算.

表 2-8

n	1	2	3	4	5
x_{n-1}	0.5	0.2	0.356322	0.347731	0.347295
x_n	0.2	0.356322	0.347731	0.347295	0.347296

2.5.2 割线法的几何意义

双点割线法是用过点 $(x_0, f(x_0))$ 和 $(x_1, f(x_1))$ 两点的割线与 x 轴交点的横坐标 x_2 作为 x^* 的新近似值.重复此过程,用过点 $(x_{n-1}, f(x_{n-1}))$ 和 $(x_n, f(x_n))$ 两点的割线法与 x 轴交点的横坐标 x_{n+1} 来作为 x^* 的下一新的近似值.如图 2-5.

单点迭代法则是用过点 $(x_0, f(x_0))$ 和 $(x_n, f(x_n))$ 两点的割线与 x 轴交点的横坐标 x_{n+1} 来作为 x^* 的近似值,如图 2-6.

2.5.3 割线法收敛的速度

定理 设方程 $f(x) = 0$ 的根为 x^*.若 $f(x)$ 在 x^* 附近有连续的二阶导数,$f'(x^*) \neq 0$,而初值 x_0、x_1 充分接近 x^*,则双点割线法的迭代过程收敛,收敛速度为

$$|x_{n+1} - x^*| \approx \left|\frac{f''(x^*)}{2f'(x^*)}\right|^{0.618} |x_n - x^*|^{1.618}$$

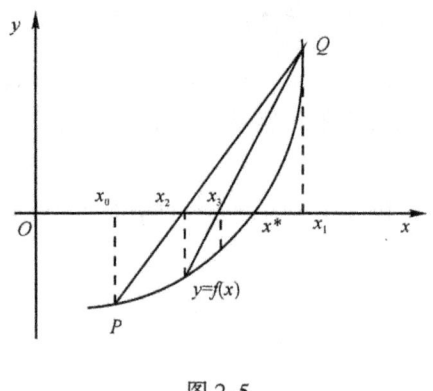
图 2-5

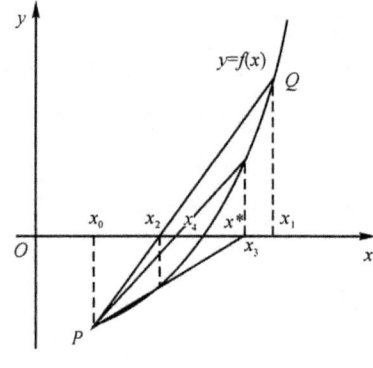
图 2-6

这说明它是超线性收敛的($p = 1.618 > 1$).而单点割线法在单根附近是线性收敛的.

习 题 2

1. 用二分法求方程 $f(x) = x^2 - x - 1 = 0$ 的正根,精确到 10^{-3}.

2. 用二分法求方程 $e^x + 10x - 2 = 0$ 在区间 $(0,1)$ 内的根,要求精确到 3 位小数.

3. 证明方程 $1 - x - \sin x = 0$ 在区间 $(0,1)$ 内有一根.若用二分法经过多少次对分求得的近似根误差大于 0.5×10^{-4}.

4. 用迭代法求方程 $x^3 - x - 1 = 0$ 的正根,下面有三种迭代格式:

(1) $x = x^3 - 1$; (2) $x = \sqrt[3]{x+1}$; (3) $x = \sqrt[2]{1 + \dfrac{1}{x}}$.

判定它们在 $x_0 = 2$ 附近的收敛情况,并选择收敛方法求出具有 4 位有效数字的近似根.

5. 将非线性方程
$$2\cos x - e^x = 0$$
写成收敛的迭代形式,并求其在 $x_0 = 0.5$ 附近的根,精确到 10^{-2}.

6. 方程 $f(x) = 0$,取迭代格式 $x = x + cf(x)$,其中 c 为非零常数,若 $f(a) = 0, f'(a) \neq 0$,为使迭代收敛于 a,c 取值的范围应是多少?

7. 用松弛法将本节题 4 迭代格式(1)加速,并求 1.5 附近的根,取 4 位小数.

8. 用迭代法求 $x = \cos x$ 的正根收敛较慢,试用埃特金方法加速收敛,求此根到 4 位小数,并与迭代法的速度比较.

9. 用牛顿法计算 $\sqrt{115}$,精确到 5 位小数.

10. 用牛顿法求方程 $f(x) = x^3 - x - 1 = 0$ 在 $x_0 = 1.5$ 附近的实根,精确到 4 位小数.

11. 用牛顿法求 $\dfrac{1}{\sqrt{a}}$,写出迭代公式.

12. 用割线法计算方程 $x^3 - 3x - 1 = 0$ 的根,取 $x_0 = 2, x_1 = 1.8$,精确到 4 位小数.

13. 用割线法求方程 $f(x) = x^4 + 2x^2 - x - 3 = 0$ 的根,取 $x_0 = 1, x_1 = 1.5$,精确到小数点后 3 位.

第 3 章　线性方程组的数值方法

在自然科学和工程技术中很多问题的解决常常归结为求解线性代数方程组

$$\begin{cases} a_{11}x_1 + a_{12}x_2 + \cdots + a_{1n}x_n = b_1 \\ a_{21}x_1 + a_{22}x_2 + \cdots + a_{2n}x_n = b_2 \\ \quad\cdots\cdots \\ a_{n1}x_1 + a_{n2}x_2 + \cdots + a_{nn}x_n = b_n \end{cases}$$

当它的系数行列式不为零时,由克拉默法则可以给出方程组的唯一解,但是这一理论上完善的结果,在实际计算中可以说没有什么用处.因此如何建立在计算机上可以实现的有效而实用的解法,具有极其重要的意义.这些方法大致可分为两类:一类是直接法,就是经过有限步算术运算,可求得方程组精确解的方法(如果每步计算都是精确进行的话);另一类是迭代法,就是用某种极限过程去逐步逼近其精确解的方法.

本章将阐述这两类算法中最基本的高斯消元法及其变形、矩阵分解法、雅可比迭代法、高斯-赛德尔迭代法等.

3.1　高斯消元法

3.1.1　回代过程

设系数矩阵为 n 阶上三角矩阵的线性方程组

$$\begin{cases} a_{11}x_1 + a_{12}x_2 + \cdots + a_{1n}x_n = b_1 \\ \qquad\quad a_{22}x_2 + \cdots + a_{2n}x_n = b_2 \\ \qquad\qquad\qquad \cdots\cdots \\ \qquad\qquad\qquad\qquad a_{nn}x_n = b_n \end{cases} \quad (3.1.1)$$

如果 $a_{11}, a_{22}, \cdots, a_{nn}$ 都不等于零,则由方程组(3.1.1)自下而上可以逐次求出 x_n, $x_{n-1}, \cdots, x_1$ 为

$$\begin{cases} x_n = \dfrac{b_n}{a_{nn}} \\ x_k = \dfrac{b_k - \sum\limits_{j=k+1}^{n} a_{kj}x_j}{a_{kk}}, \qquad k = n-1, n-2, \cdots, 1 \end{cases} \quad (3.1.2)$$

按上述公式求方程组(3.1.1)解的过程称为回代过程.

不难看出,解方程组(3.1.1)共需 $\frac{1}{2}n(n+1)$ 次乘除法和 $\frac{1}{2}n(n-1)$ 次加减法.这恰好是用一个 n 阶三角方阵乘 n 维向量所需的运算次数.当 n 较大时,$n^2 \gg n$,同时加减法运算速度远快于乘除法的运算速度,所以,可用 $\frac{1}{2}n^2$ 次乘除法来近似表示回代过程的运算量.

3.1.2 消元过程

设有线性方程组

$$\begin{cases} a_{11}x_1 + a_{12}x_2 + \cdots + a_{1n}x_n = b_1 \\ a_{21}x_1 + a_{22}x_2 + \cdots + a_{2n}x_n = b_2 \\ \cdots\cdots \\ a_{n1}x_1 + a_{n2}x_2 + \cdots + a_{nn}x_n = b_n \end{cases} \quad (3.1.3)$$

为了符号统一,记 $a_{ij}^{(0)} = a_{ij}, a_{in+1}^{(0)} = b_i (i=1,2,\cdots,n; j=1,2,\cdots,n)$,则原方程组改写成

$$\begin{cases} a_{11}^{(0)}x_1 + a_{12}^{(0)}x_2 + \cdots + a_{1n}^{(0)}x_n = a_{1n+1}^{(0)} \\ a_{21}^{(0)}x_1 + a_{22}^{(0)}x_2 + \cdots + a_{2n}^{(0)}x_n = a_{2n+1}^{(0)} \\ \cdots\cdots \\ a_{n1}^{(0)}x_1 + a_{n2}^{(0)}x_2 + \cdots + a_{nn}^{(0)}x_n = a_{nn+1}^{(0)} \end{cases} \quad (3.1.3')$$

如果 $a_{11}^{(0)} \neq 0$,那么就可以保留其中第 1 个方程并利用它分别与其余方程消去第 1 个未知量.令

$$l_{i1} = \frac{a_{i1}^{(0)}}{a_{11}^{(0)}}, \quad i = 2, 3, \cdots, n \quad (3.1.4)$$

则以 $-l_{i1}$ 乘第 1 个方程加到第 i 个方程中,就把方程组(3.1.3')化为

$$\begin{cases} a_{11}^{(0)}x_1 + a_{12}^{(0)}x_2 + \cdots + a_{1n}^{(0)}x_n = a_{1n+1}^{(0)} \\ \quad\quad a_{22}^{(1)}x_2 + \cdots + a_{2n}^{(1)}x_n = a_{2n+1}^{(1)} \\ \quad\quad\quad\quad \cdots\cdots \\ \quad\quad a_{n2}^{(1)}x_2 + \cdots + a_{nn}^{(1)}x_n = a_{nn+1}^{(1)} \end{cases} \quad (3.1.5)$$

其中

$$a_{ij}^{(1)} = a_{ij}^{(0)} - l_{i1}a_{1j}^{(0)}, \quad i = 2,3,\cdots,n, \quad j = 2,3,\cdots,n+1 \quad (3.1.6)$$

由方程组(3.1.3')化为(3.1.5)的过程中,元素 $a_{11}^{(0)}$ 起着特殊的作用,特把元素 $a_{11}^{(0)}$ 称为主元素.

如果方程组(3.1.5)中 $a_{22}^{(1)} \neq 0$,则以 $a_{22}^{(1)}$ 为主元素,并利用类似的方法消去

3.1 高斯消元法

第 $3,4,\cdots,n$ 个方程中的第 2 个未知量,即令

$$l_{i2} = \frac{a_{i2}^{(1)}}{a_{22}^{(1)}}, \qquad i = 3,4,\cdots,n \tag{3.1.7}$$

则以 $-l_{i2}$ 乘以第 2 个方程加到第 i 个方程中,于是得到新的方程组

$$\begin{cases} a_{11}^{(0)}x_1 + a_{12}^{(0)}x_2 + a_{13}^{(0)}x_3 + \cdots + a_{1n}^{(0)}x_n = a_{1n+1}^{(0)} \\ \qquad a_{22}^{(1)}x_2 + a_{23}^{(1)}x_3 + \cdots + a_{2n}^{(1)}x_n = a_{2n+1}^{(1)} \\ \qquad\qquad a_{33}^{(2)}x_3 + \cdots + a_{3n}^{(2)}x_n = a_{3n+1}^{(2)} \\ \qquad\qquad \cdots\cdots \\ \qquad\qquad a_{n3}^{(2)}x_3 + \cdots + a_{nn}^{(2)}x_n = a_{nn+1}^{(2)} \end{cases} \tag{3.1.8}$$

其中

$$a_{ij}^{(2)} = a_{ij}^{(1)} - l_{i2}a_{2j}^{(1)}, \quad i = 3,\cdots,n, \quad j = 3,\cdots,n+1 \tag{3.1.9}$$

重复上述过程 $n-1$ 步后,我们得到原方程组等价的系数矩阵为三角形方阵的方程组

$$\begin{cases} a_{11}^{(0)}x_1 + a_{12}^{(0)}x_2 + a_{13}^{(0)}x_3 + \cdots + a_{1n}^{(0)}x_n = a_{1n+1}^{(0)} \\ \qquad a_{22}^{(1)}x_2 + a_{23}^{(1)}x_3 + \cdots + a_{2n}^{(1)}x_n = a_{2n+1}^{(1)} \\ \qquad\qquad a_{33}^{(2)}x_3 + \cdots + a_{3n}^{(2)}x_n = a_{3n+1}^{(2)} \\ \qquad\qquad \cdots\cdots \\ \qquad\qquad\qquad a_{nn}^{(n-1)}x_n = a_{nn+1}^{(n-1)} \end{cases} \tag{3.1.10}$$

其中

$$l_{ik} = \frac{a_{ik}^{(k-1)}}{a_{kk}^{(k-1)}} \tag{3.1.11}$$

$$\begin{cases} a_{ij}^{(k)} = a_{ij}^{(k-1)} - l_{ik}a_{kj}^{(k-1)} \\ k = 1,2,\cdots,n-1 \\ i = k+1,k+2,\cdots,n; j = k+1,k+2,\cdots,n+1 \end{cases} \tag{3.1.12}$$

把方程组(3.1.3)逐步化为方程组(3.1.10)的过程称为消元过程. 最后,由回代过程可求得原方程组的解为

$$\begin{cases} x_n = \dfrac{a_{nn+1}^{(n-1)}}{a_{nn}^{(n-1)}} \\ x_k = \dfrac{a_{kn+1}^{(k-1)} - \sum\limits_{j=k+1}^{n} a_{kj}^{(k-1)}x_j}{a_{kk}^{(k-1)}}, \quad k = n-1,n-2,\cdots,2,1 \end{cases} \tag{3.1.13}$$

这种通过消元、再回代的求解方法称为高斯(Gauss)消元法(其特点是始终消去主对角线下方的元素).

注意到,上标 k 仅仅用来识别一次消元前后系数矩阵的变化,而 $a_{ij}^{(k)}$ 变为 $a_{ij}^{(k+1)}$ 后,$a_{ij}^{(k)}$ 不再使用,所以在计算机存储中只要用 $a_{ij}^{(k+1)}$ 冲掉 $a_{ij}^{(k)}$ 即可;另一方面,主元素所在列中主元素下面的各元素在消元过程中必然是零,而且在后面将要列出的回代过程中也不用它们,所以没有必要通过计算得到它们,从而在消元过程中 j 就可从 $k+1$ 开始,这样做还可以节约计算时间.

例 用高斯消元法求解方程组

$$\begin{cases} 2x_1 + 8x_2 + 2x_3 = 14 \\ x_1 + 6x_2 - x_3 = 13 \\ 2x_1 - x_2 + 2x_3 = 5 \end{cases}$$

解 用第 1 个方程消去后两个方程中的 x_1,得

$$\begin{cases} 2x_1 + 8x_2 + 2x_3 = 14 \\ 2x_2 - 2x_3 = 6 \\ -9x_2 = -9 \end{cases}$$

再用第 2 个方程消去第 3 个方程中的 x_2,得

$$\begin{cases} 2x_1 + 8x_2 + 2x_3 = 14 \\ 2x_2 - 2x_3 = 6 \\ -9x_3 = 18 \end{cases}$$

最后,经过回代求得原方程组的解为

$$x_3 = \frac{18}{-9} = -2$$

$$x_2 = \frac{6 + 2x_3}{2} = 1$$

$$x_1 = \frac{14 - 8x_2 - 2x_3}{2} = 5$$

3.1.3 高斯消元法的条件与运算量

从消元过程可以看出,对于 n 阶线性方程组,只要各步主元素不为零,即 $a_{kk}^{(k-1)} \neq 0$,经过 $n-1$ 步消元,就可以得到一个等价的系数矩阵为上三角形阵的方程组,然后再利用回代过程可求得原方程组的解.因此,有下面结论

定理 1 如果在消元过程中 A 的主元素不为零,即 $a_{kk}^{(k-1)} \neq 0, k = 1, 2, \cdots, n$,则可通过高斯消元法求出 $Ax = b$ 的解.

矩阵 A 在什么条件下才能保证 $a_{kk}^{(k-1)} \neq 0$,下面的定理给出了这一条件.

引理 在高斯消元过程中系数矩阵 A 的主元素不为零,即 $a_{kk}^{(k-1)} \neq 0(k=1,2,\cdots,n)$ 的充要条件是矩阵 A 的各阶顺序主子式不为零,即

3.1 高斯消元法

$$D_1 = |a_{11}| \neq 0$$

$$D_k = \begin{vmatrix} a_{11} & \cdots & a_{1k} \\ \vdots & & \vdots \\ a_{k1} & \cdots & a_{kk} \end{vmatrix} \neq 0, \quad k = 2, 3, \cdots, n$$

证明 首先利用归纳法证明引理的充分性,显然,当 $n = 1$ 时,引理的充分性是成立的,现假设引理对 $n - 1$ 时也成立,求证引理对 n 也成立,由归纳法假设有

$$a_{kk}^{(k-1)} \neq 0, \quad k = 1, 2, \cdots, n - 1$$

于是可用高斯消元法将 A 化为

$$A \to \begin{bmatrix} a_{11}^{(0)} & a_{12}^{(0)} & \cdots & a_{1\,n-1}^{(0)} & a_{1n}^{(0)} \\ & a_{22}^{(1)} & \cdots & a_{2\,n-1}^{(1)} & a_{2n}^{(1)} \\ & & \ddots & \vdots & \vdots \\ & & & a_{n-1\,n-1}^{(n-2)} & a_{n-1\,n}^{(n-2)} \\ & & & & a_{nn}^{(n-1)} \end{bmatrix}$$

且

$$D_1 = |a_{11}^{(0)}| = a_{11}^{(0)}$$

$$D_2 = \begin{vmatrix} a_{11}^{(0)} & a_{12}^{(0)} \\ 0 & a_{22}^{(1)} \end{vmatrix} = a_{11}^{(0)} a_{22}^{(1)}$$

……

$$D_n = \begin{vmatrix} a_{11}^{(0)} & a_{12}^{(0)} & \cdots & a_{1n}^{(0)} \\ & a_{22}^{(1)} & \cdots & a_{2n}^{(1)} \\ & & \ddots & \vdots \\ & & & a_{nn}^{(n-1)} \end{vmatrix} = a_{11}^{(0)} a_{22}^{(1)} \cdots a_{nn}^{(n-1)}$$

由假设 $D_k \neq 0, k = 1, 2, \cdots, n$,所以有 $a_{nn}^{(n-1)} \neq 0$.

反过来,由上式可知必要性是显然的.

定理 2 如果 n 阶矩阵 A 的所有顺序主子式均不为零,即 $D_k \neq 0, k = 1, 2, \cdots, n$,则可通过高斯消元法求出 $Ax = b$ 的解.

下面考虑求解(3.1.3)式的高斯消元法的运算量. 消元过程需要除法

$$(n - 1) + (n - 2) + \cdots + 2 + 1 = \frac{1}{2} n(n - 1)$$

次,而需要的乘法和加法的次数都是

$$n \cdot (n - 1) + (n - 1) \cdot (n - 2) + \cdots + 2 \cdot 1 = \frac{1}{3} n(n^2 - 1)$$

加上回代过程的运算次数,共需乘、除法的次数为

$$\frac{1}{2}n(n-1) + \frac{1}{3}n(n^2-1) + \frac{1}{2}n(n+1) = \frac{1}{3}n(n^2+3n-1)$$

加、减法的次数为

$$\frac{1}{3}n(n^2-1) + \frac{1}{2}n(n-1) = \frac{1}{6}n(2n^2+3n-5)$$

当 n 较大时，$n^3 \gg n^2$，消元过程的运算量远大于回代过程，从而，高斯消元法中乘除法的次数与加减法的次数近似为 $\frac{1}{3}n^3$.

3.2 高斯主元素消元法

3.2.1 问题的提出

由高斯消元法可知，在消元过程中如果出现 $a_{kk}^{(k-1)} = 0$ 的情况，这时消元法将无法进行；另一方面，即使主元素 $a_{kk}^{(k-1)} \neq 0$，但很小时，用其作除数，会导致其他元素数量级的严重增长和舍入误差的扩散，最后也使得计算结果很不可靠.

例1 解方程组

$$\begin{cases} 0.0003x_1 + 3.0000x_2 = 2.0001 \\ 1.0000x_1 + 1.0000x_2 = 1.0000 \end{cases}$$

(它的精确解为 $x_1 = \frac{1}{3}, x_2 = \frac{2}{3}$).

解法一 用高斯消元法求解(取5位有效数字)，用第一个方程消去第二个方程中的 x_1，得

$$\begin{cases} 0.0003x_1 + 3.0000x_2 = 2.0001 \\ \qquad\qquad -9999.0x_2 = -6666.0 \end{cases}$$

因而再回代，得

$$x_2 = \frac{-6666.0}{-9999.0} \approx 0.6667$$

$$x_1 = \frac{2.0001 - 3.0000 \times 0.6667}{0.0003} = 0$$

显然，这个解与精确解相差太远，不能作为方程组的近似解，其原因是我们在消元过程中使用了小主元素，使得约化后的方程组中的元素量级大大增长，再经舍入使得计算中舍入误差扩散，因此经消元后得到的三角形方程组就不准确了. 为了控制舍入误差，我们采用另一种消元过程.

解法二 为了避免绝对值很小的元素作为主元，先交换两个方程，得到

$$\begin{cases} 1.0000x_1 + 1.0000x_2 = 1.0000 \\ 0.0003x_1 + 3.0000x_2 = 2.0001 \end{cases}$$

消去第二个方程中的 x_1,得
$$\begin{cases} 1.0000x_1 + 1.0000x_2 = 1.0000 \\ \phantom{1.0000x_1 + {}} 2.9997x_2 = 1.9998 \end{cases}$$

再回代,解得
$$x_2 = \frac{1.9998}{2.9997} \approx 0.6667$$
$$x_1 = (1.0000 - 1.0000 \times 0.6667) = 0.3333$$

结果与准确解非常接近.这个例子告诉我们,在采用高斯消元法解方程组时,用做除法的小主元素可能使舍入误差增加,主元素的绝对值越小,则舍入误差影响越大.故应避免采用绝对值小的主元素,同时选主元素尽量的大,这样可使高斯消元法具有较好的数值稳定性.这就是主元素消元法的基本思想.

3.2.2 完全主元素消元法

设 n 阶线性方程组
$$Ax = b \tag{3.2.1}$$
的系数矩阵 A 的秩为 n,即 $R(A) = n$,记 $a_{i\,n+1} = b_i, i = 1, 2, \cdots, n$,则方程组 (3.2.1) 的增广矩阵为

$$\tilde{A}^{(0)} = \begin{bmatrix} a_{11} & a_{12} & \cdots & a_{1n} & a_{1\,n+1} \\ a_{21} & a_{22} & \cdots & a_{2n} & a_{2\,n+1} \\ \vdots & \vdots & & \vdots & \vdots \\ a_{n1} & a_{n2} & \cdots & a_{nn} & a_{n\,n+1} \end{bmatrix} \tag{3.2.2}$$

首先在 A 中选取绝对值最大的元素作为主元素,如
$$|a_{i_1 j_1}| = \max_{\substack{1 \leqslant i \leqslant n \\ 1 \leqslant j \leqslant n}} |a_{ij}|$$

然后交换 $\tilde{A}^{(0)}$ 中的第 1 行与第 i_1 行,第 1 列与第 j_1 列,经第 1 次消元计算,得
$$\tilde{A}^{(0)} \to \tilde{A}^{(1)}$$

仍记
$$\tilde{A}^{(1)} = \begin{bmatrix} a_{11} & a_{12} & \cdots & a_{1n} & a_{1\,n+1} \\ & a_{22} & \cdots & a_{2n} & a_{2\,n+1} \\ & \vdots & & \vdots & \vdots \\ & a_{n2} & \cdots & a_{nn} & a_{n\,n+1} \end{bmatrix}$$

其次,在 $\tilde{A}^{(1)}$ 中的第 2 行至第 n 行及第 2 列至第 n 列选取绝对值最大的元素作为主元素,如
$$|a_{i_2 j_2}| = \max_{\substack{2 \leqslant i \leqslant n \\ 2 \leqslant j \leqslant n}} |a_{ij}|$$

然后交换 $\tilde{A}^{(1)}$ 中的第 2 行与第 i_2 行,第 2 列与第 j_2 列,经第 2 次消元计算,得

$$\tilde{A}^{(1)} \to \tilde{A}^{(2)}$$

仍记

$$\tilde{A}^{(2)} = \begin{bmatrix} a_{11} & a_{12} & a_{13} & \cdots & a_{1n} & a_{1\,n+1} \\ & a_{22} & a_{23} & \cdots & a_{2n} & a_{2\,n+1} \\ & & a_{33} & \cdots & a_{3n} & a_{3\,n+1} \\ & & & & \vdots & \vdots \\ & & & a_{n3} & \cdots & a_{nn} & a_{n\,n+1} \end{bmatrix}$$

重复上述过程,假设已完成了第 $k-1$ 次消元,则在 $\tilde{A}^{(k-1)}$ 的第 k 行到第 n 行,第 k 列到第 n 列中选取绝对值最大的元素作为主元素,如

$$|a_{i_k j_k}| = \max_{\substack{k \leqslant i \leqslant n \\ k \leqslant j \leqslant n}} |a_{ij}| \tag{3.2.3}$$

交换 $\tilde{A}^{(k-1)}$ 的第 k 行与第 i_k 行,第 k 列与第 j_k 列,将 $a_{i_k j_k}$ 作为主元素,再进行消元计算. 最后,将原方程组化为

$$\begin{bmatrix} a_{11} & a_{12} & \cdots & a_{1n} \\ & a_{22} & \cdots & a_{2n} \\ & & \ddots & \vdots \\ & & & a_{nn} \end{bmatrix} \begin{bmatrix} y_1 \\ y_2 \\ \vdots \\ y_n \end{bmatrix} = \begin{bmatrix} a_{1\,n+1} \\ a_{2\,n+1} \\ \vdots \\ a_{n\,n+1} \end{bmatrix} \tag{3.2.4}$$

其中 $y_1, y_2, \cdots, y_n$ 为未知量 $x_1, x_2, \cdots, x_n$ 调换次序后的形式,例如 $y_1 = x_{i_1}$. 最后,通过(3.2.4)进行回代可求得原方程组的解.

这种通过(3.2.3)选主元素进行消元过程,然后回代求解的方法称为高斯完全主元素消元法.

注意到与普通的高斯消元法相同,在每次消元的过程中可用约化后新的 a_{ij} 冲掉约化前旧的 a_{ij},在回代过程中同样可用代入后新的常数项冲掉代入前旧的常数项,并以此表示未知量. 这样可以节省计算机的存储空间.

3.2.3 列主元素消元法

完全主元素消元法在选主元素时要花费较多的机器时间,下面我们介绍另一种常用的方法,即列主元素消元法. 它仅考虑依次按列选主元素,然后换行使之变到主元位置上,再进行消元计算. 显然,在完全主元素消元法中用

$$|a_{i_k k}^{(k-1)}| = \max_{k \leqslant i \leqslant n} |a_{ik}^{(k-1)}| \tag{3.2.5}$$

代替(3.2.3)式且不进行列交换,即得到列主元素消元法.

不难看出,只要线性方程组的系数行列式不为零,则总可由列主元素消元法求

解,同时列主元素消元法既继承了完全主元素消元法具有舍入误差小的优点,保证了一定的精度要求;又耗费机时比完全主元素消元法少很多的特点,故列主元素消元法是常采用的方法之一. 最后,值得指出的是矩阵行的互换过程可以用行指示向量表示,增广矩阵元素的物理位置没有必要改变,这样可以节省机器执行时间. 另外,我们还应该指出与列主元素对应地可进行行主元素消元法.

例 2　求解线性方程组

$$\begin{bmatrix} 0.001 & 2.000 & 3.000 \\ -1.000 & 3.712 & 4.623 \\ -2.000 & 1.072 & 5.643 \end{bmatrix} \begin{bmatrix} x_1 \\ x_2 \\ x_3 \end{bmatrix} = \begin{bmatrix} 1.000 \\ 2.000 \\ 3.000 \end{bmatrix}$$

(用 4 位浮点数进行计算,精确解舍入到 4 位有效数字为 $x = (-0.4904, -0.05104, 0.3675)^T$).

解法一　用列主元素消元法求解

$$\tilde{A} = \begin{bmatrix} 0.001 & 2.000 & 3.000 & 1.000 \\ -1.000 & 3.712 & 4.623 & 2.000 \\ -2.000 & 1.072 & 5.643 & 3.000 \end{bmatrix}$$

$$\rightarrow \begin{bmatrix} -2.000 & 1.072 & 5.643 & 3.000 \\ -1.000 & 3.712 & 4.623 & 2.000 \\ 0.001 & 2.000 & 3.000 & 1.000 \end{bmatrix} \quad \begin{aligned} l_{21} &= \frac{-1.000}{-2.000} = 0.5000 \\ l_{31} &= \frac{0.001}{-2.000} = -0.0005 \end{aligned}$$

$$\rightarrow \begin{bmatrix} -2.000 & 1.072 & 5.643 & 3.000 \\ 0 & 3.176 & 1.801 & 0.500 \\ 0 & 2.001 & 3.003 & 1.002 \end{bmatrix} \quad l_{32} = \frac{2.001}{3.176} = 0.6300$$

$$\rightarrow \begin{bmatrix} -2.000 & 1.072 & 5.643 & 3.000 \\ 0 & 3.176 & 1.801 & 0.500 \\ 0 & 0 & 1.868 & 0.687 \end{bmatrix}$$

回代计算解为

$$x^* = (-0.4990, -0.05113, 0.3678)^T$$

解法二　用完全主元素消元法求解

$$\begin{bmatrix} \tilde{A} \\ I \end{bmatrix} = \begin{bmatrix} 0.001 & 2.000 & 3.000 & 1.000 \\ -1.000 & 3.712 & 4.623 & 2.000 \\ -2.000 & 1.072 & 5.643 & 3.000 \\ 1 & 2 & 3 & 0 \end{bmatrix}$$

$$\rightarrow \begin{bmatrix} 5.643 & 1.072 & -2.000 & 3.000 \\ 4.623 & 3.712 & -1.000 & 2.000 \\ 3.000 & 2.000 & 0.001 & 1.000 \\ 3 & 2 & 1 & 0 \end{bmatrix} \quad \begin{aligned} l_{21} &= \frac{4.623}{5.643} = 0.819 \\ l_{31} &= \frac{3.000}{5.643} = 0.532 \end{aligned}$$

$$\rightarrow \begin{bmatrix} 5.643 & 1.072 & -2.000 & 3.000 \\ 0 & 2.834 & 0.638 & -0.457 \\ 0 & 1.430 & 1.065 & -0.596 \\ 3 & 2 & 1 & 0 \end{bmatrix} \quad l_{32} = \frac{1.430}{2.834} = 0.505$$

$$\rightarrow \begin{bmatrix} 5.643 & 1.072 & -2.000 & 3.000 \\ 0 & 2.834 & 0.638 & -0.457 \\ 0 & 0 & 0.743 & -0.365 \\ 3 & 2 & 1 & 0 \end{bmatrix}$$

回代计算得

$$y^* = (0.367, -0.0511, 0.491)^T$$

从而原方程的解为

$$x^* = (-0.491, -0.051, 0.367)^T$$

3.3 高斯-若尔当消元法

3.3.1 高斯-若尔当消元法

高斯消元法始终是消去对角线下方的元素,如果在每次消元过程中,首先将主元素化为1,并消去对角线上方与下方的元素,这种方法称为高斯-若尔当(Gauss-Jordan)消元法. 它不需要回代过程即可求得线性方程组的解.

例1 用高斯-若尔当消元法求解线性方程组

$$\begin{cases} 2x_1 + 8x_2 + 2x_3 = 14 \\ x_1 + 6x_2 - x_3 = 13 \\ 2x_1 - x_2 + 2x_3 = 5 \end{cases}$$

解 方程组的增广矩阵经高斯-若尔当消元法,得

$$\tilde{A} = \begin{bmatrix} 2 & 8 & 2 & 14 \\ 1 & 6 & -1 & 13 \\ 2 & -1 & 2 & 5 \end{bmatrix} \rightarrow \begin{bmatrix} 1 & 4 & 1 & 7 \\ 0 & 2 & -2 & 6 \\ 0 & -9 & 0 & -9 \end{bmatrix}$$

$$\rightarrow \begin{bmatrix} 1 & 0 & 5 & -5 \\ 0 & 1 & -1 & 3 \\ 0 & 0 & -9 & 18 \end{bmatrix} \rightarrow \begin{bmatrix} 1 & 0 & 0 & 5 \\ 0 & 1 & 0 & 1 \\ 0 & 0 & 1 & -2 \end{bmatrix}$$

故原方程的解为

$$x^* = (5, 1, -2)^T$$

设用高斯-若尔当消元法已完成 k 步,于是线性方程组 $Ax = b$ 化为等价方程组 $A^{(k)}x = b^{(k)}$,其中

3.3 高斯-若尔当消元法

$$(A^{(k)}\ \boldsymbol{b}^{(k)}) = \begin{bmatrix} 1 & \cdots & 0 & a_{1\,k+1}^{(k)} & \cdots & a_{1n}^{(k)} & b_1^{(k)} \\ \vdots & & \vdots & \vdots & & \vdots & \vdots \\ 0 & \cdots & 1 & a_{k\,k+1}^{(k)} & \cdots & a_{kn}^{(k)} & b_k^{(k)} \\ 0 & \cdots & 0 & a_{k+1\,k+1}^{(k)} & \cdots & a_{k+1\,n}^{(k)} & b_{k+1}^{(k)} \\ \vdots & & \vdots & \vdots & & \vdots & \vdots \\ 0 & \cdots & 0 & a_{n\,k+1}^{(k)} & \cdots & a_{nn}^{(k)} & b_n^{(k)} \end{bmatrix}$$

满足

$$l_{ik} = \frac{a_{ik}^{(k-1)}}{a_{kk}^{(k-1)}}, \qquad i = 1, 2, \cdots, k-1, k+1, \cdots, n \tag{3.3.1}$$

$$a_{kj}^{(k)} = \frac{a_{kj}^{(k-1)}}{a_{kk}^{(k-1)}}, \qquad j = k+1, \cdots, n \tag{3.3.2}$$

$$b_k^{(k)} = \frac{b_k^{(k-1)}}{a_{kk}^{(k-1)}} \tag{3.3.3}$$

$$a_{ij}^{(k)} = a_{ij}^{(k-1)} - l_{ik} a_{kj}^{(k-1)}, \qquad \begin{array}{l} i = 1, \cdots, k-1, k+1, \cdots, n \\ j = k+1, k+2, \cdots, n \end{array} \tag{3.3.4}$$

$$b_i^{(k)} = b_i^{(k-1)} - l_{ik} b_k^{(k-1)}, \qquad i = 1, \cdots, k-1, k+1, \cdots, n \tag{3.3.5}$$

$$k = 1, 2, \cdots, n$$

n 次消元后, 得原方程组的解为

$$x_i = b_i^{(n)}, \qquad i = 1, 2, \cdots, n \tag{3.3.6}$$

与高斯消元法相同,高斯-若尔当消元法也可进行全主元素消元法及列主元素消元法.

初看起来, 似乎高斯-若尔当消元法比高斯消元法好, 然而只要我们稍做分析就会发现它的运算量比高斯消元法要大.

使用公式(3.3.1)~(3.3.5),对每一个 k 需要 $(n-1)+(n-k+1)$ 次除法, $(n-1)(n-k+1)$ 次乘法, 及 $(n-1)(n-k+1)$ 次减法, 故乘除法总运算量是

$$\sum_{k=1}^{n}[(n-1)+(n-k+1)+(n-1)(n-k+1)] = \frac{1}{2}n^3 + \frac{3}{2}n^2 - n \tag{3.3.7}$$

加减法总运算量是

$$\sum_{k=1}^{n}(n-1)(n-k+1) = \frac{1}{2}n^3 - \frac{1}{2}n \tag{3.3.8}$$

在 3.2 节中我们曾指出, 高斯消元法的运算量, 乘除法次数为 $\frac{1}{3}n^3 + n^2 - \frac{1}{3}n$, 加减法的次数为 $\frac{1}{3}n^3 + \frac{1}{2}n^2 - \frac{5}{6}n$, 从而, 高斯-若尔当消元法比高斯消元

法的运算量乘除法多 $\frac{1}{6}n^3 + \frac{1}{2}n^2 - \frac{2}{3}n$ 次,加减法多 $\frac{1}{6}n^3 - \frac{1}{2}n^2 + \frac{1}{3}n$ 次.当 n 值较大时,高斯消元法比高斯-若尔当消元法节省 $\frac{1}{6}n^3$ 次乘除法和加减法,这个运算量是十分可观的.

3.3.2 逆矩阵

高斯-若尔当消元法对求一个矩阵的逆矩阵,或对求解仅常数项不同的很多方程组及矩阵方程是非常有用的.

求矩阵 A 的逆矩阵 A^{-1},即求 n 阶矩阵 X,使 $AX = I_n$,其中 I_n 为 n 阶单位矩阵.将矩阵分块

$$X = (x^{(1)}, x^{(2)}, \cdots, x^{(n)})$$
$$I_n = (e_1, e_2, \cdots, e_n)$$

于是,求解 $AX = I_n$ 等价于求解 n 个方程组

$$Ax^{(j)} = e_j, \quad j = 1, 2, \cdots, n$$

由线性代数理论,我们有下面结论.

定理 设 A 为非奇异矩阵,方程组 $AX = I_n$ 的增广矩阵为 $C = (A \vdots I_n)$,如果对 C 应用高斯-若尔当方法化为 $(I_n \vdots B)$,则 $A^{-1} = B$.

例2 用高斯-若尔当消元法求

$$A = \begin{bmatrix} 1 & 3 & 2 \\ 2 & 5 & 4 \\ 3 & 6 & 5 \end{bmatrix}$$

的逆矩阵 A^{-1}.

解

$$C = (A \vdots I_3) = \begin{bmatrix} 1 & 3 & 2 & 1 & 0 & 0 \\ 2 & 5 & 4 & 0 & 1 & 0 \\ 3 & 6 & 5 & 0 & 0 & 1 \end{bmatrix}$$

$$\rightarrow \begin{bmatrix} 1 & 3 & 2 & 1 & 0 & 0 \\ 0 & -1 & 0 & -2 & 1 & 0 \\ 0 & -3 & -1 & -3 & 0 & 1 \end{bmatrix} \quad (3.3.9)$$

$$\rightarrow \begin{bmatrix} 1 & 0 & 2 & -5 & 3 & 0 \\ 0 & 1 & 0 & 2 & -1 & 0 \\ 0 & 0 & -1 & 3 & -3 & 1 \end{bmatrix} \quad (3.3.10)$$

3.3 高斯-若尔当消元法

$$\rightarrow \begin{bmatrix} 1 & 0 & 0 & 1 & -3 & 2 \\ 0 & 1 & 0 & 2 & -1 & 0 \\ 0 & 0 & 1 & -3 & 3 & -1 \end{bmatrix} \quad (3.3.11)$$

所以

$$A^{-1} = \begin{bmatrix} 1 & -3 & 2 \\ 2 & -1 & 0 \\ -3 & 3 & -1 \end{bmatrix}$$

为了节省存储单元,可不必将单位矩阵存放起来.作为第一步结果的(3.3.9)式中第 1 列已无用处,而第 4 列又相当于逆矩阵所求第 1 列的中间结果,把它移到第 1 列不影响简化过程的实质.而且第 5、6 两列的常数项可取消,它们对简化也无实质影响,所以,最终按原位记法(3.3.9)式的结果可存放为

$$\begin{bmatrix} 1 & 3 & 2 \\ -2 & -1 & 0 \\ -3 & -3 & -1 \end{bmatrix}$$

同理,(3.3.10)式中的 $n \times (2n)$ 阶矩阵将第 4 列移到第 1 列,第 5 列移到第 2 列,取消第 6 列,则按原位记法为

$$\begin{bmatrix} -5 & 3 & 2 \\ 2 & -1 & 0 \\ 3 & -3 & -1 \end{bmatrix}$$

(3.3.11)式的原位结果为

$$\begin{bmatrix} 1 & -3 & 2 \\ 2 & -1 & 0 \\ -3 & 3 & -1 \end{bmatrix}$$

即为我们所求的逆矩阵 A^{-1},所以在计算中求逆矩阵的过程可简记为

$$A = \begin{bmatrix} 1 & 3 & 2 \\ 2 & 5 & 4 \\ 3 & 6 & 5 \end{bmatrix} \rightarrow \begin{bmatrix} 1 & 3 & 2 \\ -2 & -1 & 0 \\ -3 & -3 & -1 \end{bmatrix}$$

$$\rightarrow \begin{bmatrix} -5 & 3 & 2 \\ 2 & -1 & 0 \\ 3 & -3 & -1 \end{bmatrix} \rightarrow \begin{bmatrix} 1 & -3 & 2 \\ 2 & -1 & 0 \\ -3 & 3 & -1 \end{bmatrix} = A^{-1}$$

一般地,逆矩阵的计算公式为

$$a'_{kj} = \frac{a_{kj}}{a_{kk}}, \quad j = 1, \cdots, k-1, k+1, n \quad (3.3.12)$$

$$a'_{kk} = \frac{1}{a_{kk}} \quad (3.3.13)$$

$$a'_{ij} = a_{ij} - a'_{kj}a_{ik}, \quad \begin{array}{l} i = 1,\cdots,k-1,k+1,n \\ j = 1,\cdots,k-1,k+1,n \end{array} \quad (3.3.14)$$

$$a'_{ik} = -a_{ik}a'_{kk}, \quad i = 1,\cdots,k-1,k+1,n \quad (3.3.15)$$

$$k = 1,2,\cdots,n$$

式(3.3.12)~(3.3.15)就是求逆矩阵的基本计算公式,对应于每一个 k 值就是完成了一个消元过程,在消元过程进行中 i 和 j 变量在规定的范围内进行循环.

我们知道,只要矩阵 A 的行列式 $\det(A) \neq 0$,则 A 总是可逆的,然而,当主元素为零或绝对值太小时,按上述方法计算机可能要溢出,因此,在约化的过程中也应采用选主元素的方法.如果互换矩阵的两行,对方程组的解来说,这样的对换对结果没有影响;而对求逆矩阵来说,这样的对换改变了所要求的逆矩阵.事实上,是逆矩阵也做了相应两列的互换,所以,计算逆矩阵也可以通过列主元素消元法,只要记住行的交换,然后在结果中施行相应的列交换即可.

3.4 矩 阵 分 解

3.4.1 矩阵的 LU 分解

高斯消元过程实际上是对方程组的增广矩阵施行初等行变换,也就相当于用相应的初等矩阵左乘增广矩阵.如果对 $A^{(0)}x = b^{(0)}$ 施行第一次消元后化为 $A^{(1)}x = b^{(1)}$,则存在 L_1,使得

$$L_1 A^{(0)} = A^{(1)}, \quad L_1 b^{(0)} = b^{(1)}$$

其中

$$L_1 = \begin{bmatrix} 1 & & & & \\ -l_{21} & 1 & & & \\ -l_{31} & & 1 & & \\ \cdots & & & \ddots & \\ -l_{n1} & & & & 1 \end{bmatrix}$$

一般地,进行第 k 次消元后化为 $A^{(k)}x = b^{(k)}$,则有

$$L_k A^{(k-1)} = A^{(k)}, \quad L_k b^{(k-1)} = b^{(k)}$$

其中

$$L_k = \begin{bmatrix} 1 & & & & & \\ & \ddots & & & & \\ & & 1 & & & \\ & & -l_{k+1\,k} & 1 & & \\ & & \cdots & & \ddots & \\ & & -l_{nk} & & & 1 \end{bmatrix}$$

3.4 矩阵分解

重复这一过程,最后得到

$$L_{n-1}\cdots L_2 L_1 A^{(0)} = A^{(n-1)}$$
$$L_{n-1}\cdots L_2 L_1 \boldsymbol{b}^{(0)} = \boldsymbol{b}^{(n-1)}$$

将上三角矩阵 $A^{(n-1)}$ 记为 U,则

$$A = LU$$

其中

$$L = L_1^{-1}L_2^{-1}\cdots L_{n-1}^{-1} = \begin{bmatrix} 1 & & & & \\ l_{21} & 1 & & & \\ l_{31} & l_{32} & 1 & & \\ \vdots & \vdots & & \ddots & \\ l_{n1} & l_{n2} & \cdots & & 1 \end{bmatrix}$$

为单位下三角矩阵.

这就是说,高斯消元法实质上产生了一个将 A 分解为两个三角形矩阵相乘的因式分解,称为 A 的三角分解或 LU 分解. 于是我们有如下的重要定理,它在解方程组的直接法中起着重要的作用.

定理 1(矩阵的 LU 分解) 设 A 为 n 阶矩阵,如果 A 的顺序主子式 $D_i \neq 0$ ($i = 1, 2, \cdots, n$),则 A 可分解为一个单位下三角矩阵 L 和一个上三角矩阵 U 的乘积,且这种分解是唯一的.

证明 根据以上高斯消元法的矩阵分析,$A = LU$ 的存在性已经得到证明,下面证明分解的唯一性,设

$$A = LU = L_1 U_1$$

其中 L, L_1 为单位下三角矩阵;U, U_1 为上三角矩阵,由于 A 可逆,从而 L_1 与 U 可逆,故

$$L_1^{-1}L = U_1 U^{-1}$$

上式右边为上三角矩阵,左边为单位下三角矩阵,因此,上式两边都必须等于单位矩阵,于是

$$L_1 = L, \quad U_1 = U$$

例 1 求矩阵

$$A = \begin{bmatrix} 1 & 1 & 1 \\ 0 & 4 & -1 \\ 2 & -2 & -1 \end{bmatrix}$$

的 LU 分解.

解 由高斯消元法

$$l_{21} = \frac{a_{21}}{a_{11}} = 0, \quad l_{31} = \frac{a_{31}}{a_{11}} = 2$$

且

$$A = A^{(0)} \to \begin{bmatrix} 1 & 1 & 1 \\ 0 & 4 & -1 \\ 0 & -4 & -3 \end{bmatrix} = A^{(1)}$$

进一步,有 $l_{32} = \dfrac{a_{32}^{(1)}}{a_{22}^{(1)}} = \dfrac{-4}{4} = -1$,且

$$A^{(1)} \to \begin{bmatrix} 1 & 1 & 1 \\ 0 & 4 & -1 \\ 0 & 0 & -4 \end{bmatrix} = A^{(2)}$$

所以,$A = LU$,其中

$$L = \begin{bmatrix} 1 & 0 & 0 \\ l_{21} & 1 & 0 \\ l_{31} & l_{32} & 1 \end{bmatrix} = \begin{bmatrix} 1 & 0 & 0 \\ 0 & 1 & 0 \\ 2 & -1 & 1 \end{bmatrix}$$

$$U = A^{(2)}$$

如果把 A 分解为乘积 LU 后,求解 $Ax = b$ 的问题可以看作是相继求解具三角形系数的方程组

$$Ly = b$$
$$Ux = y$$

的问题,也就是用

$$\begin{cases} y_1 = b_1 \\ y_k = b_k - \sum_{j=1}^{k-1} l_{kj} y_j, \quad k = 2, 3, \cdots, n \end{cases}$$

求 y ,再用

$$\begin{cases} x_n = \dfrac{y_n}{u_{nn}} \\ x_k = \dfrac{y_k - \sum_{j=k+1}^{n} u_{kj} y_j}{u_{kk}}, \quad k = n-1, n-2, \cdots, 1 \end{cases}$$

求 x ,因此,利用 LU 分解在求解具相同系数矩阵而有不同常数列的方程组时,只要保留 L 与 U 的记录就不必要做 A 的分解及约化的重复工作(这是比较费时的),只要做求解两个三角形系数方程组的工作就行了,而这两件工作是比较容易和省时的.

3.4.2 LU 分解的计算公式

定理 1 告诉我们,如果 A 的各阶主子式不为 0,则存在唯一的 LU 分解,所以,

3.4 矩阵分解

矩阵分解不一定采用高斯消元法,下面给出一种直接计算方法,设

$$A = LU \tag{3.4.1}$$

其中

$$L = \begin{bmatrix} 1 & & & \\ l_{21} & 1 & & \\ \vdots & \vdots & \ddots & \\ l_{n1} & l_{n2} & \cdots & 1 \end{bmatrix}, \quad U = \begin{bmatrix} u_{11} & u_{12} & \cdots & u_{1n} \\ & u_{22} & \cdots & u_{2n} \\ & & \ddots & \vdots \\ & & & u_{nn} \end{bmatrix}$$

利用矩阵乘法及矩阵相等则对应元素相等的事实,可以逐一求出 L 与 U 的各个元素.

首先,从第 1 行得出 U 的第 1 行元素

$$u_{1j} = a_{1j}, \quad j = 1, 2, \cdots, n \tag{3.4.2}$$

再从第 1 列算出 L 的第 1 列元素

$$l_{i1} = \frac{a_{i1}}{u_{11}}, \quad i = 2, 3, \cdots, n \tag{3.4.3}$$

其次,从第 2 行算出 U 的第 2 行元素

$$u_{2j} = a_{2j} - l_{21} u_{1j}, \quad j = 1, 2, \cdots, n \tag{3.4.4}$$

再从第 2 列算出 L 的第 2 列元素

$$l_{i2} = \frac{a_{i2} - l_{i1} u_{12}}{u_{22}}, \quad i = 3, \cdots, n \tag{3.4.5}$$

一般地,设已经给出 U 的第 1 行到第 $k-1$ 行元素与 L 的第 1 列到第 $k-1$ 列元素,则 U 的第 k 行元素为

$$u_{kj} = a_{kj} - \sum_{i=1}^{k-1} l_{ki} u_{ij}, \quad j = k, k+1, \cdots, n \tag{3.4.6}$$

L 的第 k 列元素为

$$l_{ik} = \frac{a_{ik} - \sum_{j=1}^{k-1} l_{ij} u_{jk}}{u_{kk}}, \quad i = k+1, \cdots, n \tag{3.4.7}$$

总结上述讨论,可得用直接三角分解求 L、U 的计算公式

$$\begin{cases} u_{1j} = a_{1j}, \quad j = 1, 2, \cdots, n \\ l_{i1} = \frac{a_{i1}}{u_{11}}, \quad i = 2, 3, \cdots, n \\ u_{kj} = a_{kj} - \sum_{i=1}^{k-1} l_{ki} u_{ij}, \quad j = k, k+1, \cdots, n, \quad k = 2, 3, \cdots, n \\ l_{ik} = \frac{a_{ik} - \sum_{j=1}^{k-1} l_{ij} u_{jk}}{u_{kk}}, \quad i = k+1, \cdots, n \end{cases}$$

$$\tag{3.4.8}$$

由于在计算机运算时,当 u_{kj} 计算好后, a_{kj} 就不用了,而 l_{ik} 计算好后 a_{ik} 也不再使用,因此,计算好的 u_{kj} 与 l_{ik} 可以存放在 A 的相应位置,例如

$$A = \begin{bmatrix} a_{11} & a_{12} & a_{13} & a_{14} \\ a_{21} & a_{22} & a_{23} & a_{24} \\ a_{31} & a_{32} & a_{33} & a_{34} \\ a_{41} & a_{42} & a_{43} & a_{44} \end{bmatrix} \rightarrow \begin{bmatrix} u_{11} & u_{12} & u_{13} & u_{14} \\ l_{21} & u_{22} & u_{23} & u_{24} \\ l_{31} & l_{32} & u_{33} & u_{34} \\ l_{41} & l_{42} & l_{43} & u_{44} \end{bmatrix}$$

最后,在存放 A 的数组中,得到分解矩阵 L, U 的元素.

例 2 将矩阵 A 进行 LU 分解

$$A = \begin{bmatrix} 4 & 2 & 1 & 5 \\ 8 & 7 & 2 & 10 \\ 4 & 8 & 3 & 6 \\ 12 & 6 & 11 & 20 \end{bmatrix}$$

解

$$A = \begin{bmatrix} 4 & 2 & 1 & 5 \\ 8 & 7 & 2 & 10 \\ 4 & 8 & 3 & 6 \\ 12 & 6 & 11 & 20 \end{bmatrix} \rightarrow \begin{bmatrix} 4 & 2 & 1 & 5 \\ 8 & 7 & 2 & 10 \\ 4 & 8 & 3 & 6 \\ 12 & 6 & 11 & 20 \end{bmatrix} \rightarrow \begin{bmatrix} 4 & 2 & 1 & 5 \\ 2 & 7 & 2 & 10 \\ 1 & 8 & 3 & 6 \\ 3 & 6 & 11 & 20 \end{bmatrix} \rightarrow \begin{bmatrix} 4 & 2 & 1 & 5 \\ 2 & 3 & 0 & 0 \\ 1 & 8 & 3 & 6 \\ 3 & 6 & 11 & 20 \end{bmatrix}$$

$$\rightarrow \begin{bmatrix} 4 & 2 & 1 & 5 \\ 2 & 3 & 0 & 0 \\ 1 & 2 & 3 & 6 \\ 3 & 0 & 11 & 20 \end{bmatrix} \rightarrow \begin{bmatrix} 4 & 2 & 1 & 5 \\ 2 & 3 & 0 & 0 \\ 1 & 2 & 2 & 1 \\ 3 & 0 & 11 & 20 \end{bmatrix} \rightarrow \begin{bmatrix} 4 & 2 & 1 & 5 \\ 2 & 3 & 0 & 0 \\ 1 & 2 & 2 & 1 \\ 3 & 0 & 4 & 20 \end{bmatrix} \rightarrow \begin{bmatrix} 4 & 2 & 1 & 5 \\ 2 & 3 & 0 & 0 \\ 1 & 2 & 2 & 1 \\ 3 & 0 & 4 & 1 \end{bmatrix}$$

所以

$$L = \begin{bmatrix} 1 & 0 & 0 & 0 \\ 2 & 1 & 0 & 0 \\ 1 & 2 & 1 & 0 \\ 3 & 0 & 4 & 1 \end{bmatrix}, \quad U = \begin{bmatrix} 4 & 2 & 1 & 5 \\ 0 & 3 & 0 & 0 \\ 0 & 0 & 2 & 1 \\ 0 & 0 & 0 & 1 \end{bmatrix}$$

下面考虑求解矩阵的 LU 分解及由此求解方程组 $Ax = b$ 的运算量. 第 1 步要进行除法 $n - 1$ 次, 第 2 步要进行除法 $n - 2$ 次, 乘法与加法均为 $(n - 1) + (n - 2)$ 次; 一般地, 第 k 步要进行除法 $n - k$ 次, 乘法与加法 $(k - 1)(n - k) + (k - 1)(n - k - 1)$ 次, 所以 LU 分解共需加减法

$$\sum_{k=1}^{n} (k-1)(n-k) + (k-1)(n-k-1) = \frac{1}{3}n^3 - \frac{3}{2}n^2 + \frac{7}{6}n$$

次, 乘除法

$$\sum_{k=1}^{n} [(k-1)(n-k) + (k-1)(n-k-1) + (n-k)] = \frac{1}{3}n^3 - n^2 + \frac{2}{3}n$$

3.4 矩阵分解

次. 而由此求解 $Ax = b$ 还需进行加减法

$$\sum_{k=1}^{n}[(k-1)+(n-k)] = n^2 - n$$

次;乘除法

$$\sum_{k=1}^{n}[(k-1)+(n-k)+1] = n^2$$

次. 故由 LU 分解求解线性方程组的运算量乘除法为 $\frac{1}{3}n^3 + \frac{2}{3}n$;加减法 $\frac{1}{3}n^3 - \frac{1}{2}n^2 + \frac{1}{6}n$ 次. 与利用高斯消元法的计算量基本相同.

从直接三角分解公式可看出,当 $u_{kk} = 0$ 时,计算将中断或者当 u_{kk} 绝对值很小时,按分解公式计算可能引起舍入误差的累积. 因此,对非奇异矩阵 A 可采用与列主元素消元法类似的方法,将直接三角分解法修改为列主元三角分解法.

设第 $k-1$ 步分解已完成,这时有

$$A \to \begin{bmatrix} u_{11} & u_{12} & & & & & & u_{1n} \\ l_{21} & u_{22} & & & & & & u_{2n} \\ & & \ddots & & & & & \vdots \\ & & & u_{k-1\,k-1} & u_{k-1\,k} & \cdots & & u_{k-1\,n} \\ & & & l_{k\,k-1} & a_{kk} & \cdots & & a_{kn} \\ & & & \vdots & \vdots & & & \vdots \\ l_{n1} & l_{n2} & \cdots & l_{n\,k-1} & a_{nk} & \cdots & & a_{nn} \end{bmatrix}$$

为了避免用小的数 u_{kk} 作除数,第 k 步分解需引入

$$s_i = a_{ik} - \sum_{j=1}^{k-1} l_{ij} u_{jk}, \quad i = k, k+1, \cdots, n \tag{3.4.9}$$

于是有

$$u_{kk} = s_k, \quad l_{ik} = s_i / s_k, \quad i = k+1, \cdots, n \tag{3.4.10}$$

令

$$|s_{i_k}| = \max_{k \leqslant i \leqslant n} |s_i|$$

则交换 A 的第 k 行与 i_k 行元素,然后再进行第 k 步分解计算,于是有

$$|l_{ik}| \leqslant 1, \quad i = k+1, \cdots, n \tag{3.4.11}$$

下面用矩阵运算来描述列主元素法为

$$L_1 P_{1i_1} A^{(0)} = A^{(1)} \tag{3.4.12}$$

$$L_k P_{k i_k} A^{(k-1)} = A^{(k)}, \quad k = 1, 2, \cdots, n-1 \tag{3.4.13}$$

其中 L_k 的元素满足 $|l_{ik}| \leqslant 1, i = k+1, \cdots, n$,$P_{k i_k}$ 是初等排列矩阵(由交换单位矩阵的第 k 行与第 i_k 行得到,从而

$$L_{n-1}P_{n-1\ i_{n-1}}\cdots L_2P_{2i_2}L_1P_{1i_1}A^{(0)} = A^{(n-1)} = U \quad (3.4.14)$$

简记为 $\tilde{L} = U$,其中

$$\tilde{L} = L_{n-1}P_{n-1\ i_{n-1}}\cdots L_2P_{2i_2}L_1P_{1i_1} \quad (3.4.15)$$

令

$$\begin{aligned}
\tilde{L}_{n-1} &= L_{n-1} \\
\tilde{L}_{n-2} &= P_{n-1\ i_{n-1}}L_{n-2}P_{n-1\ i_{n-1}} \\
\tilde{L}_{n-3} &= P_{n-1\ i_{n-1}}P_{n-2\ i_{n-2}}L_{n-3}P_{n-2\ i_{n-2}}P_{n-1\ i_{n-1}} \\
&\cdots\cdots \\
\tilde{L}_1 &= P_{n-1\ i_{n-1}}P_{n-2\ i_{n-2}}\cdots P_{2i_2}L_1P_{2i_2}\cdots P_{n-2\ i_{n-2}}P_{n-1\ i_{n-1}}
\end{aligned} \quad (3.4.16)$$

则 $\tilde{L}_k$ 是单位下三角矩阵,且

$$\tilde{L}_{n-1}\tilde{L}_{n-2}\cdots\tilde{L}_1 P_{n-1\ i_{n-1}}P_{n-2\ i_{n-2}}\cdots P_{1i_1}$$
$$= L_{n-1}P_{n-1\ i_{n-1}}P_{n-2\ i_{n-2}}\cdots L_2P_{2i_2}L_1P_{1i_1} = \tilde{L}$$

记

$$P = P_{n-1\ i_{n-1}}P_{n-2\ i_{n-2}}\cdots P_{1i_1} \quad (3.4.17)$$

$$L^{-1} = \tilde{L}_{n-1}\tilde{L}_{n-2}\cdots\tilde{L}_1 \quad (3.4.18)$$

则

$$PA = LU \quad (3.4.19)$$

其中 P 为排列矩阵,L 为单位下三角矩阵,U 为上三角矩阵,总结以上的讨论有

定理 2(列主元素的三角分解定理) 如果 A 为非奇异矩阵,则存在排列矩阵 P,使得 $PA = LU$,其中 L 为单位下三角阵,U 为上三角阵.

在列主元素的三角分解中,L 的元素存放在数组 A 的下三角部分;U 的元素存放在 A 的上三角部分,而 P 可通过整型数组 $P(n)$ 表示.

3.4.3 平方根法

应用有限元法解结构力学问题时,最后归结为求解线性方程组,系数矩阵大多具有对称正定性,所谓平方根法就是利用对称正定矩阵的三角分解而得到的求解对称正定方程组的一种有效方法.目前在计算机上广泛应用平方根法解此类方程组.

不难证明,在满足定理 1 的条件下,有下面结果.

定理 3(矩阵的 LDU 分解) 设 A 为 n 阶矩阵,如果 A 的各阶顺序主子式 $D_i \neq 0, i = 1, 2, \cdots, n$,则 A 可唯一地分解为

3.4 矩阵分解

$$A = LDU \tag{3.4.20}$$

其中 L 为单位下三角阵，U 为单位上三角阵，D 为对角阵.进一步,如果 A 是对称矩阵,则 $U = L^T$,即

$$A = LDL^T$$

定理 4（对称正定矩阵的三角分解） 如果 A 为 n 阶对称正定矩阵,则存在一个实的非奇异下三角阵 L,使得

$$A = LL^T \tag{3.4.21}$$

当限定 L 的对角元素为正时,这种分解是唯一的.

由矩阵乘法,可直接获得 L 的计算公式

$$l_{kk} = (a_{kk} - \sum_{j=1}^{k-1} l_{kj}^2)^{\frac{1}{2}} \tag{3.4.22}$$

$$l_{ik} = \frac{a_{ik} - \sum_{j=1}^{k-1} l_{ij} l_{kj}}{l_{kk}}, \quad i = k+1, \cdots, n$$

$$k = 1, 2, \cdots, n \tag{3.4.23}$$

按此方法进行的矩阵分解称为平方根法.由于

$$a_{kk} = \sum_{j=1}^{k} l_{kj}^2, \quad k = 1, 2, \cdots, n$$

所以

$$l_{kj}^2 \leqslant a_{kk} \leqslant \max_{1 \leqslant k \leqslant n} \{a_{kk}\}$$

于是

$$\max_{k,j} \{l_{kj}^2\} \leqslant \max_{1 \leqslant k \leqslant n} \{a_{kk}\}$$

因此,分解过程中元素 l_{kj} 的数量级不会增长,且对角元素 l_{kk} 恒为正数,于是无需进行行的交换,不选主元的平方根法就是一个数值稳定的方法.

例 3 用平方根法分解对称正定矩阵

$$A = \begin{bmatrix} 4 & -1 & 1 \\ -1 & 4.25 & 2.75 \\ 1 & 2.75 & 3.5 \end{bmatrix}$$

解 $l_{11} = \sqrt{a_{11}} = \sqrt{4} = 2$

$l_{21} = \dfrac{a_{21}}{l_{11}} = \dfrac{-1}{2} = -0.5$

$l_{31} = \dfrac{a_{31}}{l_{11}} = \dfrac{1}{2} = 0.5$

$l_{22} = \sqrt{a_{22} - l_{21}^2} = \sqrt{4.25 - 0.25} = 2$

$l_{32} = \dfrac{a_{32} - l_{31} l_{21}}{l_{22}} = \dfrac{2.75 - 0.5(-0.5)}{2} = 1.5$

$$l_{33} = \sqrt{a_{33} - l_{31}^2 - l_{32}^2} = \sqrt{3.5 - 0.25 - 2.25} = 1$$

于是 $A = LL^T$,其中

$$L = \begin{bmatrix} 2 & 0 & 0 \\ -0.5 & 2 & 0 \\ 0.5 & 1.5 & 1 \end{bmatrix}$$

由于 A 为对称矩阵,因此,在计算机运算时只要存储 A 的下三角部分,其需要存储 $\frac{1}{2}n(n+1)$ 个元素,可用一维数组存放,即

$$A\left[\frac{1}{2}n(n+1)\right] = \{a_{11}, a_{21}, \cdots, a_{n1}, a_{n2}, \cdots, a_{nn}\}$$

矩阵元素 a_{ij} 存放在 $A\left[\frac{1}{2}n(n+1)\right]$ 的第 $\frac{1}{2}i(i-1)+j$ 个位置,L 的元素存放在 A 的相应位置上. 另外,平方根法的运算量是

开平方　　n 次;

乘除法　　$\frac{1}{6}n^3 + \frac{3}{2}n^2 + \frac{1}{3}n$ 次;

加减法　　$\frac{1}{6}n^3 + n^2 - \frac{7}{6}n$ 次.

当 n 比较大时,平方根法的运算量和存储量约为高斯消元法的 $1/2$,因此它是求解对称正定矩阵比较好的方法.

为了避免开方运算,我们可以采用下面的分解式

$$A = LDL^T \tag{3.4.24}$$

其中 L 是单位下三角阵,D 是对角阵,由矩阵乘法,可得 L 与 D 的计算公式.

对于 $i = 1, 2, \cdots, n$,有

$$l_{ik} = \frac{a_{ik} - \sum_{j=1}^{k-1} l_{ij} d_j l_{kj}}{d_k}, \quad k = 1, 2, \cdots, i-1 \tag{3.4.25}$$

$$d_i = a_{ii} - \sum_{j=1}^{i-1} l_{ij}^2 d_j \tag{3.4.26}$$

为了避免重复计算,我们引入

$$t_{ij} = l_{ij} d_j \tag{3.4.27}$$

于是上述公式可改写成

对于 $i = 1, 2, \cdots, n$,有

$$t_{ik} = a_{ik} - \sum_{j=1}^{k-1} t_{ij} l_{kj}, \quad k = 1, 2, \cdots, i-1 \tag{3.4.28}$$

$$l_{ik} = \frac{t_{ik}}{d_k}, \quad k = 1, 2, \cdots, i-1 \tag{3.4.29}$$

$$d_i = a_{ii} - \sum_{j=1}^{i-1} t_{ij} l_{ij} \qquad (3.4.30)$$

计算出 $T = LD$ 的第 i 行元素 $t_{ik}, k = 1,2,\cdots,i-1$，后，存放在 A 的第 i 行相应位置，然后再计算 L 的第 i 行元素 l_{ik}，仍然存放在 A 的第 i 行，即用 t_{ik} 冲掉 a_{ik}，再用 l_{ik} 冲掉 t_{ik}，D 的对角线元素存放在 A 的相应位置上.

对称正定矩阵 A 按 LDL^T 的分解和按 LL^T 分解其计算量差不多，但 LDL^T 分解不需要开方计算，它称为改进的平方根法.

3.4.4 追赶法

在计算样条函数、解常微分方程边值问题、解热传导方程等都会要求解系数矩阵呈三对角线形的线性方程组，这时

$$A = \begin{bmatrix} a_{11} & a_{12} & & & \\ a_{21} & a_{22} & a_{23} & & \\ & \ddots & \ddots & \ddots & \\ & & a_{n-1\,n-2} & a_{n-1\,n-1} & a_{n-1\,n} \\ & & & a_{n\,n-1} & a_{nn} \end{bmatrix}$$

的 LU 分解中，矩阵 L 和 U 分别取下二对角线和上二对角线形式，设

$$L = \begin{bmatrix} l_{11} & & & \\ l_{21} & l_{22} & & \\ & \ddots & \ddots & \\ & & l_{n\,n-1} & l_{nn} \end{bmatrix}, \quad U = \begin{bmatrix} 1 & u_{12} & & \\ & \ddots & \ddots & \\ & & 1 & u_{n-1\,n} \\ & & & 1 \end{bmatrix}$$

由 $A = LU$ 得计算公式

$$a_{11} = l_{11}$$
$$a_{i\,i-1} = l_{i\,i-1}, \qquad i = 2,3,\cdots,n$$
$$a_{ii} = l_{i\,i-1} u_{i-1\,i} + l_{ii}, \qquad i = 2,3,\cdots,n$$
$$a_{i\,i+1} = l_{ii} u_{i\,i+1}, \qquad i = 1,2,\cdots,n-1$$

即

$$l_{11} = a_{11}$$
$$u_{12} = \frac{a_{12}}{l_{11}}$$
$$l_{i\,i-1} = a_{i\,i-1}$$
$$l_{ii} = a_{ii} - l_{i\,i-1} u_{i-1\,i}$$
$$u_{i\,i+1} = \frac{a_{i\,i+1}}{l_{ii}}$$

$i = 2, 3, \cdots, n$

此时,求解 $Ax = b$ 等价于解两个二对角线方程组

$$\begin{cases} Ly = b \\ Ux = y \end{cases} \tag{3.4.31}$$

自上而下解方程组 $Ly = b$ 形象地称为"追".

$$y_1 = \frac{b_1}{l_{11}}$$

$$y_i = \frac{b_i - l_{i\,i-1} y_{i-1}}{l_{ii}}, \quad i = 2, 3, \cdots, n \tag{3.4.32}$$

自下而上解方程组 $Ux = y$ 称为"赶".

$$x_n = y_n$$
$$x_i = y_i - u_{i\,i+1} x_{i+1}, \quad i = n-1, \cdots, 2, 1 \tag{3.4.33}$$

习惯上,上述求解方法称为"追赶法".

例4 用追赶法解三对角线方程组

$$\begin{cases} 2x_1 - x_2 & = 1 \\ -x_1 + 2x_2 - x_3 & = 0 \\ -x_2 + 2x_3 - x_4 = 0 \\ -x_3 + 2x_4 = 1 \end{cases}$$

解 由三对角分解公式有

$$l_{11} = a_{11} = 2$$

$$u_{12} = \frac{a_{12}}{l_{11}} = -\frac{1}{2}$$

$$l_{21} = a_{21} = -1$$

$$l_{22} = a_{22} - l_{21} u_{12} = 2 - \frac{1}{2} = \frac{3}{2}$$

$$u_{23} = \frac{a_{23}}{l_{22}} = -\frac{2}{3}$$

$$l_{32} = a_{32} = -1$$

$$l_{33} = a_{33} - l_{32} u_{23} = \frac{4}{3}$$

$$u_{34} = \frac{a_{34}}{l_{33}} = -\frac{3}{4}$$

$$l_{43} = a_{43} = -1$$

$$l_{44} = a_{44} - l_{43} u_{34} = \frac{5}{4}$$

而由"追"公式有

$$y_1 = \frac{b_1}{l_{11}} = \frac{1}{2}$$

$$y_2 = \frac{b_2 - l_{21}y_1}{l_{22}} = \frac{1}{3}$$

$$y_3 = \frac{b_3 - l_{32}y_2}{l_{33}} = \frac{1}{4}$$

$$y_4 = \frac{b_4 - l_{43}y_3}{l_{44}} = 1$$

最后,由"赶"公式得原方程组的解

$$x_4 = y_4 = 1$$
$$x_3 = y_3 - u_{34}x_4 = 1$$
$$x_2 = y_2 - u_{23}x_3 = 1$$
$$x_1 = y_1 - u_{12}x_2 = 1$$

追赶法公式实际上就是把高斯消元法用到求解三对角线方程组上去的结果,这时由于 A 特别简单,因此使得求解的计算公式非常简单,而且计算量仅有 $5n-4$ 次乘除法,$3n-3$ 次加减法,仅占 $5n-2$ 个存储单元,所以可以在小机器上解高阶三对角线形的线性代数方程组.

3.5 向量和矩阵的范数

为了研究线性方程组近似解的误差估计和迭代法的收敛性,我们需要对 R^n(n 维向量空间)中向量及 $R^{n \times n}$($n \times n$ 维矩阵空间)中矩阵的"大小"引进某种度量——向量与矩阵范数的概念.向量范数概念是三维欧氏空间中向量长度概念的推广,在数值分析中起着重要作用.

3.5.1 向量的范数

定义 1 设 $\boldsymbol{x} = (x_1, x_2, \cdots, x_n)^T, \boldsymbol{y} = (y_1, y_2, \cdots, y_n)^T \in R^n$,记

$$(\boldsymbol{x}, \boldsymbol{y}) = \boldsymbol{x}^T \cdot \boldsymbol{y} = \boldsymbol{y}^T \cdot \boldsymbol{x} = \sum_{i=1}^{n} x_i y_i \tag{3.5.1}$$

称为向量 $\boldsymbol{x}$ 与 $\boldsymbol{y}$ 的内积.记非负实数

$$\| \boldsymbol{x} \|_2 = \sqrt{(\boldsymbol{x}, \boldsymbol{x})} = \Big(\sum_{i=1}^{n} x_i^2 \Big)^{\frac{1}{2}} \tag{3.5.2}$$

称为向量 $\boldsymbol{x}$ 的欧氏范数.

下面结果可在线性代数书中找到,设 $\boldsymbol{x}, \boldsymbol{y} \in R^n$,$k$ 为实数.

① 非负性　$\|x\|_2 \geqslant 0$ 且 $\|x\|_2 = 0$ 当且仅当 $x = \mathbf{0}$ 时成立.
② 齐次性　$\|k \cdot x\|_2 = |k| \cdot \|x\|_2$
③ 柯西-施瓦茨不等式

$$|(x, y)| \leqslant \|x\|_2 \|y\|_2$$

等式当且仅当 x 与 y 线性相关时成立.
④ 三角不等式

$$\|x + y\|_2 \leqslant \|x\|_2 + \|y\|_2$$

我们还可以用其他办法来量度 R^n 中向量的"大小",例如,用一个 x 的函数 $N(x)$ 来量度 x 的"大小". 在应用中对 $N(x)$ 常要求是非负的,齐次的且满足三角不等式,下面我们给出向量范数的一般定义.

定义 2　设 $\|x\|$ 是 R^n 上定义的一个实值函数,如果对任意的 $x, y \in R^n, k \in R$,满足

① 非负性　$\|x\| \geqslant 0$ 且 $\|x\| = 0$ 当且仅当 $x = \mathbf{0}$ 时成立　　(3.5.3)
② 齐次性　$\|k \cdot x\| = |k| \cdot \|x\|$　　(3.5.4)
③ 三角不等式

$$\|x + y\| \leqslant \|x\| + \|y\| \tag{3.5.5}$$

则称 $\|x\|$ 是向量 x 的一个范数(或模).

由定义可推出不等式

$$|\|x\| - \|y\|| \leqslant \|x - y\| \tag{3.5.6}$$

实践中最常用的范数有以下几种:
① ∞ - 范数,也称为最大范数或切比雪夫范数

$$\|x\|_\infty = \max_{1 \leqslant i \leqslant n} |x_i| \tag{3.5.7}$$

② 1 - 范数,也称为绝对和范数

$$\|x\|_1 = \sum_{i=1}^n |x_i| \tag{3.5.8}$$

③ 2 - 范数,也称为欧几里得范数

$$\|x\|_2 = \Big(\sum_{i=1}^n x_i^2\Big)^{\frac{1}{2}}$$

④ p - 范数

$$\|x\|_p = \Big(\sum_{i=1}^n |x_i|^p\Big)^{\frac{1}{p}} \tag{3.5.9}$$

其中 $p \in [1, +\infty)$,可以证明,上述三种范数都是 p - 范数的特殊情况,而且它们还满足下列关系

$$\|x\|_\infty \leqslant \|x\|_1 \leqslant n\|x\|_\infty \tag{3.5.10}$$

$$\|x\|_\infty \leqslant \|x\|_2 \leqslant \sqrt{n}\|x\|_\infty \tag{3.5.11}$$

$$\frac{1}{\sqrt{n}}\|x\|_1 \leqslant \|x\|_2 \leqslant \|x\|_1 \tag{3.5.12}$$

一般地,有下面结论

引理(向量范数的连续性) 设非负函数 $\|x\|$ 为 R^n 上的任一向量范数,则 $\|x\|$ 是 x 的分量 $x_1,x_2,\cdots,x_n$ 的连续函数.

定理 1(向量范数的等价性) 设 $\|x\|_s,\|x\|_t$ 为 R^n 上的任意两个向量范数,则存在常数 $C_1,C_2>0$,使得对一切 $x\in R^n$ 恒有

$$C_1\|x\|_s \leqslant \|x\|_t \leqslant C_2\|x\|_s \tag{3.5.13}$$

证明 实际上,只要能证明一切范数对某一个固定的范数等价,那么任意两种范数都必然等价,因此,可取

$$\|x\|_s = \|x\|_\infty = \max_{1\leqslant i \leqslant n}\|x_i\|$$

记 $S=\{x|x\in R^n,\|x\|_\infty=1\}$,则 S 是一个有界闭集,由于函数 $\|x\|_t$ 在 S 上连续,所以 $\|x\|_t$ 在 S 上必达到其最大值 C_2 与最小值 C_1. 设 $x\in R^n$,且 $x\neq \mathbf{0}$,则 $\frac{1}{\|x\|_\infty}x\in S$,从而有

$$C_1 \leqslant \left\|\frac{1}{\|x\|_\infty}x\right\|_t \leqslant C_2$$

由范数的齐次性,有

$$C_1\|x\|_\infty \leqslant \|x\|_t \leqslant C_2\|x\|_\infty$$

对一切 $x\in R^n, x\neq \mathbf{0}$ 成立. 而对 $x=\mathbf{0}$ 上式显然成立.

注意 定理 1 不能推广到无穷维空间. 由定理还可以看到,对某个向量 x 来说如果它的某一种范数小(或大),那么它的任一种范数也不会很大(或很小).

有了范数的概念,我们就可以来讨论收敛的问题.

定义 3 设 $\{x^{(k)}\}$ 为 R^n 中一向量序列, $x^*\in R^n$,如果

$$\lim_{k\to\infty}\|x^{(k)}-x^*\|=0 \tag{3.5.14}$$

则称 $x^{(k)}$ 依范数 $\|\cdot\|$ 收敛于 x^*.

从上面范数的等价性可以推出,如果在某种范数意义下向量序列收敛,则在任何一种范数意义下该向量序列也收敛. 因此,一般按计算的需要采用不同的范数,而且把向量序列 $\{x^{(k)}\}$ 收敛于向量 x^* 记为

$$\lim_{k\to\infty}x^{(k)}=x^*$$

而不强调是在哪种范数意义下收敛.

定理 2 设 A 为 $m\times n$ 阶矩阵,其列向量为线性无关的,如果 $\|\cdot\|$ 是 R^m 中范数,则

$$N(x)=\|Ax\|, \quad x\in R^n$$

便是 R^n 中的一种范数.

证明 因为 A 的列向量线性无关,所以对任意的非零向量 $x \in R^n$ 有 $Ax \neq 0$,从而

$$N(x) = \|Ax\| > 0$$

即 $N(x)$ 具有非负性;又

$$N(kx) = \|A(kx)\| = |k| \cdot \|Ax\| = |k|N(x)$$

即 $N(x)$ 具有齐次性;进一步

$$N(x+y) = \|A(x+y)\| \leqslant \|Ax\| + \|Ay\| = N(x) + N(y)$$

所以,$N(x)$ 具有范数的全部基本性质,是一种范数.

推论 设 A 为一个 $n \times n$ 阶正定矩阵,则

$$N(x) = (x^T A x)^{\frac{1}{2}}, \quad x \in R^n$$

是 R^n 中的一种范数.

证明 因为 A 为正定矩阵,所以有非奇异矩阵 L,使得 $A = LL^T$,于是

$$N(x) = (x^T A x)^{\frac{1}{2}} = [((L^T x)^T) \cdot L^T x)]^{\frac{1}{2}} = \|L^T x\|_2$$

由定理 2 可知,$N(x)$ 是 R^n 中的一种范数.

3.5.2 矩阵的范数

一个 $m \times n$ 阶的矩阵也可以看作是 $m \times n$ 维的向量,用 $R^{m \times n}$ 表示 $m \times n$ 阶矩阵的集合,本质上是和 R^{mn} 一样的向量空间,因此可以按向量的办法来定义其上的范数,但是,矩阵还有矩阵间的乘法运算.所以,对于 $n \times n$ 阶的方阵我们定义范数如下:

定义 4(矩阵的范数) 如果矩阵 $A \in R^{n \times n}$ 的某个非负的实值函数 $\|A\|$,满足条件

① 非负性 $\|A\| \geqslant 0$ 且 $\|A\| = 0$ 当且仅当 $A = 0$ (3.5.15)

② 齐次性 $\|k \cdot A\| = |k| \cdot \|A\|$ (3.5.16)

③ 三角不等式 $\|A + B\| \leqslant \|A\| + \|B\|$ (3.5.17)

④ 相容性 $\|A \cdot B\| \leqslant \|A\| \cdot \|B\|$ (3.5.18)

则称 $\|A\|$ 是 $R^{n \times n}$ 的一个矩阵范数.

由向量的 2-范数可以得到 $R^{n \times n}$ 中矩阵的一种范数.

由于在大多数与估计有关的问题中,矩阵和向量会同时参与讨论,所以希望引进一种矩阵的范数,它是和向量范数相联系而且和向量范数相容的,即

$$\|Ax\| \leqslant \|A\| \cdot \|x\|$$

对任意向量 $x \in R^n$ 及 $A \in R^{n \times n}$ 都成立.为此我们再引进一种矩阵的范数.

定义 5(矩阵的算子范数) 设 $x \in R^n, A \in R^{n \times n}, \|\cdot\|_\nu$ 是 R^n 上的向量范

3.5 向量和矩阵的范数

数,记

$$\|A\|_\nu = \max_{x\neq 0}\frac{\|Ax\|_\nu}{\|x\|_\nu} = \max_{\|x\|_\nu=1}\|Ax\|_\nu \tag{3.5.19}$$

则 $\|A\|_\nu$ 是矩阵范数,称为 A 的算子范数.进一步它还满足相容性条件

$$\|Ax\|_\nu \leqslant \|A\|_\nu \|x\|_\nu \tag{3.5.20}$$

从而 $\|A\|_\nu$ 也称为从属于向量范数 $\|x\|_\nu$ 的矩阵范数.

定理 3 设 $A \in R^{n\times n}$,则

①
$$\|A\|_\infty = \max_{1\leqslant i\leqslant n}\sum_{j=1}^n |a_{ij}| \tag{3.5.21}$$

称为 A 的行范数.

②
$$\|A\|_1 = \max_{1\leqslant j\leqslant n}\sum_{i=1}^n |a_{ij}| \tag{3.5.22}$$

称为 A 的列范数.

③
$$\|A\|_2 = \sqrt{\lambda_{\max}(A^{\mathrm{T}}A)} \tag{3.5.23}$$

称为 A 的 2- 范数,其中 $\lambda_{\max}(A^{\mathrm{T}}A)$ 表示 $A^{\mathrm{T}}A$ 的最大特征值.

证明 只就①,③给出证明,②同理.

① 设 $x = (x_1, x_2, \cdots, x_n)^{\mathrm{T}} \neq 0$,不妨设 $A \neq 0$,记

$$t = \max_{1\leqslant i\leqslant n}|x_i|, \qquad \mu = \max_{1\leqslant i\leqslant n}\sum_{j=1}^n |a_{ij}|$$

则

$$\|Ax\|_\infty = \max_{1\leqslant i\leqslant n}\left|\sum_{j=1}^n a_{ij}x_j\right| \leqslant t \cdot \max_{1\leqslant i\leqslant n}\sum_{j=1}^n |a_{ij}|$$

这说明对任意非零 $x \in R^n$,有

$$\frac{\|Ax\|_\infty}{\|x\|_\infty} \leqslant \mu$$

另一方面,设 $\mu = \sum_{j=1}^n |a_{i_0 j}|$,取向量 $x_0 = (x_1, x_2, \cdots, x_n)^{\mathrm{T}}$,其中 $x_j = \mathrm{sign}(a_{i_0 j}), j = 1, 2, \cdots, n$,显然 $\|x_0\|_\infty = 1$,且 Ax_0 的第 i_0 的第 i_0 个分量为

$$\sum_{j=1}^n |a_{i_0 j}x_j| = \sum_{j=1}^n a_{i_0 j} = \mu$$

这说明 $\|Ax_0\| = \mu$,即 $\|A\|_\infty = \mu = \max_{1\leqslant i\leqslant n}\sum_{j=1}^n |a_{ij}|$.

③ 由于 $\|A\|_2^2 = (Ax)^{\mathrm{T}}(Ax) = x^{\mathrm{T}}(A^{\mathrm{T}}A)x \geqslant 0$,对一切 $x \in R^n$,从而 $A^{\mathrm{T}}A$ 是半正定的.设 $A^{\mathrm{T}}A$ 的特征值为

$$\lambda_1 \geqslant \lambda_2 \geqslant \cdots \geqslant \lambda_n \geqslant 0$$

再设 $\xi_1,\xi_2,\cdots,\xi_n$ 为 $A^{\mathrm{T}}A$ 的分别对应于 $\lambda_1,\lambda_2,\cdots,\lambda_n$ 的正交规范的特征向量,则对任一向量 $x\in R^n$,有

$$x = \sum_{i=1}^n k_i\xi_i, \qquad k_i \text{ 为组合系数}$$

$$\frac{\|A\|_2^2}{\|x\|_2^2} = \frac{x^{\mathrm{T}}(A^{\mathrm{T}}A)x}{x^{\mathrm{T}}x} = \frac{\sum_{i=1}^n k_i^2\lambda_i}{\sum_{i=1}^n k_i^2} \leqslant \lambda_1$$

另一方面,取 $x = \xi_1$,则

$$\frac{\|A\|_2^2}{\|x\|_2^2} = \frac{\xi_1^{\mathrm{T}}(A^{\mathrm{T}}A)\xi_1}{\xi_1^{\mathrm{T}}\xi_1} = \lambda_1$$

故 $\|A\|_2 = \max\limits_{x\neq 0}\dfrac{\|Ax\|_2}{\|x\|_2} = \sqrt{\lambda_1} = \sqrt{\lambda_{\max}(A^{\mathrm{T}}A)}$.

由定理 3 看出,计算一个矩阵的 $\|A\|_\infty$, $\|A\|_1$ 还是比较容易的,而矩阵的 2-范数 $\|A\|_2$ 在计算上不方便,但由于它有许多好的性质,所以,它在理论上是有用的.

定义 6 设 $A\in R^{n\times n}$ 的特征值为 $\lambda_i(i=1,2,\cdots,n)$,称

$$\rho(A) = \max_{1\leqslant i\leqslant n}|\lambda_i| \tag{3.5.24}$$

为 A 的谱半径.

定理 4(特征值上界) 设 $A\in R^{n\times n}$,则

$$\rho(A) \leqslant \|A\| \tag{3.5.25}$$

即 A 的谱半径不超过 A 的任何一种算子范数.

证明 设 λ 是 A 的任一特征值,x 为相应的特征向量,则 $Ax = \lambda x$,由定义得

$$|\lambda|\cdot\|x\| = \|\lambda x\| = \|Ax\| \leqslant \|A\|\|x\|$$

即 $|\lambda|\leqslant \|A\|$,所以 $\rho(A)\leqslant\|A\|$.

进一步,有下面结果

定理 5 设 $\|A\|_\alpha$ 为与某种向量范数 $\|\cdot\|_\alpha$ 相容的矩阵范数,则

$$\rho(A) = \inf_\alpha \|A\|_\alpha \tag{3.5.26}$$

证明 对任意矩阵 A,总存在相似变换化 A 为上三角形,即存在可逆矩阵 P,使

$$PAP^{-1} = \Lambda + U$$

其中, $\Lambda = \mathrm{diag}(\lambda_1,\lambda_2,\cdots,\lambda_n)$,各 λ_i 为 A 的特征值,U 是主对角元为零的上三角矩阵 $(u_{ij})_{n\times n}$.

做矩阵

$$D = \mathrm{diag}(1,\delta^{-1},\cdots,\delta^{1-n}), \qquad \delta > 0$$

3.5 向量和矩阵的范数

于是
$$D(\Lambda + U)D^{-1} = \Lambda + B = C$$

其中矩阵 B 的元素为
$$b_{ij} = \begin{cases} 0, & j \leqslant i \\ u_{ij}\delta^{j-i} = \delta \cdot (u_{ij}\delta^{j-i-1}), & j > i \end{cases}$$

令 $Q = DP$,则有
$$QAQ^{-1} = C$$

矩阵 A 和 C 相似,所以有相同的特征值.

今规定向量范数 $\|\cdot\|_\alpha$ 如下:
$$\|x\|_\alpha = \|Qx\|_2$$

令 $y = Qx$,则有
$$\|A\|_\alpha = \max_{x \neq 0} \frac{\|Ax\|_\alpha}{\|x\|_\alpha} = \max_{x \neq 0} \frac{\|QAx\|_2}{\|Qx\|_2}$$
$$= \max_{y \neq 0} \frac{\|Cy\|_2}{\|y\|_2} = \|C\|_2 \leqslant \|\Lambda\|_2 + \|B\|_2$$

因为 Λ 为对角矩阵,所以
$$\|\Lambda\|_2 = \rho(\Lambda) = \rho(A)$$

其次,存在常数 $k > 0$,使
$$\|B\|_2 \leqslant \delta \cdot K$$

从而有
$$\rho\|A\|_\alpha \leqslant \rho(A) + \delta K$$

今对给定的 $\varepsilon > 0$,取 $\delta = \dfrac{\varepsilon}{K}$,上式就化为
$$\rho(A) \leqslant \|A\|_\alpha \leqslant \rho(A) + \varepsilon$$

从而便证明了(3.5.26)式.

定理 6 如果 $A \in R^{n \times n}$ 为对称矩阵,则
$$\|A\|_2 = \rho(A) \tag{3.5.27}$$

事实上
$$\|A\|_2^2 = \rho(A^T A) = \rho(A^2) = (\rho(A))^2$$

由于 $\|A\|_2^2 = \sqrt{\rho(A^T A)}$,所以 $\|A\|_2$ 也常记为 $\|A\|_{SP}$ 并称为谱范数.

定理 7 如果 $\|B\| < 1$,则 $I \pm B$ 为非奇异矩阵,且
$$\|(I \pm B)^{-1}\| \leqslant \frac{1}{1 - \|B\|} \tag{3.5.28}$$

其中 $\|\cdot\|$ 是指矩阵的算子范数.

3.6 误差分析

前几节讨论了求解线性代数方程组的直接法.给出系数矩阵 A 和自由项 b,求未知向量 x.实践中,A 和 b 往往是实验观测数据或是计算所得结果.因此我们处理的线性方程组 $Ax = b$ 实际上变成了

$$(A + \delta A)(x + \delta x) = (b + \delta b) \quad (3.6.1)$$

δA 或 δb 与 δx 的关系怎样,是人们十分关心的问题.

例 1 解方程组 $Ax = b$,其中

$$A = \begin{bmatrix} \frac{1}{2} & \frac{1}{3} & \frac{1}{4} \\ \frac{1}{3} & \frac{1}{4} & \frac{1}{5} \\ \frac{1}{4} & \frac{1}{5} & \frac{1}{6} \end{bmatrix}$$

现用绝对精确的计算(即不带任何舍入误差的计算)求解,可以看出

$$\begin{bmatrix} x_1 = 72b_1 - 240b_2 + 180b_3 \\ x_2 = -240b_1 + 900b_2 - 720b_3 \\ x_3 = 180b_1 - 720b_2 + 600b_3 \end{bmatrix}$$

此时,我们发现对于两组不同的自由项.

$$b = (b_1, b_2, b_3)^{\mathrm{T}}, \quad \tilde{b} = (b_1 - \varepsilon, b_2 + \varepsilon, b_3 - \varepsilon)^{\mathrm{T}}$$

它的差只有 $\delta b = \tilde{b} - b = (-\varepsilon, \varepsilon, -\varepsilon)^{\mathrm{T}}$,而所得解 x 与 $\tilde{x}$ 之差却是

$$\delta x = \tilde{x} - x = (-492\varepsilon, 1860\varepsilon, -1500\varepsilon)^{\mathrm{T}}$$

换句话说,两组不同的右端其分量之差不过是 $|\varepsilon|$,可是解的差却高达 $|\varepsilon|$ 之 1860 倍.

对于这样的方程组,不管用什么样的数值方法,我们总很难(甚至不可能)算出合理的(与真正精确解相差不大的)解,像这样的方程组或矩阵 A 就叫做病态的.

定义 1 如果矩阵 A 或自由项 b 的微小变化,引起方程组 $Ax = b$ 解的巨大变化,则称此方程组为病态方程组,矩阵 A 称为病态矩阵,否则称方程组为良态方程组,A 为良态矩阵.

应该注意,矩阵的病态性质是矩阵本身的特性.下面我们研究方程组(3.6.1),希望能找出刻画矩阵病态性质的量,为了简单,先假设 $\delta A = 0$,讨论自由项对 x 的影响,再假设 $\delta b = 0$,讨论系数矩阵与解 x 的关系.

如果方程组(3.6.1)中系数矩阵 A 是精确的,自由项 b 有误差 δb,相应的解为

3.6 误差分析

$x + \delta x$,则
$$A(x + \delta x) = b + \delta b \tag{3.6.2}$$

利用关系式 $Ax = b$
$$A\delta x = \delta b \text{ 即 } \delta x = A^{-1}\delta b$$

两边取范数,有
$$\frac{\|\delta x\|}{\|x\|} \geq \frac{\|\delta b\|}{\|A\|\|x\|} \geq \frac{\|\delta b\|}{\|A\|\|A^{-1}\|\|b\|}$$

$$\frac{\|\delta x\|}{\|x\|} \leq \frac{\|A^{-1}\|\|\delta b\|}{\|x\|} = \frac{\|A\|\|A^{-1}\| \cdot \|\delta b\|}{\|A\| \cdot \|x\|} \leq \frac{\|A\|\|A^{-1}\|\|\delta b\|}{\|b\|}$$

故
$$\frac{1}{\|A\|\|A^{-1}\|} \cdot \frac{\|\delta b\|}{\|b\|} \leq \frac{\|\delta x\|}{\|x\|} \leq \|A\|\|A^{-1}\| \frac{\|\delta b\|}{\|b\|} \tag{3.6.3}$$

如果 b 是精确的,A 有微小误差 δA,相应的解为 $x + \delta x$,则
$$(A + \delta A) \cdot (x + \delta x) = b \tag{3.6.4}$$

这种情况比前一种情况复杂,$A + \delta A$ 可能是奇异矩阵.为了简单,我们要求 δA 能够保证使 $A + \delta A$ 非奇异,因为
$$A + \delta A = A(I + A^{-1}\delta A)$$

由 3.6 节定理 7,当 $\|A^{-1}\delta A\| < 1$ 时,$I + A^{-1}\delta A$ 非奇异,从而 $A + \delta A$ 非奇异,且
$$\|(A + \delta A)^{-1}\| = \|A^{-1}\|\|(I + A^{-1}\delta A)^{-1}\| \leq \frac{\|A^{-1}\|}{1 - \|A^{-1}\delta A\|}$$

下面的讨论使用了更强的条件,即 $\|A^{-1}\| \cdot \|\delta A\| < 1$,于是
$$\|\delta x\| \leq \frac{\|A^{-1}\| \cdot \|\delta A\| \cdot \|x\|}{1 - \|A^{-1}\delta A\|} \leq \frac{\|A^{-1}\| \cdot \|\delta A\| \cdot \|x\|}{1 - \|A^{-1}\|\|\delta A\|}$$

即
$$\frac{\|\delta x\|}{\|x\|} \leq \frac{\|A^{-1}\| \cdot \|A\| \cdot \frac{\|\delta A\|}{\|A\|}}{1 - \|A^{-1}\| \cdot \|A\| \cdot \frac{\|\delta A\|}{\|A\|}} \tag{3.6.5}$$

另一方面,由(3.6.4)式利用 $Ax = b$ 有
$$\delta x = -A^{-1}\delta A(x + \delta x)$$

两边取范数,有
$$\frac{\|\delta x\|}{\|x + \delta x\|} \leq \|A^{-1}\|\|\delta A\| = \|A^{-1}\| \cdot \|A\| \frac{\|\delta A\|}{\|A\|} \tag{3.6.6}$$

由此可以看出,量 $\|A^{-1}\| \cdot \|A\|$ 越小由 A 或 b 的相对误差引起的解的相对误差就越小,量 $\|A^{-1}\| \cdot \|A\|$ 越大,解的相对误差就可能越大.所以量 $\|A^{-1}\|\|A\|$ 实际上刻画了解对原始数据变化的灵敏程度,即刻画了方程组的病态程度.于是引进下述定义

定义 2 设 A 为非奇异矩阵,称数
$$\text{cond}(A) = \|A^{-1}\| \cdot \|A\| \tag{3.6.7}$$
为矩阵 A 的条件数.

矩阵的条件数与范数有关,通常使用的条件数有
$$\text{cond}_\infty(A) = \|A^{-1}\|_\infty \cdot \|A\|_\infty \tag{3.6.8}$$
$$\text{cond}_2(A) = \|A\|_2 \cdot \|A^{-1}\|_2 = \sqrt{\frac{\lambda_{\max}(A^T A)}{\lambda_{\min}(A^T A)}} \tag{3.6.9}$$

当 A 为对称矩阵时
$$\text{cond}_2(A) = \frac{|\lambda_1|}{|\lambda_n|} \tag{3.6.10}$$

其中 λ_1, λ_n 分别为 A 的绝对值最大和最小的特征值.

不难证明,条件数具有下列性质:

① 对任何非奇异矩阵 A,都有 $\text{cond}(A) \geqslant 1$; (3.6.11)

② 设 A 为非奇异矩阵,$C \neq 0$ 为常数,则 $\text{cond}(CA) = \text{cond}(A)$; (3.6.12)

③ 如果 A 为正交矩阵,则
$$\text{cond}_2(A) = 1 \tag{3.6.13}$$
$$\text{cond}_2(AB) = \text{cond}_2(BA) = \text{cond}_2(B) \tag{3.6.14}$$
其中 B 为非奇异矩阵.

根据以上的讨论可以看出,$\text{cond}(A)$ 反映线性方程组 $Ax = b$ 的解对初始数据误差的灵敏度,其值越大,这种灵敏度越高,即对很小的初始误差 δb 或 δA,解 x 的相对误差就有可能很大,从而大大破坏了解的精确度.当 $\text{cond}(A)$ 接近于 1 时,矩阵是良态的,否则是病态的.当 A 是正交矩阵时,$\text{cond}_2(A) = 1$,故正交矩阵是最稳定的一类矩阵.对病态系数矩阵解方程组或求逆矩阵,舍入误差的影响十分明显,因此应特别注意.

例 2 求矩阵 A 的条件数,其中
$$A = \begin{bmatrix} \frac{1}{2} & \frac{1}{3} & \frac{1}{4} \\ \frac{1}{3} & \frac{1}{4} & \frac{1}{5} \\ \frac{1}{4} & \frac{1}{5} & \frac{1}{6} \end{bmatrix}$$

解 因为

$$A = \begin{bmatrix} \frac{1}{2} & \frac{1}{3} & \frac{1}{4} \\ \frac{1}{3} & \frac{1}{4} & \frac{1}{5} \\ \frac{1}{4} & \frac{1}{5} & \frac{1}{6} \end{bmatrix}$$

所以

$$\|A\|_\infty = \max_{1 \leq i \leq 3} \sum_{j=1}^{3} |a_{ij}| = \frac{13}{12}$$

$$A^{-1} = \begin{bmatrix} 72 & -240 & 180 \\ -240 & 900 & -720 \\ 180 & -720 & 600 \end{bmatrix}$$

于是 $\|A^{-1}\|_\infty = 1860$,从而

$$\text{cond}_\infty(A) = \|A\|_\infty \cdot \|A^{-1}\|_\infty = 2015$$

所以 A 是病态的.

例 3 研究方程组

$$\begin{cases} 10^{-4} x_1 + x_2 = 1 \\ x_1 + x_2 = 2 \end{cases}$$

系数矩阵为

$$A = \begin{bmatrix} 10^{-4} & 1 \\ 1 & 1 \end{bmatrix}$$

有特征值 $\lambda_1 = \dfrac{1+\sqrt{5}}{2}, \lambda_2 = \dfrac{1-\sqrt{5}}{2}$,从而

$$\text{cond}_2(A) = \frac{|\lambda_1|}{|\lambda_2|} \approx 2.62$$

如果用列主元素消元法,则交换方程次序

$$\begin{cases} x_1 + x_2 = 2 \\ 10^{-4} x_1 + x_2 = 1 \end{cases}$$

有系数矩阵

$$A_1 = \begin{bmatrix} 1 & 1 \\ 10^{-4} & 1 \end{bmatrix}$$

及相应的特征值 $\lambda_1^{(1)} = 1 + 10^{-2}, \lambda_2^{(1)} = 1 - 10^{-2}$,所以

$$\text{cond}_2(A_1) = \frac{|\lambda_1^{(1)}|}{|\lambda_2^{(1)}|} = 1.022$$

$\text{cond}_2(A_1)$ 比 $\text{cond}_2(A)$ 小,并且 $\text{cond}_2(A_1)$ 接近于 1,这说明选主元的必要性.

设 $\tilde{x}$ 是方程组 $Ax = b$ 的近似解,令
$$e = x - \tilde{x} \tag{3.6.15}$$
称为解的误差向量,而令
$$r = b - A\tilde{x} = Ae \tag{3.6.16}$$
称为解的剩余向量或残余向量.

下面讨论剩余向量 r 和误差向量 e 的关系.由(3.6.3)式,有
$$\frac{1}{\text{cond}(A)}\frac{\|r\|}{\|b\|} \leqslant \frac{\|e\|}{\|x\|} \leqslant \text{cond}(A)\frac{\|r\|}{\|b\|} \tag{3.6.17}$$
当 $\text{cond}(A)$ 接近于 1 时,$\frac{\|r\|}{\|b\|}$ 与 $\frac{\|e\|}{\|x\|}$ 相差不大.然而,当矩阵 A 的条件数 $\text{cond}(A)$ 比较大时,尽管 $\frac{\|r\|}{\|b\|}$ 比较小,但 $\frac{\|e\|}{\|x\|}$ 却可能很大;反之,当 $\frac{\|e\|}{\|x\|}$ 比较小时,$\frac{\|r\|}{\|b\|}$ 也可能很大.所以对病态的方程组,不能单从 r 或 e 来刻画解的近似程度.

对给定的近似解 $\tilde{x}$,用(3.6.16)式的左等式计算 r,然后再用右等式计算 e,如果 r 和 e 都是精确值,则 $\tilde{x} + e$ 是方程组 $Ax = b$ 的真解.实践中由于舍入误差的影响,只能得到 e 的近似值 $\tilde{e}$,从而 $\tilde{x} + \tilde{e}$ 仍是 x 的近似值,但它的近似程度显然比 $\tilde{x}$ 要高.

如果用高斯消元法或其他方法得到 $Ax = b$ 的近似解 $\tilde{x}$,记为 $x^{(1)} = \tilde{x}$,则 m 步的剩余向量
$$r^{(m)} = b - Ax^{(m)} \tag{3.6.18}$$
解方程
$$Ae^{(m)} = r^{(m)} \tag{3.6.19}$$
得近似解 $e^{(m)}$ 和 $x^{(m)}$ 的修正向量
$$x^{(m+1)} = x^{(m)} + e^{(m)} \tag{3.6.20}$$
(3.6.18)~(3.6.20)式给出改善近似解 $\tilde{x}$ 的迭代过程,当 $\|e^{(m)}\|$ 或 $\frac{\|e^{(m)}\|}{\|x^{(m)}\|}$ 小于误差限 ε 时,迭代过程停止,这就是所谓迭代校正法.

3.7 迭代法及其收敛性

3.7.1 迭代法的一般格式

在前面我们已经介绍了解线性方程组
$$Ax = b \tag{3.7.1}$$

的一些直接方法,下面我们将简略介绍一下解方程组(3.7.1)的另一类方法——迭代法,所谓迭代法是这样一种方法,对任意给定初始近似 $x^{(0)}$,按某种规则逐次生成序列

$$x^{(0)}, x^{(1)}, x^{(2)}, \cdots, x^{(k)}, \cdots$$

使极限

$$\lim_{k \to \infty} x^{(k)} = x^* \tag{3.7.2}$$

为方程组(3.7.1)的解,即

$$Ax^* = b$$

设把矩阵 A 分解成矩阵 N 和 P 之差

$$A = N - P$$

其中 N 为非奇异矩阵,于是,方程组(3.7.1)便可以表示成

$$Nx = Px + b$$

即

$$x = N^{-1}Px + N^{-1}b = Bx + f \tag{3.7.3}$$

其中 $B = N^{-1}P, f = N^{-1}b$,据此,我们便可以建立迭代公式

$$x^{(k+1)} = Bx^{(k)} + f, \quad k = 0, 1, 2, \cdots \tag{3.7.4}$$

我们称迭代公式(3.7.4)式中的矩阵 B 为迭代矩阵.

若序列 $\{x^{(k)}\}$ 收敛

$$\lim_{k \to \infty} x^{(k)} = x^*$$

显然有

$$x^* = Bx^* + f$$

即,极限 x^* 便是所求方程组的解.

定义 1 (1) 对给定的方程组(3.7.3),用(3.7.4)式逐步代入求近似解的方法称为迭代法.

(2) 如果 $\lim_{k \to \infty} x^{(k)}$ 存在(记为 x^*),则称迭代法收敛,此时 x^* 就是方程组的解,否则称此迭代法发散.

为了讨论迭代公式(3.7.4)式的收敛性,我们引进误差向量.

$$e^{(k)} = x^{(k)} - x^*, \quad k = 0, 1, 2, \cdots \tag{3.7.5}$$

由(3.7.3)式和(3.7.4)式便得到误差向量所满足的方程

$$e^{(k+1)} = Be^{(k)} \tag{3.7.6}$$

递推下去,最后便得到

$$e^{(k+1)} = B^{k+1} e^{(0)} \tag{3.7.7}$$

3.7.2 迭代法的收敛性

若欲由(3.7.4)式所确定的迭代法对任意给定的初始向量 $x^{(0)}$ 都收敛,则由

(3.7.7)式确定的误差向量 $e^{(k)}$ 应对任何初始误差 $e^{(0)}$ 都收敛于 $\mathbf{0}$.

定义 2 若
$$\lim_{k\to\infty}\|A^{(k)}-A\|=0 \qquad (3.7.8)$$
则称矩阵序列 $\{A^{(k)}\}$ 依范数 $\|\cdot\|$ 收敛于 A.

由范数的等价性可以推出,在某种范数意义下矩阵序列收敛,则在任何一种范数意义下该矩阵序列都收敛.因此,对矩阵序列 $\{A^{(k)}\}$ 收敛到矩阵 A,记为
$$\lim_{k\to\infty}A^{(k)}=A \qquad (3.7.9)$$
而不强调是在那种范数意义下收敛.

从定义及矩阵的行(列)范数可以直接推出下面定理.

定理 1 设矩阵序列 $A^{(k)}=(a_{ij}^{(k)})_{n\times n}(k=1,2,\cdots)$ 及矩阵 $A=(a_{ij})_{n\times n}$,则 $\{A^{(k)}\}$ 收敛于 A 的充分必要条件为
$$\lim_{k\to\infty}a_{ij}^{(k)}=a_{ij}, \qquad i,j=1,2,\cdots,n$$
因此,矩阵序列的收敛可归结为元素序列的收敛.此外,还可以推出下面定理.

定理 2 迭代法(3.7.4)式对任何 $x^{(0)}$ 都收敛的充分必要条件为
$$\lim_{k\to\infty}B^k=0 \qquad (3.7.10)$$

定理 3 矩阵序列 $\{B^k\}$ 收敛于 0 的充分必要条件为
$$\rho(B)<1 \qquad (3.7.11)$$

证明 如果 $\lim_{k\to\infty}B^k=0$,则在任一范数 $\|\cdot\|$ 意义下有
$$\lim_{k\to\infty}\|B^k\|=0$$
而由 3.6 节定理 4 有
$$\|B^k\|\geqslant\rho(B^k)=[\rho(B)]^k$$
所以必有
$$\rho(B)<1$$

反之,若 $\rho(B)<1$,则存在足够小的正数 ε,使 $\rho(B)+\varepsilon<1$,则 3.5 节定理 5 可知,存在范数 $\|\cdot\|_\alpha$,使 $\|B\|_\alpha\leqslant\rho(B)+\varepsilon<1$.于是
$$\|B^k\|_\alpha\leqslant[\|B\|_\alpha]^k\leqslant(\rho(B)+\varepsilon)^k$$
因为
$$\lim_{k\to\infty}(\rho(B)+\varepsilon)^k=0$$
所以
$$\lim_{k\to\infty}\|B^k\|_\alpha=0 \text{ 即} \lim_{k\to\infty}B^k=0$$

定理 4 迭代法(3.7.4)式对任意 $x^{(0)}$ 都收敛的充分必要条件为 $\rho(B)<1$

3.7.3 迭代法的收敛速度

考察误差向量

3.7 迭代法及其收敛性

$$e^{(k)} = x^{(k)} - x^* = B^k \cdot e^{(0)}$$

设 B 有 n 个线性无关的特征向量 $\boldsymbol{\eta}_1, \boldsymbol{\eta}_2, \cdots, \boldsymbol{\eta}_n$，相应的特征值为 $\lambda_1, \lambda_2, \cdots, \lambda_n$，由

$$e^{(0)} = \sum_{j=1}^{n} a_j \boldsymbol{\eta}_j$$

得

$$e^{(k)} = B^k e^{(0)} = \sum_{j=1}^{n} a_j B^k \boldsymbol{\eta}_j = \sum_{j=1}^{n} a_j \lambda_j^k \boldsymbol{\eta}_j$$

可以看出，当 $\rho(B) < 1$ 愈小时，$\lambda_j^k \to 0 (k \to \infty)$ 愈快，即 $e^{(k)} \to 0$ 愈快，故可用量 $\rho(B)$ 来刻画迭代法的收敛快慢.

现在来确定迭代次数 k，使

$$[\rho(B)]^k \leqslant 10^{-s} \tag{3.7.12}$$

取对数得

$$k \geqslant \frac{s \cdot \ln 10}{-\ln \rho(B)}$$

定义 3 称

$$R(B) = -\ln \rho(B) \tag{3.7.13}$$

为迭代法(3.7.4)的收敛速度.

由此看出，$\rho(B) < 1$ 愈小，速度 $R(B)$ 就愈大，(3.7.12)式成立所需的迭代次数也就愈少.

由于谱半径的计算比较困难，因此，可用范数 $\|B\|$ 来作为 $\rho(B)$ 的一种估计.

定理 5 如果迭代矩阵的某一种范数 $\|B\|_\gamma = q < 1$，则对任意初始向量 $x^{(0)}$，迭代公式(3.7.4)式收敛，且有误差估计式

$$\|x^* - x^{(k)}\|_\gamma \leqslant \frac{q}{1-q} \|x^{(k)} - x^{(k-1)}\|_\gamma \tag{3.7.14}$$

或

$$\|x^* - x^{(k)}\|_\gamma \leqslant \frac{q^k}{1-q} \|x^{(1)} - x^{(0)}\|_\gamma \tag{3.7.15}$$

证明 利用本节定理 4 和不等式 $\rho(B) \leqslant \|B\|_\gamma$，可以立即证得收敛的充分条件，下面推导误差估计式.

因为 x^* 为方程组的精确解，则

$$x^* = Bx^* + f$$

又 $\rho(B) \leqslant \|B\|_\gamma = q < 1$，则由 3.6 节定理 7 可知，$I-B$ 可逆，且

$$\|(I-B)^{-1}\|_\gamma \leqslant \frac{1}{1 - \|B\|_\gamma} = \frac{1}{1-q}$$

由于

$$x^{(k)} - x^* = Bx^{(k-1)} + f - Bx^* - f$$

$$= B\boldsymbol{x}^{(k-1)} - B(I-B)^{-1}f$$
$$= B(I-B)^{-1}[(I-B)\boldsymbol{x}^{(k-1)} - f]$$
$$= B(I-B)^{-1}[\boldsymbol{x}^{(k-1)} - \boldsymbol{x}^{(k)}]$$

两边取范数即得

$$\|\boldsymbol{x}^{(k)} - \boldsymbol{x}^*\|_\gamma \leqslant \|B\|_\gamma \|(I-B)^{-1}\|_\gamma \|\boldsymbol{x}^{(k-1)} - \boldsymbol{x}^k\|_\gamma$$
$$\leqslant \frac{q}{1-q}\|\boldsymbol{x}^{(k)} - \boldsymbol{x}^{(k-1)}\|_\gamma$$

又由于

$$\boldsymbol{x}^{(k)} - \boldsymbol{x}^{(k-1)} = B(\boldsymbol{x}^{k-1} - \boldsymbol{x}^{(k-2)})$$
$$= B^{k-1}(\boldsymbol{x}^{(1)} - \boldsymbol{x}^{(0)})$$

所以 $\|\boldsymbol{x}^{(k)} - \boldsymbol{x}^{(k-1)}\|_\gamma \leqslant \|B\|_\gamma^{k-1}\|(\boldsymbol{x}^{(1)} - \boldsymbol{x}^{(0)})\|_\gamma$,即

$$\|\boldsymbol{x}^{(k)} - \boldsymbol{x}^*\|_\gamma \leqslant \frac{q^k}{1-q}\|\boldsymbol{x}^{(1)} - \boldsymbol{x}^{(0)}\|_\gamma$$

有了定理 5 的误差估计式,在实际计算时,对于预先给定的精度 ε,若有

$$\|\boldsymbol{x}^{(k+1)} - \boldsymbol{x}^{(k)}\|_\gamma < \varepsilon$$

则就认为 $\boldsymbol{x}^{(k+1)}$ 是方程组满足精度的近似解. 此外,还可以用第二个估计式 (3.7.15)式来事先确定需要迭代的次数以保证 $\|e^{(k)}\| < \varepsilon$.

3.8 雅可比迭代法与高斯-赛德尔迭代法

3.8.1 雅可比迭代法

设线性方程组

$$A\boldsymbol{x} = \boldsymbol{b} \tag{3.8.1}$$

的系数矩阵 A 可逆且主对角元素 $a_{11}, a_{22}, \cdots, a_{nn}$ 均不为零,令

$$D = \text{diag}(a_{11}, a_{22}, \cdots, a_{nn})$$

并将 A 分解成

$$A = (A - D) + D \tag{3.8.2}$$

从而方程组(3.8.1)可写成

$$D\boldsymbol{x} = (D - A)\boldsymbol{x} + \boldsymbol{b}$$

令

$$\boldsymbol{x} = B_1\boldsymbol{x} + f_1$$

其中 $B_1 = I - D^{-1}A, f_1 = D^{-1}\boldsymbol{b}$. \hfill (3.8.3)

以 B_1 为迭代矩阵的迭代法(公式)

$$\boldsymbol{x}^{(k+1)} = B_1\boldsymbol{x}^{(k)} + f_1 \tag{3.8.4}$$

称为雅可比(Jacobi)迭代法(公式),用向量的分量来表示,(3.8.4)式为

3.8 雅可比迭代法与高斯-赛德尔迭代法

$$\begin{cases} x_i^{(k+1)} = \dfrac{1}{a_{ii}}[b_i - \sum_{\substack{j=1\\j\neq i}}^{n} a_{ij} x_j^{(k)}] \\ i = 1,2,\cdots,n, \quad k = 0,1,2,\cdots \end{cases} \tag{3.8.5}$$

其中 $x^{(0)} = (x_1^{(0)}, x_2^{(0)}, \cdots, x_n^{(0)})^T$ 为初始向量.

由此看出,雅可比迭代法公式简单,每迭代一次只需计算一次矩阵和向量的乘法.在计算机运算时需要两组存储单元,以存放 $x^{(k)}$ 及 $x^{(k+1)}$.

例 1 用雅可比迭代法求解下列方程组

$$\begin{cases} 10x_1 - x_2 - 2x_3 = 7.2 \\ -x_1 + 10x_2 - 2x_3 = 8.3 \\ -x_1 - x_2 + 5x_3 = 4.2 \end{cases}$$

解 将方程组按雅可比方法写成

$$\begin{cases} x_1 = 0.1x_2 + 0.2x_3 + 0.72 \\ x_2 = 0.1x_1 + 0.2x_3 + 0.83 \\ x_3 = 0.2x_1 + 0.2x_2 + 0.84 \end{cases}$$

取初始值 $x^{(0)} = (x_1^{(0)}, x_2^{(0)}, x_3^{(0)})^T = (0,0,0)^T$,按迭代公式

$$\begin{cases} x_1^{(k+1)} = \phantom{0.1x_1^{(k)} +\ } 0.1x_2^{(k)} + 0.2x_3^{(k)} + 0.72 \\ x_2^{(k+1)} = 0.1x_1^{(k)} \phantom{\ + 0.1x_2^{(k)}} + 0.2x_3^{(k)} + 0.83 \\ x_3^{(k+1)} = 0.2x_1^{(k)} + 0.2x_2^{(k)} \phantom{\ + 0.2x_3^{(k)}} + 0.84 \end{cases}$$

进行迭代,其计算结果如表 3-1 所示.

表 3-1

k	0	1	2	3	4	5	6	7
$x_1^{(k)}$	0	0.72	0.971	1.057	1.0853	1.0951	1.0983	⋯
$x_2^{(k)}$	0	0.83	1.070	1.1571	1.1853	1.1951	1.1983	⋯
$x_3^{(k)}$	0	0.84	1.150	1.2482	1.2828	1.2941	1.2980	⋯

3.8.2 高斯-赛德尔迭代法

由雅可比迭代公式可知,在迭代的每一步计算过程中是用 $x^{(k)}$ 的全部分量来计算 $x^{(k+1)}$ 的所有分量,显然在计算第 i 个分量 $x_i^{(k+1)}$ 时,已经计算出的最新分量 $x_1^{(k+1)}, \cdots, x_{i-1}^{(k+1)}$ 没有被利用,从直观上看,最新计算出的分量可能比旧的分量要好些.因此,对这些最新计算出来的第 $k+1$ 次近似 $x^{(k+1)}$ 的分量 $x_j^{(k+1)}$ 加以利用,就得到所谓解方程组的高斯-赛德尔(Gauss-Seidel)迭代法.

把矩阵 A 分解成
$$A = D - L - U \tag{3.8.6}$$
其中 $D = \mathrm{diag}(a_{11}, a_{22}, \cdots, a_{nn})$，$-L$，$-U$ 分别为 A 的主对角元除外的下三角和上三角部分，于是，方程组(3.8.1)便可以写成
$$(D - L)\boldsymbol{x} = U\boldsymbol{x} + \boldsymbol{b}$$
即
$$\boldsymbol{x} = B_2 \boldsymbol{x} + f_2$$
其中
$$B_2 = (D - L)^{-1} U, \quad f_2 = (D - L)^{-1} \boldsymbol{b} \tag{3.8.7}$$
以 B_2 为迭代矩阵构成的迭代法(公式)
$$\boldsymbol{x}^{(k+1)} = B_2 \boldsymbol{x}^{(k)} + f_2 \tag{3.8.8}$$
称为高斯-赛德尔迭代法(公式)，用分量表示的形式为
$$\begin{cases} x_i^{(k+1)} = \dfrac{1}{a_{ii}}\left[b_i - \sum\limits_{j=1}^{i-1} a_{ij} x_j^{(k+1)} - \sum\limits_{j=i+1}^{n} a_{ij} x_j^{(k)} \right] \\ i = 1, 2, \cdots, n, \quad k = 0, 1, 2, \cdots \end{cases} \tag{3.8.9}$$

由此看出，高斯-赛德尔迭代法的一个明显的优点是，在计算机运算时，只需一组存储单元(计算出 $x_i^{(k+1)}$ 后 $x_i^{(k)}$ 不再使用，所以用 $x_i^{(k+1)}$ 冲掉 $x_i^{(k)}$)，以便存放近似解.

例 2　用高斯-赛德尔迭代法求解例 1.

解　取初始值 $\boldsymbol{x}^{(0)} = (x_1^{(0)}, x_2^{(0)}, x_3^{(0)})^{\mathrm{T}} = (0,0,0)^{\mathrm{T}}$，按迭代公式
$$\begin{cases} x_1^{(k+1)} = \phantom{0.1x_1^{(k+1)}+} 0.1 x_2^{(k)} + 0.2 x_3^{(k)} + 0.72 \\ x_2^{(k+1)} = 0.1 x_1^{(k+1)} \phantom{+ 0.1 x_2^{(k)}} + 0.2 x_3^{(k)} + 0.83 \\ x_3^{(k+1)} = 0.2 x_1^{(k+1)} + 0.2 x_2^{(k+1)} \phantom{+ 0.2 x_3^{(k)}} + 0.84 \end{cases}$$
进行迭代，其计算结果如表 3-2.

表 3-2

k	0	1	2	3	4	5	6	7
$x_1^{(k)}$	0	0.72	1.04308	1.09313	1.09913	1.09989	1.09999	1.1
$x_2^{(k)}$	0	0.902	1.16719	1.19572	1.19947	1.19993	1.19999	1.2
$x_3^{(k)}$	0	1.1644	1.28205	1.29777	1.29972	1.29996	1.3	1.3

从此例看出，高斯-赛德尔迭代法比雅可比迭代法收敛快(达到同样的精度所需迭代次数少)，但这个结论，在一定条件下才是对的，甚至有这样的方程组，雅可比方

法收敛,而高斯-赛德尔迭代法却是发散的.

3.8.3 迭代收敛的充分条件

定理 1 在下列任一条件下,雅可比迭代法(3.8.5)收敛.

① $\|B_1\|_\infty = \max\limits_i \sum\limits_{\substack{j=1 \\ j \neq i}}^n \dfrac{|a_{ij}|}{|a_{ii}|} < 1$;

② $\|B_1\|_1 = \max\limits_j \sum\limits_{\substack{i=1 \\ i \neq j}}^n \dfrac{|a_{ij}|}{|a_{ii}|} < 1$;

③ $\|I - D^{-1}A^T\|_\infty = \max\limits_j \sum\limits_{\substack{i=1 \\ i \neq j}}^n \dfrac{|a_{ij}|}{|a_{jj}|} < 1$.

定理 2 设 B_1, B_2 分别为雅可比迭代矩阵与高斯-赛德尔迭代矩阵,则

$$\|B_2\|_\infty \leqslant \|B_1\|_\infty \tag{3.8.10}$$

从而,当

$$\|B_1\|_\infty = \max\limits_i \sum\limits_{\substack{j=1 \\ j \neq i}}^n \dfrac{|a_{ij}|}{|a_{ii}|} < 1$$

时,高斯-赛德尔迭代法(3.8.8)式收敛.

证明 由 B_1 和 B_2 的定义,它们可表示成

$$B_1 = D^{-1}(L + U)$$
$$B_2 = (D - L)^{-1}U = = (I - D^{-1}L)^{-1}D^{-1}U$$

用 e 表示 n 维向量 $e = (1, 1, \cdots, 1)^T$,则有不等式

$$|B_1|e \leqslant \|B_1\|_\infty e$$
$$|B_1| = |D^{-1}L| + |D^{-1}U|$$

这里,记号 $|\cdot|$ 表示其中矩阵的元素都取绝对值,而不等式是对相应元素来考虑的,于是

$$|D^{-1}U|e = (|B_1| - |D^{-1}L|)e$$
$$\leqslant (I - |D^{-1}L| - (1 - \|B_1\|_\infty)I)e$$

容易验证

$$(D^{-1}L)^n = |D^{-1}L|^n = 0$$

所以,$I - D^{-1}L$ 及 $I - |D^{-1}L|$ 可逆,且

$$|(I - D^{-1}L)^{-1}| = |I + D^{-1}L + \cdots + (D^{-1}L)^{n-1}|$$
$$\leqslant I + |D^{-1}L| + \cdots + |D^{-1}L|^{n-1} = (I - |D^{-1}L|)^{-1}$$
$$(I - |D^{-1}L|)^{-1} \geqslant I$$

从而有

$$|B_2|e \leqslant |I-(D^{-1}L)^{-1}| \cdot |D^{-1}U|e$$
$$\leqslant (I-|D^{-1}L|)^{-1}\{(I-|D^{-1}L|-(1-\|B_1\|_\infty)I\}e$$
$$= \{I-(1-\|B_1\|_\infty)I \cdot (I-|D^{-1}L|^{-1}\}e$$
$$\leqslant \|B_1\|_\infty e$$

因此必有
$$\|B_2\|_\infty \leqslant \|B_1\|_\infty$$

因为已知 $\|B_1\|_\infty < 1$,所以 $\|B_2\|_\infty < 1$,即高斯-赛德尔迭代法收敛.

若矩阵 A 为对称,我们有

定理3 若矩阵 A 正定,则高斯-赛德尔迭代法收敛.

证明 把实正定对称矩阵 A 分解为
$$A = D - L - L^T$$
($U = L^T$),则 D 为正定的,迭代矩阵
$$B_2 = (D-L)^{-1}L^T$$

设 λ 是 B_2 的任一特征值,x 为相应的特征向量,则
$$(D-L)^{-1}L^T(x) = \lambda x$$
以 $D-L$ 左乘上式两端,并由 $A = D-L-L^T$ 有
$$(1-\lambda)L^T x = \lambda A x$$
用向量 x 的共轭转置左乘上式两端,得
$$(1-\lambda)\bar{x}^T L^T x = \lambda \bar{x}^T A x \tag{3.8.11}$$
求上式左右两端的共轭转置,得
$$(1-\bar{\lambda})\bar{x}^T L x = \bar{\lambda}\bar{x}^T A x$$
以 $1-\bar{\lambda}$ 和 $1-\lambda$ 分别乘以上两式然后相加,得
$$(1-\lambda)(1-\bar{\lambda})\bar{x}^T(L^T+L)x = (\lambda+\bar{\lambda}-2\lambda\bar{\lambda})\bar{x}^T A x$$
由 $A = D-L-L^T$,得
$$(1-\lambda)(1-\bar{\lambda})\bar{x}^T(D-A)x = (\lambda+\bar{\lambda}-2\lambda\bar{\lambda})\bar{x}^T A x$$
即
$$|1-\lambda|^2 \bar{x}^T D x = (1-|\lambda|^2)\lambda \bar{x}^T A x \tag{3.8.12}$$

因为 A 和 D 都是正定的,且 x 不是零向量,所以由(3.8.11)式得 $\lambda \neq 1$,而由(3.8.12)式得 $1-|\lambda|^2 > 0$,即 $|\lambda| < 1$,从而 $\rho(B_2) < 1$,因而高斯-赛德尔迭代法收敛.

定义1 设 $A = (a_{ij})_{n \times n}$ 为 n 阶矩阵.

① 如果

$$|a_{ii}| > \sum_{\substack{j=1 \\ j \neq i}}^{n} |a_{ij}|, \qquad i = 1, 2, \cdots, n \tag{3.8.13}$$

即 A 的每一行对角元素的绝对值都严格大于同行其他元素绝对值之和,则称 A 为严格对角优势矩阵;

② 如果

$$|a_{ii}| \geqslant \sum_{\substack{j=1 \\ j \neq i}}^{n} |a_{ij}|, \qquad i = 1, 2, \cdots, n$$

且至少有一个不等式严格成立,则称 A 为弱对角优势矩阵.

例如 $\begin{bmatrix} 2 & -1 & 0 \\ 1 & 3 & -1 \\ 0 & 1 & 3 \end{bmatrix}$ 是严格对角优势矩阵, $\begin{bmatrix} 1 & -1 & 0 \\ 1 & 2 & -1 \\ 0 & 1 & 3 \end{bmatrix}$ 是弱对角优势矩阵.

定义 2 设 $A = (a_{ij})_{n \times n}$ 是 n 阶矩阵,如果经过行的互换及相应列的互换可化为 $\begin{bmatrix} A_{11} & A_{12} \\ 0 & A_{22} \end{bmatrix}$,即存在 n 阶排列矩阵 P,使

$$P^{\mathrm{T}} A P = \begin{bmatrix} A_{11} & A_{22} \\ 0 & A_{22} \end{bmatrix}$$

其中 A_{11}、A_{22} 为方阵,则称 A 是可约的,否则称 A 为不可约的.

A 是可约矩阵,意味着 $Ax = b$ 可经过若干次行列重排,化为两个低阶方程组,事实上,$Ax = b$ 可化为 $P^{\mathrm{T}} A P (P^{\mathrm{T}} x) = P^{\mathrm{T}} b$,记

$$P^{\mathrm{T}} x = y = \begin{bmatrix} y^{(1)} \\ y^{(2)} \end{bmatrix}, \qquad P^{\mathrm{T}} b = d = \begin{bmatrix} d^{(1)} \\ d^{(2)} \end{bmatrix}$$

于是,求解 $Ax = b$ 化为求解

$$\begin{cases} A_{11} y^{(1)} + A_{12} y^{(2)} = d^{(1)} \\ \phantom{A_{11} y^{(1)} +\ } A_{22} y^{(2)} = d^{(2)} \end{cases}$$

可以证明,如果 A 为严格对角优势矩阵或为不可约弱对角优势矩阵,则 A 是非奇异的.

定理 4 如果 A 为严格对角优势矩阵或为不可约弱对角优势矩阵,则对任意 $x^{(0)}$,雅可比迭代法(3.8.4)与高斯-赛德尔迭代法(3.8.8)均是收敛的.

证明 下面我们以 A 为不可约弱对角优势矩阵为例,证明雅可比迭代法收敛,其他证明留给读者.

要证明雅可比迭代法收敛,只要证 $\rho(B_1) < 1$,B_1 是迭代矩阵.

用反证法,设矩阵 B_1 有某个特征值 μ,使得 $|\mu| \geqslant 1$,则 $\det(\mu I - B_1) = 0$,由于 A 不可约,且具有弱对角优势,所以 D^{-1} 存在,且

$$\mu I - B_1 = \mu I - (I - D^{-1}A) = D^{-1}(\mu D + A - D)$$

从而
$$\det(\mu D + A - D) = 0$$

另一方面,矩阵 $\mu D + A - D$ 与矩阵 A 的非零元素的位置是完全相同的,所以 $\mu D + A - D$ 也是不可约的,又由于 $|\mu| \geqslant 1$,且 A 弱对角优势,所以

$$|\mu a_{ii}| \geqslant |a_{ii}| \geqslant \sum_{\substack{j=1 \\ j \neq i}}^{n} |a_{ij}|, \quad i = 1, 2, \cdots, n$$

并且至少有一个 i 使不等号严格成立.因此,矩阵 $\mu D + A - D$ 弱对角优势,故 $\mu D + A - D$ 为不可约弱对角优势矩阵.从而
$$\det(\mu D + A - D) \neq 0$$
矛盾,故 B_1 的特征值不能大于等于1,定理得证.

3.9 超松弛迭代法

逐次超松弛迭代法(successive over relaxation method,简称 SOR 方法)是高斯-赛德尔方法的一种加速方法,是解大型稀疏矩阵方程组的有效方法之一,它具有计算公式简单、程序设计容易、占用计算机内存较少等优点,但需要较好的加速因子(即最佳松弛因子).下面我们首先说说松弛一词的含意,再利用它来解释雅可比迭代法与高斯-赛德尔迭代法,最后给出逐次超松弛迭代法的推算公式和收敛性条件.

设线性方程组
$$Ax = b \tag{3.9.1}$$

其中 $A = (a_{ij})_{n \times n}$ 可逆,且对角元素 $a_{11}, a_{22}, \cdots, a_{nn}$ 均不为0,如果 $x = (x_1, x_2, \cdots, x_n)^T$ 是(3.9.1)的近似解,一般说来

$$r_i = b_i - \sum_{j=1}^{n} a_{ij} x_j, \quad i = 1, 2, \cdots, n \tag{3.9.2}$$

不是0,这可理解为 x "不合格",把不合格的 x 更换为新的近似解 x',希望新的残向量 r' "变小",想实现这一点的简单方法是每一次只把 x 在(3.9.2)式中的一个式(例如第 i 个)中的一个分量进行更换,使新的残向量的第 i 个分量变成 0.这样,我们就说第 i 个方程被松弛了.一般都把第 i 式中第 i 个元 x_i 换掉,这相当于求 ξ 使

$$0 = b_i - \sum_{j=1}^{i-1} a_{ij} x_j - a_{ii} \xi - \sum_{j=i+1}^{n} a_{ij} x_j \tag{3.9.3}$$

因此,雅可比迭代法将 $x^{(k)}$ 代换为 $x^{(k+1)}$ 的过程,实际上是对 $1 \leqslant i \leqslant n$ 把

3.9 超松弛迭代法

$$r_i^{(k)} = b_i - \sum_{j=1}^n a_{ij} x_j^{(k)} \quad (3.9.4)$$

变为

$$0 = b_i - \sum_{j=1}^{i-1} a_{ij} x_j^{(k)} - a_{ii} x_i^{(k+1)} - \sum_{j=i+1}^n a_{ij} x_j^{(k)} \quad (3.9.5)$$

的过程(松弛的过程).

由 $x^{(k)}$ 代换为 $x^{(k+1)}$ 还可看作是

$$x^{(k+1)} = x^{(k)} + \text{修正向量} \quad (3.9.6)$$

而修正量与修正公式可写成为

$$x_i^{(k+1)} = x_i^{(k)} + \frac{1}{a_{ii}} r_i^{(k)}, \quad i = 1,2,\cdots,n \quad (3.9.7)$$

倘若在修正量之前乘以一个因子 ω,即以第 i 个分量

$$\hat{x}_i^{(k+1)} = x_i^{(k)} + \frac{1}{\omega a_{ii}} r_i^{(k)}, \quad i = 1,2,\cdots,n \quad (3.9.8)$$

为向量做新的近似向量(第 $k+1$ 次迭代向量)代替原来的 $x^{(k)}$ 就得到所谓带松弛因子 ω 的迭代法. 注意到,用(3.9.8)式中的 $\hat{x}_i^{(k+1)}$ 代替(3.9.4)式中的 $x_i^{(k)}$,一般并不能使

$$\hat{r}_i^{(k+1)} = b_i - \sum_{j=1}^{i-1} a_{ij} x_j^{(k)} - a_{ii} \hat{x}_i^{(k+1)} - \sum_{j=i+1}^n a_{ij} x_j^{(k)} \quad (3.9.9)$$

为 0,而为

$$\hat{r}_i^{(k+1)} = (1-\omega) r_i^{(k)} \quad (3.9.10)$$

在(3.9.8)式中取 $\omega=1$,$\hat{x}_i^{(k+1)}$ 就是(3.9.7)式中的 $x_i^{(k+1)}$,恰好使新的残量 $\hat{r}_i^{(k+1)}$ 为 0,这就使第 i 个方程松弛了;如 $\omega>1$,则用 $\hat{x}_i^{(k+1)}$ 代换第 i 个方程中的 $x_i^{(k)}$ 将使残量由 $r_i^{(k)}$ 变成与 $r_i^{(k)}$ 有不同符号的新残量 $\hat{r}_i^{(k+1)}$,于是我们就说第 i 个方程被松弛过头了(超松弛),或说 $x_i^{(k)}$ 被修改过分了(超过了使残量正好为 0 的程度);如 $\omega<1$,则用 $\hat{x}_i^{(k+1)}$ 代换第 i 个方程中的 $x_i^{(k)}$ 时,新残量 $\hat{r}_i^{(k+1)}$ 与 $r_i^{(k)}$ 同号,并且当 $\omega>0$ 时,它的绝对值小于 $r_i^{(k)}$ 之绝对值,于是我们不妨认为第 i 个方程还松弛得不够(低松弛)或称 $x_i^{(k)}$ 被修改得不够,不管是超松弛还是低松弛($\omega>1$ 或 $\omega<1$),我们一概都称为超松弛,即 $\omega\neq 1$ 时,我们称

$$\begin{cases} x_i^{(k+1)} = x_i^{(k)} + \omega \frac{1}{a_{ii}} \left(b_i - \sum_{j=1}^n a_{ij} x_j^{(k)} \right) \\ i = 1,2,\cdots,n, \quad k = 0,1,2,\cdots \end{cases} \quad (3.9.11)$$

为带松弛因子 ω 的同时迭代法(公式).

带松弛因子 ω 的同时迭代法用处并不大,讲它的目的只是为了解释迭代、修改和松弛的含意,使我们能容易懂得什么是逐次超松弛法. 下面介绍什么是逐次超

松弛法.

类似于高斯-赛德尔迭代法,在(3.9.11)式中用新的 $x_j^{(k+1)}$ 代替旧的 $x_j^{(k)}$, $j = 1, 2, \cdots, i-1$, 可得

$$\begin{cases} x_i^{(k+1)} = x_i^{(k)} + \omega \dfrac{1}{a_{ii}} \Big(b_i - \sum_{j=1}^{i-1} a_{ij} x_j^{(k+1)} - \sum_{j=i}^{n} a_{ij} x_j^{(k)} \Big) \\ i = 1, 2, \cdots, n, \quad k = 0, 1, 2, \cdots \end{cases} \quad (3.9.12)$$

称为带松弛因子 ω 的逐个迭代法或逐个超松弛迭代法(公式). 显然, (3.9.12)式可改写成

$$x_i^{(k+1)} = (1-\omega) x_i^{(k)} + \omega \tilde{x}_i^{(k+1)} \quad (3.9.13)$$

其中

$$\tilde{x}_i^{(k+1)} = \dfrac{1}{a_{ii}} \Big(b_i - \sum_{j=1}^{i-1} a_{ij} x_j^{(k+1)} - \sum_{j=i+1}^{n} a_{ij} x_j^{(k)} \Big)$$

为高斯-赛德尔迭代法所得, 所以逐个超松弛迭代法是高斯-赛德尔迭代法的一种加速方法.

由(3.9.12)式

$$a_{ii} x_i^{(k+1)} = (1-\omega) a_{ii} x_i^{(k)} + \omega \Big(b_i - \sum_{j=1}^{i-1} a_{ij} x_j^{(k+1)} - \sum_{j=i+1}^{n} a_{ij} x_j^{(k)} \Big)$$

用分解式 $A = D - L - U$, 则上式为

$$D\boldsymbol{x}^{(k+1)} = (1-\omega) D\boldsymbol{x}^{(k)} + \omega (\boldsymbol{b} + L\boldsymbol{x}^{(k+1)} + U\boldsymbol{x}^{(k)})$$

即

$$\boldsymbol{x}^{(k+1)} = B_\omega \boldsymbol{x}^{(k)} + \boldsymbol{f}_\omega \quad (3.9.14)$$

其中

$$B_\omega = (D - \omega L)^{-1}((1-\omega)D + \omega U)$$
$$\boldsymbol{f}_\omega = \omega (D - \omega L)^{-1} \boldsymbol{b} \quad (3.9.15)$$

(3.9.14)为超松弛迭代法(公式)的矩阵形式, B_ω 称为其迭代矩阵.

例 用逐次超松弛迭代法求解方程组

$$\begin{cases} 10x_1 - x_2 - 2x_3 = 7.2 \\ -x_1 + 10x_2 - 2x_3 = 8.3 \\ -x_1 - x_2 + 5x_3 = 4.2 \end{cases}$$

解 取 $\boldsymbol{x}^{(0)} = (x_1^{(0)}, x_2^{(0)}, x_3^{(0)})^{\mathrm{T}} = (0,0,0)^{\mathrm{T}}$, 迭代公式

$$\begin{cases} x_1^{(k+1)} = x_1^{(k)} + \omega \cdot \dfrac{1}{10}(7.2 - 10x_1^{(k)} + x_2^{(k)} + 2x_3^{(k)}) \\ x_2^{(k+1)} = x_2^{(k)} + \omega \cdot \dfrac{1}{10}(8.3 + x_1^{(k+1)} - 10x_2^{(k)} + 2x_3^{(k)}) \\ x_3^{(k+1)} = x_3^{(k)} + \omega \cdot \dfrac{1}{5}(4.2 + x_1^{(k+1)} + x_2^{(k+1)} - 5x_3^{(k)}) \end{cases}$$

取 $\omega = 1.055$,计算结果为表 3-3.

表 3-3

k	0	1	2	3	4	5	…
$x_1^{(k)}$	0	0.7596	1.08202	1.10088	1.09998	1.1	…
$x_2^{(k)}$	0	0.955788	1.20059	1.19989	1.20005	1.2	…
$x_3^{(k)}$	0	1.24815	1.29918	1.30021	1.3	1.3	…

对 ω 取其他值,计算结果满足误差

$$\|x^{(k)} - x^*\|_\infty \leq 10^{-5}$$

的迭代次数如表 3-4.

表 3-4

ω	0.1	0.2	0.3	0.4	0.5	0.6	0.7	0.8	0.9	1	1.1	1.2	1.3	1.4	1.5	1.6	1.7	1.8	1.9
k	163	77	49	34	26	20	15	12	9	6	6	8	10	13	17	22	31	51	105

从此例看到,松弛因子选择得好,会使超松弛迭代法的收敛大大加速.使收敛最快的松弛因子称为最佳松弛因子.本例的最佳松弛因子为 $\omega = 1.055$,一般地,最佳松弛因子 ω^* 应满足

$$\rho(B_{\omega^*}) = \min \rho(B_\omega)$$

最佳松弛因子理论是由 Young(1950 年)针对一类椭圆型微分方程数值解得到的代数方程组 $Ax = b$(具有所谓性质 A 和相容次序)所建立的理论,他给出了最佳松弛因子公式

$$\omega_{pt} = \frac{2}{1 + \sqrt{1 - \rho^2(B_J)}}$$

其中 B_J 是雅可比迭代矩阵.

定理 1 设 $a_{ii} \neq 0, i = 1, 2, \cdots, n$,且超松弛迭代法(3.9.12)收敛,则松弛因子

$$0 < \omega < 2 \tag{3.9.16}$$

证明 由设 SOR 方法收敛,根据迭代法收敛的充要条件可知,$\rho(B_\omega) < 1$.

设 B_ω 的特征值为 $\lambda_1, \lambda_2, \cdots, \lambda_n$,则

$$|\det(B_\omega)| = |\lambda_1 \lambda_2 \cdots \lambda_n| \leq (\rho(B_\omega))^n$$

即

$$|\det(B_\omega)|^{\frac{1}{n}} \leqslant (\rho(B_\omega)) < 1$$

而
$$\det(B_\omega) = \det((D-\omega L)^{-1}) \cdot \det((1-\omega)D + \omega U)$$
$$= (1-\omega)^n$$

所以
$$|1-\omega| < 1$$

该定理说明对于解一般线性方程组(3.9.1)($a_{ii} \neq 0, i=1,2,\cdots,n$),超松弛迭代法只有取松弛因子 ω 在(0,2)范围内才能收敛.反过来,对 A 是正定矩阵有下面结果.

定理 2 设 A 是对称正定矩阵,且 $0 < \omega < 2$,则超松弛迭代法(3.9.12)收敛.

证明 设 λ 是 B_ω 的任一特征值,在上述假定下,若能证明$|\lambda|<1$,那么定理得证.

事实上,设 x 为 λ 对应的特征向量,即
$$B_\omega x = \lambda x, \qquad x \neq 0$$

亦即
$$((1-\omega)D + \omega U)x = \lambda(D - \omega L)x$$

考虑数量积
$$((1-\omega)D + \omega U)x, x) = \lambda((D - \omega L)x, x)$$

则
$$\lambda = \frac{(Dx,x) - \omega(Dx,x) + \omega(Ux,x)}{(Dx,x) - \omega(Lx,x)}$$

显然
$$(Dx,x) = \sum_{i=1}^{n} a_{ii}|x_i|^2 \equiv \sigma > 0$$

记
$$-(Lx,x) = \alpha + i\beta$$

由于 $A = A^T$,所以
$$U = L^T$$
$$-(Ux,x) = -(x, Lx) = -\overline{(Lx,x)} = \alpha - i\beta$$
$$0 < (Ax,x) = ((D - L - U)x, x) = \sigma + 2\alpha$$

所以
$$\lambda = \frac{(\sigma - \omega\sigma - 2\omega) + i\omega\beta}{(\sigma + \alpha\omega) + i\omega\beta}$$

从而

$$|\lambda|^2 = \frac{(\sigma - \omega\sigma - \alpha\omega)^2 + \omega^2\beta^2}{(\sigma + \alpha\omega)^2 + \omega^2\beta^2}$$

当 $0 < \omega < 2$ 时

$$(\sigma - \omega\sigma - \alpha\omega)^2 - (\sigma + \alpha\omega)^2 = \omega\sigma(\sigma + 2\alpha)(yy\omega - 2) < 0$$

即 $|\lambda| < 1$.

习 题 3

1. 用高斯消元法解下列线性方程组(要求按三位小数计算):

(1) $\begin{cases} 2x_1 + 2x_2 + 3x_3 = 3 \\ 4x_1 + 7x_2 + 7x_3 = 1 \\ -2x_1 + 4x_2 + 5x_3 = -7; \end{cases}$
(2) $\begin{cases} 2x_1 + 3x_2 + 4x_3 = 0 \\ x_1 + x_2 + 9x_3 = 2 \\ x_1 + 2x_2 - 6x_3 = 1; \end{cases}$

(3) $\begin{cases} 2.37x_1 + 3.06x_2 - 4.28x_3 = 1.76 \\ 1.46x_1 - 0.78x_2 + 3.75x_3 = 4.69 \\ -3.69x_1 + 5.13x_2 - 1.06x_3 = 5.74. \end{cases}$

2. 用列主元素消元法与完全主元素消元法解下列线性方程组(要求按三位小数计算):

(1) $\begin{cases} x_1 + 2x_2 + 3x_3 = 6 \\ 2x_1 + 4x_2 - x_3 = 7 \\ 3x_1 + 2x_2 + 9x_3 = 14; \end{cases}$
(2) $\begin{cases} 12x_1 - 3x_2 + 3x_3 = 15 \\ -18x_1 + 3x_2 - x_3 = -15 \\ x_1 + x_2 + x_3 = 6; \end{cases}$

(3) $\begin{cases} 3x_1 - x_2 + 4x_3 = 7 \\ -x_1 + 2x_2 - 2x_3 = -1 \\ 2x_1 - 3x_2 - 2x_3 = 0. \end{cases}$

3. 用高斯-若尔当方法求 A 的逆阵.

$$A = \begin{bmatrix} 2 & 1 & -3 & -1 \\ 3 & 1 & 0 & 7 \\ -1 & 2 & 4 & -2 \\ 1 & 0 & -1 & 5 \end{bmatrix}$$

4. 用高斯-若尔当消元法解下列线性方程组:

(1) $\begin{cases} 11x_1 - 3x_2 - 2x_3 = 3 \\ -23x_1 + 11x_2 + x_3 = 0 \\ x_1 - 2x_2 + 2x_3 = -1; \end{cases}$
(2) $\begin{cases} 2x_1 + 3x_2 + 4x_3 = 0 \\ x_1 + x_2 + 9x_3 = 2 \\ x_1 + 2x_2 - 6x_3 = 1. \end{cases}$

5. 对下列矩阵进行 LU 分解:

(1) $A = \begin{bmatrix} 2 & 0 & 1 \\ -3 & 4 & -2 \\ 1 & 7 & -5 \end{bmatrix}$;
(2) $A = \begin{bmatrix} 2 & -1 & 0 & 0 \\ -2 & 5 & 1 & 0 \\ 4 & 2 & 4 & -1 \\ 0 & 8 & 5 & 10 \end{bmatrix}$.

6. 用矩阵的 LU 分解解下列线性方程组:

(1) $\begin{cases} 2x_1 + + x_3 = 4 \\ -3x_1 + 4x_2 - 2x_3 = -3 \\ x_1 + 7x_2 - 5x_3 = 6; \end{cases}$
(2) $\begin{cases} 0.6x_1 + 0.8x_2 + 0.1x_3 = 1 \\ 1.1x_1 + 0.4x_2 + 0.3x_3 = 0.2 \\ x_1 + x_2 + 2x_3 = 0.5. \end{cases}$

7. 下列矩阵能否做 LU 分解? 若能分解,那么分解是否唯一?

(1) $A = \begin{bmatrix} 1 & 2 & 3 \\ 2 & 4 & 1 \\ 4 & 6 & 7 \end{bmatrix}$;　(2) $A = \begin{bmatrix} 1 & 1 & 1 \\ 2 & 2 & 1 \\ 3 & 3 & 1 \end{bmatrix}$;　(3) $A = \begin{bmatrix} 1 & 2 & 6 \\ 2 & 5 & 15 \\ 6 & 15 & 46 \end{bmatrix}$.

8. 证明

(1) 两个下三角方阵的乘积仍为下三角方阵;

(2) 下三角方阵的逆矩阵仍为下三角方阵.

9. 分别用 LDL^T 分解法与 LL^T 分解法解线性方程组

$$\begin{cases} 4x_1 - 2x_2 - 4x_3 = 10 \\ -2x_1 + 17x_2 + 10x_3 = 3 \\ -4x_1 + 10x_2 + 9x_3 = -7 \end{cases}$$

10. 用追赶法解下列三对角方程组:

(1) $\begin{bmatrix} -5 & 1 & 0 \\ 1 & 5 & 1 \\ 0 & 1 & 5 \end{bmatrix} \begin{bmatrix} x_1 \\ x_2 \\ x_3 \end{bmatrix} = \begin{bmatrix} 17 \\ 14 \\ 7 \end{bmatrix}$;

(2) $\begin{bmatrix} 2 & -1 & 0 & 0 & 0 \\ -1 & 2 & -1 & 0 & 0 \\ 0 & -1 & 2 & -1 & 0 \\ 0 & 0 & -1 & 2 & -1 \\ 0 & 0 & 0 & -1 & 2 \end{bmatrix} \begin{bmatrix} x_1 \\ x_2 \\ x_3 \\ x_4 \\ x_5 \end{bmatrix} = \begin{bmatrix} 1 \\ 0 \\ 0 \\ 0 \\ 0 \end{bmatrix}$.

11. 设 A 为 n 阶非奇异矩阵且有分解式 $A = LU$,其中 A 为单位下三角阵,U 为上三角阵,证明 A 的所有顺序主子式均不为零.

12. 设 A 为对称正定矩阵,且带宽为 $2m+1$,证明在 A 的三角分解 $A = LL^T$ 中,L 也是带状矩阵.

13. 求证

(1) $\|x\|_\infty \leqslant \|x\|_1 \leqslant n\|x\|_\infty$;

(2) $\dfrac{1}{\sqrt{n}} \|A\|_F \leqslant \|A\|_2 \leqslant \|A\|_F$.

14. 求下列矩阵的 ∞-范数,1-范数,2-范数.

(1) $A = \begin{bmatrix} 0.6 & 0.5 \\ 0.1 & 0.3 \end{bmatrix}$;　(2) $A = \begin{bmatrix} -2 & 1 & 0 & 0 \\ 1 & -2 & 0 & 0 \\ 0 & 0 & -2 & 1 \\ 0 & 0 & 1 & -2 \end{bmatrix}$.

15. 用雅可比迭代法解下列线性方程组(要求精确到小数点后两位):

(1) $\begin{cases} 27x_1 + 6x_2 - x_3 = 85 \\ 6x_1 + 15x_2 + 2x_3 = 72 \\ x_1 + x_2 + 54x_3 = 110; \end{cases}$
(2) $\begin{cases} 8x_1 + x_2 - 2x_3 = 9 \\ 3x_1 + 10x + x_3 = 19 \\ 5x_1 - 2x_2 + 20x_3 = 72. \end{cases}$

习题 3

16. 用赛德尔迭代法解下列线性方程组(精确到小数点后两位)：

(1) $\begin{cases} x_1 + 5x_2 - 3x_3 = 2 \\ 5x_1 - 2x_2 + x_3 = 4 \\ 2x_1 + x_2 - 5x_3 = -11; \end{cases}$

(2) $\begin{cases} 5x_1 + 1.5x_2 + 1.3x_3 + 0.9x_4 = 21.1 \\ 1.5x_1 + 4.5x_2 + 1.4x_3 + x_4 + 0.5x_5 = 21.9 \\ 1.3x_1 + 1.4x_2 + 5.5x_3 + 1.5x_4 + 0.7x_5 = 23.1 \\ 0.9x_1 + x_2 + 1.5x_3 + 5.5x_4 + 1.2x_5 = 26.4 \\ 0.5x_2 + 0.7x_3 + 1.2x_4 + 2.5x_5 = 10. \end{cases}$

17. 建立线性方程组

$$\begin{cases} x_1 + 6x_2 - 2x_3 = 1 \\ 2x_1 - 2x_2 + 5x_3 = 2 \\ 4x_1 + x_2 - x_3 = 3 \end{cases}$$

收敛的雅可比迭代公式.

18. 设有线性方程组

$$\begin{cases} x_1 - \frac{1}{4}x_3 - \frac{1}{4}x_4 = \frac{1}{2} \\ x_2 - \frac{1}{4}x_3 - \frac{1}{4}x_4 = \frac{1}{2} \\ -\frac{1}{4}x_1 - \frac{1}{4}x_2 + x_3 = \frac{1}{2} \\ -\frac{1}{4}x_1 - \frac{1}{4}x_2 + x_4 = \frac{1}{2} \end{cases}$$

(1) 求解此线性方程组的雅可比迭代法的迭代矩阵的谱半径；

(2) 考查解此线性方程组的雅可比迭代法与赛德尔迭代法的收敛法.

19. 取 $\omega = 1.46$,用松弛法解线性方程组

$$\begin{cases} 2x_1 - x_2 = 1 \\ -x_1 + 2x_2 - x_3 = 0 \\ -x_2 + 2x_3 - x_4 = 1 \\ -x_3 + 4x_4 = 0 \end{cases}$$

第 4 章 矩阵的特征值与特征向量问题

物理、力学和工程技术中的许多问题在数学上都归结为求矩阵的特征值和特征向量问题. 计算方阵 A 的特征值, 就是求特征方程

$$|A - \lambda I| = 0$$

即

$$\lambda^n + p_1 \lambda^{n-1} + p_2 \lambda^{n-2} + \cdots + p_n = 0$$

的根. 求出特征值 λ 后, 再求相应的齐次线性方程组

$$(A - \lambda I) \boldsymbol{x} = \boldsymbol{0}$$

的非零解, 即是对应于 λ 的特征向量. 这对于阶数较小的矩阵是可以的, 但对于阶数较大的矩阵来说, 求解是十分困难的, 所以用这种方法求矩阵的特征值是不切实际的.

我们知道, 如果矩阵 A 与 B 相似, 则 A 与 B 有相同的特征值. 因此人们就希望在相似变换下, 把 A 化为最简单的形式. 一般矩阵的最简单的形式是若尔当标准型. 由于在一般情况下, 用相似变换把矩阵 A 化为若尔当标准型是很困难的, 于是人们就设法对矩阵 A 依次进行相似变换, 使其逐步趋向于一个若尔当标准型, 从而求出 A 的特征值.

本章介绍求部分特征值和特征向量的幂法、反幂法; 求实对称矩阵全部特征值和特征向量的雅可比方法; 求特征值的多项式方法; 求任意矩阵全部特征值的 QR 方法.

4.1 幂法与反幂法

4.1.1 幂法

幂法是一种求任意矩阵 A 的按模最大特征值及其对应特征向量的迭代算法. 该方法最大的优点是计算简单, 容易在计算机上实现, 对稀疏矩阵较为合适, 但有时收敛速度很慢.

为了讨论简单, 我们假设

(1) n 阶方阵 A 的特征值 $\lambda_1, \lambda_2, \cdots, \lambda_n$ 按模的大小排列为

$$|\lambda_1| > |\lambda_2| \geqslant |\lambda_3| \geqslant \cdots \geqslant |\lambda_n| \qquad (4.1.1)$$

(2) $\boldsymbol{v}_i$ 是对应于特征值 λ_i 的特征向量 $(i = 1, 2, \cdots, n)$;

(3) $\boldsymbol{v}_1, \boldsymbol{v}_2, \cdots, \boldsymbol{v}_n$ 线性无关.

任取一个非零的初始向量 x_0，由矩阵 A 构造一个向量序列

$$\begin{cases} x_1 = Ax_0 \\ x_2 = Ax_1 \\ \quad \cdots\cdots \\ x_k = Ax_{k-1} \\ \quad \cdots\cdots \end{cases} \quad (4.1.2)$$

称为迭代向量. 由于 $v_1, v_2, \cdots, v_n$ 线性无关，构成 n 维向量空间的一组基，所以，初始向量 x_0 可唯一表示成

$$x_0 = \alpha_1 v_1 + \alpha_2 v_2 + \cdots + \alpha_n v_n \quad (4.1.3)$$

于是

$$\begin{aligned} x_k &= Ax_{k-1} = A^2 x_{k-2} = \cdots = A^k x_0 \\ &= \alpha_1 \lambda_1^k v_1 + \alpha_2 \lambda_2^k v_2 + \cdots + \alpha_n \lambda_n^k v_n \\ &= \lambda_1^k \left[\alpha_1 v_1 + \alpha_2 \left(\frac{\lambda_2}{\lambda_1}\right)^k v_2 + \cdots + \alpha_n \left(\frac{\lambda_n}{\lambda_1}\right)^k v_n \right] \end{aligned} \quad (4.1.4)$$

因为比值 $\left|\frac{\lambda_i}{\lambda_1}\right| < 1, i = 2, 3, \cdots, n$，所以

$$\lim_{k \to \infty} \frac{1}{\lambda_1^k} x_k = \alpha_1 v_1 \quad (4.1.5)$$

当 k 充分大时有

$$x_k \approx \lambda_1^k \alpha_1 v_1 \quad (4.1.6)$$

从而

$$x_{k+1} \approx \lambda_1^{k+1} \alpha_1 v_1 \quad (4.1.7)$$

这说明当 k 充分大时，两个相邻迭代向量 x_{k+1} 与 x_k 近似地相差一个倍数，这个倍数便是矩阵 A 的按模最大的特征值 λ_1. 若用 $(x_k)_i$ 表示向量 x_k 的第 i 个分量，则

$$\lambda_1 \approx \frac{(x_{k+1})_i}{(x_k)_i} \quad (4.1.8)$$

也就是说两个相邻迭代向量对应分量的比值近似地作为矩阵 A 的按模最大的特征值.

因为 $x_{k+1} \approx \lambda_1 x_k$，又 $x_{k+1} = Ax_k$，所以有 $Ax_k \approx \lambda_1 x_k$，因此向量 x_k 可近似地作为对应于 λ_1 的特征向量.

这种由已知的非零向量 x_0 和矩阵 A 的乘幂构造向量序列 $\{x_k\}$ 以计算矩阵 A 的按模最大特征值及其相应特征向量的方法称为幂法.

由(4.1.4)式知，幂法的收敛速度取决于比值 $\left|\frac{\lambda_2}{\lambda_1}\right|$ 的大小. 比值越小，收敛越

快,但当比值 $\left|\dfrac{\lambda_i}{\lambda_1}\right|$ 接近于 1 时,收敛十分缓慢.

用幂法进行计算时,如果 $|\lambda_1| > 1$,则迭代向量 x_k 的各个不为零的分量将随着 k 无限增大而趋于无穷.反之,如果 $|\lambda_1| < 1$,则 x_k 的各分量将趋于零.这样在有限字长的计算机上计算时就可能溢出停机.为了避免这一点,在计算过程中,常采用把每步迭代的向量 x_k 进行规范化,即用 x_k 乘以一个常数,使得其分量的模最大为 1.这样,迭代公式变为

$$\begin{cases} y_k = Ax_{k-1} \\ m_k = \max(y_k), \quad k = 1, 2, \cdots \\ x_k = \dfrac{1}{m_k} y_k \end{cases} \tag{4.1.9}$$

其中 m_k 是 y_k 模最大的第一个分量.相应地取

$$\begin{cases} \lambda_1 \approx m_k \\ v_1 \approx y_k \text{ 或 } v_1 \approx x_k \end{cases} \tag{4.1.10}$$

例 1 设

$$A = \begin{bmatrix} 2 & -1 & 0 \\ -1 & 2 & -1 \\ 0 & -1 & 2 \end{bmatrix}$$

用幂法求其模为最大的特征值及其相应的特征向量(精确到小数点后三位).

解 取 $x_0 = (1, 1, 1)^T$,计算结果如表 4-1 所示.

表 4-1

k	y_k^T			m_k	x_k^T		
1	1	0	1	1	1	0	1
2	2	-2	2	2	1	-1	1
3	3	-4	3	-4	-0.75	1	-0.75
4	-2.5	3.5	-2.5	3.5	-0.714	1	-0.714
5	-2.428	3.428	-2.428	3.428	-0.708	1	-0.708
6	-2.416	3.416	-2.416	3.416	-0.707	1	-0.707
7	-2.414	3.414	-2.414	3.414	-0.707	1	-0.707

当 $k = 7$ 时,x_k 已经稳定,于是得到

$$\lambda_1 \approx m_7 = 3.414$$

及其相应的特征向量 v_1 为
$$v_1 \approx y_7 = (-0.707, 1, -0.707)^T$$

应用幂法时,应注意以下两点:

(1) 应用幂法时,困难在于事先不知道特征值是否满足(4.1.1)式,以及方阵 A 是否有 n 个线性无关的特征向量.克服上述困难的方法是先用幂法进行计算,在计算过程中检查是否出现了预期的结果.如果出现了预期的结果,就得到特征值及其相应特征向量的近似值;否则,只能用其他方法来求特征值及其相应的特征向量.

(2) 如果初始向量 x_0 选择不当,将导致公式(4.1.3)中 v_1 的系数 α_1 等于零.但是,由于舍入误差的影响,经若干步迭代后,$x_k = A^k x_0$.按照基向量 $v_1, v_2, \cdots, v_n$ 展开时,v_1 的系数可能不等于零.把这一向量 x_k 看作初始向量,用幂法继续求向量序列 $x_{k+1}, x_{k+2}, \cdots$,仍然会得出预期的结果,不过收敛速度较慢.如果收敛很慢,可改换初始向量.

4.1.2 原点平移法

由前面讨论知道,幂法的收敛速度取决于比值 $\left|\dfrac{\lambda_2}{\lambda_1}\right|$ 的大小.当比值接近于 1 时,收敛可能很慢.这时,一个补救的方法是采用原点平移法.

设矩阵
$$B = A - pI \tag{4.1.11}$$

其中 p 为要选择的常数.

我们知道 A 与 B 除了对角线元素外,其他元素都相同,而 A 的特征值 λ_i 与 B 的特征值 μ_i 之间有关系 $\mu_i = \lambda_i - p$,并且相应的特征向量相同.这样,要计算 A 的按模最大的特征值,就是适当选择参数 p,使得 $\lambda_1 - p$ 仍然是 B 的按模最大的特征值,且使
$$\left|\dfrac{\lambda_2 - p}{\lambda_1 - p}\right| < \left|\dfrac{\lambda_2}{\lambda_1}\right|$$

对 B 应用幂法,使得在计算 B 的按模最大的特征值 $\lambda_1 - p$ 的过程中得到加速,这种方法称为原点平移法.

例 2 设 4 阶方阵 A 有特征值
$$\lambda_i = 15 - i, \quad i = 1, 2, 3, 4$$

比值 $r = \left|\dfrac{\lambda_2}{\lambda_1}\right| = 0.9$,令 $p = 12$ 做变换
$$B = A - pI$$

则 B 的特征值为

$$\mu_1 = 2, \quad \mu_2 = 1, \quad \mu_3 = 0, \quad \mu_4 = -1$$

应用幂法计算 B 的按模最大的特征值 μ_1 时,确定收敛速度的比值为

$$\left|\frac{\mu_2}{\mu_1}\right| = \left|\frac{\lambda_2 - p}{\lambda_1 - p}\right| = 0.5 < \left|\frac{\lambda_2}{\lambda_1}\right| \approx 0.9$$

所以对 B 应用幂法时,可使幂法得到加速.

虽然选择适当的 p 值,可以使得幂法得到加速,但由于矩阵的特征值的分布情况事先并不知道,所以在计算时,用原点平移法有一定的困难.

下面考虑当 A 的特征值为实数时,如何选择参数 p,以使得用幂法计算 λ_1 时得到加速的方法.

设 A 的特征值满足

$$\lambda_1 > \lambda_2 \geqslant \lambda_3 \geqslant \cdots \geqslant \lambda_{n-1} > \lambda_n$$

则对于任意实数 p, $B = A - pI$ 的按模最大的特征值是 $\lambda_1 - p$ 或 $\lambda_n - p$.

如果需要计算 λ_1 及 v_1 时,应选择 p 使

$$|\lambda_1 - p| > |\lambda_n - p|$$

且确定收敛速度的比值

$$r = \max\left\{\left|\frac{\lambda_2 - p}{\lambda_1 - p}\right|, \left|\frac{\lambda_n - p}{\lambda_1 - p}\right|\right\} = \min$$

当 $\lambda_2 - p = -(\lambda_n - p)$,即 $p = \dfrac{\lambda_2 + \lambda_n}{2}$ 时,r 为最小.这时用幂法计算 λ_1 及 v_1 时得到加速.

如果需要计算 λ_n 及 v_n 时,应选择 p 使

$$|\lambda_n - p| > |\lambda_1 - p|$$

且确定收敛速度的比值

$$r = \max\left\{\left|\frac{\lambda_1 - p}{\lambda_n - p}\right|, \left|\frac{\lambda_{n-1} - p}{\lambda_n - p}\right|\right\} = \min$$

当 $\lambda_1 - p = -(\lambda_{n-1} - p)$,即 $p = \dfrac{\lambda_1 + \lambda_{n-1}}{2}$ 时,r 为最小.这时用幂法计算 λ_1 及 v_1 时得到加速.

原点平移的加速方法,是一种矩阵变换方法.这种变换容易计算,又不破坏 A 的稀疏性,但参数 p 的选择依赖于对 A 的特征值的分布有大致了解.

4.1.3 反幂法

反幂法用于求矩阵 A 的按模最小的特征值和对应的特征向量,及其求对应于一个给定的近似特征值的特征向量.

设 n 阶方阵 A 的特征值按模的大小排列为

4.1 幂法与反幂法

$$|\lambda_1| \geqslant |\lambda_2| \geqslant \cdots > |\lambda_n| > 0$$

相应的特征向量为 $v_1, v_2, \cdots, v_n$. 则 A^{-1} 的特征值为

$$\left|\frac{1}{\lambda_1}\right| \leqslant \left|\frac{1}{\lambda_2}\right| \leqslant \cdots < \left|\frac{1}{\lambda_n}\right|$$

对应的特征向量仍然为 $v_1, v_2, \cdots, v_n$. 因此,计算矩阵 A 的按模最小的特征值,就是计算 A^{-1} 的按模最大的特征值. 这种把幂法用到 A^{-1} 上,就是反幂法的基本思想.

任取一个非零的初始向量 x_0,由矩阵 A^{-1} 构造向量序列

$$x_k = A^{-1} x_{k-1}, \qquad k = 1, 2, \cdots \qquad (4.1.12)$$

用 (4.1.12) 式计算向量序列 $\{x_k\}$ 时,首先要计算逆矩阵 A^{-1}. 由于计算 A^{-1} 时,一方面计算麻烦,另一方面当 A 为稀疏阵时,A^{-1} 不一定是稀疏阵,所以利用 A^{-1} 进行计算会造成困难. 在实际计算时,常采用解线性方程组的方法求 x_k. (4.1.12) 式等价于

$$A x_k = x_{k-1}, \qquad k = 1, 2, \cdots \qquad (4.1.13)$$

为了防止溢出,计算公式为

$$\begin{cases} A y_k = x_{k-1} \\ m_k = \max(y_k), \qquad k = 1, 2, \cdots \\ x_k = \dfrac{1}{m_k} y_k \end{cases} \qquad (4.1.14)$$

相应地取

$$\begin{cases} \lambda_n \approx \dfrac{1}{m_k} \\ v_n \approx y_k \text{ 或 } v_n \approx x_k \end{cases} \qquad (4.1.15)$$

(4.1.13) 式中方程组有相同的系数矩阵 A,为了节省工作量,可先对矩阵 A 进行三角分解

$$A = LU \qquad (4.1.16)$$

再解三角形方程组

$$\begin{cases} L z_k = x_{k-1} \\ U y_k = z_k \end{cases}, \qquad k = 1, 2, \cdots \qquad (4.1.17)$$

当 A 是三对角方阵,或是非零元素较少且分布规律的方阵时,无论存储或计算都比较方便.

根据幂法的讨论,我们知道,在一定条件下,可求得 A^{-1} 的按模最大的特征值和相应的特征向量,从而得到 A 的按模最小的特征值和对应的特征向量,称这种方法为反幂法. 反幂法也是一种迭代算法,每一步都要解一个系数矩阵相同的线性

方程组.

设 p 为任一实数,如果矩阵 $A-pI$ 可逆,则 $(A-pI)^{-1}$ 的特征值为

$$\frac{1}{\lambda_1-p},\frac{1}{\lambda_2-p},\cdots,\frac{1}{\lambda_n-p}$$

对应的特征向量仍为 $v_1,v_2,\cdots,v_n$.

如果 p 是矩阵 A 的特征值 λ_i 的一个近似值,且

$$|\lambda_i-p|<|\lambda_j-p|,\qquad i\neq j$$

则 $\dfrac{1}{\lambda_i-p}$ 是矩阵 $(A-pI)^{-1}$ 的按模最大的特征值. 因此,当给出特征值 λ_i 的一个近似值 p 时,可对矩阵 $A-pI$ 应用反幂法,求出对应于 λ_i 的特征向量. 反幂法迭代公式中的 y_k 通过方程组

$$(A-pI)y_k=x_{k-1},\qquad k=1,2,\cdots$$

求得.

例 3 用反幂法求矩阵

$$A=\begin{bmatrix} 2 & -1 & 0 & 0 \\ -1 & 2 & -1 & 0 \\ 0 & -1 & 2 & -1 \\ 0 & 0 & -1 & 2 \end{bmatrix}$$

的对应于特征值 $\lambda=0.4$ 的特征向量.

解 取 $x_0=(1,1,1,1)^T$, 解方程组

$$(A-0.4I)y_1=x_0$$

得

$$y_1=(-40,-65,-65,-40)^T$$
$$m_1=\max(y_1)=-65$$
$$x_1=\frac{1}{m_1}y_1=\left(\frac{8}{13},1,1,\frac{8}{13}\right)^T$$

再解方程组

$$(A-0.4I)y_2=x_1$$

得

$$y_2=\left(-\frac{445}{13},-\frac{720}{13},-\frac{720}{13},-\frac{445}{13}\right)^T$$
$$m_2=\max(y_2)=-\frac{720}{13}$$
$$x_2=\frac{1}{m_2}y_2=\left(\frac{89}{144},1,1,\frac{89}{144}\right)^T$$

x_1 与 x_2 的对应分量大体上成比例,所以对应于 $\lambda=0.4$ 的特征向量为

$$v = \left(\frac{89}{144}, 1, 1, \frac{89}{144}\right)^{\mathrm{T}}$$

4.2 雅可比方法

雅可比方法是用来计算实对称矩阵 A 的全部特征值及其相应特征向量的一种变换方法.在介绍雅可比方法之前,先介绍方法中需要用到的线性代数知识与平面上的旋转变换.

4.2.1 预备知识

(1) 如果 n 阶方阵 A 满足
$$A^{\mathrm{T}}A = I \quad (即 A^{-1} = A^{\mathrm{T}})$$
则称 A 为正交阵;

(2) 设 A 是 n 阶实对称矩阵,则 A 的特征值都是实数,并且有互相正交的 n 个特征向量;

(3) 相似矩阵具有相同的特征值;

(4) 设 A 是 n 阶实对称矩阵,P 为 n 阶正交阵,则 $B = P^{\mathrm{T}}AP$ 也是对称矩阵;

(5) n 阶正交矩阵的乘积是正交矩阵;

(6) 设 A 是 n 阶实对称矩阵,则必有正交矩阵 P,使

$$P^{\mathrm{T}}AP = \begin{bmatrix} \lambda_1 & & & \\ & \lambda_2 & & \\ & & \ddots & \\ & & & \lambda_n \end{bmatrix} = \Lambda \tag{4.2.1}$$

其中 Λ 的对角线元素是 A 的 n 个特征值,正交阵 P 的第 i 列是 A 的对应于特征值 λ_i 的特征向量.

由(6)可知,对于任意的 n 阶实对称矩阵 A,只要能求得一个正交阵 P,使 $P^{\mathrm{T}}AP = \Lambda$($\Lambda$ 为对角阵),则可得到 A 的全部特征值及其相应的特征向量,这就是雅可比方法的理论基础.

4.2.2 旋转变换

设

$$A = \begin{bmatrix} a_{11} & a_{12} \\ a_{21} & a_{22} \end{bmatrix}$$

为二阶实对称矩阵,即 $a_{12} = a_{21}$.因为实对称矩阵与二次型是一一对应的,设 A 对应的二次型为

$$f(x_1, x_2) = a_{11}x_1^2 + 2a_{12}x_1x_2 + a_{22}x_2^2 \tag{4.2.2}$$

由解析几何知识可知,方程 $f(x_1, x_2) = C$ 表示在 x_1x_2 平面上的一条二次曲线. 如果将坐标轴 Ox_1, Ox_2 旋转一个角度 θ,使得旋转后的坐标轴 Oy_1, Oy_2 与该二次曲线的主轴重合,如图 4-1 所示,则在新的坐标系中,二次曲线的方程就化成

$$\lambda_1 y_1^2 + \lambda_2 y_2^2 = C \tag{4.2.3}$$

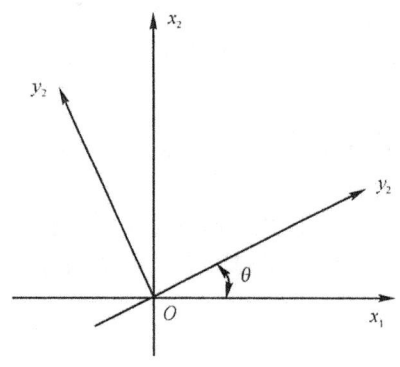

图 4-1

这个变换就是

$$\begin{bmatrix} x_1 \\ x_2 \end{bmatrix} = \begin{bmatrix} \cos\theta & -\sin\theta \\ \sin\theta & \cos\theta \end{bmatrix} \begin{bmatrix} y_1 \\ y_2 \end{bmatrix} \tag{4.2.4}$$

变换(4.2.4)式把坐标轴进行旋转,所以称为旋转变换. 其中

$$P = \begin{bmatrix} \cos\theta & -\sin\theta \\ \sin\theta & \cos\theta \end{bmatrix} \tag{4.2.5}$$

称为平面旋转矩阵. 显然有 $P^T P = I$,所以 P 是正交矩阵.

上面的变换过程即 $P^T A P = \begin{bmatrix} \lambda_1 & \\ & \lambda_2 \end{bmatrix}$. 由于

$$P^T A P = \begin{bmatrix} a_{11}\cos^2\theta + a_{22}\sin^2\theta + a_{12}\sin2\theta & 0.5(a_{22} - a_{11})\sin2\theta + a_{12}\cos2\theta \\ 0.5(a_{22} - a_{11})\sin2\theta + a_{12}\cos2\theta & a_{11}\sin^2\theta + a_{22}\cos^2\theta - a_{12}\sin2\theta \end{bmatrix}$$

所以只要选择 θ,满足

$$\frac{1}{2}(a_{22} - a_{11})\sin2\theta + a_{12}\cos2\theta = 0$$

即

$$\tan2\theta = \frac{2a_{12}}{a_{11} - a_{22}} \tag{4.2.6}$$

$\left(\text{当 } a_{11} = a_{22} \text{ 时,可选取 } \theta = \frac{\pi}{4}\right) P^T A P$ 就成对角阵,这时 A 的特征值为

$$\lambda_1 = a_{11}\cos^2\theta + a_{22}\sin^2\theta + a_{12}\sin2\theta$$
$$\lambda_2 = a_{11}\sin^2\theta + a_{22}\cos^2\theta - a_{12}\sin2\theta$$

相应的特征向量为

$$v_1 = \begin{bmatrix} \cos\theta \\ \sin\theta \end{bmatrix}, \quad v_2 = \begin{bmatrix} -\sin\theta \\ \cos\theta \end{bmatrix}$$

4.2.3 雅可比方法

雅可比方法的基本思想是通过一系列的由平面旋转矩阵构成的正交变换将实对称矩阵逐步化为对角阵,从而得到 A 的全部特征值及其相应的特征向量. 首先引进 R^n 中的平面旋转变换. 变换

$$\begin{cases} x_i = y_i\cos\theta - y_j\sin\theta \\ x_j = y_i\sin\theta + y_j\cos\theta \\ x_k = y_k, \quad k \neq i,j \end{cases} \quad (4.2.7)$$

记为 $x = P_{ij}y$,其中

$$P_{ij} = \begin{bmatrix} 1 & & & & & & & & \\ & \ddots & & & & & & & \\ & & 1 & & & & & & \\ & & & \cos\theta & \cdots & -\sin\theta & & & \\ & & & \vdots & & \vdots & & & \\ & & & \sin\theta & \cdots & \cos\theta & & & \\ & & & & & & 1 & & \\ & & & & & & & \ddots & \\ & & & & & & & & 1 \end{bmatrix} \begin{matrix} \\ \\ \\ i \\ \\ j \\ \\ \\ \end{matrix} \quad (4.2.8)$$

$$\phantom{P_{ij} = }\quad\quad\quad\quad\quad i \quad\quad\quad\quad j$$

$$x = (x_1, x_2, \cdots, x_n)^T$$
$$y = (y_1, y_2, \cdots, y_n)^T$$

则称 $x = P_{ij}y$ 为 R^n 中 x_i, x_j 平面内的一个平面旋转变换,P_{ij} 称为 x_i, x_j 平面内的平面旋转矩阵. 容易证明 P_{ij} 具有如下简单性质:

① P_{ij} 为正交矩阵.

② P_{ij} 的主对角线元素中除第 i 个与第 j 个元素为 $\cos\theta$ 外,其他元素均为 1;非对角线元素中除第 i 行第 j 列元素为 $-\sin\theta$,第 j 行第 i 列元素为 $\sin\theta$ 外,其他元素均为零.

③ P^TA 只改变 A 的第 i 行与第 j 行元素,AP 只改变 A 的第 i 列与第 j 列元素,所以 P^TAP 只改变 A 的第 i 行、第 j 行、第 i 列、第 j 列元素.

设 $A = (a_{ij})_{n \times n} (n \geqslant 3)$ 为 n 阶实对称矩阵,$a_{ij} = a_{ji} \neq 0$ 为一对非对角线元素. 令

$$A_1 = P_{ij}^T A P_{ij} = (a_{ij}^{(1)})_{n \times n}$$

则 A_1 为实对称矩阵,且 A_1 与 A 有相同的特征值. 通过直接计算知

$$\begin{cases} a_{ii}^{(1)} = a_{ii}\cos^2\theta + a_{jj}\sin^2\theta + a_{ij}\sin2\theta \\ a_{jj}^{(1)} = a_{ii}\sin^2\theta + a_{jj}\cos^2\theta - a_{ij}\sin2\theta \\ a_{ij}^{(1)} = a_{ji}^{(1)} = \dfrac{1}{2}(a_{jj} - a_{ii})\sin2\theta + a_{ij}\cos2\theta \\ a_{ik}^{(1)} = a_{ki}^{(1)} = a_{ik}\cos\theta + a_{jk}\sin\theta, \quad k \neq i,j \\ a_{jk}^{(1)} = a_{kj}^{(1)} = -a_{ik}\sin\theta + a_{jk}\cos\theta, \quad k \neq i,j \\ a_{kl}^{(1)} = a_{kl}, \quad k,l \neq i,j \end{cases} \quad (4.2.9)$$

当取 θ 满足关系式

$$\tan2\theta = \frac{2a_{ij}}{a_{ii} - a_{jj}} \quad (4.2.10)$$

时, $a_{ij}^{(1)} = a_{ji}^{(1)} = 0$, 且

$$\begin{cases} (a_{ik}^{(1)})^2 + (a_{jk}^{(1)})^2 = a_{ik}^2 + a_{jk}^2, \quad k \neq i,j \\ (a_{ii}^{(1)})^2 + (a_{jj}^{(1)})^2 = a_{ii}^2 + a_{jj}^2 + 2a_{ij}^2 \\ (a_{kl}^{(1)})^2 = a_{kl}^2, \quad k,l \neq i,j \end{cases} \quad (4.2.11)$$

由于在正交相似变换下,矩阵元素的平方和不变,所以若用 $D(A)$ 表示矩阵 A 的对角线元素平方和,用 $S(A)$ 表示 A 的非对角线元素平方和,则由(4.2.11)式得

$$\begin{cases} D(A_1) = D(A) + 2a_{ij}^2 \\ S(A_1) = S(A) - 2a_{ij}^2 \end{cases} \quad (4.2.12)$$

这说明用 P_{ij} 对 A 做正交相似变换化为 A_1 后, A_1 的对角线元素平方和比 A 的对角线元素平方和增加了 $2a_{ij}^2$, A_1 的非对角线元素平方和比 A 的非对角线元素平方和减少了 $2a_{ij}^2$, 且将事先选定的非对角线元素消去了(即 $a_{ij}^{(1)} = 0$). 因此, 只要我们逐次地用这种变换, 就可以使得矩阵 A 的非对角线元素平方和趋于零, 也即使得矩阵 A 逐步化为对角阵.

这里需要说明一点:并不是对矩阵 A 的每一对非对角线非零元素进行一次这样的变换就能得到对角阵. 因为在用变换消去 a_{ij} 的时候, 只有第 i 行、第 j 行、第 i 列、第 j 列元素在变化, 如果 a_{ik} 或 P_{jk} 为零, 经变换后又往往不是零了.

雅可比方法就是逐步对矩阵 A 进行正交相似变换, 消去非对角线上的非零元素, 直到将 A 的非对角线元素化为接近于零为止, 从而求得 A 的全部特征值, 把逐次的正交相似变换矩阵乘起来, 便是所要求的特征向量.

雅可比方法的计算步骤归纳如下:

第一步 在矩阵 A 的非对角线元素中选取一个非零元素 a_{ij}. 一般说来, 取绝对值最大的非对角线元素;

4.2 雅可比方法

第二步 由公式 $\tan 2\theta = \dfrac{2a_{ij}}{a_{ii} - a_{jj}}$ 求出 θ,从而得平面旋转矩阵 $P_1 = P_{ij}$;

第三步 $A_1 = P_1^{\mathrm{T}} A P_1$,$A_1$ 的元素由公式(4.2.9)计算;

第四步 以 A_1 代替 A,重复第一、二、三步求出 A_2 及 P_2,继续重复这一过程,直到 A_m 的非对角线元素全化为充分小(即小于允许误差)时为止;

第五步 A_m 的对角线元素为 A 的全部特征值的近似值,$P = P_1 P_2 \cdots P_m$ 的第 j 列为对应于特征值 λ_j(λ_j 为 A_m 的对角线上第 j 个元素)的特征向量.

例 用雅可比方法求矩阵

$$A = \begin{bmatrix} 2 & -1 & 0 \\ -1 & 2 & -1 \\ 0 & -1 & 2 \end{bmatrix}$$

的特征值与特征向量.

解 首先取 $i = 1, j = 2$,由于 $a_{11} = a_{22} = 2$,故取 $\theta = \dfrac{\pi}{4}$,所以

$$P_1 = P_{12} = \begin{bmatrix} \dfrac{1}{\sqrt{2}} & -\dfrac{1}{\sqrt{2}} & 0 \\ \dfrac{1}{\sqrt{2}} & \dfrac{1}{\sqrt{2}} & 0 \\ 0 & 0 & 1 \end{bmatrix}$$

$$A_1 = P_1^{\mathrm{T}} A P_1 = \begin{bmatrix} 1 & 0 & -\dfrac{1}{\sqrt{2}} \\ 0 & 3 & -\dfrac{1}{\sqrt{2}} \\ -\dfrac{1}{\sqrt{2}} & -\dfrac{1}{\sqrt{2}} & 2 \end{bmatrix}$$

再取 $i = 1, j = 3$,由

$$\tan 2\theta = \dfrac{2 \times \left(-\dfrac{1}{\sqrt{2}}\right)}{1 - 2} = \sqrt{2}$$

得

$$\sin\theta \approx 0.45969, \quad \cos\theta \approx 0.88808$$

所以

$$P_2 = \begin{bmatrix} 0.88808 & 0 & -0.45969 \\ 0 & 1 & 0 \\ 0.45969 & 0 & 0.88808 \end{bmatrix}$$

$$A_2 = P_2^T A P_2 = \begin{bmatrix} 0.63398 & -0.32505 & 0 \\ -0.32505 & 3 & -0.62797 \\ 0 & -0.62797 & 2.36603 \end{bmatrix}$$

继续做下去,直到非对角线元素趋于零,进行 9 次变换后,得

$$A_9 = \begin{bmatrix} 0.58758 & 0.00000 & 0.00000 \\ 0.00000 & 2.00000 & 0.00000 \\ 0.00000 & 0.00000 & 3.41421 \end{bmatrix}$$

A_9 的对角线元素就是 A 的特征值,即

$$\lambda_1 \approx 0.58758, \quad \lambda_2 \approx 2.00000, \quad \lambda_3 \approx 3.41421$$

相应的特征向量为

$$v_1 = \begin{bmatrix} 0.50000 \\ 0.70710 \\ 0.50000 \end{bmatrix}, \quad v_2 = \begin{bmatrix} 0.70710 \\ 0.00000 \\ -0.70710 \end{bmatrix}, \quad v_3 = \begin{bmatrix} 0.50000 \\ -0.70710 \\ 0.50000 \end{bmatrix}$$

A 的特征值的精确值为

$$\lambda_1 = 2 - \sqrt{2}, \quad \lambda_2 = 2, \quad \lambda_3 = 2 + \sqrt{2}$$

相应的特征向量为

$$v_1 = \begin{bmatrix} \frac{1}{2} \\ \frac{1}{\sqrt{2}} \\ \frac{1}{2} \end{bmatrix}, \quad v_2 = \begin{bmatrix} \frac{1}{\sqrt{2}} \\ 0 \\ \frac{1}{\sqrt{2}} \end{bmatrix}, \quad v_3 = \begin{bmatrix} \frac{1}{2} \\ -\frac{1}{\sqrt{2}} \\ \frac{1}{2} \end{bmatrix}$$

由此可见,雅可比方法变换 9 次的结果已经相当精确了.

用雅可比方法求得的结果精度都比较高,特别是求得的特征向量正交性很好,所以雅可比方法是求实对称矩阵的全部特征值及其对应特征向量的一个较好的方法.但由于上面介绍的雅可比方法,每次迭代都选取绝对值最大的非对角线元素作为消去对象,花费很多机器时间.另外当矩阵是稀疏矩阵时,进行正交相似变换后并不能保证其稀疏的性质,所以对阶数较高的矩阵不宜采用这种方法.

目前常采用一种过关雅可比方法.这种方法是选取一个单调减小而趋于零的数列 $\{a_n\}$(即 $a_1 > a_2 > \cdots$,且 $\lim_{n \to \infty} a_n = 0$)作为限值,这些限值称为"关",对矩阵的非对角线元素规定一个顺序(例如先行后列、自左至右的顺序).首先对限值 a_1 按规定的顺序逐个检查矩阵的非对角线元素,碰到绝对值小于 a_1 的元素就跳过去,否则就做变换将其化为零.重复上述过程,直到所有的非对角元素的绝对值都小于 a_1 为止.再取 $a_2, a_3, \cdots$ 类似处理,直到所有的非对角线元素的绝对值都小于 a_m 时,迭代停止.这时的 a_m 应小于给定的误差限 ε.

实际运算中常用如下的办法取限值:对于矩阵 A,计算 $A = A_0$ 的非对角线元素平方和 $S(A_0)$,任取 $N \geqslant n$,取

$$a_k = \frac{\sqrt{S(A_{k-1})}}{N}, \qquad k = 1, 2, \cdots$$

4.3 多项式方法求特征值问题

4.3.1 F-L 方法求多项式系数

我们知道,求 n 阶方阵 A 的特征值就是求代数方程

$$\varphi(\lambda) = |A - \lambda I| = 0 \tag{4.3.1}$$

的根. $\varphi(\lambda)$ 称为 A 的特征多项式. 上式展开为

$$\varphi(\lambda) = \lambda^n + p_1 \lambda^{n-1} + p_2 \lambda^{n-2} + \cdots + p_n \tag{4.3.2}$$

其中 $p_1, p_2, \cdots, p_n$ 为多项式 $\varphi(\lambda)$ 的系数.

从理论上讲,求 A 的特征值可分为两步:

第一步 直接展开行列式 $|A - \lambda I|$ 求出多项式 $\varphi(\lambda)$;

第二步 求代数方程 $\varphi(\lambda) = 0$ 的根,即特征值.

对于低阶矩阵,这种方法是可行的. 但对于高阶矩阵,计算量则很大,这种方法是不适用的. 这里我们介绍用 F-L(Faddeev-Leverrier)方法求特征方程(4.3.2)中多项式 $\varphi(\lambda)$ 的系数,也即求多项式 $\varphi(\lambda)$. 由于代数方程求根问题在第 2 章中已经介绍,所以本节中解决特征值问题的关键是确定矩阵 A 的特征多项式 $\varphi(\lambda)$,所以称这种方法为多项式方法求特征值问题.

记矩阵 $A = (a_{ij})_{n \times n}$ 的对角线元素之和为

$$\mathrm{tr}A = a_{11} + a_{22} + \cdots + a_{nn} \tag{4.3.3}$$

利用递归的概念定义以下 n 个矩阵 $B_k (k = 1, 2, \cdots, n)$:

$$\begin{cases} B_1 = A, & p_1 = \mathrm{tr}B_1 \\ B_2 = A(B_1 - p_1 I), & p_2 = \dfrac{1}{2}\mathrm{tr}B_2 \\ B_3 = A(B_2 - p_2 I), & p_3 = \dfrac{1}{3}\mathrm{tr}B_3 \\ \quad \cdots\cdots & \\ B_k = A(B_{k-1} - p_{k-1}I), & p_k = \dfrac{1}{k}\mathrm{tr}B_k \\ \quad \cdots\cdots & \\ B_n = A(B_{n-1} - p_{n-1}I), & p_n = \dfrac{1}{n}\mathrm{tr}B_n \end{cases} \tag{4.3.4}$$

可以证明,(4.3.4)式中 $p_k, k=1,2,\cdots,n$,即是所求 A 的特征多项式 $\varphi(\lambda)$ 的各系数.用(4.3.4)式求矩阵的特征多项式系数的方法称为 F-L 方法.相应特征方程为

$$(-1)^n(\lambda^n - p_1\lambda^{n-1} - p_2\lambda^{n-2} - \cdots - p_n) = 0 \quad (4.3.5)$$

而且可证矩阵 A 的逆矩阵可表示为

$$A^{-1} = \frac{1}{p_n}(B_{n-1} - p_{n-1}I) \quad (4.3.6)$$

例 求矩阵

$$A = \begin{bmatrix} 3 & 2 & 4 \\ 2 & 0 & 2 \\ 4 & 2 & 3 \end{bmatrix}$$

的特征值与 A^{-1}.

解 用 F-L 方法求得

$$B_1 = A = \begin{bmatrix} 3 & 2 & 4 \\ 2 & 0 & 2 \\ 4 & 2 & 3 \end{bmatrix}$$

$$p_1 = \text{tr}B_1 = 6$$

$$B_2 = A(B_1 - p_1 I) = \begin{bmatrix} 11 & 2 & 4 \\ 2 & 8 & 2 \\ 4 & 2 & 11 \end{bmatrix}$$

$$p_2 = \frac{1}{2}\text{tr}B_2 = 15$$

$$B_3 = A(B_2 - p_2 I) = \begin{bmatrix} 8 & 0 & 0 \\ 0 & 8 & 0 \\ 0 & 0 & 8 \end{bmatrix}$$

$$p_3 = \frac{1}{3}\text{tr}B_3 = 8$$

所以 A 的特征方程为

$$(-1)^3(\lambda^3 - 6\lambda^2 - 15\lambda - 8) = 0$$

此方程的根,即特征值为

$$\lambda_1 = 8, \quad \lambda_2 = -1, \quad \lambda_3 = -1$$

$$A^{-1} = \frac{1}{p_3}(B_2 - p_2 I)$$

$$= \begin{bmatrix} -\frac{1}{2} & \frac{1}{4} & \frac{1}{2} \\ \frac{1}{4} & -\frac{7}{8} & \frac{1}{4} \\ \frac{1}{2} & \frac{1}{4} & -\frac{1}{2} \end{bmatrix}$$

从例 1 中的计算结果可知 $B_3 = p_3 I$. Faddeev 曾经证明:对 n 阶矩阵 A,按 (4.3.4)式计算出的 B_n 总有

$$B_n = p_n I \tag{4.3.7}$$

4.3.2 特征向量求法

当矩阵 A 的特征值确定以后,将这些特征值逐个代入齐次线性方程组$(A - \lambda I) x = 0$中,由于系数矩阵 $A - \lambda I$ 的秩小于矩阵 $A - \lambda I$ 的阶数 n,因此虽然有 n 个方程 n 个未知数,但实际上是解有 n 个未知数的相互独立的 r 个方程($r < n$). 当矩阵 A 的所有特征值互不相同时,这样的问题中要解的齐次性方程组中有 $n-1$ 个独立方程,其中含有 n 个特征向量分量,因此特征向量分量中至少有一个需要任意假设其值,才能求出其他特征向量分量.

在计算机中解这样的齐次线性方程组,可用高斯－若尔当消去法,以便把一组 n 个方程简化为等价的一组 $n-1$ 个方程的方程组.然而,在用高斯－若尔当消去法简化一个齐次线性方程组时,方程之间不都是独立的,在消去过程中系数为零的情况较多.这样我们经常会碰到必须交换方程中未知数的次序,以避免主元素位置上为零值的情况.因此,为了提高精度和避免零主元素的可能性,我们总是用主元素措施把绝对值最大的系数放于主元素位置.

例如,假设矩阵 A 为

$$A = \begin{bmatrix} 4 & 2 & -2 \\ -5 & 3 & 2 \\ -2 & 4 & 1 \end{bmatrix}$$

其特征方程为

$$\begin{vmatrix} 4-\lambda & 2 & -2 \\ -5 & 3-\lambda & 2 \\ -2 & 4 & 1-\lambda \end{vmatrix} = 0$$

展开后为

$$(\lambda - 1)(\lambda - 2)(\lambda - 5) = 0$$

故特征值分别为

$$\lambda_1 = 1, \quad \lambda_2 = 2, \quad \lambda_3 = 5$$

下面求特征向量，将 λ_1 代入方程组 $(A - \lambda I)\boldsymbol{x} = \boldsymbol{0}$ 中，得

$$\begin{cases} 3x_1 + 2x_2 - 2x_3 = 0 \\ -5x_1 + 2x_2 + 2x_3 = 0 \\ -2x_1 + 4x_2 + 0x_3 = 0 \end{cases} \tag{4.3.8}$$

以 -5 为主元素，交换上式第一与第二个方程得

$$\begin{cases} -5x_1 + 2x_2 + 2x_3 = 0 \\ 3x_1 + 2x_2 - 2x_3 = 0 \\ -2x_1 + 4x_2 - 0x_3 = 0 \end{cases} \tag{4.3.9}$$

用高斯-若尔当消去法消去 -5 所在列中的 x_1，并把主元素所在行调到最后，得

$$\begin{cases} 0x_1 + \dfrac{16}{5}x_2 - \dfrac{4}{5}x_3 = 0 \\ 0x_1 + \dfrac{16}{5}x_2 - \dfrac{4}{5}x_3 = 0 \\ x_1 - \dfrac{2}{5}x_2 - \dfrac{2}{5}x_3 = 0 \end{cases} \tag{4.3.10}$$

再以 $\dfrac{16}{5}$ 为主元素，消去它所在列中的 x_2，并把主元素所在行调到最后，得

$$\begin{cases} 0x_1 + 0x_2 + 0x_3 = 0 \\ x_1 + 0x_2 - \dfrac{1}{2}x_3 = 0 \\ 0x_1 + x_2 - \dfrac{1}{4}x_3 = 0 \end{cases} \tag{4.3.11}$$

这就是用高斯-若尔当消去法实现把一组三个方程简化为等价的一组两个独立方程的情形。因为这个等价的方程组包含两个独立的方程，而有三个未知数，所以只要假定其中一个值，则其他两个值就可以通过两个独立方程解出。比如，令 $x_3 = -1$，则得到矩阵 A 的对应于 $\lambda_1 = 1$ 的一个特征向量为

$$\begin{bmatrix} -\dfrac{1}{2} \\ -\dfrac{1}{4} \\ -1 \end{bmatrix}$$

对另外两个特征值的对应特征向量求法与上述对 $\lambda_1 = 1$ 的推导过程相同。

计算机中实现求解这样的齐次线性方程组的消去步骤是，用第 3 章讨论过的高斯-若尔当消去法的公式，方程组 (4.3.9) 的系数矩阵经过第一次消去后的矩阵 B 为

$$B = \begin{bmatrix} \dfrac{16}{5} & -\dfrac{4}{5} \\ \dfrac{16}{5} & -\dfrac{4}{5} \\ -\dfrac{2}{5} & -\dfrac{2}{5} \end{bmatrix} \quad (4.3.12)$$

以矩阵为方程组(4.3.10)的系数矩阵,其中省略了有 0 和 1 元素的第一列.

在进行第二次消去之前,当然要应用完全主元素措施对前两行进行最大主元素选择,然后再进行必要的行或列的交换. 一般来说,每完成一次消去过程,总省略只有 0 和 1 元素的第一列,并且计算机仅寻找矩阵的前 $n-k$ 行中的最大主元素,其中 k 是消元过程应用的次数. 对(4.3.12)式再进行一次消元过程,则得到列矩阵

$$B^1 = \begin{bmatrix} 0 \\ -\dfrac{1}{2} \\ -\dfrac{1}{4} \end{bmatrix} \quad (4.3.13)$$

此矩阵是对应于方程组(4.3.11)的系数矩阵,不过省略了含 0 和 1 元素的前两列. 一般来说,最后矩阵列的数目等于矩阵 $A - \lambda I$ 的阶数和秩的差值.

由于方程组(4.3.8)有三个未知数、两个独立方程,所以计算机必须任意给定一个未知数的值,以便可以从其他两个独立方程中解出另外两个未知数. 为方便起见,在计算机决定特征向量时,要恰当地设定任意选取的未知数的值. 例如,令 $x_3 = -1$,由方程组(4.3.11)知道,x_1 和 x_2 分量的值正好能从含 x_3 的非零系数项得出. 为此,从计算机所存储的最终矩阵中,令 B^1 最上面的 0 元素为 -1,并把它顺次调到最下面第三行的位置上,就得到所求的特征向量 $\left(-\dfrac{1}{2}, -\dfrac{1}{4}, -1\right)^T$.

在工程问题中,从特征方程所求出的特征值,少数情形也有相同的. 一般地,当一个特征方程有 k 重根 λ 时,矩阵 $A - \lambda I$ 的秩可能比其阶数少 1,或 2,或 3,$\cdots$,或 k,当然对应于 λ 的线性无关的特征向量的个数也就是 1,或 2,或 3,$\cdots$,或 k. 下面通过一个特征值对应两个线性无关特征向量的例子进一步说明计算机求特征向量的方法.

设矩阵 A 为

$$A = \begin{bmatrix} 3 & 2 & 4 \\ 2 & 0 & 2 \\ 4 & 2 & 3 \end{bmatrix}$$

其特征方程为

$$\begin{vmatrix} 3-\lambda & 2 & 4 \\ 2 & -\lambda & 2 \\ 4 & 2 & 3-\lambda \end{vmatrix} = 0$$

展开后得

$$(\lambda+1)^2(\lambda-8) = 0$$

所以特征值为

$$\lambda_1 = \lambda_2 = -1, \quad \lambda_3 = 8$$

为了决定 $\lambda = -1$ 的特征向量,将 $\lambda = -1$ 代入方程组 $(A - \lambda I)x = 0$,得

$$\begin{bmatrix} 4 & 2 & 4 \\ 2 & 1 & 2 \\ 4 & 2 & 4 \end{bmatrix} \begin{bmatrix} x_1 \\ x_2 \\ x_3 \end{bmatrix} = 0 \tag{4.3.14}$$

应用一次高斯-若尔当消去法,得

$$\begin{bmatrix} 0 & 0 & 0 \\ 0 & 0 & 0 \\ 1 & \frac{1}{2} & 1 \end{bmatrix} \begin{bmatrix} x_1 \\ x_2 \\ x_3 \end{bmatrix} = 0 \tag{4.3.15}$$

写成矩阵形式,(4.3.15)式的系数矩阵为

$$B = \begin{bmatrix} 0 & 0 \\ 0 & 0 \\ \frac{1}{2} & 1 \end{bmatrix} \tag{4.3.16}$$

因为方程组(4.3.15)的系数矩阵的秩为1,它比矩阵阶数少2,因此对应于 $\lambda = -1$ 有两个线性无关的特征向量.必须给两个未知数任意规定值,才能确定这两个线性无关的特征向量.由(4.3.15)式可看出,一般总是选择 $x_2 = -1, x_3 = 0$ 求一个特征向量;选择 $x_2 = 0, x_3 = -1$ 求另一个特征向量,这样有两个线性无关的特征向量

$$\begin{bmatrix} \frac{1}{2} \\ -1 \\ 0 \end{bmatrix}, \quad \begin{bmatrix} 1 \\ 0 \\ -1 \end{bmatrix}$$

计算机中求两个线性无关的特征向量的办法是,在(4.3.16)式的 B 中,把第一列中第一个0元素用 -1 代替,第二列中第二个0元素也用 -1 代替,然后把第一、第二行顺次调到最下面一行的位置上,第三行自然就成了第一行.如此调换后矩阵的第一列和第二列就是所求的两个线性无关的特征向量.对应于 $\lambda = -1$ 的全部特征向量为

$$k_1 \begin{bmatrix} \frac{1}{2} \\ -1 \\ 0 \end{bmatrix} + k_2 \begin{bmatrix} 1 \\ 0 \\ -1 \end{bmatrix}$$

其中 k_1 与 k_2 是任意常数,且不同时为零.

为了说明列交换的必要性,避免主元素为零,再举一个例子.设矩阵 A 为

$$A = \begin{bmatrix} -2 & -8 & -12 \\ 1 & 4 & 4 \\ 0 & 0 & 1 \end{bmatrix}$$

其特征方程为

$$(\lambda - 2)\lambda(\lambda - 1) = 0$$

特征值为

$$\lambda_1 = 2, \quad \lambda_2 = 0, \quad \lambda_3 = 1$$

对应于 $\lambda_1 = 2$ 的特征向量可由解下列方程组而求得

$$\begin{bmatrix} -4 & -8 & -12 \\ 1 & 2 & 4 \\ 0 & 0 & -1 \end{bmatrix} \begin{bmatrix} x_1 \\ x_2 \\ x_3 \end{bmatrix} = 0 \tag{4.3.17}$$

用一次高斯-若尔当消去法,得

$$\begin{bmatrix} 0 & 0 & 1 \\ 0 & 0 & -1 \\ 1 & 2 & 3 \end{bmatrix} \begin{bmatrix} x_1 \\ x_2 \\ x_3 \end{bmatrix} = 0 \tag{4.3.18}$$

若不进行列交换,则下一个消元过程只能在第一行的第二个元素与第二行的第二个元素中找最大主元素,而它们都是零.我们不得不对(4.3.17)式进行列交换,即交换未知数之间的次序,之后再进行消去过程.

对(4.3.17)式进行列交换,即把绝对值最大的系数放在主元素位置.显然是第一列与第三列的交换,交换后成为

$$\begin{bmatrix} -12 & -8 & -4 \\ 4 & 2 & 1 \\ -1 & 0 & 0 \end{bmatrix} \begin{bmatrix} x_3 \\ x_2 \\ x_1 \end{bmatrix} = 0 \tag{4.3.19}$$

其中未知数列矩阵中 x_1 与 x_3 也进行了交换,这样才能保证(4.3.17)式与(4.3.19)式等价.对(4.3.19)式进行一次高斯-若尔当消去法,得

$$\begin{bmatrix} 0 & -\frac{2}{3} & -\frac{1}{3} \\ 0 & \frac{2}{3} & \frac{1}{3} \\ 1 & \frac{2}{3} & \frac{1}{3} \end{bmatrix} \begin{bmatrix} x_3 \\ x_2 \\ x_1 \end{bmatrix} = 0 \tag{4.3.20}$$

再进行一次消去过程,得

$$\begin{bmatrix} 0 & 0 & 0 \\ 1 & 0 & 0 \\ 0 & 1 & \frac{1}{2} \end{bmatrix} \begin{bmatrix} x_3 \\ x_2 \\ x_1 \end{bmatrix} = 0 \tag{4.3.21}$$

在计算机中计算,剩下一个最终的列矩阵

$$B = \begin{bmatrix} 0 \\ 0 \\ \frac{1}{2} \end{bmatrix} \tag{4.3.22}$$

将(4.3.22)式中的列矩阵 B 中第一个 0 元素用 -1 代替,并随即调到最下面一行,便得到

$$\begin{bmatrix} 0 \\ \frac{1}{2} \\ -1 \end{bmatrix} \tag{4.3.23}$$

这就是对应于方程组(4.3.19)的解.在计算机程序中应把原来进行列交换的列号次序记住,重新把(4.3.23)式中各分量排列一下,即交换第一行和第三行的元素,就得到对应于 $\lambda_1 = 2$ 的特征向量

$$\begin{bmatrix} -1 \\ \frac{1}{2} \\ 0 \end{bmatrix}$$

对应于 $\lambda_1 = 2$ 的全部的特征向量为

$$k \begin{bmatrix} -1 \\ \frac{1}{2} \\ 0 \end{bmatrix}$$

其中 k 为不等于零的任意常数.

4.4 QR 算 法

QR 算法也是一种迭代算法,是目前计算任意实的非奇异矩阵全部特征值问题的最有效的方法之一. 该方法的基础是构造矩阵序列 $\{A_k\}$,并对它进行 QR 分解.

由线性代数知识知道,若 A 为非奇异方阵,则 A 可以分解为正交矩阵 Q 与上三角形矩阵 R 的乘积,即 $A = QR$,而且当 R 的对角线元素符号取定时,分解式是唯一的.

若 A 为奇异方阵,则零为 A 的特征值. 任取一数 p 不是 A 的特征值,则 $A - pI$ 为非奇异方阵. 只要求出 $A - pI$ 的特征值,就很容易求出 A 的特征值,所以假设 A 为非奇异方阵,并不妨碍讨论的一般性.

设 A 为非奇异方阵,令 $A_1 = A$,对 A_1 进行 QR 分解,即把 A_1 分解为正交矩阵 Q_1 与上三角形矩阵 R_1 的乘积

$$A_1 = Q_1 R_1$$

做矩阵

$$A_2 = R_1 Q_1 = Q_1^T A_1 Q_1$$

继续对 A_2 进行 QR 分解

$$A_2 = Q_2 R_2$$

并定义

$$A_3 = R_2 Q_2 = Q_2^T A_2 Q_2$$

一般地,递推公式为

$$\begin{cases} A_1 = A = Q_1 R_1 \\ A_{k+1} = R_k Q_k = Q_k^T A_k Q_k, \quad k = 1, 2, 3, \cdots \end{cases}$$

QR 算法就是利用矩阵的 QR 分解,按上述递推公式构造矩阵序列 $\{A_k\}$. 只要 A 为非奇异方阵,则由 QR 算法就完全确定 $\{A_k\}$. 这个矩阵序列 $\{A_k\}$ 具有下列性质.

性质 1 所有 A_k 都相似,它们具有相同的特征值.

证明 因为

$$\begin{aligned} A_{k+1} &= R_k Q_k = Q_k^T A_k Q_k \\ &= Q_k^T Q_{k-1}^T A_{k-1} Q_{k-1} Q_k = \cdots \\ &= Q_k^T Q_{k-1}^T \cdots Q_1^T A Q_1 Q_2 \cdots Q_k \end{aligned}$$

若令 $\tilde{Q}_k = Q_1 Q_2 \cdots Q_k$,则 $\tilde{Q}_k$ 为正交阵,且有

$$A_{k+1} = \tilde{Q}_k^T A_k \tilde{Q}_k$$

因此 A_k 与 A 相似,它们具有相同的特征值.

性质 2 A^k 的 QR 分解式为
$$A^k = \tilde{Q}_k \tilde{R}_k$$
其中 $\tilde{Q}_k = Q_1 Q_2 \cdots Q_k, \tilde{R}_k = R_k R_{k-1} \cdots R_1$

证明   用归纳法. 显然当 $k = 1$ 时, 有
$$A = A_1 = \tilde{Q}_1 \tilde{R}_1 = Q_1 R_1$$
假设 A^{k-1} 有分解式
$$A^{k-1} = \tilde{Q}_{k-1} \tilde{R}_{k-1}$$
于是
$$\begin{aligned}\tilde{Q}_k \tilde{R}_k &= Q_1 Q_2 \cdots Q_{k-1} (Q_k R_k) R_{k-1} \cdots R_1 \\ &= \tilde{Q}_{k-1} A_k \tilde{R}_{k-1}\end{aligned}$$
因为 $A_k = \tilde{Q}_{k-1}^T A \tilde{Q}_{k-1}$, 所以
$$\tilde{Q}_k \tilde{R}_k = A \tilde{Q}_{k-1} \tilde{R}_{k-1} = A^k$$

因为 $Q_1, Q_2, \cdots, Q_k$ 都是正交阵, 所以 $\tilde{Q}_k$ 也是正交阵, 同样 $\tilde{R}_k$ 也是上三角形阵, 从而 A^k 的 QR 分解式为
$$A^k = \tilde{Q}_k \tilde{R}_k$$

由前面的讨论知 $A_{k+1} = \tilde{Q}_k^T A \tilde{Q}_k$. 这说明 QR 算法的收敛性由正交矩阵序列 $\{\tilde{Q}_k\}$ 的性质决定.

定理 1   如果 $\{\tilde{Q}_k\}$ 收敛于非奇异矩阵 Q_∞, $\tilde{R}_k$ 为上三角形矩阵, 则 $\lim_{k \to \infty} A_k$ 存在并且是上三角形矩阵.

证明   因为 $\{\tilde{Q}_k\}$ 收敛, 故下面极限存在
$$\begin{aligned}\lim_{k \to \infty} Q_k &= \lim_{k \to \infty} \tilde{Q}_{k-1}^T \tilde{Q}_k = Q_\infty^T Q_\infty = I \\ R_\infty &= \lim_{k \to \infty} R_k = \lim_{k \to \infty} A_{k+1} Q_k^T \\ &= \lim_{k \to \infty} \tilde{Q}_k^T A \tilde{Q}_{k-1} = Q_\infty^T A Q_\infty\end{aligned}$$
由于 $R_k (k = 1, 2, \cdots)$ 为上三角形矩阵, 所以 R_∞ 为上三角形矩阵. 又因为
$$A_\infty = \lim_{k \to \infty} A_k = \lim_{k \to \infty} Q_k R_k = R_\infty$$
所以 $\lim_{k \to \infty} A_k$ 存在, 并且是上三角形矩阵.

定理 2(QR 算法的收敛性)   设 A 为 n 阶实矩阵, 且
① A 的特征值满足: $|\lambda_1| > |\lambda_2| > \cdots > |\lambda_n| > 0$;

4.4 QR算法

② $A = A_1 = XDX^{-1}$,其中 $D = \mathrm{diag}(\lambda_1, \lambda_2, \cdots, \lambda_n)$,且设 X^{-1} 有三角分解式 $X^{-1} = LU$(L 的单位下三角阵,U 为上三角阵).则由 QR 算法得到的矩阵序列 $\{A_k\}$ 本质上收敛于上三角形矩阵. 即 $A_k = (a_{ij}^{(k)})_{n \times n}$ 满足

$$a_{ii}^{(k)} \to \lambda_i, 当 k \to \infty$$

$$a_{ij}^{(k)} \to 0, 当 i > j, 且 k \to \infty$$

$$a_{ij}^{(k)}(j > i) \text{ 的极限不一定存在}$$

证明 因为 $A_{k+1} = Q_k^T A Q_k$,矩阵 Q_k 决定 $\{A_k\}$ 的收敛性. 又 $A_1^k = \tilde{Q}_k \tilde{R}_k$,我们利用 A_1^k 求 $\tilde{Q}_k$,然后讨论 $\{\tilde{Q}_k\}$ 的收敛性.

由定理条件 $A_1 = XDX^{-1}$ 得

$$A_1^k = XD^k X^{-1} = XD^k LU = X(D^k L D^{-k})(D^k U)$$

令

$$D^k L D^{-k} = I + B_k$$

其中 B_k 的 (i,j) 元素 $b_{ij}^{(k)}$ 为

$$b_{ij}^{(k)} = \begin{cases} l_{ij}\left(\dfrac{\lambda_i}{\lambda_j}\right)^k, & i > j, \quad l_{ij} \in L \\ 0, & i \leqslant j \end{cases}$$

于是

$$A_1^k = X(I + B_k)(D^k U)$$

由假设,当 $i > j$ 时,$\left|\dfrac{\lambda_i}{\lambda_j}\right| < 1$,故

$$\lim_{k \to \infty} B_k = 0$$

设方阵 X 的 QR 分解式为

$$X = Q_x R_x$$

由

$$A_1^k = (Q_x R_x)(I + B_k)(D^k U)$$
$$= Q_x (I + R_x B_k R_x^{-1})(R_x D^k U)$$

由 $\lim\limits_{k\to\infty} B_k = 0$ 知,对充分大的 k,$I + R_x B_k R_x^{-1}$ 非奇异,它应有唯一的 QR 分解式 $\bar{Q}_k \bar{R}_k$,并且

$$\lim_{k \to \infty} \bar{Q}_k = I, \qquad \lim_{k \to \infty} \bar{R}_k = I$$

于是

$$A_1^k = (Q_x \bar{Q}_k)(\bar{R}_k R_x D^k U)$$

但上三角阵 $\bar{R}_k R_x D^k U$ 的对角线元素不一定大于零. 为此,引入对角阵

$$D_k = \text{diag}(\pm 1, \pm 1, \cdots, \pm 1)$$

以便保证 $D_k(\bar{R}_k R_x D^k U)$ 的对角线元素都是正数,从而得到 A_1^k 的 QR 分解式

$$A_1^k = (Q_x \bar{Q}_k D_k)(D_k \bar{R}_k R_x D^k U)$$

由 A_1^k 的 QR 分解式的唯一性得到

$$\begin{cases} \tilde{Q}_k = Q_x \bar{Q}_k D_k \\ \tilde{R}_k = D_k \bar{R}_k R_x D^k U \end{cases}$$

从而

$$\begin{aligned} A_{k+1} &= \tilde{Q}_k^T A \tilde{Q}_k \\ &= D_k \bar{Q}_k^T (Q_x^T A Q_x) \bar{Q}_k D_k \end{aligned}$$

由于 $A = XDX^{-1} = Q_x R_x D R_x^{-1} Q_x^T$,所以

$$Q_x^T A Q_x = R_x D R_x^{-1}$$

从而

$$A_{k+1} = D_k \bar{Q}_k^T (R_x D R_x^{-1}) \bar{Q}_k D_k$$

其中

$$R_0 = R_x D R_x^{-1} = \begin{bmatrix} \lambda_1 & * & * & \cdots & * \\ & \lambda_2 & * & \cdots & * \\ & & \ddots & & \vdots \\ & & & & \lambda_n \end{bmatrix}$$

于是

$$A_{k_1} = D_k \tilde{Q}_k^T R_0 \bar{Q}_k D_k$$

因为 R_0 为上三角阵,$\lim\limits_{k \to \infty} \bar{Q}_k = I$,$D_k$ 为对角阵,且元素为 1 或 -1,所以

$$a_{ii}^{(k)} \to \lambda_i, \quad \text{当 } k \to \infty$$
$$a_{ij}^{(k)} \to 0, \quad \text{当 } i > j, \text{且 } k \to \infty$$
$$a_{ij}^{(k)} (j > i) \text{ 的极限不一定存在}$$

例 用 QR 算法求矩阵

$$A = \begin{bmatrix} 5 & -2 & -5 & -1 \\ 1 & 0 & -3 & 2 \\ 0 & 2 & 2 & -3 \\ 0 & 0 & 1 & -2 \end{bmatrix}$$

的特征值. A 的特征值为 $-1, 4, 1 \pm 2i$.

解 令 $A_1 = A$,用施密特正交化过程将 A_1 分解为

$$A_1 = Q_1 R_1$$

$$= \begin{bmatrix} 0.9806 & -0.0377 & 0.1923 & -0.1038 \\ 0.1961 & 0.1887 & -0.8804 & -0.4192 \\ 0 & 0.9813 & 0.1761 & 0.0740 \\ 0 & 0 & 0.3962 & -0.8989 \end{bmatrix}$$

$$\begin{bmatrix} 5.0992 & -1.9612 & -5.4912 & -0.3922 \\ 0 & 2.0381 & 1.5852 & -2.5288 \\ 0 & 0 & 2.5242 & -3.2736 \\ 0 & 0 & 0 & 0.7822 \end{bmatrix}$$

将 Q_1 与 R_1 逆序相乘,求出 A_2.

$$A_2 = R_1 Q_1 = \begin{bmatrix} 4.6517 & 5.9508 & 1.5299 & 0.2390 \\ 0.3997 & 1.9401 & -2.5171 & 1.5361 \\ 0 & 2.4770 & -0.8525 & 3.1294 \\ 0 & 0 & 0.3099 & -0.7031 \end{bmatrix}$$

用 A_1 代替 A 重复上面过程,计算 11 次得

$$A_{12} = \begin{bmatrix} 4.0000 & * & * & * \\ 0 & 1.8789 & -3.5910 & * \\ 0 & 1.3290 & 0.1211 & * \\ 0 & 0 & 0 & -1.0000 \end{bmatrix}$$

由 A_{12} 不难看出,矩阵 A 的一个特征值是 4,另一个特征值是 -1,其他两个特征值是方程

$$\begin{vmatrix} 1.8789 - \lambda & -3.5910 \\ 1.3290 & 0.1211 - \lambda \end{vmatrix} = 0$$

的根.求得为 $1 \pm 2i$.

习 题 4

1.用幂法求下列矩阵的按模最大的特征值和对应的特征向量(当特征值有三位小数稳定时,停止计算):

(1) $A = \begin{bmatrix} 2 & 3 & 2 \\ 10 & 3 & 4 \\ 3 & 6 & 1 \end{bmatrix}$;   (2) $A = \begin{bmatrix} 2 & 4 & 6 \\ 3 & 9 & 15 \\ 4 & 16 & 36 \end{bmatrix}$;   (3) $A = \begin{bmatrix} 1 & -3 & 2 \\ 4 & 4 & -1 \\ 6 & 3 & 5 \end{bmatrix}$.

2.用反幂法求矩阵

$$A = \begin{bmatrix} 2 & 0 & 0 \\ 2 & 3 & 2 \\ 1 & 2 & 3 \end{bmatrix}$$

的按模最小的特征值和对应的特征向量.

3. 求矩阵

$$A = \begin{bmatrix} 2 & 1 & 0 \\ 1 & 3 & 1 \\ 0 & 1 & 4 \end{bmatrix}$$

的对应于特征值 $\lambda = 1.2679$(精确特征值 $\lambda = 3 - \sqrt{3}$)的特征向量.

4. 用雅可比方法求下列实对称矩阵的特征值和特征向量(按四位小数计算, $\varepsilon = 0.1$):

(1) $A = \begin{bmatrix} 4 & 1 & 0 \\ 1 & 2 & 1 \\ 0 & 1 & 1 \end{bmatrix}$;   (2) $A = \begin{bmatrix} 1 & 1 & 0.5 \\ 1 & 1 & 0.25 \\ 0.5 & 0.25 & 2 \end{bmatrix}$.

5. 用 F-L 方法计算下列矩阵的特征方程:

(1) $A = \begin{bmatrix} 3 & -3 & 1 \\ 4 & 3 & -2 \\ 4 & 4 & -2 \end{bmatrix}$;   (2) $A = \begin{bmatrix} 1 & 2 & 3 \\ -10 & 0 & 2 \\ -2 & 4 & 8 \end{bmatrix}$;

(3) $A = \begin{bmatrix} 0 & 2 & 3 \\ -10 & -1 & 2 \\ -2 & 4 & 7 \end{bmatrix}$;   (4) $A = \begin{bmatrix} 3 & -1 & -1 \\ 4 & -1 & -2 \\ 3 & -2 & 0 \end{bmatrix}$.

6. 用 QR 算法计算下列矩阵的全部特征值:

(1) $A = \begin{bmatrix} 2 & 1 & 0 \\ 1 & 3 & 1 \\ 0 & 1 & 4 \end{bmatrix}$;   (2) $A = \begin{bmatrix} 3 & 1 & 0 \\ 1 & 2 & 1 \\ 0 & 1 & 1 \end{bmatrix}$.

第5章 代数插值

在生产实践和科学研究所遇到的大量函数中,相当一部分是通过测量或实验得到的.虽然其函数关系 $y = f(x)$ 在某个区间 $[a,b]$ 上是客观存在的,但是却不知道具体的解析表达式,只能通过观察、测量或实验得到函数在区间 $[a,b]$ 上一些离散点上的函数值、导数值等,因此,希望对这样的函数用一个比较简单的函数表达式来近似地给出整体上的描述.还有些函数,虽然有明确的解析表达式,但却过于复杂而不便于进行理论分析和数值计算,同样希望构造一个既能反映函数的特性又便于计算的简单函数,近似代替原来的函数.插值法就是寻求近似函数的方法之一.

在用插值法寻求近似函数的过程中,根据所讨论问题的特点,对简单函数的类型可有不同的选取,如多项式、有理式、三角函数等,其中多项式结构简单,并有良好的性质,便于数值计算和理论分析,因此被广泛采用.本章主要介绍多项式插值、分段多项式插值和样条插值.

5.1 插值多项式的存在唯一性

5.1.1 插值问题

设函数 $y = f(x)$ 在区间 $[a,b]$ 上有定义,$y_0, y_1, \cdots, y_n$ 且已知函数在区间 $[a,b]$ 上 $n+1$ 个互异点 $x_0, x_1, \cdots, x_n$ 上的函数值,若存在一个简单函数 $y = p(x)$,使其经过 $y = f(x)$ 上的这 $n+1$ 个已知点 $(x_0, y_0), (x_1, y_1), \cdots, (x_n, y_n)$(图 5-1),即

$$p(x_i) = y_i, \quad i = 0, 1, \cdots, n \tag{5.1.1}$$

那么,函数 $p(x)$ 称为插值函数,点 $x_0, x_1, \cdots, x_n$ 称为插值节点,点 $(x_0, y_0), (x_1, y_1), \cdots, (x_n, y_n)$ 称为插值点,包含插值节点的区间 $[a,b]$ 称为插值区间,求 $p(x)$ 的方法称为插值法,$f(x)$ 称为被插函数.若 $p(x)$ 是次数不超过 n 的多项式,用 $P_n(x)$ 表示,即

$$P_n(x) = a_0 + a_1 x + a_2 x^2 + \cdots + a_n x^n$$

则称 $P_n(x)$ 为 n 次插值多项式,相应的插值法称为多项式插值;若 $P(x)$ 为分段多项式,称为分段插值.多项式插值和分段插值称为代数插值.

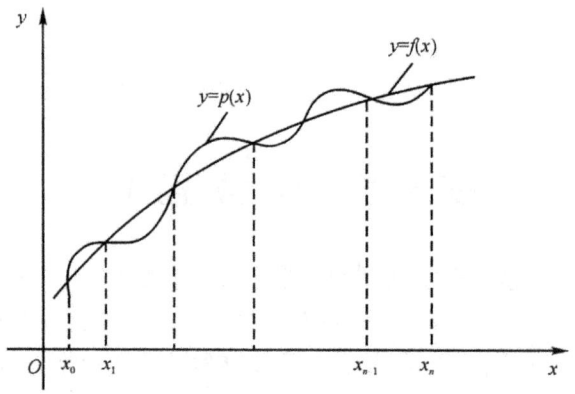

图 5-1

5.1.2 插值多项式的存在唯一性

定理 设节点 $x_0, x_1, \cdots, x_n$ 互异,则在次数不超过 n 的多项式集合 H_n 中,满足条件(5.1.1)的插值多项式 $P_n(x)$ 存在且唯一.

证 将 $P_n(x) = a_0 + a_1 x + a_2 x^2 + \cdots + a_n x^n$ 代入(5.1.1)式得

$$\begin{cases} a_0 + a_1 x_0 + \cdots + a_n x_0^n = y_0 \\ a_0 + a_1 x_1 + \cdots + a_n x_1^n = y_1 \\ \cdots\cdots \\ a_0 + a_1 x_n + \cdots + a_n x_n^n = y_n \end{cases} \tag{5.1.2}$$

这是关于 $a_0, a_1, \cdots, a_n$ 的 $n+1$ 元线性方程组,其系数行列式

$$V(x_0, x_1, \cdots, x_n) = \begin{vmatrix} 1 & x_0 & \cdots & x_0^n \\ 1 & x_1 & \cdots & x_1^n \\ \vdots & \vdots & & \vdots \\ 1 & x_n & \cdots & x_n^n \end{vmatrix}$$

是范德蒙德(Vandermonde)行列式,故

$$V(x_0, x_1, \cdots, x_n) = \prod_{i=1}^{n} \prod_{j=0}^{i-1} (x_i - x_j)$$

由于 $x_0, x_1, \cdots, x_n$ 互异,所有因子 $x_i - x_j \neq 0 (i \neq j)$,于是

$$V(x_0, x_1, \cdots, x_n) \neq 0$$

再由克拉默法则,方程组(5.1.2)存在唯一的一组解 $a_0, a_1, \cdots, a_n$,即满足条件(5.1.1)的插值多项式 $P_n(x)$ 存在且唯一.

5.2 拉格朗日插值多项式

5.2.1 基函数

由上一节的证明可以看到,要求插值多项式 $P_n(x)$,可以通过求方程组 (5.1.2) 的解 $a_0, a_1, \cdots, a_n$ 得到,但这样不但计算复杂,且难于得到 $P_n(x)$ 的简单表达式.

考虑简单的插值问题:设函数在区间 $[a, b]$ 上 $n+1$ 个互异节点 $x_0, x_1, \cdots, x_n$ 上的函数值为

$$y_j = \delta_{ij} = \begin{cases} 1, & j = i \\ 0, & j \neq i \end{cases}, \quad j = 0, 1, \cdots, n, \quad i = 0, 1, \cdots, n \quad (5.2.1)$$

求插值多项式 $l_i(x)$,满足条件

$$l_i(x_j) = \delta_{ij}, \quad j = 0, 1, \cdots, n, \quad i = 0, 1, \cdots, n$$

由上式知,$x_0, x_1, \cdots, x_{i-1}, x_{i+1}, \cdots, x_n$ 是 $l_i(x)$ 的根,且 $l_i(x) \in H_n$,可令

$$l_i(x) = A_i(x - x_0)(x - x_1)\cdots(x - x_{i-1})(x - x_{i+1})\cdots(x - x_n)$$

再由 $l_i(x_i) = 1$ 得

$$A_i = \frac{1}{(x_i - x_0)(x_i - x_1)\cdots(x_i - x_{i-1})(x_i - x_{i+1})\cdots(x_i - x_n)}$$

于是

$$l_i(x) = \frac{(x - x_0)(x - x_1)\cdots(x - x_{i-1})(x - x_{i+1})\cdots(x - x_n)}{(x_i - x_0)(x_i - x_1)\cdots(x_i - x_{i-1})(x_i - x_{i+1})\cdots(x_i - x_n)},$$
$$i = 0, 1, \cdots, n$$
$$(5.2.2)$$

$n+1$ 个 n 次多项式 $l_0(x), l_1(x), \cdots, l_n(x)$ 称为以 $x_0, x_1, \cdots, x_n$ 为节点的 n 次插值基函数.

$n = 1$ 时的一次基函数为(图 5-2)

$$l_0(x) = \frac{x - x_1}{x_0 - x_1}, \quad l_1(x) = \frac{x - x_0}{x_1 - x_0}$$

$n = 2$ 时的二次基函数为(图 5-3)

$$l_0(x) = \frac{(x - x_1)(x - x_2)}{(x_0 - x_1)(x_0 - x_2)}$$

$$l_1(x) = \frac{(x - x_0)(x - x_2)}{(x_1 - x_0)(x_1 - x_2)}$$

$$l_2(x) = \frac{(x - x_0)(x - x_1)}{(x_2 - x_0)(x_2 - x_1)}$$

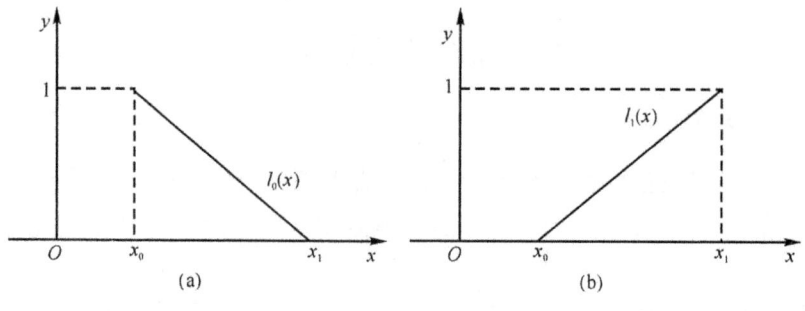

图 5-2

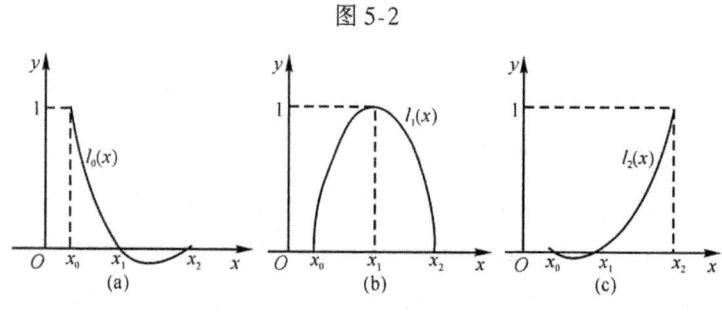

图 5-3

5.2.2 拉格朗日插值多项式

现在考虑一般的插值问题：设函数在区间 $[a,b]$ 上 $n+1$ 个互异节点 x_0, $x_1,\cdots,x_n$ 上的函数值分别为 $y_0,y_1,\cdots,y_n$，求 n 次插值多项式 $P_n(x)$，满足条件
$$P_n(x_j) = y_j, \qquad j = 0,1,\cdots,n$$
令
$$L_n(x) = y_0 l_0(x) + y_1 l_1(x) + \cdots + y_n l_n(x) = \sum_{i=0}^{n} y_i l_i(x) \quad (5.2.3)$$
其中 $l_0(x), l_1(x), \cdots, l_n(x)$ 为以 $x_0, x_1, \cdots, x_n$ 为节点的 n 次插值基函数，则 $L_n(x)$ 是一次数不超过 n 的多项式，且满足
$$L_n(x_j) = y_j, \qquad j = 0,1,\cdots,n$$
再由插值多项式的唯一性，得
$$P_n(x) \equiv L_n(x)$$
(5.2.3)式表示的插值多项式称为拉格朗日(Lagrange)插值多项式. 特别地，$n = 1$ 时称为线性插值(图 5-4(a))，$n = 2$ 时称为抛物插值或二次插值(图 5-4(b)).

值得注意的是，插值基函数 $l_0(x), l_1(x), \cdots, l_n(x)$ 仅由插值节点 $x_0, x_1, \cdots$, x_n 确定，与被插函数 $f(x)$ 无关. 因此，若以 $x_0, x_1, \cdots, x_n$ 为插值节点对函数 $f(x)$

5.2 拉格朗日插值多项式

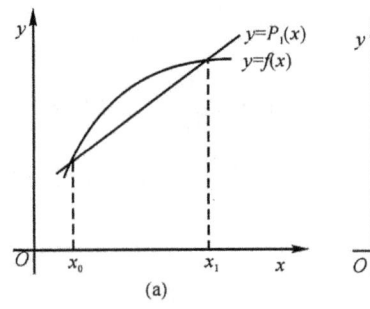 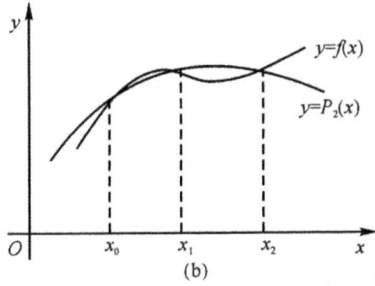

图 5-4

≡ 1 作插值多项式,则由(5.2.3)式立即得到基函数的一个性质

$$\sum_{i=0}^{n} l_i(x) \equiv 1$$

还应注意,对于插值节点 $x_0, x_1, \cdots, x_n$,只要求它们互异,与大小次序无关.

例 1 已知 $y = \sqrt{x}, x_0 = 4, x_1 = 9$,用线性插值求 $\sqrt{7}$ 的近似值.

解 $y_0 = 2, y_1 = 3$,基函数分别为

$$l_0(x) = \frac{x-9}{4-9} = -\frac{1}{5}(x-9), \quad l_1(x) = \frac{x-4}{9-4} = \frac{1}{5}(x-4)$$

插值多项式为

$$L_1(x) = y_0 l_0(x) + y_1 l_1(x) = 2 \times \frac{-1}{5}(x-9) + 3 \times \frac{1}{5}(x-4)$$
$$= \frac{1}{5}(x+6)$$

所以

$$\sqrt{7} \approx L_1(7) = \frac{13}{5} = 2.6$$

例 2 求过点 $(-1, -2), (1, 0), (3, -6), (4, 3)$ 的三次插值多项式.

解 以 $x_0 = -1, x_1 = 1, x_2 = 3, x_3 = 4$ 为节点的基函数分别为

$$l_0(x) = \frac{(x-1)(x-3)(x-4)}{(-1-1)(-1-3)(-1-4)} = -\frac{1}{40}(x-1)(x-3)(x-4)$$

$$l_1(x) = \frac{(x+1)(x-3)(x-4)}{(1+1)(1-3)(1-4)} = \frac{1}{12}(x+1)(x-3)(x-4)$$

$$l_2(x) = \frac{(x+1)(x-1)(x-4)}{(3+1)(3-1)(3-4)} = -\frac{1}{8}(x+1)(x-1)(x-4)$$

$$l_3(x) = \frac{(x+1)(x-1)(x-3)}{(4+1)(4-1)(4-3)} = \frac{1}{15}(x+1)(x-1)(x-3)$$

插值多项式为

$$L_3(x) = \sum_{i=0}^{3} y_i l_i(x)$$
$$= (-2) \times \frac{-1}{40}(x-1)(x-3)(x-4) + 0 \times \frac{1}{12}(x+1)(x-3)(x-4)$$
$$+ (-6) \times \frac{-1}{8}(x+1)(x-1)(x-4) + 3 \times \frac{1}{15}(x+1)(x-1)(x-3)$$
$$= x^3 - 4x^2 + 3$$

5.2.3 插值余项

插值多项式的余项 $R_n(x) = f(x) - L_n(x)$，也就是插值的截断误差或方法误差. 关于余项有如下的余项定理：

定理 设被插函数 $f(x)$ 在闭区间 $[a,b]$ 上 n 阶导数连续, $f^{(n+1)}(x)$ 在开区间 (a,b) 内存在, $x_0, x_1, \cdots, x_n$ 是 $[a,b]$ 上 $n+1$ 个互异节点，记

$$\omega_{n+1}(x) = \prod_{i=0}^{n}(x - x_i) = (x - x_0)(x - x_1) \cdots (x - x_n)$$

则插值多项式 $L_n(x)$ 的余项为

$$R_n(x) = f(x) - L_n(x) = \frac{f^{(n+1)}(\xi)}{(n+1)!} \omega_{n+1}(x), \quad \forall x \in [a,b] \quad (5.2.4)$$

其中 $\xi = \xi(x) \in (a,b)$.

证明 由插值条件和 $\omega_{n+1}(x)$ 的定义，当 $x = x_k$ 时 (5.2.4) 式显然成立，并且有

$$R_n(x_k) = 0, \quad k = 0, 1, \cdots, n \quad (5.2.5)$$

这表明 $x_0, x_1, \cdots, x_n$ 都是函数 $R_n(x)$ 的零点，从而 $R_n(x)$ 可表示为

$$R_n(x) = f(x) - L_n(x) = K(x) \omega_{n+1}(x) \quad (5.2.6)$$

其中 $K(x)$ 是待定函数.

对于任意固定的 $x \in [a,b], x \neq x_k, k = 0, 1, \cdots, n$，构造自变量 t 的辅助函数

$$\varphi(t) = f(t) - L_n(t) - K(x) \omega_{n+1}(t) \quad (5.2.7)$$

由 (5.2.5) 式和 (5.2.6) 式可知 $x_0, x_1, \cdots, x_n$ 和 x 是 $\varphi(t)$ 在区间 $[a,b]$ 上的 $n+2$ 个互异零点，因此，根据罗尔 (Rolle) 定理，至少存在一点 $\xi = \xi(x) \in (a,b)$，使得

$$\varphi^{(n+1)}(\xi) = 0$$

于是，由 (5.2.7) 式得到

$$K(x) = \frac{f^{(n+1)}(\xi)}{(n+1)!}$$

代入 (5.2.6) 式即得 (5.2.4) 式.

5.2 拉格朗日插值多项式

由于 $\xi = \xi(x)$ 一般无法确定,因此(5.2.4)式只能用作余项估计. 如果 $f^{(n+1)}(x)$ 在区间 (a,b) 上有界,即存在常数 $M_{n+1} > 0$,使得

$$|f^{(n+1)}(x)| \leqslant M_{n+1}, \quad \forall x \in (a,b)$$

则有余项估计

$$|R_n(x)| \leqslant \frac{M_{n+1}}{(n+1)!}|\omega_{n+1}(x)| \quad (5.2.8)$$

当 $f^{(n+1)}(x)$ 在闭区间 $[a,b]$ 上连续时,可取 $M_{n+1} = \max\limits_{x \in [a,b]}|f^{(n+1)}(x)|$.

推论 设节点 $x_0 < x_1$, $f''(x)$ 在闭区间 $[x_0, x_1]$ 上连续,记 $M_2 = \max\limits_{x \in [a,b]}|f''(x)|$,则过点 $(x_0, f(x_0)), (x_1, f(x_1))$ 的线性插值余项为

$$R_1(x) = \frac{f''(\xi)}{2}(x - x_0)(x - x_1), \quad \xi = \xi(x) \in (x_0, x_1) \quad (5.2.9)$$

由于在 $[x_0, x_1]$ 上,$|(x - x_0)(x - x_1)|$ 在 $x = \dfrac{x_0 + x_1}{2}$ 达到最大值 $\dfrac{(x_1 - x_0)^2}{4}$,可得余项的一个上界估计:$\forall x \in [x_0, x_1]$ 有

$$|R_1(x)| \leqslant \frac{M_2}{8}(x_1 - x_0)^2 \quad (5.2.10)$$

在本节例 1 中 $f''(x) = -\dfrac{1}{4}x^{-\frac{3}{2}}$,$\max\limits_{x \in [4,9]}|f''(x)| = \dfrac{1}{32}$,由上式

$$|R_1(7)| = |\sqrt{7} - L_1(7)| \leqslant \frac{1}{8} \cdot \frac{1}{32} \cdot (9 - 4)^2 = 0.09765625$$

例 3 设 $f(x) = \dfrac{1}{x}$,节点 $x_0 = 2, x_1 = 2.5, x_2 = 4$,求 $f(x)$ 的抛物插值多项式 $L_2(x)$,且计算 $f(3)$ 的近似值并估计误差.

解 由于 $y_0 = f(2) = 0.5, y_1 = f(2.5) = 0.4, y_2 = f(4) = 0.25$,插值多项式为

$$L_2(x) = 0.5 \times \frac{(x-2.5)(x-4)}{(2-2.5)(2-4)} + 0.4 \times \frac{(x-2)(x-4)}{(2.5-2)(2.5-4)}$$

$$+ 0.25 \times \frac{(x-2)(x-2.5)}{(4-2)(4-2.5)}$$

$$= 0.05x^2 - 0.425x + 1.15$$

于是

$$f(3) \approx L_2(x) = 0.325$$

因为

$$f'''(x) = -\frac{6}{x^4}, \quad \max\limits_{x \in [2,4]}|f'''(x)| = |f'''(2)| = \frac{3}{8}$$

代入(5.2.8)式得

$$|R_2(3)| = |f(3) - L_2(3)|$$

$$\leqslant \frac{1}{6} \cdot \frac{3}{8} |(3-2)(3-2.5)(3-4)|$$
$$= 0.03125$$

例4 已知 $\sin 0.32 = 0.314567, \sin 0.34 = 0.333487$ 有6位有效数字.
(1) 用线性插值求 $\sin 0.33$ 的近似值;
(2) 证明在区间 $[0.32, 0.34]$ 上用线性插值计算 $\sin x$ 时至少有4位有效数字.

解 (1) 用线性插值
$$\sin 0.33 \approx L_1(0.33) = 0.314567 \times \frac{0.33-0.34}{0.32-0.34} + 0.333487 \times \frac{0.33-0.32}{0.34-0.32}$$
$$= \frac{1}{2}(0.314567 + 0.333487) = 0.324027$$

(2) 由(5.2.10)式在区间 $[0.32, 0.34]$ 用线性插值计算 $\sin x$ 时的余项满足
$$|R_1(x)| \leqslant \frac{0.333487}{8}(0.34-0.32)^2, \quad \forall x \in [0.32, 0.34]$$
$$\leqslant 0.5 \times 10^{-4}$$

因此结果至少有4位有效数字.

5.3 牛顿插值多项式

拉格朗日插值的优点是插值多项式特别容易建立,缺点是增加节点时原有多项式不能利用,必须重新建立,即所有基函数都要重新计算,这就造成计算量的浪费;牛顿插值多项式是代数插值的另一种表现形式,当增加节点时它具有所谓的"承袭性",这要用到差商的概念.

5.3.1 差商的定义与性质

定义 已知函数 $f(x)$ 的 $n+1$ 个插值点为 $(x_i, y_i), y_i = f(x_i), i = 0, 1, \cdots, n$, $\frac{f(x_i) - f(x_j)}{x_i - x_j}$ 称为 $f(x)$ 在点 x_i, x_j 的一阶差商,记为 $f[x_i, x_j]$,即

$$f[x_i, x_j] = \frac{f(x_i) - f(x_j)}{x_i - x_j} \tag{5.3.1}$$

一阶差商的差商 $\frac{f[x_i, x_j] - f[x_j, x_k]}{x_i - x_k}$ 称为 $f(x)$ 在点 x_i, x_j, x_k 的二阶差商,记为 $f[x_i, x_j, x_k]$,即

$$f[x_i, x_j, x_k] = \frac{f[x_i, x_j] - f[x_j, x_k]}{x_i - x_k} \tag{5.3.2}$$

一般地, $k-1$ 阶差商的差商 $\frac{f[x_0, x_1, \cdots, x_{k-1}] - f[x_1, x_2, \cdots, x_k]}{x_0 - x_k}$ 称为 $f(x)$ 在

5.3 牛顿插值多项式

点 $x_0, x_1, \cdots, x_k$ 的 k 阶差商,记为 $f[x_0, x_1, \cdots, x_k]$,即

$$f[x_0, x_1, \cdots, x_k] = \frac{f[x_0, x_1, \cdots, x_{k-1}] - f[x_1, x_2, \cdots, x_k]}{x_0 - x_k} \quad (5.3.3)$$

差商具有以下性质:

性质 1 n 阶差商可以表示成 $n+1$ 个函数值 $f(x_0), f(x_1), \cdots, f(x_n)$ 的线性组合,即

$$f[x_0, x_1, \cdots, x_n] = \sum_{i=0}^{n} \frac{f(x_i)}{(x_i - x_0) \cdots (x_i - x_{i-1})(x_i - x_{i+1}) \cdots (x_i - x_n)}$$

事实上,由(5.3.1)式当 $n=1$ 时

$$f[x_0, x_1] = \frac{f(x_0) - f(x_1)}{x_0 - x_1} = \frac{f(x_0)}{x_0 - x_1} + \frac{f(x_1)}{x_1 - x_0}$$

当 $n=2$ 时

$$\begin{aligned}
f[x_0, x_1, x_2] &= \frac{f[x_0, x_1] - f[x_1, x_2]}{x_0 - x_2} = \frac{f[x_0, x_1]}{x_0 - x_2} + \frac{f[x_1, x_2]}{x_2 - x_0} \\
&= \frac{1}{x_0 - x_2} \left(\frac{f(x_0)}{x_0 - x_1} + \frac{f(x_1)}{x_1 - x_0} \right) + \frac{1}{x_2 - x_0} \left(\frac{f(x_1)}{x_1 - x_2} + \frac{f(x_2)}{x_2 - x_1} \right) \\
&= \frac{f(x_0)}{(x_0 - x_1)(x_0 - x_2)} + \frac{f(x_1)}{x_0 - x_2} \left(\frac{1}{x_1 - x_0} - \frac{1}{x_1 - x_2} \right) + \\
&\quad \frac{f(x_2)}{(x_2 - x_0)(x_2 - x_1)} \\
&= \frac{f(x_0)}{(x_0 - x_1)(x_0 - x_2)} + \frac{f(x_1)}{(x_1 - x_0)(x_1 - x_2)} + \\
&\quad \frac{f(x_2)}{(x_2 - x_0)(x_2 - x_1)}
\end{aligned}$$

一般地有

$$f[x_0, x_1, \cdots, x_n] = \sum_{i=0}^{n} \frac{f(x_i)}{(x_i - x_0) \cdots (x_i - x_{i-1})(x_i - x_{i+1}) \cdots (x_i - x_n)}$$

性质 2(对称性) 差商与节点的顺序无关,如

$$f[x_0, x_1] = f[x_1, x_0],$$
$$f[x_0, x_1, x_2] = f[x_1, x_0, x_2] = f[x_0, x_2, x_1]$$

这由性质 1 看出.

性质 3 若 $f(x)$ 是 x 的 n 次多项式,则一阶差商 $f[x, x_0]$ 是 x 的 $n-1$ 次多项式,二阶差商 $f[x, x_0, x_1]$ 是 x 的 $n-2$ 次多项式;一般地,函数 $f(x)$ 的 k 阶差商 $f[x, x_0, \cdots, x_{k-1}]$ 是 x 的 $n-k$ 次多项式($k \leqslant n$),而 $k > n$ 时,k 阶差商为零.

利用差商的递推定义,可以用递推来计算差商,如表 5-1.

表 5-1

x_i	$f(x_i)$	一阶差商	二阶差商	三阶差商	⋯
x_0	$f(x_0)$				
x_1	$f(x_1)$	①* $f[x_0,x_1]$			
x_2	$f(x_2)$	② $f[x_1,x_2]$	③ $f[x_0,x_1,x_2]$		
x_3	$f(x_3)$	④ $f[x_2,x_3]$	⑤ $f[x_1,x_2,x_3]$	⑥ $f[x_0,x_1,x_2,x_3]$	
⋮	⋮	⋮	⋮	⋮	⋮

* ①、②、⋯ 表示计算顺序.

例 1 已知

x_i	1	3	4	7
$f(x_i)$	0	2	15	12

计算三阶差商 $f[1,3,4,7]$.

解 做差商表

x_i	$f(x_i)$	一阶差商	二阶差商	三阶差商
1	0			
3	2	1		
4	15	13	4	
7	12	-1	-3.5	-1.25

所以

$$f[1,3,4,7] = -1.25$$

5.3.2 牛顿插值多项式

设 x 是 $[a,b]$ 上任一点,则由 $f(x)$ 的一阶差商定义式 $f[x,x_0] = \dfrac{f(x)-f(x_0)}{x-x_0}$ 得

$$f(x) = f(x_0) + f[x,x_0](x-x_0)$$

同理由 $f(x)$ 的二阶差商定义式 $f[x,x_0,x_1] = \dfrac{f[x,x_0]-f[x_0,x_1]}{x-x_1}$ 得

$$f[x,x_0] = f[x_0,x_1] + f[x,x_0,x_1](x-x_1)$$

一般地,由 $f(x)$ 的 $n+1$ 阶差商定义式

$$f[x,x_0,x_1,\cdots,x_n] = \dfrac{f[x,x_0,x_1,\cdots,x_{n-1}] - f[x_0,x_1,\cdots,x_n]}{x-x_n}$$

有
$$f[x,x_0,x_1,\cdots,x_{n-1}] = f[x_0,x_1,\cdots,x_n] + f[x,x_0,x_1,\cdots,x_n](x-x_n)$$
即得到一系列等式
$$f(x) = f(x_0) + f[x,x_0](x-x_0)$$
$$f[x,x_0] = f[x_0,x_1] + f[x,x_0,x_1](x-x_1)$$
$$f[x,x_0,x_1] = f[x_0,x_1,x_2] + f[x,x_0,x_1,x_2](x-x_2)$$
$$\cdots\cdots$$
$$f[x,x_0,x_1,\cdots,x_{n-1}] = f[x_0,x_1,\cdots,x_n] + f[x,x_0,x_1,\cdots,x_n](x-x_n)$$
依次将后式代入前式，最后得
$$\begin{aligned} f(x) &= f(x_0) + f[x_0,x_1](x-x_0) + f[x_0,x_1,x_2](x-x_0)(x-x_1) \\ &\quad + \cdots + f[x_0,x_1,\cdots,x_n](x-x_0)(x-x_1)\cdots(x-x_{n-1}) \\ &\quad + f[x,x_0,x_1,\cdots,x_n](x-x_0)(x-x_1)\cdots(x-x_n) \end{aligned}$$
上式可以写为
$$f(x) = N_n(x) + R_n(x)$$
其中
$$\begin{aligned} N_n(x) &= f(x_0) + f[x_0,x_1](x-x_0) + f[x_0,x_1,x_2](x-x_0)(x-x_1) \\ &\quad + \cdots + f[x_0,x_1,\cdots,x_n](x-x_0)(x-x_1)\cdots(x-x_{n-1}) \end{aligned} \quad (5.3.4)$$
$$R_n(x) = f[x,x_0,x_1,\cdots,x_n](x-x_0)(x-x_1)\cdots(x-x_n) \quad (5.3.5)$$
可以看出，$N_n(x)$ 是关于 x 的次数不超过 n 的多项式，并且当 $x = x_i$ 时，有
$$R_n(x_i) = 0, \quad i = 0,1,\cdots,n$$
因而有
$$N_n(x_i) = f(x_i), \quad i = 0,1,\cdots,n$$
亦即 $N_n(x)$ 满足插值条件，称为牛顿(Newton)插值多项式，再由插值多项式的唯一性可知，$L_n(x) \equiv N_n(x)$，因而两个多项式对应的余项是相等的，即
$$f[x,x_0,x_1,\cdots,x_n]\omega_{n+1}(x) = \frac{f^{(n+1)}(\xi)}{(n+1)!}\omega_{n+1}(x)$$
由此得到差商与导数的关系

性质 4 若 $f(x)$ 在 $[a,b]$ 上存在 n 阶导数，且 $x_i \in [a,b], i = 0,1,\cdots,n$，则
$$f[x_0,x_1,\cdots,x_n] = \frac{f^{(n)}(\xi)}{n!}, \quad \xi \in [a,b] \quad (5.3.6)$$

例 2 已知 $f(x) = -6x^9 + 8x^7 + 4x - 5$，求 $f[1,2,2^2,\cdots,2^9]$ 和 $f[1,2,2^2,\cdots,2^{10}]$。

解 因 $f^{(9)}(x) = -6 \cdot 9!$，$f^{(10)}(x) = 0$，所以由(5.3.6)式得

$$f[1,2,2^2,\cdots,2^9] = -6, \qquad f[1,2,2^2,\cdots,2^{10}] = 0$$

对于牛顿插值,如果增加一个插值节点,则由(5.3.4)式可得如下递推公式
$$N_{n+1}(x) = N_n(x) + f[x_0,x_1,\cdots,x_{n+1}](x-x_0)(x-x_1)\cdots(x-x_n)$$
这只要在多计算一行差商的基础上增加一项即可.

当 $n=1$ 时
$$N_1(x) = f(x_0) + f[x_0,x_1](x-x_0) = y_0 + \frac{y_0 - y_1}{x_0 - x_1}(x-x_0)$$
这就是牛顿一次插值多项式,也就是点斜式直线方程.

例 3 已知

x_i	1	3	4	7
$f(x_i)$	0	2	15	12

求满足以上插值条件的牛顿型插值多项式.

解 在例 1 中,我们已计算出
$$f(x_0) = 0, \quad f[x_0,x_1] = 1,$$
$$f[x_0,x_1,x_2] = 4, \quad f[x_0,x_1,x_2,x_3] = -1.25$$
则牛顿三次插值多项式为
$$N_3(x) = 0 + (x-1) + 4(x-1)(x-3) - 1.25(x-1)(x-3)(x-4)$$
$$= -1.25x^3 + 14x^2 - 38.75x + 26$$

例 4 已知 $f(x)$ 在 6 个点的函数值如表 5-2,运用牛顿型插值多项式求 $f(0.596)$ 的近似值,精确到 7 位小数.

表 5-2

x_i	0.40	0.55	0.65	0.80	0.90	1.05
$f(x_i)$	0.41075	0.57815	0.69675	0.88811	1.02652	1.25386

解 列表 5-3 如下:

表 5-3

x_i	$f(x_i)$	一阶差商	二阶差商	三阶差商	四阶差商	五阶差商	$x - x_i$
0.40	0.41075						0.196
0.55	0.57815	1.1160					0.046
0.65	0.69675	1.1860	0.2800				-0.054
0.80	0.88811	1.2757	0.3588	0.1970			-0.204
0.90	1.02652	1.3841	0.4336	0.2137	0.0344		-0.304
1.05	1.25386	1.5156	0.5260	0.2310	0.0346	0.0003	

于是
$$N_2(x) = f(x_0) + f[x_0,x_1](x-x_0) + f[x_0,x_1,x_2](x-x_0)(x-x_1)$$
$$N_2(0.596) = 0.41075 + 1.1160 \times 0.196 + 0.28 \times 0.196 \times 0.046 = 0.632010$$
$$N_3(x) = N_2(x) + f[x_0,x_1,x_2,x_3](x-x_0)(x-x_1)(x-x_2)$$
$$N_3(0.596) = 0.632010 + 0.1970 \times 0.196 \times 0.046 \times (-0.054)$$
$$= 0.6319145$$

欲求 $N_4(x)$,只需在 $N_3(x)$ 之后再加一项
$$f[x_0,x_1,x_2,x_3,x_4](x-x_0)(x-x_1)(x-x_2)(x-x_3)$$
$$= 0.0344 \times 0.196 \times 0.046 \times (-0.054) \times (-0.204) = 3.4 \times 10^{-6}$$
$$N_4(0.596) = 0.6319145 + 0.0000034 = 0.6319179$$

而
$$f[x_0,\cdots,x_5](x-x_0)(x-x_1)(x-x_2)(x-x_3)(x-x_4)$$
$$= 0.0003 \times 0.196 \times 0.046 \times (-0.054) \times (-0.204) \times (-0.304)$$
$$= -9.05 \times 10^{-9}$$

保留 7 位小数计算
$$N_5(0.596) = N_4(0.596) = 0.6319179$$
即用四次插值多项式即可.

5.3.3 等距节点的牛顿插值公式

1. 差分的定义

设插值节点为等距节点:$x_i = x_0 + ih(i=0,1,2,\cdots,n)$ 其中 h 称为步长,函数 $y = f(x)$ 在 x_i 的函数值为 $f_i = f(x_i)(i=0,1,2,\cdots,n)$,$f_{i+1} - f_i$, $f_i - f_{i-1}$ 分别称为 $f(x)$ 在 x_i 的一阶向前差分和一阶向后差分,记作
$$\triangle f_i = f_{i+1} - f_i, \qquad \nabla f_i = f_i - f_{i-1} \tag{5.3.7}$$
其中,$\triangle$ 称为向前差分算子,∇ 称为向后差分算子.一阶差分的差分 $\triangle f_{i+1} - \triangle f_i$, $\nabla f_i - \nabla f_{i-1}$ 分别称为 $f(x)$ 在 x_i 二阶向前差分和二阶向差分差分,记作
$$\triangle^2 f_i = \triangle f_{i+1} - \triangle f_i, \qquad \nabla^2 f_i = \nabla f_i - \nabla f_{i-1} \tag{5.3.8}$$
一般地,$m-1$ 阶差分的差分 $\triangle^{m-1} f_{i+1} - \triangle^{m-1} f_i$, $\nabla^{m-1} f_i - \nabla^{m-1} f_{i-1}$ 分别称为 $f(x)$ 在 x_i 的 m 阶向前差分和 m 阶向后差分,记作
$$\triangle^m f_i = \triangle^{m-1} f_{i+1} - \triangle^{m-1} f_i, \qquad \nabla^m f_i = \nabla^{m-1} f_i - \nabla^{m-1} f_{i-1}$$
$$\tag{5.3.9}$$

由差分的定义知,差分计算比差商计算方便得多,因为它省去了除法运算,计算差分通常用表 5-4 所示的差分表.

表 5-4

f_i	一阶差分	二阶差分	三阶差分	四阶差分	⋯
f_0					
	$\triangle f_0(\nabla f_1)$				
f_1		$\triangle^2 f_0(\nabla^2 f_2)$			
	$\triangle f_1(\nabla f_2)$		$\triangle^3 f_0(\nabla^3 f_3)$		
f_2		$\triangle^2 f_1(\nabla^2 f_3)$		$\triangle^4 f_0(\nabla^4 f_4)$	⋮
	$\triangle f_2(\nabla f_3)$		$\triangle^3 f_1(\nabla^3 f_4)$	⋮	
f_3		$\triangle^2 f_2(\nabla^2 f_4)$	⋮		
	$\triangle f_3(\nabla f_4)$	⋮			
f_4	⋮				
⋮					

2. 差分的性质

性质 1 n 阶差分是 $n+1$ 个函数值的线性组合

$$\triangle^n f_i = f_{n+i} - C_n^1 f_{n+i-1} + \cdots + (-1)^j C_n^j f_{n+i-j} + \cdots + (-1)^n C_n^n f_i$$

$$= \sum_{j=0}^n (-1)^j C_n^j f_{n+i-j} \tag{5.3.10}$$

$$\nabla^n f_i = f_i - C_n^1 f_{i-1} + \cdots + (-1)^j C_n^j f_{i-j} + \cdots + (-1)^n C_n^n f_{i-n}$$

$$= \sum_{j=0}^n (-1)^j C_n^j f_{i-j} \tag{5.3.11}$$

一般地,可用数学归纳法证明此性质.

性质 2 在等距节点的情况下,差分和差商及导数有如下关系:

$$\triangle^m f_i = m! h^m f[x_i, x_{i+1}, \cdots, x_{i+m}] = h^m f^{(m)}(\xi) \tag{5.3.12}$$

$$\nabla^m f_i = m! h^m f[x_i, x_{i-1}, \cdots, x_{i-m}] = h^m f^{(m)}(\xi) \tag{5.3.13}$$

3. 等距节点的牛顿插值公式

设等距节点 $x_i = x_0 + ih$,记 $f_i = f(x_i), i = 0, 1, \cdots, n$. 当 $x \in [x_0, x_n]$ 时,令 $x = x_0 + th, 0 \leqslant t \leqslant n$,如当 x 为 x_2, x_3 的中点时,$x = x_0 + 2.5h$. 将牛顿插值公式中的差商用差分(性质 2 的公式(5.3.12))代替,因

$$x - x_i = (x_0 + th) - (x_0 + ih) = (t - i)h$$

从而,牛顿插值公式在等距插值节点下的形式为

$$N_n(x_0 + th) = f_0 + t\triangle f_0 + \frac{1}{2!}t(t-1)\triangle^2 f_0 +$$

$$\cdots + \frac{1}{n!}t(t-1)\cdots(t-n+1)\triangle^n f_0 \tag{5.3.14}$$

5.3 牛顿插值多项式

称为牛顿前插公式. 此时
$$\omega_{n+1}(x_0 + th) = t(t-1)\cdots(t-n)h^{n+1}$$

余项为
$$R_n(x_0 + th) = \frac{t(t-1)\cdots(t-n)}{(n+1)!}h^{n+1}f^{(n+1)}(\xi), \qquad \xi \in [x_0, x_n] \tag{5.3.15}$$

类似的有牛顿后插公式 ($-n \leqslant t \leqslant 0$)
$$N_n(x_n + th) = f_n + t\nabla f_n + \frac{1}{2!}t(t+1)\nabla^2 f_n$$
$$+ \cdots + \frac{1}{n!}t(t+1)\cdots(t+n-1)\nabla^n f_n \tag{5.3.16}$$

余项为
$$R_n(x_n + th) = \frac{t(t+1)\cdots(t+n)}{(n+1)!}h^{n+1}f^{(n+1)}(\xi), \qquad \xi \in [x_0, x_n] \tag{5.3.17}$$

一般来说, 如果要计算 x_0 附近的 $f(x)$, 用牛顿前插公式; 如果要计算 x_n 附近的 $f(x)$, 用牛顿后插公式.

例 5 设 $y = f(x) = e^x$, 插值节点为 $x = 1, 1.5, 2, 2.5, 3$, 用三次插值多项式求 $f(1.2)$ 和 $f(2.8)$ 的近似值.

解 相应的函数值及差分如表 5-5:

表 5-5

f_i	一阶差分	二阶差分	三阶差分	四阶差分
2.71828				
	1.76341			
4.48169		1.14396		
	2.90737		0.74210	
7.28906		1.88606		0.48146
	4.79343		1.22356	
12.18249		3.10962		
	7.90305			
20.08554				

求 $f(1.2)$ 用牛顿前插公式, 此时 $x_0 = 1, x = 1.2 = 1 + 0.5t$, 故 $t = 0.4$, 于是
$$N_3(1.2) = 2.71828 + 0.4 \times 1.76341 + \frac{1}{2} \times 0.4 \times (0.4-1) \times 1.14396 +$$
$$\frac{1}{6} \times 0.4 \times (0.4-1)(0.4-2) \times 0.74210$$
$$= 3.3338632$$

求 $f(2.8)$ 用牛顿后插公式,此时 $x_n = 3, x = 2.8 = 3 + 0.5t$,故 $t = -0.4$,于是
$N_3(2.8) = 20.08554 + (-0.4) \times 7.90305 +$

$$\frac{1}{2} \times (-0.4) \times (-0.4 + 1) \times 3.10962 +$$

$$\frac{1}{6} \times (-0.4) \times (-0.4 + 1)(-0.4 + 2) \times 1.22356$$

$$= 15.7680872$$

5.4 埃尔米特插值

5.4.1 问题的提出

前面讨论的拉格朗日和牛顿插值多项式的插值条件只要求在插值节点上,插值函数与被插值函数的函数值相等,即 $L_n(x_i) = f(x_i)$ 和 $N_n(x_i) = f(x_i)$,有时不仅要求插值多项式在插值节点上与被插值函数的函数值相等,还要求插值多项式的导数在这些点上被插函数的导数值相等,即要求满足插值条件

$$H_{2n+1}(x_i) = f(x_i), \quad H'_{2n+1}(x_i) = f'(x_i), \quad i = 0, 1, \cdots, n \quad (5.4.1)$$

的次数不超过 $2n+1$ 的插值多项式 $H_{2n+1}(x)$,这就是埃尔米特(Hermite)插值问题.

5.4.2 三次埃尔米特插值

我们考虑只有两个节点的三次埃尔米特插值.设插值点为$(x_0, y_0), (x_1, y_1)$,要求一次数不超过 3 的多项式 $H_3(x)$,满足下列条件

$$H_3(x_i) = y_i, \quad H'_3(x_i) = m_i, \quad i = 0, 1 \quad (5.4.2)$$

式中 $m_i = f'(x_i), i = 0, 1$.

类似于拉格朗日插值多项式的构造过程,仍采用基函数的方法来构造 $H_3(x)$,将 $H_3(x)$ 表为

$$H_3(x) = y_0\alpha_0(x) + y_1\alpha_1(x) + m_0\beta_0(x) + m_1\beta_1(x) \quad (5.4.3)$$

式中 $\alpha_0(x), \alpha_1(x), \beta_0(x), \beta_1(x)$ 是插值基函数,为了满足插值条件,它们应满足下列条件(表 5-3),且 $\alpha_0(x), \alpha_1(x), \beta_0(x), \beta_1(x)$ 均为次数不超过 3 的多项式.

由表 5-6 可知,$\alpha_0(x_1) = \alpha'_0(x_1) = 0$,故 $\alpha_0(x)$ 应含有$(x - x_1)^2$ 因子,又 $\alpha_0(x)$ 是次数不超过 3 的多项式,因而可将它写成

$$\alpha_0(x) = [a + b(x - x_0)](x - x_1)^2 \quad (5.4.4)$$

式中 a, b 为待定常数.

5.4 埃尔米特插值

表 5-6

函数\条件	函数值		导数值	
	x_0	x_1	x_0	x_1
$\alpha_0(x)$	1	0	0	0
$\alpha_1(x)$	0	1	0	0
$\beta_0(x)$	0	0	1	0
$\beta_1(x)$	0	0	0	1

由 $\alpha_0(x_0) = 1$,可得
$$a = \frac{1}{(x_0 - x_1)^2}$$
再由 $\alpha'_0(x_0) = 0$,可得
$$b = -\frac{2}{(x_0 - x_1)^3}$$
将 a,b 代入(5.4.4)式得
$$\alpha_0(x) = \left(1 + 2\frac{x - x_0}{x_1 - x_0}\right)\left(\frac{x - x_1}{x_0 - x_1}\right)^2$$
类似地,将 $x_0 \leftrightarrow x_1$,我们可得到插值基函数 $\alpha_1(x)$ 为
$$\alpha_1(x) = \left(1 + 2\frac{x - x_1}{x_0 - x_1}\right)\left(\frac{x - x_0}{x_1 - x_0}\right)^2$$
对于 $\beta_0(x)$,注意到 $\beta_0(x_0) = \beta_0(x_1) = \beta'_0(x_1) = 0$,$\beta_0(x)$ 含有 $(x - x_0)(x - x_1)^2$ 因子,$\beta_0(x)$ 可表示为
$$\beta_0(x) = c(x - x_0)(x - x_1)^2 \qquad (5.4.5)$$
式中 c 为待定常数.

由 $\beta'_0(x_0) = 1$,可得
$$c = \frac{1}{(x_0 - x_1)^2}$$
代入(5.4.5)式得
$$\beta_0(x) = (x - x_0)\left(\frac{x - x_1}{x_0 - x_1}\right)^2$$
类似地,将 $x_0 \leftrightarrow x_1$,我们可得到插值基函数 $\beta_1(x)$ 为
$$\beta_1(x) = (x - x_1)\left(\frac{x - x_0}{x_1 - x_0}\right)^2$$
显然 $\alpha_0(x),\alpha_1(x),\beta_0(x),\beta_1(x)$ 可简单地表示为

$$\alpha_0(x) = [1 + 2l_1(x)]l_0^2(x)$$
$$\alpha_1(x) = [1 + 2l_0(x)]l_1^2(x)$$
$$\beta_0(x) = (x - x_0)l_0^2(x)$$
$$\beta_1(x) = (x - x_1)l_1^2(x)$$
(5.4.6)

其中 $l_0(x), l_1(x)$ 为以 $(x_0, y_0), (x_1, y_1)$ 为插值点的拉格朗日一次基函数. 将 $\alpha_0(x), \alpha_1(x), \beta_0(x), \beta_1(x)$ 的表达式代入(5.4.3)式得 $H_3(x)$ 的表达式为

$$H_3(x) = y_0\left(1 + 2\frac{x - x_0}{x_1 - x_0}\right)\left(\frac{x - x_1}{x_0 - x_1}\right)^2 + y_1\left(1 + 2\frac{x - x_1}{x_0 - x_1}\right)\left(\frac{x - x_0}{x_1 - x_0}\right)^2 +$$
$$m_0(x - x_0)\left(\frac{x - x_1}{x_0 - x_1}\right)^2 + m_1(x - x_1)\left(\frac{x - x_0}{x_1 - x_0}\right)^2$$
(5.4.7)

同拉格朗日插值类似,有如下结论:

定理 1 满足条件(5.4.2)式的三次埃尔米特插值多项式存在且唯一.

证明 存在性已由上述构造过程得到证明.下证唯一性.

设 $H_3(x), P_3(x)$ 均为满足式(5.4.2)的三次埃尔米特插值多项式,令
$$Q(x) = H_3(x) - P_3(x)$$
则 $Q(x)$ 仍为一次数不超过 3 的多项式,且
$$Q(x_0) = Q'(x_0) = Q(x_1) = Q'(x_1) = 0$$
即 x_0, x_1 都是 $Q(x) = 0$ 的二重根,因此 $Q(x) = 0$ 有四个根,这只有当$Q(x) \equiv 0$ 时才能成立,所以
$$P_3(x) \equiv H_3(x)$$
亦即满足条件(5.4.2)式的三次埃尔米特插值多项式是唯一的.

5.4.3 插值余项

与 5.2 节定理 1 的证明完全类似,可以证明

定理 2 当 $f(x)$ 的四阶导数在 (x_0, x_1) 上存在时,三次埃尔米特插值余项为
$$R_3(x) = f(x) - H_3(x)$$
$$= \frac{f^{(4)}(\xi)}{4!}(x - x_0)^2(x - x_1)^2, \quad \xi = \xi(x) \in (x_0, x_1) \quad (5.4.8)$$

记 $M_4 = \max\limits_{x_0 \leqslant x \leqslant x_1}|f^{(4)}(x)|$,则当 $x \in (x_0, x_1)$,有如下余项估计式

$$|R_3(x)| = |f(x) - H_3(x)| \leqslant \frac{M_4}{24}(x - x_0)^2(x - x_1)^2$$
$$\leqslant \frac{M_4}{384}(x_1 - x_0)^4 \quad (5.4.9)$$

例 已知 $f(x) = \sqrt{x}$, $x_0 = 121$, $x_1 = 144$, 用 $f(x)$ 的三次埃尔米特插值多项式 $H_3(x)$ 求 $\sqrt{125}$ 的近似值,并估计其截断误差.

解 由 $f(x) = \sqrt{x}$, 得 $f'(x) = \dfrac{1}{2\sqrt{x}}$, $y_0 = 11$, $y_1 = 12$, $m_0 = \dfrac{1}{22}$, $m_1 = \dfrac{1}{24}$,
$l_0(x) = \dfrac{x - 144}{121 - 144} = \dfrac{144 - x}{23}$, $l_1(x) = \dfrac{x - 121}{144 - 121} = \dfrac{x - 121}{23}$.

代入(5.4.6)式得

$$\alpha_0(x) = [1 + 2l_1(x)]l_0^2(x) = \left(\dfrac{2x - 219}{23}\right)\left(\dfrac{144 - x}{23}\right)^2$$

$$\alpha_1(x) = [1 + 2l_0(x)]l_1^2(x) = \left(\dfrac{265 - 2x}{23}\right)\left(\dfrac{x - 121}{23}\right)^2$$

$$\beta_0(x) = (x - x_0)l_0^2(x) = (x - 121)\left(\dfrac{144 - x}{23}\right)^2$$

$$\beta_1(x) = (x - x_1)l_1^2(x) = (x - 144)\left(\dfrac{x - 121}{23}\right)^2$$

再将上式代入(5.4.3)式得

$$H_3(x) = 11 \cdot \left(\dfrac{2x - 219}{23}\right) \cdot \left(\dfrac{144 - x}{23}\right)^2 + 12 \cdot \left(\dfrac{265 - 2x}{23}\right) \cdot \left(\dfrac{x - 121}{23}\right)^2 +$$

$$\dfrac{1}{22} \cdot (x - 121) \cdot \left(\dfrac{144 - x}{23}\right)^2 + \dfrac{1}{24} \cdot (x - 144) \cdot \left(\dfrac{x - 121}{23}\right)^2$$

又 $f^{(4)}(x) = -\dfrac{15}{16x^{\frac{7}{2}}}$, 故 $M_4 = \dfrac{15}{16 \cdot 121^3 \cdot 11}$, 于是

$$|R_3(125)| \leqslant \dfrac{1}{24} \cdot \dfrac{15}{16 \cdot 121^3 \cdot 11} 4^2 \cdot 19^2 \approx 0.000012$$

5.5 分段低次插值

随着插值节点的增加,插值多项式的次数也相应增加,而对于高次插值容易带来剧烈振荡,带来数值不稳定,如图 5-5.

既要增加插值节点,减小插值区间,又不增加插值多项式的次数以减少误差,我们可以采用分段插值的办法.

设给定节点 $a = x_0 < x_1 < \cdots < x_n = b$, 记 $h_i = x_{i+1} - x_i$, $h = \max\{h_i\}$.

5.5.1 分段线性插值

已知函数 $y = f(x)$ 给定节点 $a = x_0 < x_1 < \cdots < x_n = b$ 的函数值为 $y_i = f(x_i)(i = 0, 1, \cdots, n)$, 求一个分段函数 $P(x)$, 使其满足

(1) $P(x_i) = y_i (i = 0, 1, \cdots, n)$;

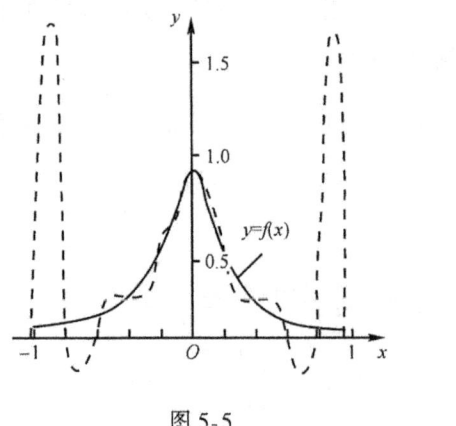

图 5-5

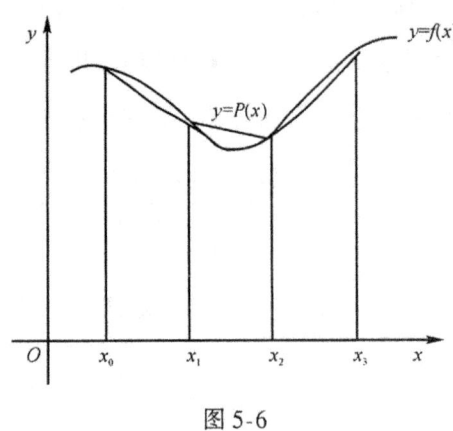

图 5-6

(2) 在每个小区间 $[x_i, x_{i+1}]$ 上，$P(x)$ 是一线性函数. 称满足上述条件的函数 $P(x)$ 为分段线性插值函数.

易知 $P(x)$ 的图形是一条折线(图 5-6)，在区间 $[a,b]$ 上是连续的，但其一阶导数是不连续的(即不光滑的). 在每个小区间 $[x_i, x_{i+1}]$ 上

$$P(x) = y_i \frac{x - x_{i+1}}{x_i - x_{i+1}} + y_{i+1} \frac{x - x_i}{x_{i+1} - x_i}, \quad i = 0, 1, \cdots, n-1 \quad (5.5.1)$$

或

$$P(x) = y_i \frac{x_{i+1} - x}{h_i} + y_{i+1} \frac{x - x_i}{h_i}, \quad i = 0, 1, \cdots, n-1 \quad (5.5.2)$$

例 1 已知函数 $y = f(x) = \dfrac{1}{1+x^2}$ 在区间 $[0,5]$ 上取等距插值节点(如表 5-7)，求区间 $[0,5]$ 上分段线性插值函数，并利用它求出 $f(4.5)$ 的近似值.

表 5-7

x_i	0	1	2	3	4	5
y_i	1	0.5	0.2	0.1	0.05882	0.03846

解 在每个小区间 $[i, i+1]$ 上

$$P(x) = y_i \frac{x - (i+1)}{i - (i+1)} + y_{i+1} \frac{x - i}{(i+1) - i} = y_i(i + 1 - x) + y_{i+1}(x - i)$$

于是

$$P(x) = \begin{cases} (1-x) + 0.5x, & x \in [0,1] \\ 0.5(2-x) + 0.2(x-1), & x \in [1,2] \\ 0.2(3-x) + 0.1(x-2), & x \in [2,3] \\ 0.1(4-x) + 0.05882(x-3), & x \in [3,4] \\ 0.05882(5-x) + 0.03846(x-4), & x \in [4,5] \end{cases}$$

$$P(4.5) = 0.05882 \times (5 - 4.5) + 0.03846 \times (4.5 - 4) = 0.04864$$

5.5.2 分段三次埃尔米特插值

已知函数 $y = f(x)$ 在给定节点 $a = x_0 < x_1 < \cdots < x_n = b$ 的函数值及导数值分别为 $y_i = f(x_i), m_i = f'(x_i)$ $(i = 0, 1, \cdots, n)$，求一个分段函数 $H(x)$，使其满足

(1) $H(x_i) = y_i, H'(x_i) = m_i, \quad i = 0, 1, \cdots, n$；

(2) 在每个小区间 $[x_i, x_{i+1}]$ 上，$H(x)$ 是一次数不超过 3 的多项式.

称满足上述条件的函数 $H(x)$ 为分段三次埃尔米特插值函数.

易知分段三次埃尔米特插值函数 $H(x)$ 及其导数 $H'(x)$ 都是区间 $[a, b]$ 上的连续函数，因而是一种光滑的分段插值，在每个小区间 $[x_i, x_{i+1}]$ 上

$$H(x) = y_i \left(1 + 2\frac{x - x_i}{x_{i+1} - x_i}\right)\left(\frac{x - x_{i+1}}{x_i - x_{i+1}}\right)^2 +$$

$$y_{i+1}\left[1 + 2\frac{x - x_{i+1}}{x_i - x_{i+1}}\right]\left(\frac{x - x_i}{x_{i+1} - x_i}\right)^2 + m_i(x - x_i)\left(\frac{x - x_{i+1}}{x - x_{i+1}}\right)^2 +$$

$$m_{i+1}(x - x_{i+1})\left(\frac{x - x_i}{x_{i+1} - x_i}\right)^2 \tag{5.5.3}$$

$$i = 0, 1, \cdots, n - 1$$

或

$$H(x) = \frac{y_i}{h_i^3}[h_i + 2(x - x_i)](x - x_{i+1})^2 + \frac{y_{i+1}}{h_i^3}[h_i - 2(x - x_{i+1})](x - x_i)^2 +$$

$$\frac{m_i}{h_i^2}(x - x_i)(x - x_{i+1})^2 + \frac{m_{i+1}}{h_i^2}(x - x_{i+1})(x - x_i)^2 \tag{5.5.4}$$

$$i = 0, 1, \cdots, n - 1$$

例 2 已知函数 $y = f(x) = \dfrac{1}{1 + x^2}$ 在区间 $[0, 2]$ 上取等距插值节点（如表 5-8)，求区间 $[0, 2]$ 上分段三次埃尔米特插值函数，并利用它求出 $f(1.5)$ 的近似值.

表 5-8

x_i	0	1	2
y_i	1	0.5	0.2
m_i	0	-0.5	-0.16

解 $h_i = 1$，由 (5.5.4) 式，在每个小区间 $[i, i+1]$ 上

$$H(x) = y_i[1 + 2(x - i)](x - i - 1)^2 + y_{i+1}[1 - 2(x - i - 1)](x - i)^2 +$$

$$m_i(x - i)(x - i - 1)^2 + m_{i+1}(x - i - 1)(x - i)^2$$

于是

$$H(x) = \begin{cases} (1+2x)(x-1)^2 + 0.5(4-3x)x^2, & x \in [0,1] \\ 0.5x(x-2)^2 - 0.04(14x-33)(x-1)^2, & x \in [1,2] \end{cases}$$

$$\begin{aligned} f(1.5) &\approx H(1.5) \\ &= 0.5 \times 1.5 \times (1.5-2)^2 - 0.04 \times (14 \times 1.5 - 33)(1.5-1)^2 \\ &= 0.3125 \end{aligned}$$

5.5.3 分段插值的余项及其收敛性

1. 插值余项

根据拉格朗日线性插值多项式的余项,可以得到分段线性插值函数的误差估计.

定理 1 设给定节点 $a = x_0 < x_1 < \cdots < x_n = b$,$f''(x)$ 在 $[a,b]$ 上存在,则当 $x \in [x_i, x_{i+1}]$ 时

$$R(x) = f(x) - P(x) = \frac{1}{2!} f''(\xi)(x-x_i)(x-x_{i+1}), \quad \xi \in (x_i, x_{i+1})$$

从而,对 $\forall x \in [a,b]$,有

$$|R(x)| = |f(x) - P(x)| \leqslant \frac{M_2}{8} h^2 \tag{5.5.5}$$

其中 $h = \max\limits_{0 \leqslant i \leqslant n-1}\{x_{i+1} - x_i\}$,$M_2 = \max\limits_{a \leqslant x \leqslant b}|f''(x)|$.

同理,根据三次埃尔米特插值多项式的余项,可以得到分段三次埃尔米特插值函数的误差估计.

定理 2 设给定节点 $a = x_0 < x_1 < \cdots < x_n = b$,$f^{(4)}(x)$ 在 $[a,b]$ 上存在,则当 $x \in [x_i, x_{i+1}]$ 时

$$R(x) = f(x) - H(x) = \frac{1}{4!} f^{(4)}(\xi)(x-x_i)^2(x-x_{i+1})^2, \quad \xi \in (x_i, x_{i+1})$$

于是,对 $\forall x \in [a,b]$ 有

$$|R(x)| = |f(x) - H(x)| \leqslant \frac{M_4}{384} h^4 \tag{5.5.6}$$

其中 $h = \max\limits_{0 \leqslant i \leqslant n-1}\{x_{i+1} - x_i\}$,$M_4 = \max\limits_{a \leqslant x \leqslant b}|f^{(4)}(x)|$.

2. 收敛性

由 (5.5.5) 式,若 $f(x)$ 的二阶导数在 $[a,b]$ 上连续,则当 $h \to 0$ 时

$$|R(x)| = |f(x) - P(x)| \leqslant \frac{M_2}{8} h^2 \to 0$$

所以 $P(x)$ 在 $[a,b]$ 上一致收敛于 $f(x)$.

再由 (5.5.6) 式,若 $f(x)$ 的四阶导数在 $[a,b]$ 上连续,则当 $h \to 0$ 时

$$|R(x)| = |f(x) - H(x)| \leqslant \frac{M_4}{384}h^4 \to 0$$

所以 $H(x)$ 在 $[a,b]$ 上一致收敛于 $f(x)$. 于是可以加密插值节点,缩小插值区间, 使 h 减小,从而减小插值误差.

5.6 三次样条插值函数

高次插值函数的计算量大,有剧烈振荡,且数值稳定性差;在分段插值中,分段线性插值在分段点上仅连续而不可导,分段三次埃尔米特插值有连续的一阶导数,如此光滑程度常不能满足物理问题的需要,样条函数可以同时解决这两个问题,使插值函数既是低阶分段函数,又是光滑的函数,并且只需在区间端点提供某些导数信息.

5.6.1 三次样条函数

定义 设在区间 $[a,b]$ 上取 $n+1$ 个节点
$$a = x_0 < x_1 < \cdots < x_n = b$$
函数 $y = f(x)$ 在各个节点处的函数值为 $y_i = f(x_i)(i = 0,1,\cdots,n)$,若 $S(x)$ 满足

① $S(x_i) = y_i, i = 0,1,\cdots,n$；

② 在区间 $[a,b]$ 上,$S(x)$ 具有连续的二阶导数；

③ 在区间 $[x_i, x_{i+1}](i = 0,1,\cdots,n-1)$ 上,$S(x)$ 是 x 的三次多项式.

称 $S(x)$ 是函数 $y = f(x)$ 在 $[a,b]$ 上的三次样条插值函数.

从定义可知,要求出 $S(x)$,在每个小区间 $[x_i, x_{i+1}]$ 上要确定 4 个待定系数,共有 n 个小区间,根据条件 ② 有

$$\begin{aligned} S(x_i - 0) &= S(x_i + 0) \\ S'(x_i - 0) &= S'(x_i + 0), \quad i = 1,2,\cdots,n-1 \\ S''(x_i - 0) &= S''(x_i + 0) \end{aligned} \quad (5.6.1)$$

共有 $3n-3$ 个条件,再加上条件 ①,共有 $4n-2$ 个条件,因此还需 2 个条件才能确定 $S(x)$,通常在区间 $[a,b]$ 的端点 $a = x_0, b = x_n$ 上各加一个条件(称为边界条件),可根据实际问题的要求给定.常见的有以下三种：

① 已知端点的一阶导数值,即
$$S'(x_0) = m_0, \quad S'(x_n) = m_n \quad (5.6.2)$$

② 已知端点的二阶导数值,即
$$S''(x_0) = M_0, \quad S''(x_n) = M_n \quad (5.6.3)$$

其特殊情况
$$S''(x_0) = S''(x_n) = 0 \tag{5.6.4}$$
称为自然边界条件.

③ 当 $f(x)$ 是以 $x_n - x_0$ 为周期的周期函数时,则要求 $S(x)$ 也是以 $x_n - x_0$ 为周期的周期函数,这时边界条件应满足
$$\begin{aligned} S(x_0 + 0) &= S(x_n - 0) \\ S'(x_0 + 0) &= S'(x_n - 0) \\ S''(x_0 + 0) &= S''(x_n - 0) \end{aligned} \tag{5.6.5}$$
此时 $y_0 = y_n$,这样确定的样条函数 $S(x)$ 称为周期样条函数.

5.6.2 三次样条函数的计算

1. 用节点处的二阶导数表示的三次样条函数——三弯矩方程

由于 $S(x)$ 的二阶导数连续,设 $S(x)$ 在节点 x_i 的二阶导数为 M_i,即
$$S''(x_i) = M_i, \quad i = 0, 1, \cdots, n$$
M_i 是未知、待定的数.因 $S(x)$ 是分段三次多项式,则 $S''(x)$ 是分段一次多项式,且在每个区间 $[x_i, x_{i+1}]$ 上,$S''(x)$ 可表示为
$$S''(x) = \frac{x - x_{i+1}}{x_i - x_{i+1}} M_i + \frac{x - x_i}{x_{i+1} - x_i} M_{i+1}$$
记 $h_i = x_{i+1} - x_i$,则
$$S''(x) = \frac{x_{i+1} - x}{h_i} M_i + \frac{x - x_i}{h_i} M_{i+1}$$
将上式在区间 $[x_i, x_{i+1}]$ 上积分两次,并且由 $S(x_i) = y_i, S(x_{i+1}) = y_{i+1}$ 来确定两个积分常数,可得当 $x \in [x_i, x_{i+1}]$ 时
$$\begin{aligned} S(x) &= \frac{(x_{i+1} - x)^3}{6h_i} M_i + \frac{(x - x_i)^3}{6h_i} M_{i+1} + \\ & \left(y_i - \frac{h_i^2}{6} M_i \right) \frac{x_{i+1} - x}{h_i} + \left(y_{i+1} - \frac{h_i^2}{6} M_{i+1} \right) \frac{x - x_i}{h_i} \end{aligned} \tag{5.6.6}$$
对上式求导得
$$S'(x) = -\frac{(x_{i+1} - x)^2}{2h_i} M_i + \frac{(x - x_i)^2}{2h_i} M_{i+1} + \frac{y_{i+1} - y_i}{h_i} - \frac{M_{i+1} - M_i}{6} h_i \tag{5.6.7}$$
利用 $S(x)$ 一阶导数连续的性质,在上式中令 $x = x_i$,得
$$S'(x_i + 0) = -\frac{h_i}{3} M_i - \frac{h_i}{6} M_{i+1} + \frac{y_{i+1} - y_i}{h_i}$$

5.6 三次样条插值函数

将(5.6.7)式中的 i 换成 $i-1$，得 $S'(x)$ 在 $[x_{i-1}, x_i]$ 上的表达式

$$S'(x) = -\frac{(x_i - x)^2}{2h_{i-1}}M_{i-1} + \frac{(x - x_{i-1})^2}{2h_{i-1}}M_i + \frac{y_i - y_{i-1}}{h_{i-1}} - \frac{M_i - M_{i-1}}{6}h_{i-1}$$

用 $x = x_i$ 代入，得

$$S'(x_i - 0) = \frac{h_{i-1}}{6}M_{i-1} + \frac{h_{i-1}}{3}M_i + \frac{y_i - y_{i-1}}{h_{i-1}}$$

利用 $S'(x_i - 0) = S'(x_i + 0)$ 可得

$$\frac{h_{i-1}}{6}M_{i-1} + \frac{h_i + h_{i-1}}{3}M_i + \frac{h_i}{6}M_{i+1} = \frac{y_{i+1} - y_i}{h_i} - \frac{y_i - y_{i-1}}{h_{i-1}}$$

两边乘以 $\dfrac{6}{h_{i-1} + h_i}$，得

$$\mu_i M_{i-1} + 2M_i + \lambda_i M_{i+1} = d_i, \quad i = 1, 2, \cdots, n-1 \quad (5.6.8)$$

其中

$$\mu_i = \frac{h_{i-1}}{h_{i-1} + h_i}, \quad \lambda_i = \frac{h_i}{h_{i-1} + h_i} = 1 - \mu_i$$

$$d_i = \frac{6}{h_{i-1} + h_i}\left(\frac{y_{i+1} - y_i}{h_i} - \frac{y_i - y_{i-1}}{h_{i-1}}\right) = 6f[x_{i-1}, x_i, x_{i+1}]$$

$$i = 1, 2, \cdots, n-1 \quad (5.6.9)$$

这是含有 $n+1$ 个未知量 $M_0, M_1, \cdots, M_n$ 共有 $n-1$ 个方程组成的线性方程组，欲确定该方程组的解，尚缺 2 个方程．因此，求三次样条函数还要 2 个附加条件．

常见的问题有下面两种提法：

① 第一类问题　附加条件①，即给出边界端点的一阶导数值 $S'(x_0) = m_0$, $S'(x_n) = m_n$.

利用前面已推导的公式，当 $x \in [x_i, x_{i+1}]$ 时

$$S'(x) = -\frac{(x_{i+1} - x)^2}{2h_i}M_i + \frac{(x - x_i)^2}{2h_i}M_{i+1} + \frac{y_{i+1} - y_i}{h_i} - \frac{M_{i+1} - M_i}{6}h_i$$

取 $i = 0, x = x_0$，得

$$m_0 = -\frac{h_0}{3}M_0 - \frac{h_0}{6}M_1 + \frac{y_1 - y_0}{h_0}$$

取 $i = n-1, x = x_n$，得

$$m_n = \frac{h_{n-1}}{6}M_{n-1} + \frac{h_{n-1}}{3}M_n + \frac{y_n - y_{n-1}}{h_{n-1}}$$

移项，得

$$\begin{cases} 2M_0 + M_1 = d_0 \\ M_{n-1} + 2M_n = d_n \end{cases}$$

其中 $d_0 = \dfrac{6}{h_0}(f[x_0,x_1] - m_0), d_n = \dfrac{6}{h_{n-1}}(m_n - f[x_{n-1},x_n])$，与(5.6.8)式联立得一个 $n+1$ 元线性方程组

$$\begin{cases} 2M_0 + M_1 = d_0 \\ \mu_1 M_0 + 2M_1 + \lambda_1 M_2 = d_1 \\ \quad\quad\cdots\cdots \\ \mu_{n-1} M_{n-2} + 2M_{n-1} + \lambda_{n-1} M_n = d_{n-1} \\ M_{n-1} + 2M_n = d_n \end{cases} \quad (5.6.10)$$

其系数矩阵是严格对角占优的三对角矩阵

$$\begin{bmatrix} 2 & 1 & & & & \\ \mu_1 & 2 & \lambda_1 & & & \\ & \mu_2 & 2 & \lambda_2 & & \\ & & \ddots & \ddots & \ddots & \\ & & & \mu_{n-1} & 2 & \lambda_{n-1} \\ & & & & 1 & 2 \end{bmatrix}$$

可以用追赶法解出 $M_i, i = 0,1,\cdots,n$，将其代入(5.6.6)式，即得到三次样条函数的分段表达式．

② 第二类问题　附加条件②，即给出边界端点的二阶导数值 $S''(x_0) = M_0$，$S''(x_n) = M_n$，代入(5.6.8)式得一 $n-1$ 元线性方程组

$$\begin{cases} 2M_1 + \lambda_1 M_2 = d_1 - \mu_1 M_0 \\ \mu_2 M_1 + 2M_2 + \lambda_2 M_3 = d_2 \\ \quad\quad\cdots\cdots \\ \mu_{n-2} M_{n-3} + 2M_{n-2} + \lambda_{n-2} M_{n-1} = d_{n-2} \\ \mu_{n-1} M_{n-2} + 2M_{n-1} = d_{n-1} - \lambda_{n-1} M_n \end{cases}$$

$$(5.6.11)$$

其系数矩阵为

$$\begin{bmatrix} 2 & \lambda_1 & & & & \\ \mu_2 & 2 & \lambda_2 & & & \\ & \mu_3 & 2 & \lambda_3 & & \\ & & \ddots & \ddots & \ddots & \\ & & & \mu_{n-2} & 2 & \lambda_n - 2 \\ & & & & \mu_{n-1} & 2 \end{bmatrix}$$

这是一个三对角矩阵，由于 $\lambda_i + \mu_i = 1 < 2$，因而它是严格对角占优的．原方程组是个三对角方程组，可以用追赶法解出 $M_i, i = 1,2,\cdots,n-1$，代入(5.6.6)式，即得

到三次样条函数的分段表达式.

2. 用节点处的一阶导数表示的三次样条函数——三转角方程

由于 $S(x)$ 的一阶导数连续,设 $S(x)$ 在节点 x_i 处的一阶导数值为 m_i,即
$$S'(x_i) = m_i, \quad i = 0, 1, \cdots, n$$
m_i 是未知、待定的数.因 $S(x)$ 是分段三次多项式,则在每个区间 $[x_i, x_{i+1}]$ 上是三次多项式,且满足
$$S(x_i) = y_i, \quad S(x_{i+1}) = y_{i+1}, \quad S'(x_i) = m_i, \quad S'(x_{i+1}) = m_{i+1}$$
故 $S(x)$ 是 $[x_0, x_n]$ 上的分段三次埃尔米特插值多项式,当 $x \in [x_i, x_{i+1}]$ 时

$$S(x) = y_i \left(1 + 2\frac{x - x_i}{x_{i+1} - x_i}\right)\left(\frac{x - x_{i+1}}{x_i - x_{i+1}}\right)^2 +$$

$$y_{i+1}\left(1 + 2\frac{x - x_{i+1}}{x_i - x_{i+1}}\right)\left(\frac{x - x_i}{x_{i+1} - x_i}\right)^2 +$$

$$m_i(x - x_i)\left(\frac{x - x_{i+1}}{x_i - x_{i+1}}\right)^2 +$$

$$m_{i+1}(x - x_{i+1})\left(\frac{x - x_i}{x_{i+1} - x_i}\right)^2 \tag{5.6.12}$$

或写为

$$S(x) = \frac{y_i}{h_i^3}[h_i + 2(x - x_i)](x - x_{i+1})^2 + \frac{y_{i+1}}{h_i^3}[h_i - 2(x - x_{i+1})](x - x_i)^2 +$$

$$\frac{m_i}{h_i^2}(x - x_i)(x - x_{i+1})^2 + \frac{m_{i+1}}{h_i^2}(x - x_{i+1})(x - x_i)^2$$

将上式在区间 $[x_i, x_{i+1}]$ 上求导 2 次,可得当 $x \in [x_i, x_{i+1}]$ 时

$$S'(x) = \frac{6y_i}{h_i^3}[h_i + 2(x - x_i)](x - x_{i+1}) + \frac{6y_{i+1}}{h_i^3}[h_i - 2(x - x_{i+1})](x - x_i) +$$

$$\frac{m_i}{h_i^2}[2h_i + 3(x - x_{i+1})](x - x_{i+1}) + \frac{m_{i+1}}{h_i^2}[-2h_i + 3(x - x_i)](x - x_i)$$

和

$$S''(x) = \frac{y_i}{h_i^3}[6h_i - 12(x_{i+1} - x)] + \frac{y_{i+1}}{h_i^3}[6h_i - 12(x - x_i)] +$$

$$\frac{m_i}{h_i^2}[2h_i - 6(x_{i+1} - x)] + \frac{m_{i+1}}{h_i^2}[-2h_i + 6(x - x_i)]$$

利用 $S(x)$ 二阶导数连续的性质,在上式中令 $x = x_i$,得

$$S''(x_i + 0) = -\frac{4}{h_i}m_i - \frac{2}{h_i}m_{i+1} + \frac{6}{h_i^2}(y_{i+1} - y_i)$$

将上式中的 i 换成 $i-1$，得 $S''(x)$ 在 $[x_{i-1}, x_i]$ 上的表达式

$$S''(x) = \frac{y_{i-1}}{h_{i-1}^3}[6h_{i-1} - 12(x_i - x)] + \frac{y_i}{h_{i-1}^3}[6h_{i-1} - 12(x - x_{i-1})] +$$

$$\frac{m_{i-1}}{h_{i-1}^2}[2h_{i-1} - 6(x_i - x)] + \frac{m_i}{h_{i-1}^2}[-2h_{i-1} + 6(x - x_{i-1})]$$

用 $x = x_i$ 代入，得

$$S''(x_i - 0) = \frac{2}{h_{i-1}}m_{i-1} + \frac{4}{h_{i-1}}m_i - \frac{6}{h_{i-1}^2}(y_i - y_{i-1})$$

利用 $S''(x_i - 0) = S''(x_i + 0)$ 可得

$$\frac{1}{h_{i-1}}m_{i-1} + 2\left(\frac{1}{h_{i-1}} + \frac{1}{h_i}\right)m_i + \frac{1}{h_i}m_{i+1} = 3\left[\frac{1}{h_{i-1}^2}(y_i - y_{i-1}) + \frac{1}{h_i^2}(y_{i+1} - y_i)\right]$$

两边乘以 $\dfrac{h_{i-1}h_i}{h_{i-1} + h_i}$，得

$$\lambda_i m_{i-1} + 2m_i + \mu_i m_{i+1} = g_i, \qquad i = 1, 2, \cdots, n-1 \qquad (5.6.13)$$

其中

$$\begin{aligned}
&\mu_i = \frac{h_{i-1}}{h_{i-1} + h_i}, \qquad \lambda_i = \frac{h_i}{h_{i-1} + h_i} = 1 - \mu_i \\
&g_i = 3\left(\lambda_i \frac{y_i - y_{i-1}}{h_{i-1}} + \mu_i \frac{y_{i+1} - y_i}{h_i}\right), \\
&i = 1, 2, \cdots, n-1
\end{aligned} \qquad (5.6.14)$$

这是含有 $n+1$ 个未知量 $m_0, m_1, \cdots, m_n$ 共有 $n-1$ 个方程组成的线性方程组，欲确定该方程组的解，尚缺 2 个方程。因此，求三次样条函数还要 2 个附加条件。有关情形与节点处的二阶导数表示的三次样条函数类似，叙述如下：

① 第一类问题　附加条件①，即给出边界端点的一阶导数值 $S'(x_0) = m_0$, $S'(x_n) = m_n$ 时，则方程组为

$$\begin{cases}
2m_1 + \mu_1 m_2 & = g_1 - \lambda_1 m_0 \\
\lambda_2 m_1 + 2m_2 + \mu_2 m_3 & = g_2 \\
\quad \cdots\cdots \\
\lambda_{n-2} m_{n-3} + 2m_{n-2} + \mu_{n-2} m_{n-1} & = g_{n-2} \\
\lambda_{n-1} m_{n-2} + 2m_{n-1} = g_{n-1} - \mu_{n-1} m_n
\end{cases}$$

(5.6.15)

② 第二类问题　附加条件②，即给出边界端点的二阶导数值 $S''(x_0) = M_0$, $S''(x_n) = M_n$ 时，利用前面已推导的公式，当 $x \in [x_i, x_{i+1}]$ 时

$$S''(x) = \frac{y_i}{h_i^3}[6h_i - 12(x_{i+1} - x)] + \frac{y_{i+1}}{h_i^3}[6h_i - 12(x - x_i)] +$$

5.6 三次样条插值函数

$$\frac{m_i}{h_i^2}[2h_i - 6(x_{i+1} - x)] + \frac{m_{i+1}}{h_i^2}[-2h_i + 6(x - x_i)]$$

取 $i = 0, x = x_0$,得

$$M_0 = -\frac{4}{h_0}m_0 - \frac{2}{h_0}m_1 + \frac{6}{h_0^2}(y_1 - y_0)$$

取 $i = n-1, x = x_n$,得

$$M_n = \frac{2}{h_{n-1}}m_{n-1} + \frac{4}{h_{n-1}}m_n - \frac{6}{h_{n-1}^2}(y_n - y_{n-1})$$

移项,得

$$\begin{cases} 2m_0 + m_1 = g_0 \\ m_{n-1} + 2m_n = g_n \end{cases}$$

其中 $g_0 = 3f[x_0, x_1] - \frac{h_0}{2}M_0, g_n = 3f[x_{n-1}, x_n] + \frac{h_{n-1}}{2}M_n$. 与(5.6.13)式联立可以建立如下方程组:

$$\begin{cases} 2m_0 + m_1 & = g_0 \\ \lambda_1 m_0 + 2m_1 + \mu_1 m_2 & = g_1 \\ \quad \cdots\cdots \\ \lambda_{n-1} m_{n-2} + 2m_{n-1} + \mu_{n-1} m_n & = g_{n-1} \\ m_{n-1} + 2m_n & = g_n \end{cases} \quad (5.6.16)$$

两种情形的系数矩阵均为严格对角占优的三对角矩阵,可以用追赶法求解,从而得到三次样条函数的分段表达式.

例 已知 $f(x)$ 的函数值为

x_i	0	1	2	3
y_i	0	0	0	0

试分别求函数 $f(x)$ 满足下列边界条件的三次样条插值函数:

(1) $S'(0) = 1, S'(3) = 0$;
(2) $S''(0) = 1, S''(3) = 0$.

解 $h_0 = h_1 = h_2 = 1, \mu_i = \lambda_i = \frac{1}{2}, i = 1, 2$.

(1) 边界条件为 $m_0 = 1, m_3 = 0$,用(5.6.15)式求解简单.由(5.6.14)式计算得

$$f[0,1] = f[1,2] = f[2,3] = 0, \quad g_1 = g_2 = 0$$

代入(5.6.15)式得方程组

$$\begin{bmatrix} 2 & \frac{1}{2} \\ \frac{1}{2} & 2 \end{bmatrix} \begin{bmatrix} m_1 \\ m_2 \end{bmatrix} = \begin{bmatrix} 0 - \frac{1}{2} \times 1 \\ 0 - \frac{1}{2} \times 0 \end{bmatrix}$$

解得

$$m_1 = -\frac{4}{15}, \qquad m_2 = \frac{1}{15}$$

利用公式

$$S(x) = y_i \left(1 + 2\frac{x - x_i}{x_{i+1} - x_i}\right) \left(\frac{x - x_{i+1}}{x_i - x_{i+1}}\right)^2 + y_{i+1} \left(1 + 2\frac{x - x_{i+1}}{x_i - x_{i+1}}\right) \left(\frac{x - x_i}{x_{i+1} - x_i}\right)^2 +$$

$$m_i(x - x_i)\left(\frac{x - x_{i+1}}{x_i - x_{i+1}}\right)^2 + m_{i+1}(x - x_{i+1})\left(\frac{x - x_i}{x_{i+1} - x_i}\right)^2, \qquad i = 0,1,2$$

并注意到边界条件 $m_0 = 1, m_3 = 0$,求得三次样条函数如下:

$$S(x) = \begin{cases} \frac{1}{15}x(1-x)(15-11x), & x \in [0,1] \\ \frac{1}{15}(x-1)(x-2)(7-3x), & x \in [1,2] \\ \frac{1}{15}(x-2)(x-3)^2, & x \in [2,3] \end{cases}$$

(2) 边界条件为 $M_0 = 1, M_3 = 0$,用(5.6.11)式计算简单. 由

$$d_i = \frac{6}{h_{i-1} + h_i} \left[\frac{y_{i+1} - y_i}{h_i} - \frac{y_i - y_{i-1}}{h_{i-1}}\right] = 6f[x_{i-1}, x_i, x_{i+1}], \quad i = 1,2$$

得

$$d_1 = 6f[0,1,2] = \frac{6}{1+1}\left(\frac{0-0}{0} - \frac{0-0}{1}\right) = 0$$

$$d_2 = 6f[1,2,3] = \frac{6}{1+1}\left(\frac{0-0}{1} - \frac{0-0}{0}\right) = 0$$

代入(5.6.11)式得方程组

$$\begin{bmatrix} 2 & \frac{1}{2} \\ \frac{1}{2} & 2 \end{bmatrix} \begin{bmatrix} M_1 \\ M_2 \end{bmatrix} = \begin{bmatrix} 0 - \frac{1}{2} \times 1 \\ 0 - \frac{1}{2} \times 0 \end{bmatrix}$$

解得

$$M_1 = -\frac{4}{15}, \qquad M_2 = \frac{1}{15}$$

利用公式

$$S(x) = \frac{(x_{i+1}-x)^3}{6h_i}M_i + \frac{(x-x_i)^3}{6h_i}M_{i+1} + \left(y_i - \frac{h_i^2}{6}M_i\right)\frac{x_{i+1}-x}{h_i}$$

$$+ \left(y_{i+1} - \frac{h_i^2}{6}M_{i+1}\right)\frac{x-x_i}{h_i}$$

$i = 0,1,2$

并注意到 $M_0 = 1, M_2 = 0$ 求得三次样条函数如下：

$$S(x) = \begin{cases} \frac{1}{90}x(1-x)(19x-26), & x \in [0,1] \\ \frac{1}{90}(x-1)(x-2)(5x-12), & x \in [1,2] \\ \frac{1}{90}(x-2)(3-x)(x-4), & x \in [2,3] \end{cases}$$

5.7 反 插 值

假设函数 $y = f(x)$ 以表格形式给出如表 5-9.

表 5-9

x	x_1	x_2	$\cdots$	x_{n-1}	x_n
y	y_1	y_2	$\cdots$	y_{n-1}	y_n

反插值就是要以函数 y 的值来求自变量的 x 的值.

5.7.1 反插值及余项

设函数 $y = f(x)$ 在含 $x_0, x_1, \cdots, x_n$ 的区间 $[a,b]$ 上严格单调，则由高等数学知识可知，y 与 x 是一一对应的，即存在反函数 $x = f^{-1}(y)$，此时反插值问题有唯一解存在.

一般情况下，可用拉格朗日插值多项式或牛顿插值多项式，只须将 y 与 x 的位置互换即可. 如用拉格朗日插值多项式对上表做反插值有

$$L_n(y) = \sum_{i=0}^n x_i \frac{(y-y_0)\cdots(y-y_{i-1})(y-y_{i+1})\cdots(y-y_n)}{(y_i-y_0)\cdots(y_i-y_{i-1})(y_i-y_{i+1})\cdots(y_i-y_n)}$$

反插值的余项为

$$R_n(y) = \frac{[f^{-1}(\xi)]^{(n+1)}}{(n+1)!}(y-y_0)(y-y_1)\cdots(y-y_n)$$

5.7.2 反插值的应用

1. 已知函数 y 的值，求自变量 x 的值；

2. 求方程 $f(x) = 0$ 的近似根.

例 1 已知数据如下：

x	10	15	17	20
y	3	7	11	17

求函数 $y = 10$ 时自变量 x 的值.

解 对这四个点，$y = f(x)$ 严格递增，故解唯一. 用拉格朗日插值公式有

$$x = f^{-1}(y) \approx L_3(y) = \sum_{i=0}^{3} x_i \frac{(y-y_0)\cdots(y-y_{i-1})(y-y_{i+1})\cdots(y-y_3)}{(y_i-y_0)\cdots(y_i-y_{i-1})(y_i-y_{i+1})\cdots(y_i-y_3)}$$

代入 $y = 10$，得到

$$x = f^{-1}(10) \approx L_3(10)$$

$$= 10 \cdot \frac{(10-7)(10-11)(10-17)}{(3-7)(3-11)(3-17)} + 15 \cdot \frac{(10-3)(10-11)(10-17)}{(7-3)(7-11)(7-17)} +$$

$$17 \cdot \frac{(10-3)(10-7)(10-17)}{(11-3)(11-7)(11-17)} + 20 \cdot \frac{(10-3)(10-7)(10-11)}{(17-3)(17-7)(17-11)}$$

$$= -\frac{15}{32} + \frac{147}{32} + \frac{17 \times 49}{64} - \frac{1}{2} = 16.64$$

例 2 已知下列数据表是 $y = f(x) = e^{-x} - x$ 的一组数

x	0.50	0.55	0.60	0.65	0.70
y	0.10653	0.02695	-0.05119	-0.12795	-0.20341

且方程 $y = f(x)$ 在区间 $[0.5, 0.7]$ 内有唯一零点，用反插值求方程 $f(x) = 0$ 在区间 $[0.5, 0.7]$ 内的根的近似值.

解 用牛顿插值，列差商表如表 5-10：

表 5-10

i	y_i	x_i	一阶差商	二阶差商	三阶差商	四阶差商
0	0.10653	0.50				
1	0.02695	0.55	-0.62830			
2	-0.05119	0.60	-0.63988	0.07342		
3	-0.12795	0.65	-0.65138	0.07424	-0.00350	
4	-0.20341	0.70	-0.66260	0.07371	0.00230	0.01875

由上表可得方程 $f(x) = 0$ 在区间 $[0.5, 0.7]$ 内的根的近似值依次为

$$x^{(1)} = N_1(0) = 0.5 - 0.6283(-0.10653) = 0.56693$$
$$x^{(2)} = N_2(0) = x^{(1)} + 0.07342(-0.10653)(-0.02695) = 0.56714$$
$$x^{(3)} = N_3(0) = x^{(2)} - 0.00350(-0.10653)(-0.02695)(0.05119) = 0.56714$$
$$x^{(4)} = N_4(0) = x^{(3)} + 0.01875(-0.10653)(-0.02695)(0.05119)(0.12795)$$
$$= 0.56714$$

由此可得,$e^{-x} - x = 0$ 的近似解为 0.56714,误差为 10^{-5},实际计算 $f(0.56714) > 0, f(0.56715) < 0$.

习 题 5

1. 已知 $f(0) = 1, f(1) = 2, f(2) = 4$,分别用拉格朗日插值和牛顿插值求 $f(x)$ 的抛物插值多项式.

2. 试求 $f(x) = e^{-x}$ 以 $x_0 = 0, x_1 = 1$ 为插值节点的线性插值多项式及 $f(0.5)$ 的近似值,并估计截断误差.

3. 已知 $\sqrt{100} = 10, \sqrt{121} = 11, \sqrt{144} = 12$,用二次插值多项式求 $\sqrt{115}$ 的近似值并估计截断误差.

4. 已知函数 $y = \sin x$ 的函数值如下:

x_i	0.4	0.5	0.6	0.7	0.8
$\sin x_i$	0.38942	0.47943	0.56454	0.64422	0.71736

试分别利用线性插值和二次插值求 $\sin 0.57891$ 的近似值,并估计误差.

5. 已知 $f(x)$ 的数据如下:

x_i	1.615	1.634	1.702	1.828	1.921
$f(x_i)$	2.41450	2.46459	2.65271	3.03035	3.34066

求 $f(x)$ 的四次插值多项式,并用其计算 $f(1.682)$ 和 $f(1.813)$ 的近似值.

6. 设 $f(x) = x^4$,试利用拉格朗日插值余项求 $f(x)$ 的以 $-1, 0, 1, 2$ 为插值节点的三次插值多项式.

7. 试证明对于次数 $\leqslant n$ 的多项式 $f(x)$,它的 n 次插值多项式 $P_n(x)$ 就是它本身.

8. 设 $l_0(x), l_1(x), \cdots, l_n(x)$ 是以 $x_0, x_1, \cdots, x_n$ 为节点的拉格朗日插值基函数,证明
$$l_0(x) = 1 + \frac{x - x_0}{x_0 - x_1} + \frac{(x - x_0)(x - x_1)}{(x_0 - x_1)(x_0 - x_2)} + \cdots + \frac{(x - x_0)(x - x_1)\cdots(x - x_{n-1})}{(x_0 - x_1)(x_0 - x_2)\cdots(x_0 - x_n)}$$

9. 设 $f(x)$ 在区间 $[a, b]$ 上有连续的二阶导数,且 $f(a) = f(b) = 0$,试证
$$\max_{a \leqslant x \leqslant b} |f(x)| \leqslant \frac{1}{8}(b - a)^2 \max_{a \leqslant x \leqslant b} |f''(x)|$$

10. 已知 $f(x) = 3x^7 + 6x^4 - 2x^3 - 5$,求 $f[2^0, 2^1, \cdots, 2^7]$ 及 $f[2^0, 2^1, \cdots, 2^8]$ 的值.

11. 对正弦积分 $f(x) = \int_0^x \frac{\sin t}{t} dt$,已知下列数据

x_i	0	0.2	0.4	0.6
$f(x_i)$	0	0.1996	0.3965	0.5881

选用合适的线性插值和二次插值求 $f(0.45)$ 的近似值.

12. 已知下列数据

x_i	0	1
$f(x_i)$	0	1
$f'(x_i)$	-3	9

求满足上述条件的三次埃尔米特插值多项式.

13. 确定一个次数不超过4的多项式 $P(x)$,使得 $P(0) = P'(0) = 0, P(1) = P'(1) = P(2) = 1$.

14. 在 $[-4,4]$ 上给出 $f(x) = e^x$ 等距节点函数表,用分段线性插值求 e^x 的非节点处的函数值的近似值,要使截断误差不超过 10^{-6},函数表的步长 h 应如何选取.

15. 已知 $f(x)$ 的函数值为

x_i	0	1	2	3
$f(x_i)$	0	1	1	0

试分别求函数 $f(x)$ 满足下列边界条件的三次样条插值函数:

(1) $S'(0) = 1, S'(3) = 2$;

(2) $S''(0) = 1, S''(3) = 2$.

16. 已知方程 $y = f(x) = e^{-x} - \sin x = 0$ 在 $[0.5, 0.8]$ 内有一根,且有下列一组数据:

x	0.5	0.6	0.7	0.8
y	0.127105	-0.015831	-0.147623	0.268027

用反插值求方程 $f(x) = 0$ 在区间 $[0.5, 0.8]$ 内的根的近似值并指出误差.

17. 已知概率积分 $\frac{2}{\sqrt{\pi}} \int_0^x e^{-t^2} dt$ 的数据表

x	0.46	0.47	0.48	0.49
$\frac{2}{\sqrt{\pi}} \int_0^x e^{-t^2} dt$	0.484655	0.493745	0.502750	0.511668

(1) 当为何值时,该积分等于 0.505?

(2) 当 $x = 0.472$ 时,该积分等于多少?

第6章 数据拟合与函数逼近

在科学实验和统计研究中,往往要从大量的实验数据$(x_i,y_i)(i=0,1,\cdots,m)$中寻找其函数关系$y=f(x)$的近似表达式$y=p(x)$.上一章介绍的插值法就是近似代替的方法之一,它要求插值曲线严格通过每一个数据点,即在插值点处的误差为零.但由于实验数据不可避免地带有误差,甚至是较大的误差,曲线过所有的点会保留数据的误差,在n比较大的情况下,插值多项式往往是高次多项式,这也就容易出现振荡现象.因此不必要求近似函数$y=p(x)$过所有的点,即满足$p(x_i)=y_i(i=0,1,\cdots,m)$而只要求其误差$r_i=p(x_i)-y_i(i=0,1,\cdots,m)$按某种标准最小,以反映原函数整体的变化趋势,消除局部波动的影响,这就是曲线拟合问题,这样的函数$y=p(x)$称为拟合函数.

本章主要介绍曲线拟合中最为重要的最小二乘法的基本原理和算法,主要包括多项式拟合和一般线性最小二乘拟合问题的求解方法.此外,还将介绍函数逼近,主要介绍最佳平方逼近多项式的计算方法.

6.1 最小二乘法的基本原理和多项式拟合

6.1.1 最小二乘法的基本原理

从整体上考虑近似函数$p(x)$同所给数据点$(x_i,y_i)(i=0,1,\cdots,m)$误差$r_i=p(x_i)-y_i(i=0,1,\cdots,m)$的大小,常用的方法有以下三种:一是误差$r_i=p(x_i)-y_i(i=0,1,\cdots,m)$绝对值的最大值$\max\limits_{0\leqslant i\leqslant m}|r_i|$,即误差向量$\boldsymbol{r}=(r_0,r_1,\cdots,r_m)^{\mathrm{T}}$的$\infty$-范数;二是误差绝对值的和$\sum\limits_{i=0}^{m}|r_i|$,即误差向量$\boldsymbol{r}$的1-范数;三是误差平方和$\sum\limits_{i=0}^{m}r_i^2$的算术平方根,即误差向量$\boldsymbol{r}$的2-范数;前两种方法简单、自然,但不便于微分运算,后一种方法相当于考虑2-范数的平方,因此在曲线拟合中常采用误差平方和$\sum\limits_{i=0}^{m}r_i^2$来量度误差$r_i(i=0,1,\cdots,m)$的整体大小.

数据拟合的具体作法是:对给定数据$(x_i,y_i)(i=0,1,\cdots,m)$,在取定的函数类$\Phi$中,求$p(x)\in\Phi$,使误差$r_i=p(x_i)-y_i(i=0,1,\cdots,m)$的平方和最小,即

$$\sum_{i=0}^{m}r_i^2=\sum_{i=0}^{m}[p(x_i)-y_i]^2=\min$$

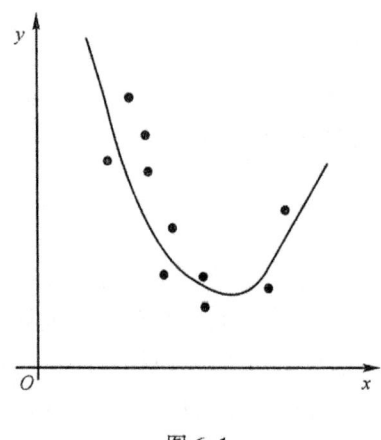

图 6-1

从几何意义上讲,就是寻求与给定点(x_i, y_i) $(i=0,1,\cdots,m)$的距离平方和为最小的曲线$y=p(x)$(图6-1).函数$p(x)$称为拟合函数或最小二乘解,求拟合函数$p(x)$的方法称为曲线拟合的最小二乘法.

在曲线拟合中,函数类Φ可有不同的选取方法.

6.1.2 多项式拟合

假设给定数据点$(x_i, y_i)(i=0,1,\cdots,m)$,$\Phi$为所有次数不超过$n(n\leqslant m)$的多项式构成的函数类,现求一$P_n(x)=\sum_{k=0}^{n}a_k x^k \in \Phi$,使得

$$I = \sum_{i=0}^{m}[P_n(x_i)-y_i]^2 = \sum_{i=0}^{m}\Big(\sum_{k=0}^{n}a_k x_i^k - y_i\Big)^2 = \min \quad (6.1.1)$$

称为多项式拟合,满足(6.1.1)式的$P_n(x)$称为最小二乘拟合多项式.特别地,当$n=1$时,称为线性拟合或直线拟合.

显然

$$I = \sum_{i=0}^{m}\Big(\sum_{k=0}^{n}a_k x_i^k - y_i\Big)^2$$

为$a_0,a_1,\cdots,a_n$的多元函数,因此上述问题即为求$I=I(a_0,a_1,\cdots,a_n)$的极值问题.由多元函数求极值的必要条件,得

$$\frac{\partial I}{\partial a_j} = 2\sum_{i=0}^{m}\Big(\sum_{k=0}^{n}a_k x_i^k - y_i\Big)x_i^j = 0, \quad j=0,1,\cdots,n \quad (6.1.2)$$

即

$$\sum_{k=0}^{n}\Big(\sum_{i=0}^{m}x_i^{j+k}\Big)a_k = \sum_{i=0}^{m}x_i^j y_i, \quad j=0,1,\cdots,n \quad (6.1.3)$$

(6.1.3)式是关于$a_0,a_1,\cdots,a_n$的线性方程组,用矩阵表示为

$$\begin{bmatrix} m+1 & \sum_{i=0}^{m}x_i & \cdots & \sum_{i=0}^{m}x_i^n \\ \sum_{i=0}^{m}x_i & \sum_{i=0}^{m}x_i^2 & \cdots & \sum_{i=0}^{m}x_i^{n+1} \\ \vdots & \vdots & & \vdots \\ \sum_{i=0}^{m}x_i^n & \sum_{i=0}^{m}x_i^{n+1} & \cdots & \sum_{i=0}^{m}x_i^{2n} \end{bmatrix} \begin{bmatrix} a_0 \\ a_1 \\ \vdots \\ a_n \end{bmatrix} = \begin{bmatrix} \sum_{i=0}^{m}y_i \\ \sum_{i=0}^{m}x_i y_i \\ \vdots \\ \sum_{i=0}^{m}x_i^n y_i \end{bmatrix} \quad (6.1.4)$$

(6.1.3)式或(6.1.4)式称为正规方程组或法方程组.

可以证明,方程组(6.1.4)的系数矩阵是一个对称正定矩阵,故存在唯一解.从(6.1.4)式中解出 $a_k, k = 0, 1, \cdots, n$,从而可得多项式

$$P_n(x) = \sum_{k=0}^{n} a_k x^k \qquad (6.1.5)$$

可以证明,(6.1.5)式中的 $P_n(x)$ 满足(6.1.1)式,即 $P_n(x)$ 为所求的拟合多项式.

我们把 $\sum_{i=0}^{m} [P_n(x_i) - y_i]^2$ 称为最小二乘拟合多项式 $P_n(x)$ 的平方误差,记作

$$\|r\|_2^2 = \sum_{i=0}^{m} [P_n(x_i) - y_i]^2$$

由(6.1.2)式可得

$$\|r\|_2^2 = \sum_{i=0}^{m} y_i^2 - \sum_{k=0}^{n} a_k \left(\sum_{i=0}^{m} x_i^k y_i \right) \qquad (6.1.6)$$

多项式拟合的一般方法可归纳为以下几步:

(1) 由已知数据画出函数粗略的图形——散点图,确定拟合多项式的次数 n;

(2) 列表计算 $\sum_{i=0}^{m} x_i^j$ ($j = 0, 1, \cdots, 2n$) 和 $\sum_{i=0}^{m} x_i^j y_i$ ($j = 0, 1, \cdots, n$);

(3) 写出正规方程组,求出 $a_0, a_1, \cdots, a_n$;

(4) 写出拟合多项式 $P_n(x) = \sum_{k=0}^{n} a_k x^k$.

在实际应用中,$n < m$ 或 $n \ll m$;当 $n = m$ 时所得的拟合多项式就是拉格朗日或牛顿插值多项式.

例 1 测得铜导线在温度 $T_i(\text{℃})$ 时的电阻 $R_i(\Omega)$ 如表 6-1,求电阻 R 与温度 T 的近似函数关系.

表 6-1

i	0	1	2	3	4	5	6
$T_i(\text{℃})$	19.1	25.0	30.1	36.0	40.0	45.1	50.0
$R_i(\Omega)$	76.30	77.80	79.25	80.80	82.35	83.90	85.10

解 画出散点图(图 6-2),可见测得的数据接近一条直线,故取 $n = 1$,拟合函数为

$$R = a_0 + a_1 T$$

列表 6-2 如下:

表 6-2

i	T_i	R_i	T_i^2	$T_i R_i$
0	19.1	76.30	364.81	1457.330
1	25.0	77.80	625.00	1945.000
2	30.1	79.25	906.01	2385.425
3	36.0	80.80	1296.00	2908.800
4	40.0	82.35	1600.00	3294.000
5	45.1	83.90	2034.01	3783.890
6	50.0	85.10	2500.00	4255.000
$\sum$	245.3	565.5	9325.83	20029.445

正规方程组为

$$\begin{bmatrix} 7 & 245.3 \\ 245.3 & 9325.83 \end{bmatrix} \begin{bmatrix} a_0 \\ a_1 \end{bmatrix} = \begin{bmatrix} 565.5 \\ 20029.445 \end{bmatrix}$$

解方程组得

$$a_0 = 70.572, \quad a_1 = 0.921$$

故得 R 与 T 的拟合直线为

$$R = 70.572 + 0.921 T$$

利用上述关系式,可以预测不同温度时铜导线的电阻值.例如,由 $R = 0$ 得 $T = -242.5$,即预测温度 $T = -242.5$℃时,铜导线无电阻.

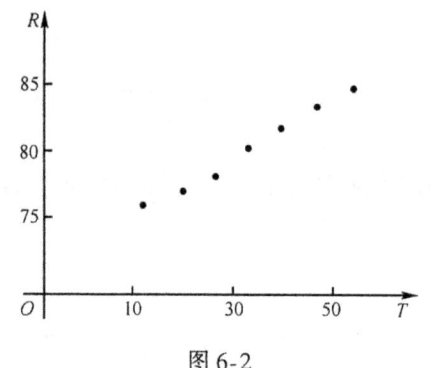

图 6-2

例 2 已知实验数据如表 6-3:

表 6-3

i	0	1	2	3	4	5	6	7	8
x_i	1	3	4	5	6	7	8	9	10
y_i	10	5	4	2	1	1	2	3	4

试用最小二乘法求它的二次拟合多项式.

解 设拟合曲线方程为

$$y = a_0 + a_1 x + a_2 x^2$$

列表 6-4 如下:

6.1 最小二乘法的基本原理和多项式拟合

表 6-4

i	x_i	y_i	x_i^2	x_i^3	x_i^4	$x_i y_i$	$x_i^2 y_i$
0	1	10	1	1	1	10	10
1	3	5	9	27	81	15	45
2	4	4	16	64	256	16	64
3	5	2	25	125	625	10	50
4	6	1	36	216	1296	6	36
5	7	1	49	343	2401	7	49
6	8	2	64	512	4096	16	128
7	9	3	81	729	6561	27	243
8	10	4	100	1000	10000	40	400
$\sum$	53	32	381	3017	25317	147	1025

得正规方程组

$$\begin{bmatrix} 9 & 53 & 381 \\ 53 & 381 & 3017 \\ 381 & 3017 & 25317 \end{bmatrix} \begin{bmatrix} a_0 \\ a_1 \\ a_2 \end{bmatrix} = \begin{bmatrix} 32 \\ 147 \\ 1025 \end{bmatrix}$$

解得

$$a_0 = 13.4597, \quad a_1 = -3.6053, \quad a_2 = 0.2676$$

故拟合多项式为

$$y = 13.4597 - 3.6053x + 0.2676x^2$$

*6.1.3 最小二乘拟合多项式的存在唯一性

定理 1 设节点 $x_0, x_1, \cdots, x_n$ 互异,则方程组(6.1.4)的解存在唯一.

证明 由克拉默法则,只需证明方程组(6.1.4)的系数矩阵非奇异即可. 用反证法,设方程组(6.1.4)的系数矩阵奇异,则其所对应的齐次方程组

$$\begin{bmatrix} m+1 & \sum_{i=0}^{m} x_i & \cdots & \sum_{i=0}^{m} x_i^n \\ \sum_{i=0}^{m} x_i & \sum_{i=0}^{m} x_i^2 & \cdots & \sum_{i=0}^{m} x_i^{n+1} \\ \vdots & \vdots & & \vdots \\ \sum_{i=0}^{m} x_i^n & \sum_{i=0}^{m} x_i^{n+1} & \cdots & \sum_{i=0}^{m} x_i^{2n} \end{bmatrix} \begin{bmatrix} a_0 \\ a_1 \\ \vdots \\ a_n \end{bmatrix} = \begin{bmatrix} 0 \\ 0 \\ \vdots \\ 0 \end{bmatrix} \quad (6.1.7)$$

有非零解.(6.1.7)式可写为

$$\sum_{k=0}^{n}\Big(\sum_{i=0}^{m}x_i^{j+k}\Big)a_k = 0, \qquad j = 0,1,\cdots,n \qquad (6.1.8)$$

将(6.1.8)式中第 j 个方程乘以 $a_j, j=0,1,\cdots,n$，然后将新得到的 $n+1$ 个方程左右两端分别相加，得

$$\sum_{j=0}^{n}a_j\Big[\sum_{k=0}^{n}\Big(\sum_{i=0}^{m}x_i^{j+k}\Big)a_k\Big] = 0$$

因为

$$\sum_{j=0}^{n}a_j\Big[\sum_{k=0}^{n}\Big(\sum_{i=0}^{m}x_i^{j+k}\Big)a_k\Big] = \sum_{i=0}^{m}\sum_{j=0}^{n}\sum_{k=0}^{n}a_k a_j x_i^{j+k}$$

$$= \sum_{i=0}^{m}\Big(\sum_{j=0}^{n}a_j x_i^j\Big)\Big(\sum_{k=0}^{n}a_k x_i^k\Big) = \sum_{i=0}^{m}[P_n(x_i)]^2$$

其中

$$P_n(x) = \sum_{k=0}^{n} a_k x^k$$

所以

$$P_n(x_i) = 0, \qquad i = 0,1,\cdots,m$$

$P_n(x)$ 是次数不超过 n 的多项式，它有 $m+1 > n$ 个相异零点，由代数基本定理，必须有 $a_0 = a_1 = \cdots = a_n = 0$，与齐次方程组有非零解的假设矛盾. 因此正规方程组(6.1.4)必有唯一解.

定理 2 设 $a_0, a_1, \cdots, a_n$ 是正规方程组(6.1.4)的解，则 $P_n(x) = \sum_{k=0}^{n} a_k x^k$ 是满足(6.1.1)式的最小二乘拟合多项式.

证明 只需证明，对任意一组数 $b_0, b_1, \cdots, b_n$ 组成的多项式 $Q_n(x) = \sum_{k=0}^{n} b_k x^k$，恒有

$$\sum_{i=0}^{m}[Q_n(x_i) - y_i]^2 \geqslant \sum_{i=0}^{m}[P_n(x_i) - y_i]^2$$

即可.

$$\sum_{i=0}^{m}[Q_n(x_i) - y_i]^2 - \sum_{i=0}^{m}[P_n(x_i) - y_i]^2$$

$$= \sum_{i=0}^{m}[Q_n(x_i) - P_n(x_i)]^2 + 2\sum_{i=0}^{m}[Q_n(x_i) - P_n(x_i)] \cdot [P_n(x_i) - y_i]$$

$$\geqslant 0 + 2\sum_{i=0}^{m}\sum_{j=0}^{n}[(b_j - a_j)x_i^j] \cdot \Big[\sum_{k=0}^{n} a_k x_i^k - y_i\Big]$$

$$= 2\sum_{j=0}^{n}\Big\{(b_j - a_j)\sum_{i=0}^{m}\Big[\Big(\sum_{k=0}^{n} a_k x_i^k - y_i\Big)x_i^j\Big]\Big\}$$

因为 $a_k(k=0,1,\cdots,n)$ 是正规方程组(6.1.4)的解,所以满足(6.1.2)式,因此有

$$\sum_{i=0}^{m}[Q_n(x_i)-y_i]^2 - \sum_{i=0}^{m}[P_n(x_i)-y_i]^2 \geqslant 0$$

故 $P_n(x)$ 为最小二乘拟合多项式.

*6.1.4 多项式拟合中克服正规方程组的病态

在多项式拟合中,当拟合多项式的次数较高时,其正规方程组往往是病态的. 而且

① 正规方程组系数矩阵的阶数越高,病态越严重;
② 拟合节点分布的区间$[x_0,x_m]$偏离原点越远,病态越严重;
③ $x_i(i=0,1,\cdots,m)$ 的数量级相差越大,病态越严重.

为了克服以上缺点,一般采用以下措施:

① 尽量少做高次拟合,而作不同的分段低次拟合;
② 不使用原始节点做拟合,将节点分布区间做平移,使新的节点 $\overline{x_i}$ 关于原点对称,可大大降低正规方程组的条件数,从而减低病态程度.

平移公式为

$$\overline{x_i} = x_i - \frac{x_0+x_m}{2}, \qquad i=0,1,\cdots,m \qquad (6.1.9)$$

③ 对平移后的节点 $\overline{x_i}(i=0,1,\cdots,m)$,再做压缩或扩张处理

$$x_i^* = p\,\overline{x_i}, \qquad i=0,1,\cdots,m \qquad (6.1.10)$$

其中

$$p = \sqrt[2r]{(m+1)\Big/\sum_{i=0}^{m}(\overline{x_i})^{2r}}, \qquad r \text{ 是拟合次数} \qquad (6.1.11)$$

经过这样调整可以使 x_i^* 的数量级不太大也不太小,特别对于等距节点 $x_i = x_0 + ih\ (i=0,1,\cdots,m)$,作(6.1.9)式和(6.1.10)式两项变换后,其正规方程组的系数矩阵设为 A,则对 1~4 次多项式拟合,条件数都不太大,都可以得到满意的结果.

变换后的条件数上限表如表 6-5:

表 6-5

拟合次数	1	2	3	4
$\text{cond}_2(A)$	$=1$	<9.9	<50.3	<435

④ 在实际应用中还可以利用正交多项式求拟合多项式. 一种方法是构造离散

正交多项式;另一种方法是利用切比雪夫节点求出函数值后再使用正交多项式.这两种方法都使正规方程组的系数矩阵为对角矩阵,从而避免了正规方程组的病态.我们只介绍第一种,见 6.3 节.

例如 $m=19$, $x_0=328$, $h=1$, $x_i=x_0+ih$, $i=0,1,\cdots,19$, 即节点分布在 $[328,347]$, 做二次多项式拟合时

① 直接用 x_i 构造正规方程组系数矩阵 A_0, 计算可得
$$\text{cond}_2(A_0)=2.25\times 10^{16}$$
严重病态,拟合结果完全不能用.

② 做平移变换
$$\overline{x_i}=x_i-\frac{328+347}{2},\qquad i=0,1,\cdots,19$$
用 $\overline{x_i}$ 构造正规方程组系数矩阵 A_1, 计算可得
$$\text{cond}_2(A_1)=4.483868\times 10^3$$
比 $\text{cond}_2(A_0)$ 降低了 13 个数量级,病态显著改善,拟合效果较好.

③ 取压缩因子
$$p=\sqrt[4]{\frac{20}{\sum_{i=0}^{19}(\overline{x_i})^4}}\approx 0.1498$$
做压缩变换
$$x_i^*=p\,\overline{x_i},\qquad i=0,1,\cdots,19$$
用 x_i^* 构造正规方程组系数矩阵 A_2, 计算可得
$$\text{cond}_2(A_2)=6.839$$
又比 $\text{cond}_2(A_1)$ 降低了 3 个数量级,是良态的方程组,拟合效果十分理想.

如有必要,在得到的拟合多项式 $P_n(x^*)$ 中使用原来节点所对应的变量 x, 可写为
$$Q_n(x)=P_n\left(p\cdot\left(x-\frac{x_0+x_m}{2}\right)\right)$$
仍为一个关于 x 的 n 次多项式,正是我们要求的拟合多项式.

6.2 超定方程组的最小二乘解

设线性方程组 $Ax=b$ 中, $A=(a_{ij})_{m\times n}$, b 是 m 维已知向量, x 是 n 维解向量,当 $m>n$ 即方程组中方程的个数多于未知量的个数时,称此方程组为超定方程组.一般来说,超定方程组无解(此时为矛盾方程组),这时需要寻找方程组的一个"最近似"的解.

6.2 超定方程组的最小二乘解

记 $r = b - Ax$,称使 $\|r\|_2$ 即 $\|r\|_2^2$ 最小的解 x^* 为方程组 $Ax = b$ 的最小二乘解.可以证明如下定理:

定理 x^* 是 $Ax = b$ 的最小二乘解的充分必要条件为 x^* 是 $A^TAx = A^Tb$ 的解.

证明 充分性 若存在 n 维向量 x^*,使 $A^TAx = A^Tb$.任取一 n 维向量 $\bar{x} \neq x^*$,令 $y = \bar{x} - x^*$,则 $y \neq 0$,且

$$\|b - A\bar{x}\|_2^2 = \|b - Ax^* - Ay\|_2^2 = (b - Ax^* - Ay, b - Ax^* - Ay)$$
$$= (b - Ax^*, b - Ax^*) - 2(Ay, b - Ax^*) + (Ay, Ay)$$
$$= \|b - Ax^*\|_2^2 - 2y^T A^T(b - Ax^*) + \|Ay\|_2^2$$
$$= \|b - Ax^*\|_2^2 + \|Ay\|_2^2$$
$$\geq \|b - Ax^*\|_2^2$$

所以 x^* 是 $Ax = b$ 的最小二乘解.

必要性 r 的第 i 个分量为 $r_i = b_i - \sum\limits_{k=1}^{n} a_{ik}x_k, i = 1,2,\cdots,m$,记

$$\|r\|_2^2 = I(x_1, x_2, \cdots, x_n) = \|r\|_2^2 = \sum_{i=1}^{m} (b_i - \sum_{k=1}^{n} a_{ik}x_k)^2$$

由多元函数求极值的必要条件,可得

$$\frac{\partial I}{\partial x_j} = -2 \sum_{i=1}^{m} (b_i - \sum_{k=1}^{m} a_{ik}x_k) a_{ij} = 0, \quad j = 1,2,\cdots,n$$

即

$$\sum_{k=1}^{n} (\sum_{i=1}^{m} a_{ij}a_{ik})]x_k = \sum_{i=1}^{m} a_{ij}y_i, \quad j = 1,2,\cdots,n \tag{6.2.1}$$

由线性代数知识知(6.2.1)式写成矩阵形式为

$$A^T Ax = A^T b \tag{6.2.2}$$

它是关于 $x_1, x_2, \cdots, x_n$ 的线性方程组,称为正规方程组或法方程组.

下面讨论(6.2.2)式解的存在唯一性.

由于 A^TA 是 n 阶对称阵.当 $R(A) = n$ 时,对任意 $y \neq 0$,有 $Ay \neq 0$,所以, $y^T(A^TA)y = (Ay, Ay) = \|Ay\|_2^2 > 0$,可见 A^TA 是正定矩阵,必有 $\det(A^TA) > 0$.故(6.2.2)式的解存在且唯一.此方程组可用平方根法或 SOR 法求解.

例 求超定方程组

$$\begin{cases} 2x_1 + 4x_2 = 11 \\ 3x_1 - 5x_2 = 3 \\ x_1 + 2x_2 = 6 \\ 2x_1 + x_2 = 7 \end{cases}$$

的最小二乘解,并求误差平方和.

解 方程组写成矩阵形式为

$$\begin{bmatrix} 2 & 4 \\ 3 & -5 \\ 1 & 2 \\ 2 & 1 \end{bmatrix} \begin{bmatrix} x_1 \\ x_2 \end{bmatrix} = \begin{bmatrix} 11 \\ 3 \\ 6 \\ 7 \end{bmatrix}$$

正规方程组为

$$\begin{bmatrix} 2 & 3 & 1 & 2 \\ 4 & -5 & 2 & 1 \end{bmatrix} \begin{bmatrix} 2 & 4 \\ 3 & -5 \\ 1 & 2 \\ 2 & 1 \end{bmatrix} \begin{bmatrix} x_1 \\ x_2 \end{bmatrix} = \begin{bmatrix} 2 & 3 & 1 & 2 \\ 4 & -5 & 2 & 1 \end{bmatrix} \begin{bmatrix} 11 \\ 3 \\ 6 \\ 7 \end{bmatrix}$$

即

$$\begin{bmatrix} 18 & -3 \\ -3 & 46 \end{bmatrix} \begin{bmatrix} x_1 \\ x_2 \end{bmatrix} = \begin{bmatrix} 51 \\ 48 \end{bmatrix}$$

解得

$$x_1 = 3.0403, \quad x_2 = 1.2418$$

此时

$$\begin{cases} 2x_1 + 4x_2 = 11.0478 \\ 3x_1 - 5x_2 = 2.9119 \\ x_1 + 2x_2 = 5.5239 \\ 2x_1 + x_2 = 7.3224 \end{cases}$$

误差平方和为

$$I = (11 - 11.0478)^2 + (3 - 2.9119)^2 + (6 - 5.5239)^2 + (7 - 7.3224)^2$$
$$= 0.34065942$$

6.3 一般最小二乘拟合

多项式拟合形式比较规范,方法也比较简单,但在实际应用中,针对所讨论问题的特点,拟合函数可能为其他类型,如指数函数、有理函数、三角函数等,这就是一般最小二乘拟合问题.

6.3.1 线性最小二乘拟合

设 $\varphi_0(x), \varphi_1(x), \cdots, \varphi_n(x)$ 为 $n+1$ 个线性无关(与向量的线性无关定义类似)的连续函数, Φ 为由 $\varphi_0(x), \varphi_1(x), \cdots, \varphi_n(x)$ 所张成的 $n+1$ 维线性空间,即

6.3 一般最小二乘拟合

由其所有线性组合 $\sum_{k=0}^{n} a_k \varphi_k(x), a_k \in R(k=0,1\cdots,n)$ 构成的集合,记作

$$\Phi = \text{span}\{\varphi_0(x), \varphi_1(x), \cdots, \varphi_n(x)\}$$

任取 $p(x) \in \Phi$,则 $p(x) = \sum_{k=0}^{n} a_k \varphi_k(x)$,它是关于 $a_0, a_1, \cdots, a_n$ 的线性函数.

对已知数据点 $(x_i, y_i)(i=0,1,\cdots,m)$,在 Φ 中求一 $p(x)$,使得

$$I = \sum_{i=0}^{m} [p(x_i) - y_i]^2 = \sum_{i=0}^{m} [\sum_{k=0}^{n} a_k \varphi_k(x_i) - y_i]^2 = \min \quad (6.3.1)$$

这就是一般线性最小二乘拟合问题.

同多项式拟合完全类似,上述问题归结为多元函数的极值问题.由多元函数求极值的必要条件,可得

$$\frac{\partial I}{\partial a_j} = 2 \sum_{i=0}^{m} (\sum_{k=0}^{n} a_k \varphi_k(x_i) - y_i) \varphi_j(x_i) = 0, \quad j = 0,1,\cdots,n$$

即

$$\sum_{k=0}^{n} [\sum_{i=0}^{m} \varphi_j(x_i) \varphi_k(x_i)] a_k = \sum_{i=0}^{m} \varphi_j(x_i) y_i, \quad j = 0,1,\cdots,n \quad (6.3.2)$$

它是关于 $a_0, a_1, \cdots, a_n$ 的线性方程组,即为一般线性最小二乘拟合的正规方程组或法方程组,系数矩阵为对称矩阵.

记

$$\boldsymbol{\varphi}_k = (\varphi_k(x_0), \varphi_k(x_1), \cdots, \varphi_k(x_m))^T, \quad k = 0,1,\cdots,n$$
$$\boldsymbol{a} = (a_0, a_1, \cdots, a_n)^T, \quad \boldsymbol{y} = (y_0, y_1, \cdots, y_m)^T$$

则

$$(\boldsymbol{\varphi}_j, \boldsymbol{\varphi}_k) = \sum_{i=0}^{m} \varphi_j(x_i) \varphi_k(x_i), \quad j,k = 0,1,\cdots,n$$
$$(\boldsymbol{\varphi}_j, \boldsymbol{y}) = \sum_{i=0}^{m} \varphi_j(x_i) y_i, \quad j = 0,1,\cdots,n$$

(6.3.2)式可用矩阵表示为

$$\begin{bmatrix} (\boldsymbol{\varphi}_0, \boldsymbol{\varphi}_0) & (\boldsymbol{\varphi}_0, \boldsymbol{\varphi}_1) & \cdots & (\boldsymbol{\varphi}_0, \boldsymbol{\varphi}_n) \\ (\boldsymbol{\varphi}_1, \boldsymbol{\varphi}_0) & (\boldsymbol{\varphi}_1, \boldsymbol{\varphi}_1) & \cdots & (\boldsymbol{\varphi}_1, \boldsymbol{\varphi}_n) \\ \vdots & \vdots & & \vdots \\ (\boldsymbol{\varphi}_n, \boldsymbol{\varphi}_0) & (\boldsymbol{\varphi}_n, \boldsymbol{\varphi}_1) & \cdots & (\boldsymbol{\varphi}_n, \boldsymbol{\varphi}_n) \end{bmatrix} \begin{bmatrix} a_0 \\ a_1 \\ \vdots \\ a_n \end{bmatrix} = \begin{bmatrix} (\boldsymbol{\varphi}_0, \boldsymbol{y}) \\ (\boldsymbol{\varphi}_1, \boldsymbol{y}) \\ \vdots \\ (\boldsymbol{\varphi}_n, \boldsymbol{y}) \end{bmatrix} \quad (6.3.3)$$

若记

$$G = \begin{bmatrix} \varphi_0(x_0) & \varphi_1(x_0) & \cdots & \varphi_n(x_0) \\ \varphi_0(x_1) & \varphi_1(x_1) & \cdots & \varphi_n(x_1) \\ \vdots & \vdots & & \vdots \\ \varphi_0(x_m) & \varphi_1(x_m) & \cdots & \varphi_n(x_m) \end{bmatrix} \quad (6.3.4)$$

(6.3.3)式也可表示为
$$G^T G a = G^T y \tag{6.3.5}$$
如果 G 的列向量组线性无关，即 $R(G) = n+1$，则正规方程组(6.3.3)或(6.3.5)存在唯一解 $a = (a_0, a_1, \cdots, a_n)^T$，从而 $p(x) = \sum_{k=0}^{n} a_k \varphi_k(x)$ 为满足(6.3.1)式的最小二乘拟合函数.

显然，(6.3.3)式或(6.3.5)式的解 $a = (a_0, a_1, \cdots, a_n)^T$ 是超定方程组 $Ga = y$ 的最小二乘解.

特别地，当取 $\varphi_k(x) = x^k (k = 0, 1, \cdots, n)$ 时，即为多项式拟合，所以多项式拟合是一般最小线性二乘拟合的特殊情况.

例 1 已知一组数据如表 6-6，在 $\Phi = \mathrm{span}\{1, e^x, e^{-x}\}$ 中求其拟合函数.

表 6-6

x_i	0	0.1	0.2	0.3	0.4	0.5	0.6
y_i	2	2.20254	2.40715	2.61592	2.83096	3.05448	3.28876

解 设拟合函数为
$$p(x) = a_0 + a_1 e^x + a_2 e^{-x}$$
即
$$\varphi_0(x) = 1, \quad \varphi_1(x) = e^x, \quad \varphi_2(x) = e^{-x}$$
代入(6.3.4)式得
$$G = \begin{bmatrix} 1 & 1 & 1 \\ 1 & 1.10517 & 0.90484 \\ 1 & 1.22140 & 0.81873 \\ 1 & 1.34986 & 0.74082 \\ 1 & 1.49182 & 0.67032 \\ 1 & 1.64872 & 0.60665 \\ 1 & 1.82212 & 0.54881 \end{bmatrix}, \quad y = \begin{bmatrix} 2 \\ 2.20254 \\ 2.40715 \\ 2.61592 \\ 2.83096 \\ 3.05448 \\ 3.28876 \end{bmatrix}$$

所以
$$G^T G = \begin{bmatrix} 7 & 9.63909 & 5.29005 \\ 9.63909 & 13.79927 & 6.9999 \\ 5.29005 & 6.9999 & 4.15627 \end{bmatrix}, \quad G^T y = \begin{bmatrix} 18.39981 \\ 26.15718 \\ 13.45687 \end{bmatrix}$$

解正规方程组 $G^T G a = G^T y$ 得
$$a_0 = 1.98614, \quad a_1 = 1.01700, \quad a_2 = -1.00304$$

故所求拟合曲线为

$$y = 1.98614 + 1.01700 e^x - 1.00304 e^{-x}$$

6.3.2 可化为线性拟合的非线性拟合

有些非线性拟合曲线可以通过适当的变量替换转化为线性曲线,从而用线性拟合进行处理.对于一个实际的曲线拟合问题,一般先按观测值在直角坐标平面上描出散点图,看一看散点同哪类曲线图形接近,然后选用相接近的曲线拟合方程.再通过适当的变量替换转化为线性拟合问题,按线性拟合解出后再还原为原变量所表示的曲线拟合方程.

表 6-7 列举了几类经适当变换化为线性拟合求解的曲线拟合方程及变换关系.

表 6-7

曲线拟合方程	变换关系	变换后线性拟合方程
$y = ax^b$	$\bar{y} = \ln y, \bar{x} = \ln x$	$\bar{y} = \bar{a} + b\bar{x}\,(\bar{a} = \ln a)$
$y = ax^\mu + c$	$\bar{x} = x^\mu$	$y = a\bar{x} + c$
$y = \dfrac{x}{ax+b}$	$\bar{y} = \dfrac{1}{y}, \bar{x} = \dfrac{1}{x}$	$\bar{y} = a + b\bar{x}$
$y = \dfrac{1}{ax+b}$	$\bar{y} = \dfrac{1}{y}$	$\bar{y} = b + ax$
$y = \dfrac{1}{ax^2 + bx + c}$	$\bar{y} = \dfrac{1}{y}$	$\bar{y} = ax^2 + bx + c$
$y = \dfrac{x}{ax^2 + bx + c}$	$\bar{y} = \dfrac{x}{y}$	$\bar{y} = ax^2 + bx + c$

图 6-3 是几种常见的数据拟合情况.对于图(a),数据接近于直线,故宜采用线性函数 $y = a + bx$ 拟合;图(b)数据分布接近于抛物线,可采用二次多项式 $y = a_0 + a_1 x + a_2 x^2$ 拟合;图(c)的数据分布特点是开始曲线上升较快随后逐渐变慢,宜采用双曲线型函数 $y = \dfrac{x}{a+bx}$ 或指数型函数 $y = a e^{-\frac{b}{x}}$;图(d)的数据分布特点是曲线开始下降快,随后逐渐变慢,宜采用 $y = \dfrac{1}{a+bx}$ 或 $y = \dfrac{1}{a+bx^2}$ 或 $y = a e^{-bx}$ 等函数拟合.

例 2 设一个发射源的发射公式为 $I = I_0 e^{-at}$,通过实验得到如下数据:

t_k	0.2	0.3	0.4	0.5	0.6	0.7	0.8
I_k	3.16	2.38	1.75	1.34	1.00	0.74	0.56

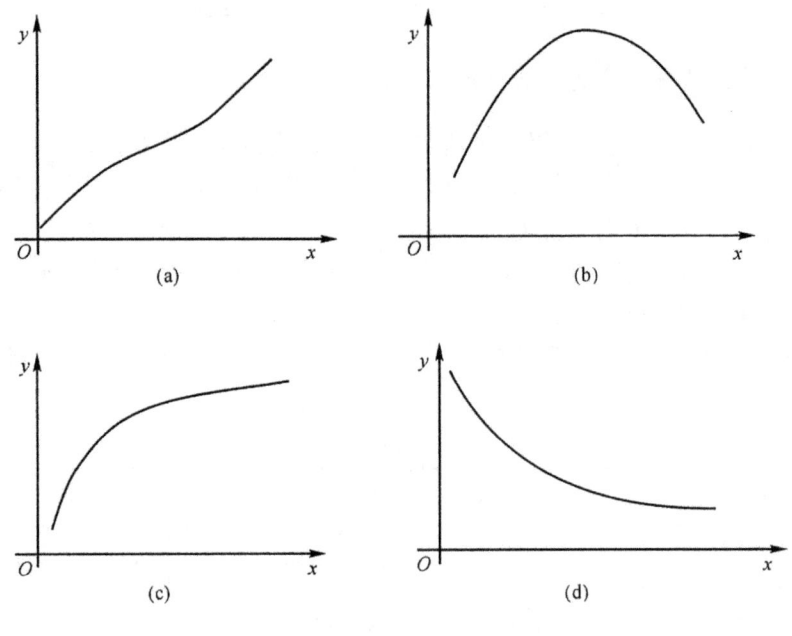

图 6-3

利用最小二乘法确定 I_0 和 a.

解 $\ln I = \ln I_0 - at$，将数据对 (t_k, I_k) 转化为数据对 $(t_k, \ln I_k)$，然后进行直线拟合.

列表 6-8 如下：

表 6-8

k	t_k	I_k	$\ln I_k$	t_k^2	$t_k \ln I_k$
0	0.2	3.16	1.15057	0.04	0.230114
1	0.3	2.38	0.86710	0.09	0.260130
2	0.4	1.75	0.55962	0.16	0.223846
3	0.5	1.34	0.29267	0.25	0.146335
4	0.6	1.00	0.0	0.36	0.0
5	0.7	0.74	-0.30111	0.49	-0.210774
6	0.8	0.56	-0.57982	0.64	-0.463855
$\sum$	3.5		1.98903	2.03	0.185796

于是得到正规方程组

$$\begin{cases} 7a_0 + 3.5a_1 = 1.98903 \\ 3.5a_0 + 2.03a_1 = 0.185796 \end{cases}$$

解得
$$a_0 = 1.728288, \quad a_1 = -2.888282$$
则
$$a = -a_1 = 2.89, \quad I_0 = e^{a_0} = 5.63$$
于是得到拟合指数函数为
$$I = 5.63 e^{-2.89t}$$

6.3.3 离散正交多项式曲线拟合

在用多项式做拟合函数时,为避免正规方程组的病态,可以选择离散正交多项式作为多项式的基.

1. 离散正交多项式

定义 设给定点集 $\{x_i\}_{i=0}^m$,$P_k(x)$ 是 k 次多项式,如果多项式系 $\{P_k(x)\}_{k=0}^n$ ($n \leqslant m$)满足

$$(P_k, P_j) = \sum_{i=0}^m P_k(x_i) P_j(x_i) = \begin{cases} 0, & j \neq k \\ A_k > 0, & j = k \end{cases} \quad (6.3.6)$$

则称 $\{P_k(x)\}_{k=0}^n$ 为关于点集 $\{x_i\}_{i=0}^m$ 的正交多项式系,$P_k(x)$ 称为 k 次正交多项式.

可以证明,离散正交多项式具有以下性质:
① 正交多项式系是线性无关函数系.
② 首项系数为1的离散正交多项式系 $\{P_k(x)\}_{k=0}^n$ 有下列递推关系:

$$\begin{cases} P_0(x) = 1 \\ P_1(x) = (x - \alpha_0) P_0(x) = x - \alpha_0 \\ P_{k+1}(x) = (x - \alpha_k) P_k(x) - \beta_{k-1} P_{k-1}(x), \quad k = 1, 2 \cdots, n-1 \end{cases} \quad (6.3.7)$$

其中

$$\begin{cases} \alpha_k = \dfrac{(xP_k, P_k)}{(P_k, P_k)} = \dfrac{\sum_{i=0}^m x_i P_k^2(x_i)}{\sum_{i=0}^m P_k^2(x_i)}, & k = 0, 1, \cdots, n-1 \\ \beta_{k-1} = \dfrac{(P_k, P_k)}{(P_{k-1}, P_{k-1})} = \dfrac{\sum_{i=0}^m P_k^2(x_i)}{\sum_{i=0}^m P_{k-1}^2(x_i)}, & k = 1, 2, \cdots, n-1 \end{cases} \quad (6.3.8)$$

例3 试构造点集 $\{0,1,2,3,4\}$ 上的离散正交多项式 $\{P_0(x), P_1(x), P_2(x),$

$P_3(x)\}$.

解 由(6.3.7)式、(6.3.8)式得

$$P_0(x) = 1, \quad (P_0, P_0) = \sum_{i=0}^{4} P_1^2(x_i) = 5$$

$$(xP_0, P_0) = \sum_{i=0}^{4} x_i P_1^2(x_i) = 10, \quad \alpha_0 = \frac{(xP_0, P_0)}{(P_0, P_0)} = \frac{10}{5} = 2$$

则

$$P_1(x) = x - 2$$

$$(P_1, P_1) = \sum_{i=0}^{4} P_1^2(x_i) = 10, \quad (xP_1, P_1) = \sum_{i=0}^{4} x_i P_1^2(x_i) = 20$$

$$\alpha_1 = \frac{(xP_1, P_1)}{(P_1, P_1)} = \frac{20}{10} = 2, \quad \beta_0 = \frac{(P_1, P_1)}{(P_0, P_0)} = \frac{10}{5} = 2$$

则

$$P_2(x) = (x - 2)P_1(x) - 2P_0(x) = (x - 2)^2 - 2$$

$$(P_2, P_2) = \sum_{i=0}^{4} P_2^2(x_i) = 14, \quad (xP_2, P_2) = \sum_{i=0}^{4} x_i P_2^2(x_i) = 28$$

$$\alpha_2 = \frac{(xP_2, P_2)}{(P_2, P_2)} = \frac{28}{14} = 2, \quad \beta_1 = \frac{(P_2, P_2)}{(P_1, P_1)} = \frac{14}{10} = \frac{7}{5}$$

则

$$P_3(x) = (x - 2)P_2(x) - \frac{7}{5}P_1(x)$$

$$= (x - 2)[(x - 2)^2 - 2] - \frac{7}{5}(x - 2)$$

$$= (x - 2)^3 - \frac{17}{5}(x - 2)$$

2. 离散正交多项式曲线拟合

设已知数据点$(x_i, y_i)(i = 0, 1, \cdots, m)$,$\{P_k(x)\}_{k=0}^{n}$为关于点集$\{x_i\}_{i=0}^{m}$的正交多项式系,$\Phi = \text{span}\{P_0(x), P_1(x)\cdots, P_n(x)\}$,求一次数不超过 n 的多项式 $S_n(x) = \sum_{k=0}^{n} a_k P_k(x) \in \Phi$,满足(6.3.2) 式,即

$$\sum_{i=0}^{m} [S_n(x_i) - y_i]^2 = \min$$

由$\{P_k(x)\}_{k=0}^{n}$的离散正交性,此时方程组(6.3.3)式成为如下简单形式:

$$\begin{bmatrix} (P_0,P_0) & & & \\ & (P_1,P_1) & & \\ & & \ddots & \\ & & & (P_n,P_n) \end{bmatrix} \begin{bmatrix} a_0 \\ a_1 \\ \vdots \\ a_n \end{bmatrix} = \begin{bmatrix} (P_0,\boldsymbol{y}) \\ (P_1,\boldsymbol{y}) \\ \vdots \\ (P_n,\boldsymbol{y}) \end{bmatrix} \qquad (6.3.9)$$

其解为

$$a_k = \frac{(P_k,\boldsymbol{y})}{(P_k,P_k)} = \frac{\sum_{i=0}^{m} P_k(x_i)y_i}{\sum_{i=0}^{m} P_k^2(x_i)}, \qquad k=0,1,\cdots,n \qquad (6.3.10)$$

拟合多项式为

$$S_n(x) = \sum_{k=0}^{n} a_k P_k(x) \qquad (6.3.11)$$

平方误差为

$$\|\boldsymbol{r}\|_2^2 = \sum_{i=0}^{m} [S_n(x_i) - y_i]^2 = \sum_{i=0}^{m} y_i^2 - \sum_{k=0}^{n} a_k(P_k,P_k) \qquad (6.3.12)$$

6.4 最佳平方逼近多项式

6.4.1 内积与正交多项式

定义 1 设 $f,g \in C[a,b]$，$\rho(x) \geqslant 0$ 是 $[a,b]$ 上的权函数，记

$$(f,g) = \int_a^b \rho(x)f(x)g(x)\mathrm{d}x \qquad (6.4.1)$$

称为函数 f,g 在 $[a,b]$ 上带权 $\rho(x)$ 的内积．

内积具有以下性质：

① 对称性 $(f,g)=(g,f)$；
② 齐次性 $(af,g)=a(g,f), \forall a \in R$；
③ 可加性 $(f_1+f_2,g)=(f_1,g)+(f_2,g)$；
④ 非负性 $(f,f) \geqslant 0$，$\forall f \in C[a,b]$，且 $(f,f)=0$ 当且仅当 $f(x)=0$，$\forall x \in [a,b]$．

定义 2 如果内积

$$(f,g) = \int_a^b \rho(x)f(x)g(x)\mathrm{d}x = 0 \qquad (6.4.2)$$

则称函数 f,g 在 $[a,b]$ 上带权 $\rho(x)$ 正交．

例如，三角函数系 $\{1, \cos x, \sin x, \cos(2x), \sin(2x), \cdots, \cos(nx), \sin(nx), \cdots\}$ 是 $[-\pi,\pi]$ 上带权 $\rho(x) \equiv 1$ 的正交函数系．

如果 $[a,b]$ 上的连续函数系 $\{\varphi_0(x), \varphi_1(x), \cdots, \varphi_n(x), \cdots\}$ 满足

$$(\varphi_i, \varphi_j) = \int_a^b \rho(x)\varphi_i(x)\varphi_j(x)\mathrm{d}x = \begin{cases} 0, & i \neq j \\ A_i > 0, & i = j \end{cases} \quad (6.4.3)$$

则称 $\{\varphi_n(x)\}_0^\infty$ 是 $[a,b]$ 上带权 $\rho(x)$ 的正交函数系. 如果 $\{\varphi_n(x)\}_0^\infty$ 为多项式系, 且 $\varphi_n(x)$ 是最高项系数 $a_n \neq 0$ 的 n 次多项式, 则称 $\{\varphi_n(x)\}_0^\infty$ 为区间 $[a,b]$ 上带权 $\rho(x)$ 的正交多项式系, 并称 $\varphi_n(x)$ 是 $[a,b]$ 上带权 $\rho(x)$ 的 n 次正交多项式.

利用格拉姆-施密特 (Gram-Schmidt) 方法可以构造出 $[a,b]$ 上的带权 $\rho(x)$ 的正交多项式系 $\{\varphi_n(x)\}_0^\infty$ 如下：

$$\begin{cases} \varphi_0(x) = 1 \\ \varphi_n(x) = x^n - \sum_{j=0}^{n-1} \dfrac{(x^n, \varphi_j)}{(\varphi_j, \varphi_j)} \varphi_j(x), & n = 1, 2, \cdots \end{cases} \quad (6.4.4)$$

这样构造出的正交多项式系 $\{\varphi_n(x)\}_0^\infty$ 具有以下性质：

① $\varphi_n(x)$ 是最高项系数为 1 的 n 次多项式；

② 任意 n 次多项式均可表示为前 $n+1$ 个 $\varphi_0, \varphi_1, \cdots, \varphi_n$ 的线性组合；

③ 对于任意 $i \neq j$, $(\varphi_i, \varphi_j) = 0$, 并且 $\varphi_n(x)$ 与任一次数小于 n 的多项式都正交；

④ $\varphi_n(x)$ 在区间 $[a,b]$ 内有 n 个互异的实零点.

首项系数为 1 的正交多项式系 $\{P_n(x)\}_0^\infty$ 有下面递推关系：

$$\begin{cases} P_0(x) = 1 \\ P_1(x) = (x - \alpha_0)P_0(x) = x - \alpha_0 \\ P_{n+1}(x) = (x - \alpha_n)P_n(x) - \beta_{n-1}P_{n-1}(x), & n = 1, 2, \cdots \end{cases} \quad (6.4.5)$$

其中

$$\begin{cases} \alpha_n = \dfrac{(xP_n, P_n)}{(P_n, P_n)}, & n = 0, 1, \cdots \\ \beta_{n-1} = \dfrac{(P_n, P_n)}{(P_{n-1}, P_{n-1})}, & n = 1, 2, \cdots \end{cases} \quad (6.4.6)$$

6.4.2 常见的正交多项式系

1. 勒让德多项式

在区间 $[-1,1]$ 上权函数为 $\rho(x) \equiv 1$ 的正交多项式

$$L_0(x) = 1, \quad L_n(x) = \frac{1}{2^n n!} \frac{\mathrm{d}^n}{\mathrm{d}x^n}[(x^2-1)^n], \quad n \geq 1 \quad (6.4.7)$$

称为勒让德 (Legendre) 正交多项式, 显然 $L_n(x)$ 的首项 x^n 的系数 $a_n = \dfrac{(2n)!}{2^n(n!)^2}$, 故

6.4 最佳平方逼近多项式

$$\tilde{L}_n(x) = \frac{n!}{(2n)!} \frac{d^n}{dx^n}[(x^2-1)^n]$$

表示首项系数为 1 的勒让德多项式.

勒让德多项式具有以下性质:

① 正交性

$$(L_n, L_m) = \int_{-1}^{1} L_n(x) L_m(x) dx = \begin{cases} 0, & n \neq m \\ \dfrac{2}{2n+1}, & n = m \end{cases} \quad (6.4.8)$$

② 递推关系

$$L_{n+1}(x) = \frac{2n+1}{n+1} x L_n(x) - \frac{n}{n+1} L_{n-1}(x), \quad n \geqslant 1 \quad (6.4.9)$$

由 $L_0(x)=1, L_1(x)=x$ 递推可得

$$L_2(x) = \frac{1}{2}(3x^2 - 1)$$

$$L_3(x) = \frac{1}{2}(5x^3 - 3x)$$

$$L_4(x) = \frac{1}{8}(35x^4 - 30x^2 + 3)$$

……

③ 奇偶性

$$L_n(-x) = (-1)^n L_n(x)$$

即,当 n 为奇数时,$L_n(x)$ 为奇函数;当 n 为偶数时,$L_n(x)$ 为偶函数.

④ $L_n(x)$ 在区间 $[-1,1]$ 内有 n 个互异的实零点.

2. 切比雪夫多项式

在区间 $[-1,1]$ 上权函数为 $\rho(x) = \dfrac{1}{\sqrt{1-x^2}}$ 的正交多项式

$$T_n(x) = \cos(n \arccos x) \quad (6.4.10)$$

称为切比雪夫(Chebyshev)多项式.

切比雪夫多项式具有以下性质:

① 正交性

$$(T_n, T_m) = \int_{-1}^{1} \frac{1}{\sqrt{1-x^2}} T_n(x) T_m(x) dx = \begin{cases} 0, & n \neq m \\ \dfrac{\pi}{2}, & n = m \neq 0 \\ \pi, & n = m = 0 \end{cases} \quad (6.4.11)$$

② 递推关系

$$T_{n+1}(x) = 2x T_n(x) - T_{n-1}(x), \quad n \geqslant 1 \quad (6.4.12)$$

由 $T_0(x)=1, T_1(x)=x$ 递推可得
$$T_2(x) = 2x^2 - 1$$
$$T_3(x) = 4x^3 - 3x$$
$$T_4(x) = 8x^4 - 8x^2 + 1$$
$$T_5(x) = 16x^5 - 20x^3 + 5x$$
······

显然，$T_n(x)$ 的首项系数 $a_n = 2^{n-1} (n \geqslant 1)$.

③ 奇偶性

当 n 为奇数时，$T_n(x)$ 为奇函数；当 n 为偶数时，$T_n(x)$ 为偶函数. 即
$$T_n(-x) = (-1)^n T_n(x)$$

④ $T_n(x)$ 在区间 $[-1,1]$ 内有 n 个互异的实零点 $x_k = \cos\left(\dfrac{2k-1}{2n}\pi\right), k = 1, 2, \cdots, n$.

6.4.3 最佳平方逼近多项式

定义 3 设 $f(x) \in C[a,b]$，若有一次数不超过 $n(n \leqslant m)$ 的多项式 $S_n(x) = \sum\limits_{k=0}^{n} a_k x^k$，使得

$$(f - S_n, f - S_n) = \int_a^b \rho(x)[f(x) - S_n(x)]^2 \mathrm{d}x = \min \quad (6.4.13)$$

称满足 (6.4.13) 式的 $S_n(x)$ 为 $f(x)$ 在区间 $[a,b]$ 上的 n 次最佳平方逼近多项式. 该问题等价于求多元函数

$$I(a_0, a_1, \cdots, a_n) = \int_a^b \rho(x)\left[f(x) - \sum_{k=0}^{n} a_k x^k\right]^2 \mathrm{d}x$$

的最小值. 由多元函数求极值的必要条件，得

$$\frac{\partial I}{\partial a_j} = 2\int_a^b \rho(x)\left[\sum_{k=0}^{n} a_k x^k - f(x)\right] x^j \mathrm{d}x = 0, \quad j = 0, 1, \cdots, n$$

即

$$\sum_{k=0}^{n} a_k (x^j, x^k) = (x^j, f), \quad j = 0, 1, \cdots, n \quad (6.4.14)$$

(6.4.14) 式是关于 $a_0, a_1, \cdots, a_n$ 的线性方程组，用矩阵表示为

$$\begin{bmatrix} (1,1) & (1,x) & \cdots & (1,x^n) \\ (x,1) & (x,x) & \cdots & (x,x^n) \\ \vdots & \vdots & & \vdots \\ (x^n,1) & (x^n,x) & \cdots & (x^n,x^n) \end{bmatrix} \begin{bmatrix} a_0 \\ a_1 \\ \vdots \\ a_n \end{bmatrix} = \begin{bmatrix} (1,f) \\ (x,f) \\ \vdots \\ (x^n,f) \end{bmatrix} \quad (6.4.15)$$

6.4 最佳平方逼近多项式

(6.4.14)式或(6.4.15)式称为正规方程组或法方程组.

可以证明,方程组(6.4.15)的系数矩阵是一个对称正定矩阵,故存在唯一解.从(6.4.14)式中解出 $a_k(k=0,1,2,\cdots,n)$,从而可得最佳平方逼近多项式

$$S_n(x) = \sum_{k=0}^{n} a_k x^k$$

若 $[a,b]=[0,1]$,$\rho(x)\equiv 1$,则

$$(x^j, x^k) = \int_0^1 x^{j+k} dx = \frac{1}{j+k+1}, \qquad (x^j, f) = \int_0^1 x^j f(x) dx = d_j$$

方程组(6.4.15)的系数矩阵为

$$H = \begin{bmatrix} 1 & \frac{1}{2} & \cdots & \frac{1}{n+1} \\ \frac{1}{2} & \frac{1}{3} & \cdots & \frac{1}{n+2} \\ \vdots & \vdots & & \vdots \\ \frac{1}{n+1} & \frac{1}{n+2} & \cdots & \frac{1}{2n+1} \end{bmatrix}$$

称为希尔伯特(Hilbert)矩阵. 以后,不特别声明,均取 $\rho(x)\equiv 1$.

例1 求 $f(x)=e^x$ 在区间 $[0,1]$ 上的二次最佳平方逼近多项式.

解

$$d_0 = \int_0^1 e^x dx = e - 1 = 1.7183$$

$$d_1 = \int_0^1 x e^x dx = 1$$

$$d_2 = \int_0^1 x^2 e^x dx = e - 2 = 0.7183$$

得正规方程组

$$\begin{bmatrix} 1 & \frac{1}{2} & \frac{1}{3} \\ \frac{1}{2} & \frac{1}{3} & \frac{1}{4} \\ \frac{1}{3} & \frac{1}{4} & \frac{1}{5} \end{bmatrix} \begin{bmatrix} a_0 \\ a_1 \\ a_2 \end{bmatrix} = \begin{bmatrix} 1.7183 \\ 1 \\ 0.7183 \end{bmatrix}$$

解得 $a_0=1.013, a_1=0.851, a_2=0.839$,所以

$$S_2(x) = 1.013 + 0.851 x + 0.839 x^2$$

用 $\{1,x,\cdots,x^n\}$ 作基,求最佳平方逼近多项式,当 n 较大时,系数矩阵是病态矩阵,求正规方程组的解,舍入误差会很大,这时选正交多项式为基,就可避免这种情况.

一般地,设
$$S_n(x) = \sum_{k=0}^{n} a_k \varphi_k(x)$$
同(6.4.14)式的推导完全类似,可得 $a_0, a_1, \cdots, a_n$ 应满足的正规方程组为

$$\begin{bmatrix} (\varphi_0, \varphi_0) & (\varphi_0, \varphi_1) & \cdots & (\varphi_0, \varphi_n) \\ (\varphi_1, \varphi_0) & (\varphi_1, \varphi_1) & \cdots & (\varphi_1, \varphi_n) \\ \vdots & \vdots & & \vdots \\ (\varphi_n, \varphi_0) & (\varphi_n, \varphi_1) & \cdots & (\varphi_n, \varphi_n) \end{bmatrix} \begin{bmatrix} a_0 \\ a_1 \\ \vdots \\ a_n \end{bmatrix} = \begin{bmatrix} (\varphi_0, f) \\ (\varphi_1, f) \\ \vdots \\ (\varphi_n, f) \end{bmatrix} \quad (6.4.16)$$

其中
$$(\varphi_i, \varphi_j) = \int_a^b \varphi_i(x) \varphi_j(x) \mathrm{d}x, \quad (\varphi_i, f) = \int_a^b \varphi_i(x) f(x) \mathrm{d}x$$

若取 $\varphi_j(x) = x^j, j = 0, 1, \cdots, n$,则(6.4.16)式就是(6.4.13)式;若取 $\{\varphi_j(x)\}_0^n$ 为区间 $[a, b]$ 上的正交多项式,则(6.4.16)式的系数矩阵为对角矩阵,解为

$$a_j = \frac{(\varphi_j, f)}{(\varphi_j, \varphi_j)} = \frac{\int_a^b \varphi_j(x) f(x) \mathrm{d}x}{\int_a^b \varphi_j(x) \varphi_j(x) \mathrm{d}x}, \quad j = 0, 1, \cdots, n \quad (6.4.17)$$

例2 求 $f(x) = \mathrm{e}^x$ 在区间 $[-1, 1]$ 上的三次最佳平方逼近多项式.

解 在(6.4.16)式中,取勒让德多项式系中 $P_0(x), P_1(x), P_2(x), P_3(x)$ 为基,则

$$(P_i, P_i) = \int_{-1}^{1} P_i(x) P_i(x) \mathrm{d}x = \frac{2}{2i+1}, \quad i = 0, 1, 2, 3$$

$$(P_0, \mathrm{e}^x) = \int_{-1}^{1} \mathrm{e}^x \mathrm{d}x = 2.3504$$

$$(P_1, \mathrm{e}^x) = \int_{-1}^{1} x \mathrm{e}^x \mathrm{d}x = 0.7358$$

$$(P_2, \mathrm{e}^x) = \int_{-1}^{1} \frac{1}{2}(3x^2 - 1) \mathrm{e}^x \mathrm{d}x = 0.1431$$

$$(P_3, \mathrm{e}^x) = \int_{-1}^{1} \frac{1}{2}(5x^3 - 3x) \mathrm{e}^x \mathrm{d}x = 0.02013$$

得

$$a_0 = \frac{2.3504}{2} = 1.1752, \qquad a_1 = 0.7358 \times \frac{3}{2} = 1.1036$$

$$a_2 = 0.1431 \times \frac{5}{2} = 0.3578, \quad a_3 = 0.02013 \times \frac{7}{2} = 0.07046$$

所以

$$S_3(x) = 1.1752P_0(x) + 1.1036P_1(x) + 0.3578P_2(x) + 0.07046P_3(x)$$
$$= 0.9963 + 0.9979x + 0.5367x^2 + 0.1761x^3$$

对于有限区间$[a,b]$,做变量替换

$$x = \frac{a+b}{2} + \frac{b-a}{2}t, \qquad -1 \leqslant t \leqslant 1$$

于是 $F(t) = f\left(\frac{a+b}{2} + \frac{b-a}{2}t\right)$ 在区间 $[-1,1]$ 上可用勒让德多项式为基求得最佳平方逼近多项式 $S_3(t)$,从而得到在区间$[a,b]$的最佳平方逼近多项式 $S_3\left(\frac{1}{b-a}(2x-a-b)\right)$,这与用(6.4.15)式求得的是一致的,但用前者计算公式比较方便,不存在病态问题.

习 题 6

1. 已知下列数据

x_i	-1	-0.5	0	0.5	1
y_i	-0.22	0.88	2.00	3.13	4.28

试用一次、二次代数多项式对其进行拟合.

2. 求下列超定方程组的最小二乘解

(1) $\begin{cases} x_1 - x_2 = 6 \\ -x_1 + x_2 = -4; \\ 2x_1 + 2x_2 = 11 \end{cases}$ (2) $\begin{cases} 3x_1 + 2x_2 = 6 \\ 4x_1 - 5x_2 = 3 \\ 2x_1 - 5x_2 = 11 \\ -x_1 + 3x_2 = 10 \end{cases}$

3. 已知下列数据

x_i	1	2	3	4	5	6	7	8
y_i	15.3	20.5	27.4	36.6	49.1	65.6	87.8	117.6

求形如 $y = ae^{bx}$ 的经验公式.

4. 用最小二乘法求一个形如 $y = a + bx^2$ 的经验公式,使与下列数据相拟合,并求均方误差.

x_i	19	25	31	38	44
y_i	19.0	32.3	49.0	73.3	97.8

5. 用形如 $\dfrac{1}{y} = a + \dfrac{b}{x}$ 的函数拟合下列数据

x_i	1	2	4	5
y_i	0.33	0.40	0.44	0.45

6. 试用形如 $y = a + b\ln x$ 的函数拟合下列数据

x_i	3	5	10	20
y_i	3.5	3.8	4.2	4.5

7. 试构造点集 $\{-1, -0.75, -0.5, -0.25, 0, 0.25, 0.5, 0.75, 1\}$ 上的离散正交多项式 $\{P_0(x), P_1(x), P_2(x)\}$.

8. 已知下列数据表

x_i	-1.00	-0.75	-0.5	-0.25	0	0.25	0.5	0.75	1.00
y_i	-0.2209	0.3295	0.8826	1.4392	2.0003	2.5645	3.1334	3.7061	4.2836

试用最小二乘法求一次、二次多项式拟合(提示:用离散正交多项式拟合).

9. 现测量长度 x_1 和 x_2 的值. 测量结果为 $x_1 = 15.5$ 米、$x_2 = 6.1$ 米,为了提高精度,又测得 $x_1 + x_2 = 20.9$ 米. 试合理决定长度 x_1 和 x_2 的值.

10. 求函数 $y = \sqrt{x}$ 在区间 $\left[\dfrac{1}{4}, 1\right]$ 上的一次最佳平方逼近多项式.

11. 求函数 $y = e^x$ 在区间 $[0, 1]$ 上的二次最佳平方逼近多项式.

12. 用最小二乘法求 a、b,使 $\int_0^{\frac{\pi}{2}} [\sin x - (a + bx)]^2 \mathrm{d}x$ 达到最小.

第 7 章 数值积分与数值微分

我们知道,如果函数 $f(x)$ 在区间 $[a,b]$ 上连续且有原函数 $F(x)$,则有牛顿-莱布尼茨公式

$$\int_a^b f(x)\mathrm{d}x = F(b) - F(a)$$

但是,在实际计算中这种求积方法往往有很大局限性,因为大量的被积函数,如 $\dfrac{\sin x}{x}$、$\dfrac{1}{\ln x}$、e^{-x^2} 等等,其原函数不能用初等函数表示;另外,许多实际问题给不出被积函数的解析表达式,被积函数只能用表格或图形描述,无法求出原函数.因此,有必要研究定积分的数值计算问题.

本章将介绍数值积分和数值微分的一些基本概念和常用方法.

7.1 数值积分的基本概念

7.1.1 求积公式与代数精确度

积分中值定理告诉我们,如果函数 $f(x)$ 在区间 $[a,b]$ 上连续,则在积分区间 $[a,b]$ 内存在一点 ξ,使 $\int_a^b f(x)\mathrm{d}x = (b-a)f(\xi)$ 成立.由于 ξ 的具体位置一般是未知的,因而难以准确地计算出 $f(\xi)$.如果能够提供一种求 $f(\xi)$ 的算法,相应地便得到一种数值求积方法.

若 $f(\xi)$ 近似地用积分区间端点处的函数值 $f(a)$ 与 $f(b)$ 的算术平均值代替,便导出计算积分的梯形公式

$$\int_a^b f(x)\mathrm{d}x \approx \frac{b-a}{2}[f(a) + f(b)] \tag{7.1.1}$$

若 $f(\xi)$ 近似地用积分区间中点 $\dfrac{a+b}{2}$ 处的函数值 $f\left(\dfrac{a+b}{2}\right)$ 代替,导出计算积分的中矩形公式

$$\int_a^b f(x)\mathrm{d}x \approx (b-a)f\left(\frac{a+b}{2}\right) \tag{7.1.2}$$

一般地,所谓数值求积方法是指,在积分区间 $[a,b]$ 上适当地选取某些节点 x_i,然后用 $f(x_i)$ 加权平均得到 $f(\xi)$,这样构造出的求积公式为

$$\int_a^b f(x)\mathrm{d}x \approx \sum_{i=0}^n A_i f(x_i) \tag{7.1.3}$$

或写为

$$\int_a^b f(x)\mathrm{d}x = \sum_{i=0}^n A_i f(x_i) + R(f) \tag{7.1.4}$$

其中,x_i 称为求积节点,权 A_i 称为求积系数,它仅仅与节点 x_i 有关,$R(f)$ 称为余项.

为了保证数值求积公式的精度,我们自然希望求积公式能够对尽可能多的函数 $f(x)$ 都准确成立,这在数学上常用代数精确度这一概念来说明.

定义 如果某个求积公式对于次数不超过 m 的一切多项式都准确成立,而对某个 $m+1$ 次多项式并不准确成立,则称该求积公式的代数精确度为 m.

显然,梯形公式(7.1.1)与中矩形公式(7.1.2)均具有一次代数精确度.

一般地,欲使求积公式(7.1.3)具有 m 次代数精确度,只要令它对于 $f(x) = 1, x, x^2, \cdots, x^m$ 都准确成立即可,即要求

$$\sum_{i=0}^n A_i x_i^k = \frac{1}{k+1}(b^{k+1} - a^{k+1}), \qquad k = 0, 1, 2, \cdots, m \tag{7.1.5}$$

(7.1.5)式由 $m+1$ 个方程组成,包含有 $n+1$ 个节点 x_i 以及 $n+1$ 个待定的求积系数 A_i. 如果我们事先选定 x_i 并且取 $m=n$,求(7.1.5)式可确定 A_i,从而使求积公式(7.1.3)至少具有 n 次代数精确度,如果适当选择 x_i 及 A_i,求解(7.1.5)式可能使求积公式(7.1.3)具有 $2n+1$ 次代数精确度,由此可知,构造数值求积公式实际上是求 x_i 与 A_i 的代数问题.

7.1.2 插值型的求积公式

设给定一组节点 $a \leqslant x_0 < x_1 < x_2 < \cdots x_n \leqslant b$,且已知函数 $f(x)$ 在这些节点上的值 $f(x_i)$,做插值函数 $L_n(x)$,我们取

$$I_n = \int_a^b L_n(x)\mathrm{d}x \tag{7.1.6}$$

作为积分 $I = \int_a^b f(x)\mathrm{d}x$ 的近似值,这样构造出的求积公式

$$I_n = \sum_{k=0}^n A_k f(x_k) \tag{7.1.7}$$

称为插值型的,其中求积函数 A_k 通过插值基函数 $l_k(x)$ 积分得出

$$A_k = \int_a^b l_k(x)\mathrm{d}x \tag{7.1.8}$$

由插值余项定理可知,对于插值型的求积公式(7.1.7),其余项

$$R(f) = I - I_n = \int_a^b \frac{f^{(n+1)}(\xi)}{(n+1)!}\omega_{n+1}(x)\mathrm{d}x \tag{7.1.9}$$

其中,$\xi \in (a,b)$ 与 x 有关,$\omega_{n+1}(x) = (x-x_0)(x-x_1)\cdots(x-x_n)$.

对于次数 $\leq n$ 的多项式 $f(x)$,其余项 $R(f)$ 等于 0,因而插值型求积公式(7.1.7)至少具有 n 次代数精确度;反之,如果求积公式(7.1.7)至少具有 n 次代数精确度,此时它对于插值基函数 $l_k(x)$ 应准确成立,即 $\int_a^b l_k(x)\mathrm{d}x = \sum_{j=0}^n A_j l_k(x_j)$ 注意到 $l_k(x_j) = \delta_{kj}$,因而(7.1.8)式成立,即(7.1.7)式为插值型的.

综上所述,我们有下面结论:

定理 形如(7.1.7)的求积公式至少有 n 次代数精确度的充分必要条件是它是插值型的.

7.2 牛顿-科茨公式

7.2.1 牛顿-科茨公式

将区间 $[a,b]$ 划分为 n 等分,步长为 $h = \dfrac{b-a}{n}$,其分点为 $x_i = a+ih$,$i = 0, 1, 2, \cdots, n$. 以此分点为节点构造出的插值型求积公式

$$I_n = (b-a)\sum_{k=0}^n C_k^{(n)} f(x_k) \tag{7.2.1}$$

称为牛顿-科茨(Newton-Cotes)公式,其中

$$C_k^{(n)} = \frac{1}{b-a}\int_a^b \left(\prod_{\substack{j=0\\j\neq k}}^n \frac{x-x_j}{x_k-x_j}\right)\mathrm{d}x \tag{7.2.2}$$

称为科茨系数,令 $x = a+th$,则有

$$C_k^{(n)} = \frac{1}{n}\int_0^n \left(\prod_{\substack{j=0\\j\neq k}}^n \frac{t-j}{k-j}\right)\mathrm{d}t$$

$$= \frac{(-1)^{n-k}}{nk!(n-k)!}\int_0^n \prod_{\substack{j=0\\j\neq k}}^n (t-j)\mathrm{d}t \tag{7.2.3}$$

当 $n=1$ 时,由(7.2.3)式可得科茨系数为

$$C_0^{(1)} = \int_0^1 (t-1)\mathrm{d}t = \frac{1}{2}$$

$$C_1^{(1)} = \int_0^1 t\mathrm{d}t = \frac{1}{2}$$

相应的求积公式是下列梯形公式

$$\int_a^b f(x)\mathrm{d}x \approx \frac{b-a}{2}[f(a)+f(b)] \tag{7.2.4}$$

当 $n=2$ 时,由(7.2.3)式算得科茨系数为

$$C_0^{(2)} = \frac{1}{4}\int_0^2 (t-1)(t-2)\mathrm{d}t = \frac{1}{6}$$

$$C_1^{(2)} = \frac{1}{2}\int_0^2 t(t-2)\mathrm{d}t = \frac{4}{6}$$

$$C_2^{(2)} = \frac{1}{4}\int_0^2 t(t-1)\mathrm{d}t = \frac{1}{6}$$

相应的求积公式也称为抛物线公式(或辛普森(Simpson)公式).

$$\int_a^b f(x)\mathrm{d}x \approx \frac{b-a}{6}\left[f(a) + 4f\left(\frac{a+b}{2}\right) + f(b)\right] \tag{7.2.5}$$

当 $n=4$ 时,牛顿-科茨公式为

$$\int_a^b f(x)\mathrm{d}x \approx \frac{b-a}{90}[7f(x_0) + 32f(x_1) + 12f(x_2) + 32f(x_3) + 7f(x_4)] \tag{7.2.6}$$

它也特别称为科茨公式,其中,$h = \frac{b-a}{4}$,$x_i = a + ih$,$i = 0,1,2,3,4$.

表 7-1 中列出科茨系数表开头的一部分,从而可以建立相应的求积公式.

表 7-1

n	$C_i^{(n)}$							
1	$\frac{1}{2}$	$\frac{1}{2}$						
2	$\frac{1}{6}$	$\frac{4}{6}$	$\frac{1}{6}$					
3	$\frac{1}{8}$	$\frac{3}{8}$	$\frac{3}{8}$	$\frac{1}{8}$				
4	$\frac{7}{90}$	$\frac{32}{90}$	$\frac{12}{90}$	$\frac{32}{90}$	$\frac{7}{90}$			
5	$\frac{19}{288}$	$\frac{75}{288}$	$\frac{50}{288}$	$\frac{50}{288}$	$\frac{75}{288}$	$\frac{19}{288}$		
6	$\frac{41}{840}$	$\frac{216}{840}$	$\frac{27}{840}$	$\frac{272}{840}$	$\frac{27}{840}$	$\frac{216}{840}$	$\frac{41}{840}$	
7	$\frac{751}{17280}$	$\frac{3577}{17280}$	$\frac{1323}{17280}$	$\frac{2989}{17280}$	$\frac{2989}{17280}$	$\frac{1323}{17280}$	$\frac{3577}{17280}$	$\frac{751}{17280}$
8	$\frac{989}{28350}$	$\frac{5888}{28350}$	$-\frac{928}{28350}$	$\frac{10496}{28350}$	$-\frac{4540}{28350}$	$\frac{10496}{28350}$	$-\frac{928}{28350}$	$\frac{5888}{28350}$
……	……							

从表中我们可以看到,当 $n \geq 8$ 时,科茨系数有正有负,因而,稳定性得不到保证,故实际计算时一般不用高阶的牛顿-科茨公式.

7.2.2 误差估计

作为插值型求积公式，n 阶牛顿-科茨公式的代数精确度至少是 n，进一步还有

定理 1 当 n 为偶数时，n 阶牛顿-科茨公式的代数精确度至少是 $n+1$.

我们只要验证，当 n 为偶数时，牛顿-科茨公式对 $f(x) = x^{n+1}$ 的余项为零即可.

由于 $f^{(n+1)}(x) = (n+1)!$，从而有

$$R_n(f) = \int_a^b \omega_{n+1}(x) \mathrm{d}x = h^{n+2} \int_0^n \prod_{j=0}^n (t-j) \mathrm{d}t$$

令 $n = 2k$，k 为正整数，再令 $t = u + k$，则有

$$R_n(f) = h^{n+2} \int_{-k}^k \prod_{j=0}^n (u+k-j) \mathrm{d}u$$

因为被积函数

$$H(u) = \prod_{j=0}^n (u+k-j) = \prod_{j=-k}^k (u-j)$$

是奇函数，所以 $R_n(f) = 0$.

抛物线公式是 $n = 2$ 时的牛顿-科茨公式，其代数精确度至少是 3，但由于

$$\int_a^b x^4 \mathrm{d}x = \frac{1}{5}(b^5 - a^5) \neq \frac{b-a}{b}\left[a^4 + 4\left(\frac{a+b}{2}\right)^4 + b^4 \right]$$

所以抛物线公式的代数精确度是 3.

下面给出梯形公式与抛物线公式的误差估计.

定理 2 设函数 $f(x)$ 在区间 $[a,b]$ 上具有连续的二阶导数，则梯形公式 (7.2.4) 的截断误差为

$$R_1(f) = -\frac{(b-a)^3}{12} f''(\eta), \qquad a \leqslant \eta \leqslant b \qquad (7.2.7)$$

证明 由定义知，梯形公式的余项为

$$R_1(f) = \frac{1}{2} \int_a^b f''(\xi)(x-a)(x-b) \mathrm{d}x, \qquad a \leqslant \xi \leqslant b$$

由于 $\omega_2(x) = (x-a)(x-b)$ 在区间 (a,b) 内不变号，而函数 $f''(\xi)$ 在 $[a,b]$ 上连续，故由积分中值定理，在 $[a,b]$ 内存在一点 η，使

$$R_1(f) = \frac{1}{2} f''(\eta) \int_a^b (x-a)(x-b) \mathrm{d}x$$

$$= -\frac{(b-a)^3}{12} f''(\eta)$$

定理得证.

定理 3 设函数 $f(x)$ 在区间 $[a,b]$ 上有连续的四阶导数,则抛物线公式 (7.2.5) 的截断误差为

$$R_2(f) = -\frac{(b-a)^5}{2880}f^{(4)}(\eta), \qquad a \leqslant \eta \leqslant b \tag{7.2.8}$$

证明 对区间 $[a,b]$ 上的函数 $f(x)$,构造次数 $\leqslant 3$ 的插值多项式 $P_3(x)$,使满足

$$P_3(a) = f(a), \qquad P_3(b) = f(b)$$

$$P_3\left(\frac{a+b}{2}\right) = f\left(\frac{a+b}{2}\right), \qquad P'_3\left(\frac{a+b}{2}\right) = f'\left(\frac{a+b}{2}\right)$$

由于抛物线公式 (7.2.5) 的代数精确度是 3,所以抛物线公式对 $P_3(x)$ 准确成立. 应用第 5 章的插值知识不难得到

$$f(x) - P_3(x) = \frac{f^{(4)}(\xi)}{4!}(x-a)\left(x-\frac{a+b}{2}\right)^2(x-b), \qquad a \leqslant \xi \leqslant b$$

故有

$$R_2(f) = \frac{1}{4!}\int_a^b f^{(4)}(\xi)(x-a)\left(x-\frac{a+b}{2}\right)^2(x-b)\mathrm{d}x$$

由于函数 $(x-a)\left(x-\frac{a+b}{2}\right)^2(x-b)$ 在 (a,b) 内不变号,而 $f^{(4)}(\xi)$ 在 $[a,b]$ 上连续,故应用积分中值定理,在 $[a,b]$ 内存在一点 η,使

$$R_2(f) = \frac{1}{4!}f^{(4)}(\eta)\int_a^b(x-a)\left(x-\frac{a+b}{2}\right)^2(x-b)\mathrm{d}x = -\frac{(b-a)^5}{2880}f^{(4)}(\eta)$$

或

$$R_2(f) = -\frac{b-a}{180}\left(\frac{b-a}{2}\right)^4 f^{(4)}(\eta)$$

定理得证.

抛物线公式的插值节点只比梯形公式多一个,但其代数精确度却比梯形公式高 2,它们都是最为常用的数值积分公式,尤其是抛物线公式逻辑结构简单,且精度又比较高.

对于科茨求积公式 (7.2.6) 的积分余项,同理可以证明下面结论.

定理 4 设函数 $f(x)$ 在区间 $[a,b]$ 上有连续的 6 阶导数,则科茨公式 (7.2.6) 的截断误差为

$$R_4(f) = -\frac{2(b-a)}{945}\left(\frac{b-a}{4}\right)^6 f^{(6)}(\eta), \qquad a \leqslant \eta \leqslant b$$

例 用 $n = 1, 2, 4$ 阶的牛顿-科茨公式计算积分 $\int_{0.5}^1 \sqrt{x}\,\mathrm{d}x$(精确值为 $\frac{4-\sqrt{2}}{6} \approx 0.43096441$).

解 利用梯形公式

$$\int_{0.5}^{1} \sqrt{x}\,\mathrm{d}x \approx \frac{1-0.5}{2}(\sqrt{0.5}+\sqrt{1}) \approx 0.4267767$$

利用抛物线公式

$$\int_{0.5}^{1} \sqrt{x}\,\mathrm{d}x \approx \frac{1-0.5}{6}(\sqrt{0.5}+4\sqrt{0.75}+\sqrt{1}) \approx 0.43093403$$

利用科茨公式

$$\int_{0.5}^{1} \sqrt{x}\,\mathrm{d}x \approx \frac{1-0.5}{90}[7\sqrt{0.5}+32\sqrt{0.625}+12\sqrt{0.75}+32\sqrt{0.875}+7\sqrt{1}]$$
$$\approx 0.43096407$$

7.3 复合求积公式

从牛顿-科茨公式的余项可知,被积函数所用的插值多项式的次数越高,相应的求积公式的代数精确度就越高,但对于求积公式的数值稳定性不能保证,因此,避免使用高次插值多项式.而积分区间越小,则求积公式的截断误差也就越小,因此,为了提高数值积分的精度,经常把积分区间 $[a,b]$ 分成若干个小区间,在每个小区间上使用次数不高的牛顿-科茨公式,如梯形公式或抛物线公式,然后把结果加起来得到整个区间上的求积公式,这种求积公式称为复合求积公式.

7.3.1 复合梯形公式

把积分区间 $[a,b]$ n 等分,步长 $h=\dfrac{b-a}{n}$,节点 $x_i=a+ih$, $i=0,1,2,\cdots,n$,在每个子区间 $[x_i,x_{i+1}]$ 上使用梯形公式

$$\int_{x_i}^{x_{i+1}} f(x)\mathrm{d}x = \frac{h}{2}(f(x_i)+f(x_{i+1})) - \frac{h^3}{12}f''(\xi_i), \quad x_i \leqslant \xi_i \leqslant x_{i+1}$$

相加后得

$$\int_a^b f(x)\mathrm{d}x = \frac{h}{2}\sum_{i=0}^{n-1}(f(x_i)+f(x_{i+1})) - \frac{h^3}{12}\sum_{i=0}^{n-1} f''(\xi_i)$$

于是得到复合梯形公式

$$\int_a^b f(x) \approx \frac{h}{2}\left(f(x_0)+f(x_n)+2\sum_{i=1}^{n-1} f(x_i)\right) \qquad (7.3.1)$$

若 $f''(x)$ 在 $[a,b]$ 上连续,由连续函数的介值定理,在 $[a,b]$ 上存在一点 η,使得

$$\frac{1}{n}\sum_{i=0}^{n-1} f''(\xi_i) = f''(\eta)$$

因而得其余项为

$$R = -\frac{h^3}{12}\sum_{i=0}^{n-1} f''(\xi_i) = -\frac{(b-a)^3}{12n^2} f''(\eta) \tag{7.3.2}$$

7.3.2 复合抛物线公式

由于抛物线公式用到了区间的中点,所以在构造复合抛物线公式时,必须把积分区间进行偶数等分.具体做法是,把积分区间$[a,b]$ $2n$ 等分,步长 $h = \dfrac{b-a}{2n}$,节点 $x_i = a + ih$, $i = 0,1,2,\cdots,2n$,在每个子区间$[x_{2i}, x_{2i+2}]$上使用抛物线公式

$$\int_{x_{2i}}^{x_{2i+2}} f(x)\mathrm{d}x = \frac{h}{3}[f(x_{2i}) + 4f(x_{2i+1}) + f(x_{2i+2})] - \frac{h^5}{90} f^{(4)}(\xi_i)$$

$$x_{2i} \leqslant \xi_i \leqslant x_{2i+2}$$

相加后得

$$\int_a^b f(x)\mathrm{d}x = \frac{h}{3}\sum_{i=0}^{n-1}[f(x_{2i}) + 4f(x_{2i+1}) + f(x_{2i+2})] - \frac{h^5}{90}\sum_{i=0}^{n-1} f^{(4)}(\xi_i)$$

于是得到复合抛物线公式

$$\int_a^b f(x)\mathrm{d}x \approx \frac{h}{3}[f(x_0) + f(x_{2n}) + 4\sum_{i=0}^{n-1} f(x_{2i+1}) + 2\sum_{i=1}^{n-1} f(x_{2i})] \tag{7.3.3}$$

若 $f^{(4)}(x)$ 在$[a,b]$上连续,则得其余项为

$$R = -\frac{h^5}{90}\sum_{i=0}^{n-1} f^{(4)}(\xi_i) = -\frac{(b-a)^5}{2880 n^4} f^{(4)}(\eta), \quad a \leqslant \eta \leqslant b \tag{7.3.4}$$

用上面的误差估计式,可以判断计算时取多大步长就可以达到精度要求.

例 计算积分

$$I = \int_0^1 \mathrm{e}^x \mathrm{d}x$$

要求保证有 5 位有效数字.若用复合梯形公式计算,需将积分区间多少等分?若用复合抛物线公式计算,又需将积分区间多少等分?

解 由 $f(x) = \mathrm{e}^x$,有 $f''(x) = f^{(4)}(x) = \mathrm{e}^x$,因为 $b - a = 1$,所以当 $0 \leqslant x \leqslant 1$ 时

$$|f''(x)| = |f^{(4)}(x)| \leqslant \mathrm{e}$$

用复合梯形公式计算,由误差估计式(7.3.2)有

$$|R| = \left|-\frac{(b-a)^3}{12n^2} f''(\eta)\right| \leqslant \frac{\mathrm{e}}{12n^2}$$

因为 $I = \int_0^1 \mathrm{e}^x \mathrm{d}x$ 的真值具有一位整数,所以若要求积分具有 5 位有效数字,只要取

$$\frac{\mathrm{e}}{12n^2} \leqslant \frac{1}{2} \times 10^{-4}$$

7.3 复合求积公式

两边取对数

$$\lg e - \lg 12 - 2\lg n \leqslant -4 - \lg 2$$

整理得

$$\lg n \geqslant \frac{4 + \lg e - \lg 6}{2} \approx 1.8266$$

只要取 $n = 68$,也就是说,把积分区间 $[0,1]$ 进行 68 等分就可以满足计算要求了.

用复合抛物线公式计算,由误差估计式(7.3.4)有

$$|R| = \left| -\frac{(b-a)^5}{2880 n^4} f^{(4)}(\eta) \right| \leqslant \frac{e}{2880 n^4} \leqslant \frac{1}{2} \times 10^{-4}$$

两边取对数并整理得

$$\lg n \geqslant \frac{4 + \lg e - \lg 1440}{4}$$

只要取 $n = 3$,也就是说,把区间 $[0,1]$ 6 等分就可以满足计算要求了.

7.3.3 变步长求积公式

我们看到,复合求积公式的截断误差随 n 的增大而减小,但对于一个给定的积分,选定了某种求积方法后,如何确定适当的 n,使得计算结果达到预选给定的精度要求呢? 当然可以用前面的误差估计来求 n,但这要用到高阶导数,一般是比较困难的. 在实际计算中,常采用积分步长 h 的自动选择,具体地讲,就是在求积过程中,将步长逐次折半,反复利用复合求积公式,直到相邻两次的计算结果之差的绝对值小于允许误差为止. 这实际上是一种事后估计误差的方法.

对于复合梯形公式,若将积分区间 $[a,b]$ n 等分,积分近似值记为 T_n,积分精确值记为 I,则有

$$I = T_n - \frac{b-a}{12}\left(\frac{b-a}{n}\right)^2 f''(\eta_n), \qquad a \leqslant \eta_n \leqslant b$$

把每个子区间分半,也就是将积分区间 $[a,b]$ $2n$ 等分,则有

$$I = T_{2n} - \frac{b-a}{12}\left(\frac{b-a}{2n}\right)^2 f''(\eta_{2n}), \qquad a \leqslant \eta_{2n} \leqslant b$$

当 $f''(x)$ 在区间 $[a,b]$ 上连续,且函数值变化不大时,即有 $f''(\eta_n) \approx f''(\eta_{2n})$,则有

$$\frac{I - T_n}{I - T_{2n}} \approx 4$$

即有

$$I - T_{2n} \approx \frac{1}{4-1}(T_{2n} - T_n) \qquad (7.3.5)$$

从(7.3.5)式可以看到,可用

$$|T_{2n} - T_n| < \varepsilon (允许误差)$$

来判断近似值 T_{2n} 是否已满足精度要求. 计算过程如下:

(1) 取 $n=1$, 计算 T_1
$$T_1 = (b-a)\left[\frac{f(a)}{2} + \frac{f(b)}{2}\right]$$

(2) 取 $n=2$, 即把区间 $[a,b]$ 2 等分, 计算 T_2
$$T_2 = \frac{b-a}{2}\left[\frac{f(a)}{2} + \frac{f(b)}{2} + f\left(\frac{a+b}{2}\right)\right]$$
$$= \frac{1}{2}T_1 + \frac{b-a}{2}f(x_1)$$

(3) 取 $n=4$, 即把区间 $[a,b]$ 4 等分, 计算 T_4
$$T_4 = \frac{b-a}{4}\left[\frac{f(a)}{2} + \frac{f(b)}{2} + f(x_1) + f(x_2) + f(x_3)\right]$$
$$= \frac{1}{2}T_2 + \frac{b-a}{4}[f(x_1) + f(x_3)]$$

式中 $x_i = a + ih, h = \frac{b-a}{4}, i = 1,2,3$.

可以看到,每次都是在前一次的基础上将子区间再对分. 原分点上的函数值不需要重复计算,只需计算新分点上的函数值即可,一般地计算公式为

$$T_{2n} = \frac{1}{2}T_n + \frac{b-a}{2n}\sum_{i=0}^{n-1}f\left(a + (2i+1)\frac{b-a}{2n}\right) \qquad (7.3.6)$$

在计算 $\{T_n\}$ 的过程中,每算出一个新的近似值 T_{2n},就检验是否有

$$|T_{2n} - T_n| < \varepsilon (允许误差) \qquad (7.3.7)$$

当(7.3.7)式满足时,计算停止,T_{2n} 就是满足精度要求的近似值.

对于复合抛物线公式,若将积分区间 $[a,b]$ $2n$ 等分,积分近似值记为 S_n,积分精确值记为 I,并且假设 $f^{(4)}(x)$ 在 $[a,b]$ 上连续且函数值变化不大,与复合梯形公式类似,可推得

$$\frac{I - S_n}{I - S_{2n}} \approx 4^2$$

即有

$$I - S_{2n} \approx \frac{1}{4^2 - 1}(S_{2n} - S_n) \qquad (7.3.8)$$

若 $|S_{2n} - S_n| < \varepsilon (允许误差)$,则 S_{2n} 就是要求的近似值,否则,再将每个子区间分半进行计算,直到满足要求为止.

对于 $n=4$ 时的牛顿-科茨公式,将积分区间 $[a,b]$ $4n$ 等分,积分近似值记为 C_n,且假设 $f^{(6)}(x)$ 在 $[a,b]$ 上变化不大,则可推得

$$\frac{I - C_n}{I - C_{2n}} \approx 4^2$$

即有

$$I - C_{2n} \approx \frac{1}{4^3 - 1}(C_{2n} - C_n) \tag{7.3.9}$$

若 $|C_{2n} - C_n| < \varepsilon$(允许误差),则 C_{2n} 就是要求的近似值,否则,再将每个小区间分半进行计算,直到满足要求为止.

7.4 龙贝格公式

7.4.1 龙贝格公式

由(7.3.5)式可知,用梯形公式得到的积分近似值 T_{2n} 的误差大致是 $\frac{1}{3}(T_{2n} - T_n)$,因此,人们期望,如果用这个误差值作为对 T_{2n} 的一种补偿,则得到的求积公式

$$\int_a^b f(x) dx \approx T_{2n} + \frac{1}{3}(T_{2n} - T_n) = \frac{4}{3}T_{2n} - \frac{1}{3}T_n \tag{7.4.1}$$

的代数精确度会有所提高.

通过直接验证可知

$$S_n = \frac{4}{3}T_{2n} - \frac{1}{3}T_n \tag{7.4.2}$$

也就是说,用梯形公式二分前后的两个积分值 T_n 与 T_{2n} 按照公式(7.4.1)做线性组合,其结果正好是用抛物线公式得到的积分值 S_n.

由(7.3.8)式,用抛物线公式得到的积分近似值 S_{2n} 的误差大致是 $\frac{1}{15}(S_{2n} - S_n)$,因此对抛物线公式进行修正,得到

$$\int_a^b f(x) dx \approx S_{2n} + \frac{1}{15}(S_{2n} - S_n) = \frac{16}{15}S_{2n} - \frac{1}{15}S_n \tag{7.4.3}$$

通过直接验证可知

$$C_n = \frac{16}{15}S_{2n} - \frac{1}{15}S_n \tag{7.4.4}$$

也就是说,用抛物线公式二分前后的两个积分值 S_n 与 S_{2n} 按照公式(7.4.3)做线性组合,其结果正好是用科茨公式得到的积分值 C_n.

再由(7.3.9)式,用科茨公式得到的积分近似值 C_{2n} 的误差大致是 $\frac{1}{63}(C_{2n} - C_n)$,因此,对科茨公式进行修正,得到求积公式

$$\int_a^b f(x) dx \approx C_{2n} + \frac{1}{63}(C_{2n} - C_n) = \frac{64}{63}C_{2n} - \frac{1}{63}S_n \tag{7.4.5}$$

为此,构造求积公式

$$R_n = \frac{64}{63}C_{2n} - \frac{1}{63}C_n \tag{7.4.6}$$

称(7.4.6)式为龙贝格(Romberg)公式.

龙贝格公式是一种加速计算积分的方法.在变步长的求积过程中,运用(7.4.2)、(7.4.4)、(7.4.6)式可以将精度低的梯形值 T_n 逐步加工成精度较高的抛物线值 S_n、科茨值 C_n 与龙贝格值 R_n.

龙贝格求积的计算步骤如下:

(1)计算 $f(a),f(b)$,算出 T_1;

(2)把$[a,b]$2等分,计算 $f\left(\frac{a+b}{2}\right)$,算出 T_2 与 S_1;

(3)把$[a,b]$4等分,计算 $f\left(a+\frac{b-a}{4}\right),f\left(a+3\cdot\frac{b-a}{4}\right)$,算出 T_4、S_2 与 C_1;

(4)把$[a,b]$8等分,计算 $f\left(a+i\frac{b-a}{8}\right),i=1,3,5,7$,算出 T_8、S_4、C_2 与 R_1;

(5)把$[a,b]$16等分,计算 $f\left(a+i\frac{b-a}{16}\right),i=1,3,5,\cdots,15$,算出 T_{16}、S_8、C_4 与 R_2,继续重复进行,直到

$$|R_{2n} - R_n| < \varepsilon (允许误差)$$

时停止计算,R_{2n} 就是所求的积分值.

例 用龙贝格求积法计算积分

$$I = \int_0^1 \frac{4}{1+x^2}dx$$

的近似值,要求准确到小数点后第5位.

解 $f(x) = \frac{4}{1+x^2}$

(1)$f(0)=4, f(1)=2$;

$T_1 = \frac{1}{2}[f(0)+f(1)] = 3.$

(2)$f\left(\frac{1}{2}\right) = 3.2$;

$T_2 = \frac{1}{2}T_1 + \frac{1}{2}f\left(\frac{1}{2}\right) = 3.1$;

$S_1 = \frac{4}{3}T_2 - \frac{1}{3}T_1 = 3.13333.$

(3)$f\left(\frac{1}{4}\right) = 3.76471, f\left(\frac{3}{4}\right) = 2.56$;

$T_4 = \frac{1}{2}T_2 + \frac{1}{4}\left[f\left(\frac{1}{4}\right) + f\left(\frac{3}{4}\right)\right] = 3.13118$;

$$S_2 = \frac{4}{3}T_4 - \frac{1}{3}T_2 = 3.14157;$$

$$C_1 = \frac{16}{15}S_2 - \frac{1}{15}S_1 = 3.14212.$$

(4) $f\left(\frac{1}{8}\right) = 3.93846, f\left(\frac{3}{8}\right) = 3.50685;$

$$f\left(\frac{5}{8}\right) = 2.87640, f\left(\frac{7}{8}\right) = 2.26549.$$

$$T_8 = \frac{1}{2}T_4 + \frac{1}{8}\left[f\left(\frac{1}{8}\right) + f\left(\frac{3}{8}\right) + f\left(\frac{5}{8}\right) + f\left(\frac{7}{8}\right)\right] = 3.13899;$$

$$S_4 = \frac{4}{3}T_8 - \frac{1}{3}T_4 = 3.14159;$$

$$C_2 = \frac{16}{15}S_4 - \frac{1}{15}S_2 = 3.14159;$$

$$R_1 = \frac{64}{63}C_2 - \frac{1}{63}C_1 = 3.14158.$$

(5) $T_{16} = 3.14094, S_8 = 3.14159;$

$C_4 = 3.14159, R_2 = 3.14159.$

(6) $T_{32} = 3.14143, S_{16} = 3.14159;$

$C_8 = 3.15159, R_4 = 3.14159.$

所以

$$\int_0^1 \frac{4}{1+x^2} dx \approx 3.14159$$

事实上，I 的准确值为

$$I = \int_0^1 \frac{4}{1+x^2} dx = 4\arctan x \Big|_0^1 = \pi = 3.14159265\cdots$$

7.4.2 理查森外推加速法

上述加速过程还可以继续进行下去，其理论依据是梯形法的余项可以展开为级数形式.

定理 设 $f(x)$ 在 $[a,b]$ 上具有任意阶导数，$T_0(h)$ 为将 $[a,b]$ n 等分用梯形公式得到的积分值，I 为积分准确值，则

$$T_0(h) - I = a_1 h^2 + a_2 h^4 + a_3 h^6 + \cdots \tag{7.4.7}$$

式中系数 $a_i (i=1,2,\cdots)$ 与 h 无关.

证明 设 $f(x_i), f(x_{i+1})$ 在子区间 $[x_i, x_{i+1}]$ 的中点 $x_{i+\frac{1}{2}}$ 泰勒展开后相加得

$$\frac{h}{2}[f(x_i) + f(x_{i+1})] = hf_{i+\frac{1}{2}} + \frac{h}{2!}\left(\frac{h}{2}\right)^2 f''_{i+\frac{1}{2}} +$$

$$\frac{h}{4!}\left(\frac{h}{2}\right)^4 f^{(4)}_{i+\frac{1}{2}} + \frac{h}{6!}\left(\frac{h}{2}\right)^6 f^{(6)}_{i+\frac{1}{2}} + \cdots$$

i 从 0 到 $n-1$ 求和，得

$$T_0(h) = \frac{h}{2}\sum_{i=0}^{n-1}[f(x_i)+f(x_{i+1})] = h\sum_{i=0}^{n-1} f_{i+\frac{1}{2}} +$$

$$\frac{h^3}{2!\cdot 2^2}\sum_{i=0}^{n-1} f''_{i+\frac{1}{2}} + \frac{h^5}{4!\cdot 2^4}\sum_{i=0}^{n-1} f^{(4)}_{i+\frac{1}{2}} + \frac{h^6}{6!\cdot 2^6}\sum_{i=0}^{n-1} f^{(6)}_{i+\frac{1}{2}} + \cdots \quad (7.4.8)$$

另一方面，将 $f(x)$ 在子区间 $[x_i,x_{i+1}]$ 的中点 $x_{i+\frac{1}{2}}$ 泰勒展开后，两边从 x_i 到 x_{i+1} 积分得

$$\int_{x_i}^{x_{i+1}} f(x)\mathrm{d}x = hf_{i+\frac{1}{2}} + \frac{2}{3!}\left(\frac{h}{2}\right)^3 f''_{i+\frac{1}{2}} + \frac{2}{5!}\left(\frac{h}{2}\right)^5 f^{(4)}_{i+\frac{1}{2}} + \frac{2}{7!}\left(\frac{h}{2}\right)^7 f^{(6)}_{i+\frac{1}{2}} + \cdots$$

再关于 i 从 0 到 $n-1$ 取和，得

$$I = \int_a^b f(x)\mathrm{d}x = h\sum_{i=0}^{n-1} f_{i+\frac{1}{2}} + \frac{h^3}{3!\cdot 2^2}\sum_{i=0}^{n-1} f''_{i+\frac{1}{2}} +$$

$$\frac{h^5}{5!\cdot 2^4}\sum_{i=0}^{n-1} f^{(4)}_{i+\frac{1}{2}} + \frac{h^7}{7!\cdot 2^6}\sum_{i=0}^{n-1} f^{(6)}_{i+\frac{1}{2}} + \cdots \quad (7.4.9)$$

从 (7.4.8)、(7.4.9) 式得到

$$T_0(h) - I = \frac{h^3}{2!\cdot 6}\sum_{i=0}^{n-1} f''_{i+\frac{1}{2}} + \frac{h^5}{4!\cdot 20}\sum_{i=0}^{n-1} f^{(4)}_{i+\frac{1}{2}} +$$

$$\frac{3h^7}{6!\cdot 224}\sum_{i=0}^{n-1} f^{(6)}_{i+\frac{1}{2}} + \cdots \quad (7.4.10)$$

又，对 $f''(x)$ 应用 (7.4.9) 式，并注意到

$$\int_a^b f''(x)\mathrm{d}x = f'(b) - f'(a)$$

有

$$h\sum_{i=0}^{n-1} f''_{i+\frac{1}{2}} = f'(b) - f'(a) - \frac{h^3}{3!\cdot 2^2}\sum_{i=0}^{n-1} f^{(4)}_{i+\frac{1}{2}} - \frac{h^5}{5!\cdot 2^4}\sum_{i=0}^{n-1} f^{(6)}_{i+\frac{1}{2}} + \cdots$$

代入 (7.4.10) 式，整理得

$$T_0(h) - I = \frac{h^2}{2!\cdot 6}[f'(b)-f'(a)] - \frac{h^5}{4!\cdot 30}\sum_{i=0}^{n-1} f^{(4)}_{i+\frac{1}{2}} - \frac{h^7}{6!\cdot 56}\sum_{i=0}^{n-1} f^{(6)}_{i+\frac{1}{2}} + \cdots$$

$$(7.4.11)$$

再对 $f^{(4)}(x)$ 应用 (7.4.9) 式，有

$$h\sum_{i=0}^{n-1} f^{(4)}_{i+\frac{1}{2}} = f'''(b) - f'''(a) - \frac{h^3}{3!\cdot 2^2}\sum_{i=0}^{n-1} f^{(6)}_{i+\frac{1}{2}} + \cdots$$

从而，进一步得

$$T_0(h) - I = \frac{h^2}{2!\cdot 6}[f'(b)-f'(a)] - \frac{h^4}{4!\cdot 30}[f'''(b)$$

$$- f'''(a)] + \frac{h^7}{6!\cdot 42}\sum_{i=0}^{n-1} f^{(6)}_{i+\frac{1}{2}} + \cdots \quad (7.4.12)$$

7.4 龙贝格公式

重复上述过程,即可得到形如(7.4.7)式的余项公式.

若将子区间分半,即将$[a,b]$ $2n$等分,用梯形公式求得的积分值记为$T_0\left(\dfrac{h}{2}\right)$,按(7.4.7)式

$$T_0\left(\frac{h}{2}\right) - I = a_1\left(\frac{h}{2}\right)^2 + a_2\left(\frac{h}{2}\right)^4 + \cdots \tag{7.4.13}$$

将(7.3.7)式与(7.3.13)式按以下方式做线性组合

$$T_1(h) = \frac{4}{3} T_0\left(\frac{h}{2}\right) - \frac{1}{3} T_0(h) \tag{7.4.14}$$

得到

$$T_1(h) = I + b_1 h^4 + b_2 h^6 + \cdots \tag{7.4.15}$$

比较(7.4.14)式与(7.4.2)式可知,这样构造出的$\{T_1(h)\}$其实就是抛物线值序列.

又按照(7.4.15)式

$$T_1\left(\frac{h}{2}\right) = I + \frac{1}{16} b_1 h^4 + \frac{1}{64} b_2 h^6 + \cdots$$

令

$$T_2(h) = \frac{16}{15} T_1\left(\frac{h}{2}\right) - \frac{1}{15} T_1(h)$$

则得到

$$T_2(h) = I + C_1 h^6 + C_2 h^8 + \cdots$$

这样构造出的$\{T_2(h)\}$其实就是科茨值序列.

如此继续下去,每加速一次,误差的量级便提高二阶.一般地,按公式

$$T_m(h) = \frac{4^m}{4^m - 1} T_{m-1}\left(\frac{h}{2}\right) - \frac{1}{4^m - 1} T_{m-1}(h) \tag{7.4.16}$$

经过m次加速后,余项为下列形式

$$T_m(h) - I = d_1 h^{2(m+1)} + d_2 h^{2(m+2)} \tag{7.4.17}$$

上述方法称为理查森(Richardson)外推加速法.

设以$T_0^{(k)}$表示二分k次后求得到的梯形值,且以$T_m^{(k)}$表示序列$\{T_0^{(k)}\}$的m次加速值,则递推公式(7.4.16),即

$$T_m^{(k)} = \frac{4^m}{4^m - 1} T_{m-1}^{(k+1)} - \frac{1}{4^m - 1} T_{m-1}^{(k)}, \quad k = 1, 2, \cdots, \quad m = 1, 2, \cdots, k \tag{7.4.18}$$

可以逐行构造出下列三角形数表:

$$T_0^{(0)}$$
$$T_0^{(1)} \quad T_1^{(0)}$$
$$T_0^{(2)} \quad T_1^{(1)} \quad T_2^{(0)}$$
$$T_0^{(3)} \quad T_1^{(2)} \quad T_2^{(1)} \quad T_3^{(0)}$$
$$\cdots\cdots$$

称为 T 数表.可以证明,如果 $f(x)$ 充分光滑,那么 T 数表每一列的元素及对角线元素均收敛到所求的积分值 I,即

$$\lim_{k\to\infty} T_m^{(k)} = I$$
$$\lim_{m\to\infty} T_m^{(k)} = I$$

计算机上的所谓龙贝格算法,就是在二分过程中逐步形成 T 数表的具体方法.

7.5 高斯公式

7.5.1 高斯公式

我们知道,求积公式

$$\int_a^b f(x)\mathrm{d}x \approx \sum_{i=0}^n A_i f(x_i) \tag{7.5.1}$$

含有 $2n+2$ 个待定常数 x_i 及 $A_i(i=0,1,2,\cdots,n)$,如果它具有 m 次代数精确度,则它应使 $m+1$ 个方程

$$\sum_{i=0}^n A_i x_i^k = \int_a^b x^k \mathrm{d}x, \quad k=0,1,2,\cdots,m \tag{7.5.2}$$

精确成立.作为插值型求积公式(7.5.1)它至少具有 n 次代数精确度;另一方面,令 $\omega_{n+1}(x) = (x-x_0)(x-x_1)\cdots(x-x_n)$,则对 $2n+2$ 次多项式 $f(x) = \omega_{n+1}^2(x)$ 而言,(7.5.1)右端为零,而左端严格大于零,即(7.5.1)式对 $2n+2$ 次多项式 $\omega_{n+1}^2(x)$ 不准确成立.但要确定方程组(7.5.2)中的 $2n+2$ 个待定常数 x_i 与 A_i,最多需要给出 $2n+2$ 个独立条件,所以 m 最大取 $2n+1$.因此,插值型求积公式(7.5.1)的代数精确度最小是 n,最大是 $2n+1$.

定理 1 以 $x_0, x_1, \cdots, x_n$ 为节点的插值型求积公式(7.5.1)具有 $2n+1$ 次代数精确度的充要条件是以这些节点为零点的多项式

$$\omega_{n+1}(x) = (x-x_0)(x-x_1)\cdots(x-x_n)$$

与任意次数不超过 n 的多项式 $P(x)$ 均在区间 $[a,b]$ 上正交,即

$$\int_a^b P(x)\omega_{n+1}(x)\mathrm{d}x = 0 \tag{7.5.3}$$

7.5 高斯公式

证明 如果(7.5.1)式具有 $2n+1$ 次代数精确度,则对于任意次数不超过 n 的多项式 $P(x)$,多项式 $P(x)\omega_{n+1}(x)$ 的次数不超过 $2n+1$. 因此,求积公式(7.5.1)对于 $P(x)\omega_{n+1}(x)$ 能准确成立,即

$$\int_a^b P(x)\omega_{n+1}(x)\mathrm{d}x = \sum_{i=0}^n A_i P(x_i)\omega_{n+1}(x_i)$$

但 $\omega_{n+1}(x_i) = 0 (i=0,1,2,\cdots,n)$,故(7.5.3)式成立.

反过来,对于任意给定的次数不超过 $2n+1$ 的多项式 $f(x)$,用 $\omega_{n+1}(x)$ 除 $f(x)$,记商为 $P(x)$,余式为 $Q(x)$,则 $P(x)$ 与 $Q(x)$ 都是次数不超过 n 的多项式,且有

$$f(x) = P(x)\omega_{n+1}(x) + Q(x)$$

利用(7.5.3)式得

$$\int_a^b f(x)\mathrm{d}x = \int_a^b Q(x)\mathrm{d}x$$

由于所给公式(7.5.1)是插值型的,它对于 $Q(x)$ 能准确成立,即

$$\int_a^b Q(x)\mathrm{d}x = \sum_{i=0}^n A_i Q(x_i)$$

注意到 $\omega_{n+1}(x_i) = 0$,即 $f(x_i) = Q(x_i)$,从而有

$$\int_a^b f(x)\mathrm{d}x = \sum_{i=0}^n A_i f(x_i)$$

故插值型求积公式(7.5.1)具有 $2n+1$ 次代数精确度.

上述定理告诉我们,含有 $n+1$ 个节点而代数精确度为 $2n+1$ 的插值型求积公式是存在的,它所用的节点是 $[a,b]$ 上的第 $n+1$ 次正交多项式的零点. 称这一类求积公式为高斯(Gauss)公式,其节点为高斯点.

关于它的求积系数与余项有下面的结果.

定理 2 高斯公式(7.5.1)的求积系数 A_k 全为正,且

$$A_k = \int_a^b l_k(x)\mathrm{d}x = \int_a^b l_k^2(x)\mathrm{d}x, \qquad k=0,1,\cdots,n \qquad (7.5.4)$$

证明 因为 $l_k(x)$ 是 n 次多项式,所以 $l_k^2(x)$ 是 $2n$ 次多项式,从而高斯公式(7.5.1)对它能准确成立,即

$$\int_a^b l_k(x)\mathrm{d}x = \sum_{i=0}^n A_i l_k(x_i)$$

$$\int_a^b l_k^2(x)\mathrm{d}x = \sum_{i=0}^n A_i l_k^2(x_i)$$

注意到 $l_k(x_i) = \delta_{ki}$,上面两式的右端实际上等于 A_k,从而有

$$A_k = \int_a^b l_k(x)\mathrm{d}x = \int_a^b l_k^2(x)\mathrm{d}x > 0$$

定理 3 对于高斯公式(7.5.1),其余项为

$$R(f) = \frac{1}{(2n+2)!} f^{(2n+2)}(\eta) \int_a^b \omega_{n+1}^2(x) \mathrm{d}x \tag{7.5.5}$$

其中 $\eta \in [a,b]$,$\omega_{n+1}(x) = (x-x_0)(x-x_1)\cdots(x-x_n)$.

证明 以 $x_0, x_1, \cdots, x_n$ 为节点构造 $f(x)$ 的埃尔米特插值多项式 $H(x)$

$$H(x_i) = f(x_i), \quad H'(x_i) = f'(x_i), \quad i = 0, 1, \cdots, n$$

因为 $H(x)$ 是 $2n+1$ 次多项式,而它的余项是

$$f(x) - H(x) = \frac{1}{(2n+2)!} f^{(2n+2)}(\xi) \omega_{n+1}^2(x)$$

所以高斯公式(7.5.1)对 $H(x)$ 能准确成立,即

$$\int_a^b H(x)\mathrm{d}x = \sum_{i=0}^n A_i H(x_i) = \sum_{i=0}^n A_i f(x_i)$$

从而

$$R(f) = \int_a^b f(x)\mathrm{d}x - \sum_{i=0}^n A_i f(x_i) = \int_a^b f(x)\mathrm{d}x - \int_a^b H(x)\mathrm{d}x$$

$$= \int_a^b \frac{1}{(2n+2)!} f^{(2n+2)}(\xi) \omega_{n+1}^2(x)\mathrm{d}x$$

若 $f^{(2n+2)}(x)$ 在区间 $[a,b]$ 上连续,由于 $\omega_{n+1}^2(x)$ 在 $[a,b]$ 上不变号,故应用积分中值定理可得

$$R(f) = \frac{1}{(2n+2)!} f^{(2n+2)}(\eta) \int_a^b \omega_{n+1}^2(x)\mathrm{d}x, \quad \eta \in [a,b]$$

上述定理说明,与牛顿-科茨公式进行比较,高斯公式不但具有高精度,而且它还是数值稳定的,但是节点和求积系数的计算比较麻烦.

7.5.2 高斯-勒让德公式

对于任意求积区间 $[a,b]$,通过变换

$$x = \frac{a+b}{2} + \frac{b-a}{2} t$$

可化为区间 $[-1,1]$,这时

$$\int_a^b f(x)\mathrm{d}x = \frac{b-a}{2} \int_{-1}^1 f\left(\frac{a+b}{2} + \frac{b-a}{2} t\right)\mathrm{d}t$$

因此,不失一般性,可取 $a=-1, b=1$,考查区间 $[-1,1]$ 上的高斯公式

$$\int_{-1}^1 f(x)\mathrm{d}x \approx \sum_{i=0}^n A_i f(x_i) \tag{7.5.6}$$

我们知道,勒让德多项式

$$L_{n+1}(x) = \frac{1}{2^{n+1}(n+1)!} \frac{\mathrm{d}^{n+1}}{\mathrm{d}x^{n+1}} [(x^2-1)^{n+1}] \tag{7.5.7}$$

7.5 高斯公式

是区间$[-1,1]$上的正交多项式,因此,$L_{n+1}(x)$的$n+1$个零点就是高斯公式(7.5.6)式的$n+1$个节点.特别地,称$L_{n+1}(x)$的零点为高斯点,形如(7.5.6)式的高斯公式称为高斯－勒让德公式.

利用勒让德多项式的一个性质
$$(1-x^2)L'_{n+1}(x) = (n+1)[L_n(x) - xL_{n+1}(x)]$$
可得,高斯－勒让德求积系数A_i为
$$A_i = \frac{2(1-x_i^2)}{[(n+1)L_n(x_i)]^2}, \quad i=0,1,2,\cdots,n \quad (7.5.8)$$
按(7.5.5)式,可推得其余项为
$$R(f) = \frac{2^{2n+3}[(n+1)!]^4}{(2n+3)[(2n+2)!]^3}f^{(2n+2)}(\eta) \quad (7.5.9)$$

若取$L_1(x) = x$的零点$x_0 = 0$为节点,则
$$A_0 = \frac{2(1-0)}{[L_0(0)]^2} = 2$$

从而一点高斯－勒让德公式(中矩形公式)为
$$\int_{-1}^{1} f(x)\mathrm{d}x \approx 2f(0) \quad (7.5.10)$$
其余项为
$$R(f) = \frac{1}{3}f''(\eta)$$

若取$L_2(x) = \frac{1}{2}(3x^2 - 1)$的两个零点$\pm\frac{1}{\sqrt{3}}$为节点,则
$$A_0 = \frac{2\left[1 - \left(-\frac{1}{\sqrt{3}}\right)^2\right]}{\left[2L_1\left(-\frac{1}{\sqrt{3}}\right)\right]^2} = 1$$

$$A_1 = \frac{2\left[1 - \left(\frac{1}{\sqrt{3}}\right)^2\right]}{\left[2L_1\left(\frac{1}{\sqrt{3}}\right)\right]^2} = 1$$

从而二点高斯－勒让德公式为
$$\int_{-1}^{1} f(x)\mathrm{d}x \approx f\left(-\frac{1}{\sqrt{3}}\right) + f\left(\frac{1}{\sqrt{3}}\right) \quad (7.5.11)$$
其余项为
$$R(f) = \frac{2^5 \cdot 2^4}{5 \cdot 24^3}f^{(4)}(\eta) = \frac{1}{135}f^{(4)}(\eta)$$

同理,三点高斯－勒让德公式为

$$\int_{-1}^{1} f(x)\mathrm{d}x \approx \frac{5}{9}f\left(-\frac{\sqrt{15}}{5}\right) + \frac{8}{9}f(0) + \frac{5}{9}f\left(\frac{\sqrt{15}}{5}\right) \qquad (7.5.12)$$

其余项为

$$R(f) = \frac{1}{15750}f^{(6)}(\eta)$$

一般地，高斯－勒让德公式(7.5.6)的节点可以通过勒让德多项式的零点确定，而求积系数通过(7.5.8)式确定．

表 7-2 给出了高斯－勒让德公式在节点数为 1,2,3,4,5,6 时的节点、求积系数及余项．

表 7-2

节点数	节点 x_i	系数 A_i	余项 $R(f)$
1	0	2	$\frac{1}{3}f''(\eta)$
2	±0.5773503	1	$\frac{1}{135}f^{(4)}(\eta)$
3	±0.77145967 0	0.5555556 0.8888889	$\frac{f^{(4)}(\eta)}{15750}$
4	±0.8611363 ±0.3399810	0.3478548 0.6521452	$\frac{f^{(8)}(\eta)}{3472875}$
5	±0.9061799 ±0.5384693 0	0.2369269 0.4786287 0.5688889	$\frac{f^{(10)}(\eta)}{1237732650}$
6	±0.9324695 ±6612094 ±2386192	0.1713245 0.3607616 0.4679139	$\frac{2^{13}\cdot(6!)^4}{13\cdot(12!)^3}f^{12}(\eta)$

例 用二点高斯－勒让德公式计算积分

$$I = \int_0^{\frac{\pi}{2}} \sin x \mathrm{d}x$$

解 做变量代换 $x = \frac{\pi}{4}(t+1)$，则

$$I = \int_0^{\frac{\pi}{2}} \sin x \mathrm{d}x = \frac{\pi}{4}\int_{-1}^{1} \sin \frac{\pi(t+1)}{4} \mathrm{d}t$$

记 $f(t) = \sin\frac{\pi(t+1)}{4}$，因为节点 $t_i = \pm 0.5773503$ 得

$$f(t_0) = 0.32589, \quad f(t_1) = 0.94541$$

所以，由二点高斯公式

$$I \approx \frac{\pi}{4}[f(t_0) + f(t_1)]$$

$$= \frac{\pi}{4}(0.32589 + 0.94541) = 0.94541$$

计算结果比用复合梯形公式 7 个节点计算的结果还要好.

7.6 数值微分

在微分学中,函数的导数是通过导数定义或求导法则求得的,当函数是表格形式给出时,就不能用上述方法求导数了,因此有必要研究用数值方法求函数的导数.下面介绍几种求数值微商的方法.

7.6.1 中点方法

由导数定义,导数 $f'(a)$ 是差商 $\dfrac{f(a+h) - f(a)}{h}$ 当 $h \to 0$ 时的极限.如果精度要求不高,可取差商作为导数的近似值,这样便建立起一种数值微分方法

$$f'(a) \approx \frac{f(a+h) - f(a)}{h} \tag{7.6.1}$$

类似地,若用向后差商做近似计算,有

$$f'(a) \approx \frac{f(a) - f(a-h)}{h} \tag{7.6.2}$$

若用中心差商做近似计算,有

$$f'(a) \approx \frac{f(a+h) - f(a-h)}{2h} \tag{7.6.3}$$

称后一种数值微分方法为中点方法,相应的计算(7.6.3)式称为中点公式,它其实是前两种方法的算术平均.

在图 7-1 中,上述三种导数的近似值分别表示弦 AB、AC 与 BC 的斜率,比较切线 AT(其斜率等于 $f'(a)$)与三条弦平行的程度,从图形上可以明显地看出,弦 BC 与切线 AT 的斜率最为接近,因此就精度而言,中点方法最为可取.实际上,从三种方法的截断误差也可得出此结论.

分别将 $f(a \pm h)$ 在 $x = a$ 处泰勒展开

$$f(a \pm h) = f(a) \pm f'(a)h + \frac{h^2}{2!}f''(a) \pm \frac{h^3}{3!}f'''(a) + \frac{h^4}{4!}f^{(4)}(a) \pm \cdots$$

于是

$$\frac{f(a \pm h) - f(a)}{\pm h} = f'(a) \pm \frac{h}{2!}f''(a) + \frac{h^2}{3!}f'''(a) + \cdots$$

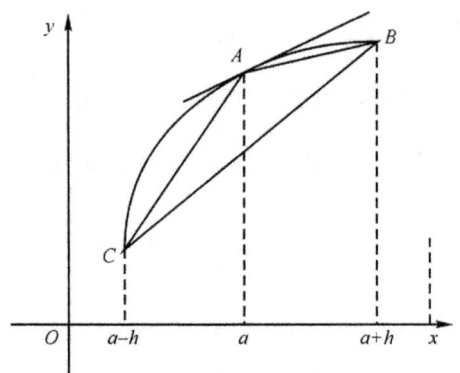

图 7-1

$$\frac{f(a+h)-f(a-h)}{2h} = f'(a) + \frac{h^2}{3!}f'''(a) + \frac{h^4}{5!}f^{(5)}(a) + \cdots$$

所以,公式(7.6.1)、(7.6.2)的截断误差是 $O(h)$,而中点公式的截断误差是 $O(h^2)$.

用中点公式计算导数的近似值,必须选取合适的步长 h. 因为,从中点公式的截断误差看,步长 h 越小,计算结果就越准确,但从舍入误差的角度看,当 h 很小时, $f(a+h)$ 与 $f(a-h)$ 很接近,两相近数直接相减会造成有效数字的严重损失,因此,步长 h 又不易取的太小.

例如,用中点公式求 $f(x) = \sqrt{x}$ 在 $x=2$ 处的导数,计算公式为

$$f'(2) \approx G(h) = \frac{\sqrt{2+h} - \sqrt{2-h}}{2h}$$

如取 4 位小数计算,结果见表 7-3.

表 7-3

h	$G(h)$	h	$G(h)$	h	$G(h)$
1	0.3660	0.05	0.3530	0.001	0.3500
0.5	0.3564	0.01	0.3500	0.0005	0.3000
0.1	0.3535	0.005	0.3500	0.0001	0.3000

导数 $f'(2)$ 的准确值为 0.353553,可见, $h=0.1$ 时逼近效果最好,如果进一步缩小步长,则逼近的效果会越来越差.

7.6.2 插值型求导公式

当函数 $f(x)$ 以表格形式给出：$y_i = f(x_i), i = 0,1,2,\cdots,n$，用插值多项式 $P_n(x)$ 作为 $f(x)$ 的近似函数 $f(x) \approx P_n(x)$，由于多项式的导数容易求得，我们取 $P_n(x)$ 的导数 $P'_n(x)$ 作为 $f'(x)$ 的近似值，这样建立的数值公式

$$f'(x) \approx P'_n(x) \tag{7.6.4}$$

统称为插值型的求导公式.

其截断误差可用插值多项式的余项得到，由于

$$f(x) = P_n(x) + \frac{f^{(n+1)}(\xi)}{(n+1)!}\omega_{n+1}(x), \quad a < \xi < b$$

两边求导数得

$$f'(x) = P'_n(x) + \frac{f^{(n+1)}(\xi)}{(n+1)!}\omega'_{n+1}(x) + \frac{\omega_{(n+1)}(x)}{(n+1)!}\frac{\mathrm{d}}{\mathrm{d}x}f^{(n+1)}(\xi)$$

由于上式中的 ξ 是 x 的未知函数，我们无法对 $\frac{\mathrm{d}}{\mathrm{d}x}f^{(n+1)}(\xi)$ 做出估计，因此，对于任意的 x，无法对截断误差 $f'(x) - P'_n(x)$ 做出估计．但是，如果求节点 x_i 处导数，则截断误差为

$$R_n(x_i) = f'(x_i) - P'_n(x_i) = \frac{f^{(n+1)}(\xi)}{(n+1)!}\omega'_{n+1}(x_i) \tag{7.6.5}$$

下面列出几个常用的数值微分公式：

(1) 两点公式

过节点 x_0, x_1 做线性插值多项式 $P_1(x)$，并记 $h = x_1 - x_0$，则

$$P_1(x) = \frac{x - x_1}{h}f(x_0) - \frac{x - x_0}{h}f(x_1)$$

两边求导数得

$$P'_1(x) = \frac{1}{h}(f(x_1) - f(x_0))$$

于是得两点公式

$$f'(x_0) = f'(x_1) \approx \frac{1}{h}(f(x_1) - f(x_0)) \tag{7.6.6}$$

其截断误差为

$$\begin{cases} R_1(x_0) = -\dfrac{h}{2}f''(\xi) \\ R_1(x_1) = \dfrac{h}{2}f''(\xi) \end{cases} \tag{7.6.7}$$

(2)三点公式

过等距节点 x_0, x_1, x_2 做二次插值多项式 $P_2(x)$,并记步长为 h,则

$$P_2(x) = \frac{(x-x_1)(x-x_2)}{2h^2}f(x_0) - \frac{(x-x_0)(x-x_2)}{h^2}f(x_1) + \frac{(x-x_0)(x-x_1)}{2h^2}f(x_2)$$

两边求导数得

$$P'_2(x) = \frac{2x-x_1-x_2}{2h^2}f(x_0) - \frac{2x-x_0-x_2}{h^2}f(x_1) + \frac{2x-x_0-x_1}{2h^2}f(x_2)$$

于是得三点公式

$$\begin{cases} f'(x_0) \approx \dfrac{1}{2h}(-3f(x_0) + 4f(x_1) - f(x_2)) \\ f'(x_1) \approx \dfrac{1}{2h}(f(x_2) - f(x_0)) \\ f'(x_2) \approx \dfrac{1}{2h}(f(x_0) - 4f(x_1) + 3f(x_2)) \end{cases} \quad (7.6.8)$$

其截断误差为

$$\begin{cases} R_2(x_0) = f'(x_0) - P'_2(x_0) = \dfrac{1}{3}h^2 f'''(\xi) \\ R_2(x_1) = f'(x_1) - P'_2(x_1) = -\dfrac{1}{6}h^2 f'''(\xi) \\ R_2(x_2) = f'(x_2) - P'_2(x_2) = \dfrac{1}{3}h^2 f'''(\xi) \end{cases} \quad (7.6.9)$$

如果要求 $f(x)$ 的二阶导数,可用 $P''_2(x)$ 作为 $f''(x)$ 的近似值,于是有

$$f''(x_i) \approx P''_2(x_i) = \frac{1}{h^2}(f(x_0) - 2f(x_1) + f(x_2)) \quad (7.6.10)$$

其截断误差为

$$f''(x_i) - P''_2(x_i) = O(h^2) \quad (7.6.11)$$

(3)五点公式

过五个节点 $x_i = x_0 + ih, i = 0,1,2,3,4$ 上的函数值,重复同样的手续,不难导出下列五点公式:

$$\begin{cases} f'(x_0) \approx \dfrac{1}{12h}[-25f(x_0)+48f(x_1)-36f(x_2)+16f(x_3)-3f(x_4)] \\ f'(x_1) \approx \dfrac{1}{12h}[-3f(x_0)-10f(x_1)+18f(x_2)-6f(x_3)+f(x_4)] \\ f'(x_2) \approx \dfrac{1}{12h}[f(x_0)-8f(x_1)+8f(x_3)-f(x_4)] \\ f'(x_3) \approx \dfrac{1}{12h}[-f(x_0)+6f(x_1)-18f(x_2)+10f(x_3)+3f(x_4)] \\ f'(x_4) \approx \dfrac{1}{12h}[3f(x_0)-16f(x_1)+36f(x_2)-16f(x_3)+3f(x_4)] \end{cases}$$

与

$$\begin{cases} f''(x_0) \approx \dfrac{1}{12h^2}[35f(x_0)-104f(x_1)+114f(x_2)-56f(x_3)+11f(x_4)] \\ f''(x_1) \approx \dfrac{1}{12h^2}[11f(x_0)-20f(x_1)+6f(x_2)+4f(x_3)-f(x_4)] \\ f''(x_2) \approx \dfrac{1}{12h^2}[-f(x_0)+16f(x_1)-30f(x_3)+16f(x_3)-f(x_4)] \\ f''(x_3) \approx \dfrac{1}{12h^2}[-f(x_0)+4f(x_1)+6f(x_2)-20f(x_3)+11f(x_4)] \\ f''(x_4) \approx \dfrac{1}{12h^2}[11f(x_0)-56f(x_1)+11f(x_2)-104f(x_3)+35f(x_4)] \end{cases}$$

读者不难导出这些求导公式的余项,并由此可知,用五点公式求节点上的导数值往往可以获得满足的结果.

习 题 7

1. 设函数 $f(x)$ 在区间 $[a,b]$ 上有连续的二阶导数,且 $f''(x)>0$,证明用梯形公式计算积分 $I=\int_a^b f(x)\mathrm{d}x$ 所得结果比准确值大,并说明其几何意义.

2. 确定下列求积公式中的待定常数,使其代数精确度尽量高,并指明所构造的求积公式的代数精确度:

(1) $\int_{-h}^{h} f(x)\mathrm{d}x \approx A_0 f(-h) + A_1 f(0) + A_2 f(h)$;

(2) $\int_{-1}^{1} f(x)\mathrm{d}x \approx \dfrac{1}{3}(f(-1)+2f(x_1)+3f(x_2))$.

3. 分别用复合梯形公式与复合抛物线公式计算下列积分:

(1) $\int_0^1 \dfrac{x}{4+x^2}\mathrm{d}x$,$[0,1]$ 8 等分;

(2) $\int_1^9 \sqrt{x}\,\mathrm{d}x$,$[1,9]$ 4 等分;

(3) $\int_0^{\frac{\pi}{4}} \sqrt{1-\sin^2 x}\,\mathrm{d}x$,$[0,\dfrac{\pi}{4}]$ 6 等分.

4. 已知

x	0	$\dfrac{\pi}{12}$	$\dfrac{2\pi}{12}$	$\dfrac{3\pi}{12}$	$\dfrac{4\pi}{12}$	$\dfrac{5\pi}{12}$	$\dfrac{\pi}{2}$
$\sin x$	0	0.2588	0.5	0.7071	0.866	0.9659	1.000

(1) 用复合梯形公式计算积分

$$I = \int_0^{\frac{\pi}{2}} \sin x \, dx$$

(2) 如果要求有 5 位有效数字,则 $[0, \dfrac{\pi}{2}]$ 要分为多少等份?

5. 用复合抛物线公式来求积分

$$I = \int_a^b f(x) \, dx$$

问将区间 $[a,b]$ 分成多少等份,才能保证误差不超过 ε(不计舍入误差, $f(x)$ 在 $[a,b]$ 上在有连续的 4 阶导数)?

6. 用龙贝格公式计算下列积分,要求相邻两次龙贝格值的差不超过 10^{-5}.

(1) $\int_0^1 \dfrac{4}{\sqrt{\pi}} e^{-x} dx$;   (2) $\int_0^1 \dfrac{4}{1+x^2} dx$.

7. 分别用下列方法计算积分

$$I = \int_1^3 \dfrac{1}{x} dx$$

(1) 复合梯形公式, $n=16$;
(2) 复合抛物线公式 $n=4$;
(3) 龙贝格算法,求至 R_2.

8. 计算积分

$$I = \int_1^3 \dfrac{1}{x} dx$$

(1) 利用三点及五点公式计算;
(2) 将积分区间 4 等分,在每一个子区间上用两点高斯公式计算,然后累加得积分值.

9. 用三点公式求 $f(x) = \dfrac{1}{(1+x)^2}$ 在 $x = 1.0, 1.1, 1.2$ 处的导数值,并估计误差, $f(x)$ 的值由下表给出.

x	1.0	1.1	1.2
$f(x)$	0.2500	0.2268	0.2066

第8章 常微分方程数值解法

常微分方程中只有一些典型方程能求出初等解(用初等函数表示的解),大部分的方程是求不出初等解的.另外,有些初值问题虽然有初等解,但由于形式太复杂不便于应用.因此,有必要探讨常微分方程初值问题的数值解法.

本章主要介绍一阶常微分方程初值问题的欧拉法、龙格－库塔法、亚当斯方法,在此基础上推出一阶微分方程组与高阶方程初值问题的数值解法;此外,还将简要介绍求解二阶常微分方程边值问题的差分方法、试射法.

8.1 欧 拉 法

求解常微分方程初值问题

$$\begin{cases} \dfrac{dy}{dx} = f(x,y) \\ y(x_0) = y_0 \end{cases} \tag{8.1.1}$$

的数值解,就是寻求准确解 $y(x)$ 在一系列离散节点

$$x_0 < x_1 < x_2 < \cdots < x_n < \cdots$$

上的近似值

$$y_0, y_1, y_2, \cdots, y_n, \cdots$$

$\{y_n\}$ 称为问题的数值解,数值解所满足的离散方程统称为差分格式,$h_i = x_i - x_{i-1}$ 称为步长,实用中常取定步长.

显然,只有当初值问题(8.1.1)的解存在且唯一时,使用数值解法才有意义,这一前提条件由下面定理保证.

定理 设函数 $f(x,y)$ 在区域

$$D: a \leqslant x \leqslant b, \quad -\infty < y < +\infty$$

上连续,且在区域 D 内满足利普希茨(Lipschitz)条件,即存在正数 L,使得对于 R 内任意两点 (x, y_1) 与 (x, y_2),恒有

$$|f(x, y_1) - f(x, y_2)| \leqslant L|y_1 - y_2|$$

则初值问题(8.1.1)的解 $y(x)$ 存在并且唯一.

8.1.1 欧拉法(欧拉折线法)

若将函数 $y(x)$ 在点 x_n 处的导数 $y'(x_n)$ 用两点式代替,即

$$y'(x_n) \approx \frac{y(x_{n+1}) - y(x_n)}{h}$$

再用 y_n 近似地代替 $y(x_n)$,则初值问题(8.1.1)变为

$$\begin{cases} y_{n+1} = y_n + hf(x_n, y_n) \\ y_0 = y(x_0), \qquad n = 0,1,2,\cdots \end{cases} \tag{8.1.2}$$

(8.1.2)式就是著名的欧拉(Euler)公式.以上方法称为欧拉法或欧拉折线法.

欧拉公式有明显的几何意义.从几何上看,求解初值问题(8.1.1)就是 xy 平面上求一条通过点 (x_0,y_0) 的曲线 $y = y(x)$,并使曲线上任意一点 (x,y) 处的切线斜率为 $f(x,y)$.欧拉公式的几何意义就是从点 $P_0(x_0,y_0)$ 出发做一斜率为 $f(x_0,y_0)$ 的直线交直线 $x = x_1$ 于点 $P_1(x_1,y_1)$,P_1 点的纵坐标 y_1 就是 $y(x_1)$ 的近似值;再从点 P_1 做一斜率为 $f(x_1,y_1)$ 的直线交直线 $x = x_2$ 于点 $P_2(x_2,y_2)$,P_2 点的纵坐标 y_2 就是 $y(x_2)$ 的近似值;如此继续进行,得一条折线 $P_0P_1P_2\cdots$.该折线就是解 $y = y(x)$ 的近似图形,如图 8-1.

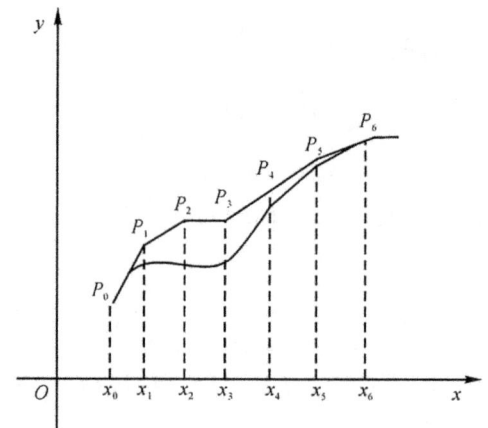

图 8-1

欧拉法的其他几种解释:

① 假设 $y(x)$ 在 x_n 附近展开成泰勒级数

$$y(x_{n+1}) = y(x_n) + hy'(x_n) + \frac{h^2}{2!}y''(x_n) + \cdots$$
$$= y(x_n) + hf(x_n, y(x_n)) + \frac{h^2}{2!}y''(x_n) + \cdots$$

取 h 的线性部分,并用 y_n 作为 $y(x_n)$ 的近似值,得

$$y_{n+1} = y_n + hf(x_n, y_n)$$

② 对方程 $\dfrac{dy}{dx} = f(x,y)$ 两边从 x_n 到 x_{n+1} 积分，得

$$y(x_{n+1}) - y(x_n) = \int_{x_n}^{x_{n+1}} f(x,y(x))dx \tag{8.1.3}$$

用矩形公式计算上式右侧积分，即

$$\int_{x_n}^{x_{n+1}} f(x,y(x))dx \approx hf(x_n,y(x_n))$$

并用 y_n 作为 $y(x_n)$ 的近似值，得

$$y_{n+1} = y_n + hf(x_n,y_n)$$

故欧拉法也称为矩形法.

8.1.2 改进的欧拉法（梯形法）

欧拉法形式简单，计算方便，但精度比较低，特别当曲线 $y = y(x)$ 的曲率较大时，欧拉法的效果更差. 为了达到较高精度的计算公式，对欧拉法进行改进，用梯形公式计算(8.1.3)式右侧积分，即

$$\int_{x_n}^{x_{n+1}} f(x,y(x))dx \approx \dfrac{h}{2}[f(x_n,y(x_n)) + f(x_{n+1},y(x_{n+1}))]$$

并用 y_n 作为 $y(x_n)$ 的近似值，得到改进的欧拉公式

$$y_{n+1} = y_n + \dfrac{h}{2}[f(x_n,y_n) + f(x_{n+1},y_{n+1})] \tag{8.1.4}$$

上述方法称为改进的欧拉法，也称为梯形法.

不难发现，欧拉公式是关于 y_{n+1} 的显式，即只要已知 y_n，经过一次计算便可得 y_{n+1} 的值，而改进的欧拉公式是以 y_{n+1} 的隐式方程给出，不能直接得到 y_{n+1}. 隐式方程(8.1.4)通常用迭代法求解，而迭代过程的实质是逐步显式化.

先用欧拉公式

$$y_{n+1}^{(0)} = y_n + hf(x_n,y_n)$$

给出 y_{n+1} 的迭代初值，然后再用改进的欧拉公式(8.1.4)进行迭代，即有

$$\begin{cases} y_{n+1}^{(0)} = y_n + hf(x_n,y_n) \\ y_{n+1}^{(k+1)} = y_n + \dfrac{h}{2}[f(x_n,y_n) + f(x_{n+1},y_{n+1}^{(k)})] \\ k = 0,1,2,\cdots \end{cases} \tag{8.1.5}$$

迭代过程进行到连续两次迭代结果之差的绝对值小于给定的精度 ε，即

$$|y_{n+1}^{(k+1)} - y_{n+1}^{(k)}| < \varepsilon$$

为止，这时取

$$y_{n+1} = y_{n+1}^{(k+1)}$$

然后再转入下一步计算.

下面讨论 $\{y_{n+1}^{(k)}\}$ 是否收敛；若收敛,它的极限是否满足(8.1.4)式.

假设 $f(x,y)$ 满足利普希茨条件

$$|f(x,y_1)-f(x,y_2)|\leqslant L|y_1-y_2|$$

则

$$|y_{n+1}^{(k+1)}-y_{n+1}^{(k)}|=\frac{h}{2}|f(x_{n+1},y_{n+1}^{(k)})-f(x_{n+1},y_{n+1}^{(k-1)})|$$

$$\leqslant \frac{hL}{2}|y_{n+1}^{(k)}-y_{n+1}^{(k-1)}|$$

$$\leqslant \left(\frac{hL}{2}\right)^2|y_{n+1}^{(k-1)}-y_{n+1}^{(k-2)}|$$

$$\leqslant \cdots \leqslant \left(\frac{hL}{2}\right)^k|y_{n+1}^{(1)}-y_{n+1}^{(0)}|$$

由此可见,只要 $\frac{hL}{2}<1$（这里只要步长 h 足够小即可）,当 $k\to\infty$ 时,有 $\left(\frac{hL}{2}\right)^k\to 0$,所以 $\{y_{n+1}^{(k)}\}$ 收敛.

又因为 $f(x,y)$ 对 y 连续,当 $k\to\infty$ 时,对等式

$$y_{n+1}^{(k+1)}=y_n+\frac{h}{2}[f(x_n,y_n)+f(x_{n+1},y_{n+1}^{(k)})]$$

两端取极限,得

$$y_{n+1}=y_n+\frac{h}{2}[f(x_n,y_n)+f(x_{n+1},y_{n+1})]$$

因此,只要步长 h 足够小,就可保证 $\{y_{n+1}^{(k)}\}$ 收敛到满足(8.1.4)式的 y_{n+1}.

8.1.3 预估-校正法

改进的欧拉公式在实际计算时要进行多次迭代,因而计算量较大. 在实用上,对于改进的欧拉公式(8.1.5)只迭代一次,即先用欧拉公式算出 y_{n+1} 的预估值 $y_{n+1}^{(0)}$,再用改进的欧拉公式(8.1.4)进行一次迭代得到校正值 y_{n+1},即

$$\begin{cases}y_{n+1}^{(0)}=y_n+hf(x_n,y_n)\\ y_{n+1}=y_n+\frac{h}{2}[f(x_n,y_n)+f(x_{n+1},y_{n+1}^{(0)})],\quad n=0,1,2,\cdots\end{cases} \quad (8.1.6)$$

预估-校正公式也常写成下列形式：

$$\begin{cases}y_{n+1}=y_n+\frac{1}{2}k_1+\frac{1}{2}k_2\\ k_1=hf(x_n,y_n)\\ k_2=hf(x_n+h,y_n+k_1)\end{cases},\quad n=0,1,2,\cdots \quad (8.1.7)$$

8.1.4 公式的截断误差

定义 若某种微分方程数值解公式的截断误差是 $O(h^{k+1})$,则称这种方法是 k 阶方法.

为了简化分析,在进行误差分析时,我们假设前一步的结果是准确的,即在 $y_n = y(x_n)$ 的前提下,考虑用 y_{n+1} 作为 $y(x_{n+1})$ 的近似值而产生的截断误差,这种误差称为局部截断误差.由泰勒公式

$$y(x_{n+1}) = y(x_n + h) = y(x_n) + hy'(x_n) + \frac{h^2}{2!}y''(x_n) + \cdots$$

对于欧拉公式,有

$$y_{n+1} = y_n + hf(x_n, y_n) = y(x_n) + hy'(x_n)$$

于是

$$y(x_{n+1}) - y_{n+1} = O(h^2)$$

则欧拉公式的截断误差为 $O(h^2)$,所以欧拉法是一阶方法.

对于预估-校正公式,有

$$k_1 = hf(x_n, y_n) = hy'(x_n)$$
$$k_2 = hf(x_n + h, y_n + k_1) = hf(x_n + h, y(x_n) + k_1)$$
$$= h[f(x_n, y(x_n)) + hf_x(x_n, y(x_n)) + k_1 f_y(x_n, y(x_n)) + \cdots]$$
$$= hf(x_n, y(x_n)) + h^2[f_x(x_n, y(x_n)) + y'(x_n)f_y(x_n, y(x_n))] + \cdots$$

而

$$y'(x) = f(x, y(x))$$
$$y''(x) = f_x(x, y(x)) + y'(x) \cdot f_y(x, y(x))$$

于是

$$k_2 = hy'(x_n) + h^2 y''(x_n) + \cdots$$

因此

$$y_{n+1} = y_n + \frac{1}{2}k_1 + \frac{1}{2}k_2$$
$$= y(x_n) + hy'(x_n) + \frac{h^2}{2}y''(x_n) + \cdots$$

所以 $y(x_{n+1}) - y_{n+1} = O(h^3)$,则预估-校正公式的截断误差为 $O(h^3)$,也即预估-校正法是二阶方法.

可以证明,改进的欧拉公式与预估-校正公式的截断误差相同,均为 $O(h^3)$. 这里略去证明.

例 在区间 $[0,1]$ 上以 $h = 0.1$ 为步长,分别用欧拉法与预估-校正法求初值问题

$$\begin{cases} \dfrac{dy}{dx} = y - \dfrac{2x}{y} \\ y(0) = 1 \end{cases}$$

的数值解.

解 该方程为伯努利方程,其精确解为

$$y = \sqrt{1+2x}$$

欧拉公式的具体形式为

$$y_{n+1} = y_n + h\left(y_n - \dfrac{2x_n}{y_n}\right)$$

预估 - 校正公式的具体形式为

$$\begin{cases} y_{n+1} = y_n + \dfrac{1}{2}k_1 + \dfrac{1}{2}k_2 \\ k_1 = h\left(y_n - \dfrac{2x_n}{y_n}\right) \\ k_2 = h\left(y_n + k_1 - \dfrac{2(x_n+h)}{y_n+k_1}\right) \end{cases}$$

取步长 $h = 0.1, x_0 = 0, y_0 = 1$,计算结果见表 8-1.

表 8-1

n	x_n	y_n		
		欧拉法	预估 - 校正法	准确解
0	0	1	1	1
1	0.1	1.1	1.095909	1.095445
2	0.2	1.191818	1.184097	1.183216
3	0.3	1.277438	1.266201	1.264911
4	0.4	1.358213	1.343360	1.341641
5	0.5	1.435133	1.416402	1.414214
6	0.6	1.508966	1.485956	1.483240
7	0.7	1.580338	1.552514	1.549193
8	0.8	1.649783	1.616475	1.612452
9	0.9	1.717779	1.678166	1.673320
10	1	1.784771	1.737867	1.732051

近似解与准确解比较,欧拉法的结果大致只有 2 位有效数字,而预估－校正法的结果则有 3 位有效数字.

8.2 龙格－库塔法

前面讨论的欧拉法与改进的欧拉法都是一步法,即计算 y_{n+1} 时,只用到前一步值.龙格－库塔(Runge-Kutta)法(简称为 R-K 方法)是一类高精度的一步法,这类方法与泰勒级数法有着密切的关系.

8.2.1 泰勒级数法

设有初值问题

$$\begin{cases} \dfrac{dy}{dx} = f(x,y) \\ y(x_0) = y_0 \end{cases}$$

由泰勒展开式

$$y(x_{n+1}) = y(x_n + h) = y(x_n) + hy'(x_n) + \frac{h^2}{2!}y''(x_n) + \cdots +$$

$$\frac{h^k}{k!}y^{(k)}(x_n) + O(h^{k+1}) \qquad (8.2.1)$$

若令

$$y_{n+1} = y(x_n) + hy'(x_n) + \frac{h^2}{2!}y''(x_n) + \cdots + \frac{h^k}{k!}y^{(k)}(x_n) \qquad (8.2.2)$$

则

$$y(x_{n+1}) - y_{n+1} = O(h^{k+1})$$

即公式(8.2.2)为 k 阶方法.

从理论上讲,只要解 $y(x)$ 有任意阶导数,泰勒展开方法就可以构造任意阶求 y_{n+1} 的公式,但由于计算这些导数是非常复杂的.如

$$y'(x) = f(x,y(x)) = f$$
$$y''(x) = f_x + y'f_y = f_x + ff_y$$
$$y''' = f_{xx} + 2ff_{xy} + f_xf_y + ff_y^2 + f^2f_{yy}$$
$$\cdots\cdots$$

所以这种方法实际上不能用来解初值问题.

8.2.2 龙格－库塔方法(R-K 方法)

R-K 方法不是通过求导数的方法构造近似公式,而是通过计算不同点上的函

数值,并对这些函数值做线性组合,构造近似公式,再把近似公式与解的泰勒展开式进行比较,使前面的若干项相同,从而使近似公式达到一定的阶数.

我们先分析欧拉法与预估-校正法.对于欧拉法

$$\begin{cases} y_{n+1} = y_n + k_1 \\ k_1 = hf(x_n, y_n) \end{cases}$$

每步计算 f 的值一次,其截断误差为 $O(h^2)$.对于预估-校正法

$$\begin{cases} y_{n+1} = y_n + \frac{1}{2}k_1 + \frac{1}{2}k_2 \\ k_1 = hf(x_n, y_n) \\ k_2 = hf(x_n + h, y_n + k_1) \end{cases}$$

每步计算 f 的值两次,其截断误差为 $O(h^3)$.

下面对预估-校正法进行改进,将该公式写成更一般的形式

$$\begin{cases} y_{n+1} = y_n + R_1 k_1 + R_2 k_2 \\ k_1 = hf(x_n, y_n) \\ k_2 = hf(x_n + ah, y_n + bk_1) \end{cases} \tag{8.2.3}$$

其中 R_1, R_2, a, b 为待定常数.选择这些常数的原则是在 $y_n = y(x_n)$ 的前提下,使 $y(x_{n+1}) - y_{n+1}$ 的阶尽量高.为此,做泰勒展开

$$\begin{aligned} k_2 &= hf(x_n + ah, y_n + bk_1) \\ &= h[f + ahf_x + bk_1 f_y + \cdots] \\ &= hf + h^2(af_x + bff_y) + \cdots \end{aligned}$$

其中 $f, f_x, f_y, \cdots$ 都是在 (x_n, y_n) 处的函数值.将 k_1, k_2 代入 y_{n+1} 得

$$\begin{aligned} y_{n+1} &= y_n + (R_1 + R_2)hf + h^2(aR_2 f_x + bR_2 ff_y) + \cdots \\ &= y(x_n) + h(R_1 + R_2)y'(x_n) + h^2(aR_2 f_x + bR_2 ff_y) + \cdots \end{aligned}$$

与泰勒展开式(8.2.2)进行比较,要使得 $y(x_{n+1}) - y_{n+1} = O(h^3)$,只要4个参数满足

$$\begin{cases} R_1 + R_2 = 1 \\ aR_2 = \frac{1}{2} \\ bR_2 = \frac{1}{2} \end{cases} \tag{8.2.4}$$

若 $R_1 = R_2 = \frac{1}{2}, a = b = 1$,即得预估-校正公式.

满足(8.2.4)式的 R_1、R_2、a、b 可以有各种不同的取法,但不管如何取法,都要计算两次 f 的值(即计算 f 在两个不同点的函数值),截断误差都是 $O(h^3)$.满足条件(8.2.4)的一族公式(8.2.3)统称为二阶龙格-库塔公式.

8.2 龙格-库塔法

人们容易想到,如果不增加计算函数值的次数,能否适当地选择这4个参数,使近似公式的局部截断误差的阶再提高,比如达到 $O(h^4)$. 为此,把 k_2 多展开一项,有

$$k_2 = hf + h^2(af_x + bff_y) + \frac{h^3}{2}(a^2 f_{xx} + 2abff_{xy} + b^2 f^2 f_{yy}) + O(h^4)$$

所以

$$y_{n+1} = y(x_n) + h(R_1 + R_2)y'(x_n) + h^2(aR_2 f_x + bR_2 ff_y) +$$
$$\frac{h^3}{2}(a^2 R_2 f_{xx} + 2abR_2 ff_{xy} + b^2 R_2 f^2 f_{yy}) + O(h^4)$$

而 $y(x_{n+1})$ 在 x_n 的泰勒展开式

$$y(x_{n+1}) = y(x_n) + hy'(x_n) + \frac{h^2}{2}y''(x_n) + \frac{h^3}{6}y'''(x_n) + O(h^4)$$
$$= y(x_n) + hf + \frac{h^2}{2}(f_x + ff_y) + \frac{h^3}{6}(f_{xx} + 2ff_{xy} + f^2 f_{yy} + f_x f_y + ff_y^2) + O(h^4)$$

由于 $y(x_{n+1})$ 展开式的 h^3 项中 $f_x f_y + ff_y^2$ 是无法通过选择参数 R_1、R_2、a、b 来消去的,所以不论4个参数如何选择,都不能使局部截断误差 $y(x_{n+1}) - y_{n+1}$ 达到 $O(h^4)$. 要想提高近似公式的阶,只能继续增加计算 f 的值的次数.

如果每步计算3次 f 的值,可将公式写成下列形式:

$$\begin{cases} y_{n+1} = y_n + R_1 k_1 + R_2 k_2 + R_3 k_3 \\ k_1 = hf(x_n, y_n) \\ k_2 = hf(x_n + a_2 h, y_n + b_{21} k_1) \\ k_3 = hf(x_n + a_3 h, y_n + b_{31} k_1 + b_{32} k_2) \end{cases} \quad (8.2.5)$$

与二阶龙格-库塔公式的讨论方法类似,要使 $y(x_{n+1}) - y_{n+1} = O(h^4)$,只需8个参数满足

$$\begin{cases} R_1 + R_2 + R_3 = 1 \\ a_2 = b_{21} \\ a_3 = b_{31} + b_{32} \\ a_2 R_2 + a_3 R_3 = \frac{1}{2} \\ a_2^2 R_2 + a_3^2 R_3 = \frac{1}{3} \\ a_2 b_{32} R_3 = \frac{1}{6} \end{cases}$$

方程组包含6个方程、8个未知量,其解不唯一. 满足条件(8.2.6)的一族公式(8.2.5)统称为三阶龙格-库塔公式.

一个比较简单的三阶龙格-库塔公式是

$$\begin{cases} y_{n+1} = y_n + \dfrac{1}{6}R_1 + \dfrac{4}{6}R_2 + \dfrac{1}{6}R_3 \\ k_1 = hf(x_n, y_n) \\ k_2 = hf(x_n + \dfrac{1}{2}h, y_n + \dfrac{1}{2}k_1) \\ k_3 = hf(x_n + h, y_n - k_1 + 2k_2) \end{cases}$$

截断误差为 $O(h^5)$ 的四阶龙格-库塔公式是常用的公式,每步都要计算 4 次 f 的值.它的一般形式是

$$\begin{cases} y_{n+1} = y_n + R_1 k_1 + R_2 k_2 + R_3 k_3 + R_4 k_4 \\ k_1 = hf(x_n, y_n) \\ k_2 = hf(x_n + a_2 h, y_n + b_{21} k_1) \\ k_3 = hf(x_n + a_3 h, y_n + b_{31} k_1 + b_{32} k_2) \\ k_4 = hf(x_n + a_4 h, y_n + b_{41} k_1 + b_{42} k_2 + b_{43} k_3) \end{cases} \quad (8.2.6)$$

(8.2.6)式中 13 个待定常数需满足下列 11 个方程的方程组:

$$\begin{cases} R_1 + R_2 + R_3 + R_4 = 1 \\ a_2 = b_{21} \\ a_3 = b_{31} + b_{32} \\ a_4 = b_{41} + b_{42} + b_{43} \\ a_2 R_2 + a_3 R_3 + a_4 R_4 = \dfrac{1}{2} \\ a_2^2 R_2 + a_3^2 R_3 + a_4^2 R_4 = \dfrac{1}{3} \\ a_2^3 R_2 + a_3^3 R_3 + a_4^3 R_4 = \dfrac{1}{4} \\ a_2 b_{32} R_3 + R_4(a_2 b_{42} + a_3 b_{43}) = \dfrac{1}{6} \\ a_2^2 b_{32} R_3 + R_4(a_2^2 b_{42} + a_3^2 b_{43}) = \dfrac{1}{12} \\ a_2 a_3 b_{32} R_3 + a_4 R_4(a_2 b_{42} + a_3 b_{43}) = \dfrac{1}{8} \\ a_2 b_{32} b_{43} R_4 = \dfrac{1}{24} \end{cases}$$

最常用的四阶龙格-库塔公式是标准四阶龙格-库塔公式

8.2 龙格-库塔法

$$\begin{cases} y_{n+1} = y_n + \dfrac{1}{6}(k_1 + 2k_2 + 2k_3 + k_4) \\ k_1 = hf(x_n, y_n) \\ k_2 = hf\left(x_n + \dfrac{1}{2}h, y_n + \dfrac{1}{2}k_1\right) \\ k_3 = hf\left(x_n + \dfrac{1}{2}h, y_n + \dfrac{1}{2}k_2\right) \\ k_4 = hf(x_n + h, y_n + k_3) \end{cases}$$

和吉尔公式

$$\begin{cases} y_{n+1} = y_n + \dfrac{1}{6}k_1 + \dfrac{1}{3}\left(1 - \dfrac{1}{\sqrt{2}}\right)k_2 + \dfrac{1}{3}\left(1 + \dfrac{1}{\sqrt{2}}\right)k_3 + \dfrac{1}{6}k_4 \\ k_1 = hf(x_n, y_n) \\ k_2 = hf\left(x_n + \dfrac{1}{2}h, y_n + \dfrac{1}{2}k_1\right) \\ k_3 = hf\left[x_n + \dfrac{1}{2}h, y_n + \left(-\dfrac{1}{2} + \dfrac{1}{\sqrt{2}}\right)k_1 + \left(1 - \dfrac{1}{\sqrt{2}}\right)k_2\right] \\ k_4 = hf\left[x_n + h, y_n + \left(-\dfrac{1}{\sqrt{2}}\right)k_2 + \left(1 + \dfrac{1}{\sqrt{2}}\right)k_3\right] \end{cases}$$

标准四阶龙格-库塔公式手算时采用表 8-2 所示的表格计算.

表 8-2

x_n	y_n	$k_i = hf$	$\overline{k}$
x_0	y_0	$k_1 = hf(x_0, y_0)$	
$x_0 + \dfrac{1}{2}h$	$y_0 + \dfrac{1}{2}k_1$	$k_2 = hf\left(x_0 + \dfrac{h}{2}, y_0 + \dfrac{k_1}{2}\right)$	$\overline{k} = \dfrac{1}{6}(k_1 + 2k_2 + 2k_3 + k_4)$
$x_0 + \dfrac{1}{2}h$	$y_0 + \dfrac{1}{2}k_2$	$k_3 = hf\left(x_0 + \dfrac{h}{2}, y_0 + \dfrac{k_2}{2}\right)$	
$x_0 + h$	$y_0 + k_3$	$k_4 = hf(x_0 + h, y_0 + k_3)$	
$x_1 = x_0 + h$	$y_1 = y_0 + \overline{k}$		

例 用标准四阶龙格-库塔方法求解初值问题

$$\begin{cases} \dfrac{dy}{dx} = y - \dfrac{2x}{y} \\ y(0) = 1, \quad 0 \leqslant x \leqslant 0.6, \quad h = 0.2 \end{cases}$$

解 计算过程和结果如表 8-3 所示. 因此有

表 8-3

x_n	y_n	$\dfrac{k_i}{2} = 0.1\left(y_n - \dfrac{2x_n}{y_n}\right)$	$\bar{k}$
0	1.000000	0.1000000	
0.1	1.1000000	0.0918182	
0.1	1.091818	0.0908637	0.1832292
0.2	1.181727	0.0843239	
0.2	1.183229	0.0849171	
0.3	1.267746	0.0794465	
0.3	1.262676	0.0787495	0.1584376
0.4	1.340728	0.0744037	
0.4	1.341667	0.0745394	
0.5	1.416026	0.0710094	
0.5	1.412676	0.0708400	0.1416245
0.6	1.482627	0.0673253	
0.6	1.483281		

$$y(0) = 1, \quad y(0.2) \approx 1.183229$$
$$y(0.4) \approx 1.341667, \quad y(0.6) \approx 1.483281$$

对该例,用几种不同的一步法计算的结果如表 8-4.

由表 8-4 可见,虽然四阶龙格-库塔方法每步要计算 4 次 f 的值,但以 $h = 0.2$ 为步长的计算结果就有 5 位有效数字,而欧拉法与预估-校正法以 $h = 0.1$ 为步长的计算结果才具有 2 位与 3 位有效数字. 如果步长 h 也取 0.2,则结果的精度会更低.

表 8-4

x_n	欧拉法 ($h=0.2$)	预估-校正法 ($h=0.2$)	四阶 R-K 法 ($h=0.1$)	准确解
0	1	1	1	1
0.1	1.1	1.095909		1.095445
0.2	1.191818	1.184097	1.183229	1.183216
0.3	1.277438	1.266201		1.264911
0.4	1.358213	1.343360	1.341667	1.341641
0.5	1.435133	1.416402		1.414214
0.6	1.508966	1.485956	1.483281	1.483240
0.7	1.580388	1.552514		1.549193
0.8	1.649783	1.616475	1.612514	1.612452

8.3 亚当斯方法

求解初值问题的一步法在计算时只用到前面一步的结果,所以要提高精度时,需要增加中间函数值的计算,这就加大了计算量. 如果在计算 y_{n+1} 时,不仅用到 x_n 上的近似值 y_n,还用到前面若干节点 $x_{n-1}, x_{n-2}, \cdots$ 上的近似值 $y_{n-1}, y_{n-2}, \cdots$,称这种方法为多步法. 亚当斯(Adams)方法是多步法中的一种.

我们知道,求解初值问题

$$\begin{cases} \dfrac{\mathrm{d}y}{\mathrm{d}x} = f(x, y) \\ y(x_0) = y_0 \end{cases} \tag{8.3.1}$$

等价于求解积分方程

$$y(x_{n+1}) = y(x_n) + \int_{x_n}^{x_{n+1}} f(x, y(x)) \mathrm{d}x \tag{8.3.2}$$

选用不同的数值方法计算(8.3.2)式右端的积分项,就会导出不同的计算公式. 例如,用矩形法计算积分项

$$\int_{x_n}^{x_{n+1}} f(x, y(x)) \mathrm{d}x \approx h f(x_n, y(x_n))$$

代入(8.3.2)式得

$$y(x_{n+1}) = y(x_n) + h f(x_n, y(x_n))$$

离散化即得欧拉公式,其截断误差为 $O(h^2)$.

为了提高精度,改用梯形法计算积分项

$$\int_{x_n}^{x_{n+1}} f(x, y(x)) \mathrm{d}x \approx \frac{h}{2} [f(x_n, y(x_n)) + f(x_{n+1}, y(x_{n+1}))]$$

代入(8.3.2)式得

$$y(x_{n+1}) = y(x_n) + \frac{h}{2} [f(x_n, y(x_n)) + f(x_{n+1}, y(x_{n+1}))]$$

离散化得到改进的欧拉公式,其截断误差是 $O(h^3)$.

为此,我们想到,基于插值原理可以建立一系列的数值积分方法,运用这些方法可以导出求初值问题的一系列计算公式. 一般地,若用插值多项式 $\varphi_k(x)$,代替 $f(x, y(x))$,用 $\int_{x_n}^{x_{n+1}} \varphi_k(x) \mathrm{d}x$ 作为 $\int_{x_n}^{x_{n+1}} f(x, y(x)) \mathrm{d}x$ 的近似值,离散化后得公式

$$y_{n+1} = y_n + \int_{x_n}^{x_{n+1}} \varphi_k(x) \mathrm{d}x \tag{8.3.3}$$

8.3.1 亚当斯显式公式

设初值问题(8.3.1)的解 $y(x)$ 在 $x_n, x_{n-1}, \cdots, x_{n-k}$ 上各点的近似值 $y_n, y_{n-1}, \cdots, y_{n-k}$ 都已计算出来,用点 $(x_n, f_n), (x_{n-1}, f_{n-1}), \cdots, (x_{n-k}, f_{n-k})$ 做后插公式

$$\varphi_k(x) = f_n + \nabla f_n \cdot t + \frac{\nabla^2 f_n}{2!} t(t+1) + \cdots + \frac{\nabla^k f_n}{k!} t(t+1) \cdots (t+k-1)$$

$$= \sum_{j=0}^{k} \frac{\nabla^j f_n}{j!} t(t+1) \cdots (t+j-1)$$

其中 $x = x_n + th$,将 $\varphi_k(x)$ 代入(8.3.3)式,得亚当斯显式公式

$$y_{n+1} = y_n + h \sum_{j=0}^{k} a_j \nabla^j f_n \tag{8.3.4}$$

其中

$$a_j = \frac{1}{j!} \int_0^1 t(t+1) \cdots (t+j-1) \mathrm{d}t$$

它的前几个值见表 8-5.

表 8-5

j	0	1	2	3
a_j	1	$\frac{1}{2}$	$\frac{5}{12}$	$\frac{3}{8}$

当 $k = 0$ 时,(8.3.4)式为欧拉公式.

当 $k = 1$ 时,(8.3.4)式为

$$y_{n+1} = y_n + h(f_n + \frac{1}{2} \nabla f_n)$$

当 $k = 3$ 时,(8.3.4)式为

$$y_{n+1} = y_n + h(f_n + \frac{1}{2} \nabla f_n + \frac{5}{12} \nabla^2 f_n + \frac{3}{8} \nabla^3 f_n) \tag{8.3.5}$$

利用差分与函数值之间的关系,(8.3.5)式可写成下列形式

$$y_{n+1} = y_n + \frac{h}{24}(55 f_n - 59 f_{n-1} + 37 f_{n-2} - 9 f_{n-3}) \tag{8.3.6}$$

假设(8.3.6)式右端的值精确,即 $y_{n-i} = y(x_{n-i}), i = 0, 1, 2, 3$. 那么

$$f_{n-i} = f(x_{n-i}, y_{n-i}) = f(x_{n-i}, y(x_{n-i})) = y'(x_{n-i})$$

代入(8.3.6)式

$$y_{n+1} = y(x_n) + \frac{h}{24}(55 y'(x_n) - 59 y'(x_{n-1}) + 37 y'(x_{n-2}) - 9 y'(x_{n-3}))$$

8.3 亚当斯方法

将上式右端各项在点 x_n 处展开,得

$$y_{n+1} = y(x_n) + hy'(x_n) + \frac{h^2}{2}y''(x_n) + \frac{h^3}{6}y'''(x_n) + \frac{h^4}{24}y^{(4)}(x_n) - \frac{49}{144}h^5 y^{(5)}(x_n) + \cdots$$

另一方面,对于准确解 $y(x_{n+1})$,有

$$y(x_{n+1}) = y(x_n) + hy'(x_n) + \frac{h^2}{2}y''(x_n) + \frac{h^3}{6}y'''(x_n) + \frac{h^4}{24}y^{(4)}(x_n) + \frac{h^5}{120}y^{(5)}(x_n) + \cdots$$

于是

$$y(x_{n+1}) - y_{n+1} = \frac{251}{720}h^5 y^{(5)}(x_n) + \cdots = O(h^5)$$

所以公式(8.3.6)的局部截断误差为 $O(h^5)$,它是四阶方法,称(8.3.6)式为四阶亚当斯显式公式.

8.3.2 亚当斯隐式公式

亚当斯显式方法选取 $x_n, x_{n-1}, \cdots, x_{n-k}$ 作为插值点,这时,用插值函数 $\varphi_k(x)$ 在求积区间 $[x_n, x_{n+1}]$ 上逼近函数 $f(x, y(x))$ 实际上是一个外推过程,效果不太理想.为了提高精度,我们变外推为内插,改用 $x_{n+1}, x_n, \cdots, x_{n-k+1}$ 为插值节点建立后插公式 $\varphi_k(x)$,然后重复前一段的推导过程,得到亚当斯隐式公式

$$y_{n+1} = y_n + h \sum_{j=0}^{n} b_j \nabla^j f_{n+1} \tag{8.3.7}$$

其中

$$b_j = \frac{1}{j!} \int_{-1}^{0} t(t+1)\cdots(t+j-1)\mathrm{d}t$$

它的前几个值见表 8-6.

表 8-6

j	0	1	2	3
b_j	1	$-\frac{1}{2}$	$-\frac{1}{12}$	$-\frac{1}{24}$

当 $k = 0$ 时,(8.3.7)式为

$$y_{n+1} = y_n + hf_{n+1}$$

当 $k = 1$ 时,(8.3.7)式为梯形公式.

当 $k = 3$ 时,(8.3.7)式为

$$y_{n+1} = y_n + h\left(f_{n+1} - \frac{1}{2}\nabla f_{n+1} - \frac{1}{12}\nabla^2 f_{n+1} - \frac{1}{24}\nabla^3 f_{n+1}\right)$$

即

$$y_{n+1} = y_n + \frac{h}{24}(9f_{n+1} + 19f_n - 5f_{n-1} + f_{n-2} + 1) \tag{8.3.8}$$

类似于亚当斯显式公式,可以导出隐式公式(8.3.8)的局部截断误差为

$$y(x_{n+1}) - y_{n+1} = -\frac{19}{720}h^5 y^{(5)}(x_n) + \cdots = O(h^5)$$

所以隐式公式(8.3.8)是四阶方法.

8.3.3 亚当斯预估-校正公式

把亚当斯显式公式与隐式公式联立使用,构造亚当斯预估－校正公式.以四阶亚当斯方法为例有下列公式:

$$\begin{cases} y_{n+1}^{(0)} = y_n + \dfrac{h}{24}(55f_n - 59f_{n-1} + 37f_{n-2} - 9f_{n-3}) \\ y_{n+1}^{(k+1)} = y_n + \dfrac{h}{24}(9f(x_{n+1}, y_{n+1}^{(k)}) + 19f_n - 5f_{n-1} + f_{n-2}) \end{cases} \tag{8.3.9}$$

迭代过程进行到连续两次迭代结果之差的绝对值小于给定的精度 ε 为止.这时,取 $y_{n+1} = y_{n+1}^{(k+1)}$,然后转入下一步计算.

只迭代 1 次的公式

$$\begin{cases} y_{n+1}^{(0)} = y_n + \dfrac{h}{24}(55f_n - 59f_{n-1} + 37f_{n-2} - 9f_{n-3}) \\ y_{n+1} = y_n + \dfrac{h}{24}(9f(x_{n+1}, y_{n+1}^{(0)}) + 19f_n - 5f_{n-1} + f_{n-2}) \end{cases} \tag{8.3.10}$$

称为亚当斯预估－校正公式.第 1 式称为预估公式,第 2 式称为校正公式.其局部截断误差为

$$y(x_{n+1}) - y_{n+1} \approx -\frac{19}{720}h^5 y^{(5)}(x_n) = O(h^5)$$

下面我们具体讨论误差估计问题.设由(8.3.10)式求得准确解 $y(x_{n+1})$ 的近似解为 y_{n+1},由于

$$y(x_{n+1}) - y_{n+1}^{(0)} \approx \frac{251}{720}h^5 y^{(5)}(x_n)$$

$$y(x_{n+1}) - y_{n+1} \approx -\frac{19}{720}h^5 y^{(5)}(x_n)$$

上面两式相减得

$$y_{n+1} - y_{n+1}^{(0)} \approx \frac{270}{720}h^5 y^{(5)}(x_n)$$

8.3 亚当斯方法

所以
$$\frac{y(x_{n+1}) - y_{n+1}}{y_{n+1} - y_{n+1}^{(0)}} \approx -\frac{19}{270}$$

于是有
$$y(x_{n+1}) - y_{n+1} \approx -\frac{19}{270}(y_{n+1} - y_{n+1}^{(0)})$$

若
$$\left| -\frac{19}{270}(y_{n+1} - y_{n+1}^{(0)}) \right| < \varepsilon$$

则可继续求 $y_{n+2}, \cdots$，否则，应缩小步长 h 重新计算.

与同阶的龙格-库塔方法相比较，亚当斯方法计算量小，公式简单，程序易于实现. 但是由于亚当斯方法在计算 y_{n+1} 时，不仅用到前面一步的信息，而且还要用到更前面几步的信息，因此它不能自动开始. 开始的前几个值必须借助于一步法获得.

例 分别用四阶亚当斯显式公式与预估-校正公式求解初值问题
$$\begin{cases} \dfrac{dy}{dx} = y - \dfrac{2x}{y} \\ y(0) = 1, \quad 0 \leqslant x \leqslant 1, \quad h = 0.1 \end{cases}$$

解 用第二节例1，按标准四阶龙格-库塔方法求得的结果 y_1, y_2, y_3 作为开始值，然后用显式公式(8.3.6)与预估-校正方法(8.3.10)式进行计算，计算结果如表 8-7 所示.

表 8-7

x_n	y_n			
	R-K 方法	显式方法	预估-校正法	准确解
0	0			1
0.1	1.09544553			1.09544512
0.2	1.18321675			1.18321596
0.3	1.26491223			1.26491106
0.4		1.34155176	1.341641136	1.34164079
0.5		1.41404642	1.41421383	1.41421356
0.6		1.48301819	1.48323983	1.48323970
0.7		1.54891888	1.54919338	1.54919334
0.8		1.61211643	1.61245154	1.61235155
0.9		1.67291704	1.67332000	1.67332005
1.0		1.73156976	1.73205072	1.73205081

近似解与准确解进行比较,显式方法的结果有 4 位有效数字,而预估－校正法的结果则有 7 位有效数字.

8.4 线性多步法

线性多步法的一般公式为

$$y_{n+1} = \alpha_0 y_n + \alpha_1 y_{n-1} + \cdots + \alpha_k y_{n-k} + h(\beta_{-1} f_{n+1} + \beta_0 f_n + \cdots + \beta_k f_{n-k})$$
(8.4.1)

当 $\beta_{-1} = 0$ 时,公式(8.4.1)是显式的;当 $\beta_{-1} \neq 0$ 时,公式(8.4.1)是隐式的. "线性"是指 y_{n+1} 是 $y_n, y_{n-1}, \cdots, y_{n-k}, f_{n+1}, f_n, \cdots, f_{n-k}$ 的线性组合,"多步"是指计算 y_{n+1} 时,不仅用到前一步的结果 y_n,而且用到更前面几步的结果.

所有形如(8.4.1)式的公式都可以利用泰勒展开的方法构造出来. 作为例子,我们推导形如

$$y_{n+1} = \alpha_0 y_n + \alpha_1 y_{n-1} + \alpha_2 y_{n-2} + h(\beta_0 f_n + \beta_1 f_{n-1} + \beta_2 f_{n-2} + \beta_3 f_{n-3})$$
(8.4.2)

的数值计算公式.

假设

$$y_i = y(x_i), \quad i = n, n-1, n-2$$
$$f_i = f(x_i, y_i), \quad i = n, n-1, n-2, n-3$$

将上述各项在 x_n 处泰勒展开

$$y_{n-i} = y(x_n - ih) = y(x_n) - ihy'(x_n) + \frac{(ih)^2}{2!} y''(x_n) - \frac{(ih)^3}{3!} y'''(x_n) + \cdots, \quad i = 1, 2$$

$$\begin{aligned} f_{n-i} &= y'(x_{n-i}) = y'(x_n - ih) \\ &= y'(x_n) - ihy''(x_n) + \frac{(ih)^2}{2!} y'''(x_n) - \frac{(ih)^3}{3!} y^{(4)}(x_n) + \cdots, \quad i = 1, 2, 3 \end{aligned}$$

代入(8.4.2)式得

$$\begin{aligned} y_{n+1} = &(\alpha_0 + \alpha_1 + \alpha_2) y(x_n) + \\ &(-\alpha_1 - 2\alpha_2 + \beta_0 + \beta_1 + \beta_2 + \beta_3) hy'(x_n) + \\ &(\alpha_1 + 4\alpha_2 - 2\beta_1 - 4\beta_2 - 6\beta_3) \frac{h^2}{2!} y''(x_n) + \end{aligned}$$

8.4 线性多步法

$$(-\alpha_1 - 8\alpha_2 + 3\beta_1 + 12\beta_2 + 27\beta_3)\frac{h^3}{3!}y'''(x_n) +$$

$$(\alpha_1 + 16\alpha_2 - 4\beta_1 - 32\beta_2 - 108\beta_3)\frac{h^4}{4!}y^{(4)}(x_n) + \cdots \quad (8.4.3)$$

将 $y(x_{n+1})$ 在 x_n 处泰勒展开

$$y(x_{n+1}) = y(x_n) + hy'(x_n) + \frac{h^2}{2!}y''(x_n) + \frac{h^3}{3!}y'''(x_n) + \cdots \quad (8.4.4)$$

比较(8.4.3)式与(8.4.4)式,让 h 的同次幂的系数相等,得

$$\begin{cases} \alpha_0 + \alpha_1 + \alpha_2 = 1 \\ -\alpha_1 - 2\alpha_2 + \beta_0 + \beta_1 + \beta_2 + \beta_3 = 1 \\ \alpha_1 + 4\alpha_2 - 2\beta_1 - 4\beta_2 - 6\beta_3 = 1 \\ -\alpha_1 - 8\alpha_2 + 3\beta_1 + 12\beta_2 + 27\beta_3 = 1 \\ \alpha_1 + 16\alpha_2 - 4\beta_1 - 32\beta_2 - 108\beta_3 = 1 \\ \cdots\cdots \end{cases} \quad (8.4.5)$$

如果方程组(8.4.5)的前 7 个方程求出未知数 $\alpha_0, \alpha_1, \alpha_2, \beta_0, \beta_1, \beta_2, \beta_3$,则其局部截断误差为 $O(h^7)$. 当然,也可以从前 k 个方程解出未知数($k \leqslant 7$),其局部截断误差为 $O(h^k)$. 比如从前 5 个方程解出 7 个未知数,因此,有 2 个自由未知数,若令 $\alpha_1 = \alpha_2 = 0$,则从方程组(8.4.5)的前 5 个方程解得

$$\alpha_0 = 1, \quad \beta_0 = \frac{55}{24}, \quad \beta_1 = -\frac{59}{24}, \quad \beta_2 = \frac{37}{24}, \quad \beta_3 = -\frac{9}{24}$$

对应的公式是

$$y_{n+1} = y_n + \frac{h}{24}(55f_n - 59f_{n-1} + 37f_{n-2} - 9f_{n-3})$$

它正好是四阶亚当斯显式公式.

类似地,若设计算公式为

$$y_{n+1} = \alpha_0 y_n + \alpha_1 y_{n-1} + \alpha_2 y_{n-2} + h(\beta_{-1} f_{n+1} + \beta_0 f_n + \beta_1 f_{n-1} + \beta_2 f_{n-2}) \quad (8.4.6)$$

为使这类公式为四阶方法,系数应满足

$$\begin{cases} \alpha_0 + \alpha_1 + \alpha_2 = 1 \\ -\alpha_1 - 2\alpha_2 + \beta_{-1} + \beta_0 + \beta_1 + \beta_2 = 1 \\ \alpha_1 + 4\alpha_2 + 2\beta_{-1} - 2\beta_1 - 4\beta_2 = 1 \\ -\alpha_1 - 8\alpha_2 + 3\beta_{-1} + 8\beta_1 + 12\beta_2 = 1 \\ \alpha_1 + 16\alpha_2 + 4\beta_{-1} - 4\beta_1 - 32\beta_2 = 1 \end{cases} \quad (8.4.7)$$

特别地,取 $\alpha_1 = \alpha_2 = 0$,则从(8.4.7)式解得

$$\alpha_0 = 1, \quad \beta_{-1} = \frac{9}{24}, \quad \beta_0 = \frac{19}{24}, \quad \beta_1 = -\frac{5}{24}, \quad \beta_2 = \frac{1}{24}$$

对应的公式是

$$y_{n+1} = y_n + \frac{h}{24}(9f_{n+1} + 19f_n - 5f_{n-1} + f_{n-2})$$

它正好是四阶亚当斯隐式公式.

8.5　方程组与高阶方程的数值解法

前面几节介绍了一阶微分方程初值问题的各种数值解法,这些解法同样适用于一阶微分方程组与高阶方程.为了避免书写的复杂,下面仅就两个未知函数的方程组和二阶方程为例说明各种方法的计算公式.

8.5.1　一阶方程组

设有一阶微分方程组初值问题

$$\begin{cases} \dfrac{dy}{dx} = f(x,y,z), & y(x_0) = y_0 \\ \dfrac{dz}{dx} = g(x,y,z), & z(x_0) = z_0 \end{cases} \tag{8.5.1}$$

1. 欧拉法的计算公式

$$\begin{cases} y_{n+1} = y_n + hf(x_n, y_n, z_n) \\ z_{n+1} = z_n + hg(x_n, y_n, z_n) \\ y_0 = y(x_0), \quad z_0 = z(x_0), \quad n = 0,1,2,\cdots \end{cases} \tag{8.5.2}$$

2. 改进的欧拉法的计算公式

对 $n = 0,1,2,\cdots$,计算

$$\begin{cases} y_{n+1}^{(0)} = y_n + hf(x_n, y_n, z_n) \\ z_{n+1}^{(0)} = z_n + hf(x_n, y_n, z_n) \\ y_{n+1}^{(k+1)} = y_n + \dfrac{h}{2}[f(x_n, y_n, z_n) + f(x_{n+1}, y_{n+1}^{(k)}, z_{n+1}^{(k)})] \\ z_{n+1}^{(k+1)} = z_n + \dfrac{h}{2}[f(x_n, y_n, z_n) + f(x_{n+1}, y_{n+1}^{(k)}, z_{n+1}^{(k)})] \\ k = 0,1,2,\cdots \end{cases} \tag{8.5.3}$$

当连续两次迭代结果之差的绝对值小于给定的精度 ε，即

$$|y_{n+1}^{(k+1)} - y_{n+1}^{(k)}| < \varepsilon, \quad |z_{n+1}^{(k+1)} - z_{n+1}^{(k)}| < \varepsilon$$

时，取 $y_{n+1} = y_{n+1}^{(k+1)}, z_{n+1} = z_{n+1}^{(k+1)}$，然后转入下一步运算．

3．四阶标准龙格 - 库塔公式

$$\begin{cases} y_{n+1} = y_n + \frac{1}{6}(k_1 + 2k_2 + 2k_3 + k_4) \\ z_{n+1} = z_n + \frac{1}{6}(m_1 + 2m_2 + 2m_3 + m_4) \\ k_1 = hf(x_n, y_n, z_n) \\ m_1 = hg(x_n, y_n, z_n) \\ k_2 = hf\left(x_n + \frac{h}{2}, y_n + \frac{k_1}{2}, z_n + \frac{m_1}{2}\right) \\ m_2 = hg\left(x_n + \frac{h}{2}, y_n + \frac{k_1}{2}, z_n + \frac{m_1}{2}\right) \\ k_3 = hf\left(x_n + \frac{h}{2}, y_n + \frac{k_2}{2}, z_n + \frac{m_2}{2}\right) \\ m_3 = hf\left(x_n + \frac{h}{2}, y_n + \frac{k_2}{2}, z_n + \frac{m_2}{2}\right) \\ k_4 = hf(x_n + h, y_n + k_3, z_n + m_3) \\ m_4 = hf(x_n + h, y_n + k_3, z_n + m_3) \\ n = 0, 1, 2, \cdots \end{cases} \qquad (8.5.4)$$

4．四阶亚当斯显式公式

$$\begin{cases} y_{n+1} = y_n + \frac{h}{24}(55f_n - 59f_{n-1} + 37f_{n-2} - 9f_{n-3}) \\ z_{n+1} = z_n + \frac{h}{24}(55g_n - 59g_{n-1} + 37g_{n-2} - 9g_{n-3}) \\ n = 4, 5, 6, \cdots \end{cases} \qquad (8.5.5)$$

其中

$$f_{n-i} = f(x_{n-i}, y_{n-i}, z_{n-i})$$
$$g_{n-i} = g(x_{n-i}, y_{n-i}, z_{n-i}), \quad i = 0, 1, 2, 3$$

需要注意，前几步的值由其他单步法求得．

8.5.2 二阶方程

设有二阶微分方程初值问题

$$\begin{cases} y'' = g(x,y,y') \\ y(x_0) = y_0, \qquad y'(x_0) = y'_0 \end{cases} \qquad (8.5.6)$$

令 $z = y'$,则(8.5.6)式化为一阶微分方程初值问题

$$\begin{cases} \dfrac{\mathrm{d}y}{\mathrm{d}x} = z \\ \dfrac{\mathrm{d}z}{\mathrm{d}x} = g(x,y,z) \\ y(x_0) = y_0, \qquad z(x_0) = y'_0 \end{cases} \qquad (8.5.7)$$

令(8.5.7)式中 $\dfrac{\mathrm{d}y}{\mathrm{d}x} = z = f(x,y,z)$,于是应用四阶龙格－库塔公式(8.5.4),有

$$k_1 = hz_n = hy'_n$$

$$k_2 = h\left(z_n + \dfrac{m_1}{2}\right) = hy'_n + \dfrac{hm_1}{2}$$

$$k_3 = h\left(z_n + \dfrac{m_2}{2}\right) = hy'_n + \dfrac{hm_2}{2}$$

$$k_4 = h(z_n + m_3) = hy'_n + hm_3$$

则

$$y_{n+1} = y_n + \dfrac{1}{6}(k_1 + 2k_2 + 2k_3 + k_4) = y_n + hy'_n + \dfrac{h}{6}(m_1 + m_2 + m_3)$$

又因为

$$z_n = y'_n, \qquad z_{n+1} = y'_{n+1}$$

$$z_{n+1} = z_n + \dfrac{1}{6}(m_1 + 2m_2 + 2m_3 + m_4)$$

所以

$$y'_{n+1} = y'_n + \dfrac{1}{6}(m_1 + 2m_2 + 2m_3 + m_4)$$

于是得初值问题(8.5.6)的计算公式为

$$y_{n+1} = y_n + hy'_n + \dfrac{h}{6}(m_1 + m_2 + m_3)$$

$$y'_{n+1} = y'_n + \dfrac{1}{6}(m_1 + 2m_2 + 2m_3 + m_4)$$

$$m_1 = hg(x_n, y_n, y'_n)$$

$$m_2 = hg\left(x_n + \dfrac{h}{2}, y_n + \dfrac{1}{2}hy'_n, y'_n + \dfrac{1}{2}m_1\right)$$

$$m_3 = hg\left(x_n + \dfrac{h}{2}, y_n + \dfrac{1}{2}hy'_n + \dfrac{1}{4}hm_1, y'_n + \dfrac{1}{2}m_2\right)$$

$$m_4 = hg\left(x_n + h, y_n + hy'_n + \dfrac{1}{2}hm_2, y'_n + m_3\right)$$

8.6 边值问题的数值解法

在具体求解微分方程时,需要附加某种定解条件.微分方程与定解条件一起组成定解问题.对于高阶微分方程,定解条件通常有两种给法,第一种是给出积分曲线在初始时刻的性态,称这类条件为初始条件,相对应的定解问题称为初值问题;第二种是给出积分曲线在首末两端的性态,称这类条件为边值条件,相对应的定解问题为边值问题.

本节以二阶微分方程
$$y'' = f(x, y, y'), \quad a \leqslant x \leqslant b$$
为例讨论边值问题,其边值条件可分为三类:

第一边值条件
$$y(a) = \alpha, \quad y(b) = \beta$$

第二边值条件
$$y'(a) = \alpha, \quad y'(b) = \beta$$

第三边值条件
$$y'(a) - \alpha_0 y(a) = \alpha, \quad y'(b) - \beta_0 y(b) = \beta$$

其中 $\alpha_0 \geqslant 0, \beta_0 \geqslant 0, \alpha_0 + \beta_0 > 0$.

本节介绍解线性方程边值问题的差分方法以及适用于非线性方程边值问题的试射法.

8.6.1 解线性方程边值问题的差分方法

二阶线性方程的一般形式为
$$y'' + p(x) y' + q(x) y = f(x), \quad a \leqslant x \leqslant b \tag{8.6.1}$$

首先将区间 $[a, b]$ 进行等距划分,分点
$$x_i = a + ih, \quad i = 0, 1, 2, \cdots, n$$

其中
$$h = \frac{b-a}{n}$$

一般地称 $x_0 = a$ 与 $x_n = b$ 为边界点,称 $x_1, x_2, \cdots, x_{n-1}$ 为内部节点.

其次,在各个节点 x_i 上,将 y', y'' 用差商近似表示.这里要求有相同阶数的截断误差,以保证精度协调.对于内部节点,二阶导数用二阶中心差商表示,得
$$\frac{y_{i+1} - 2y_i + y_{i-1}}{h^2} = y''(x_i) + O(h^2), \quad i = 1, 2, \cdots, n-1$$

一阶导数用一阶中心差商表示,得

$$\frac{y_{i+1} - y_{i-1}}{2h} = y'(x_i) + O(h^2), \quad i = 1, 2, \cdots, n-1$$

假设 $y_i = y(x_i)$,则

$$y''(x_i) \approx \frac{y_{i+1} - 2y_i + y_{i-1}}{h^2}$$

$$y'(x_i) \approx \frac{y_{i+1} - y_{i-1}}{2h}$$

于是得方程(8.6.1)的差分方程

$$\frac{y_{i+1} - 2y_i + y_{i-1}}{h^2} + p_i \frac{y_{i+1} - y_{i-1}}{2h} + q_i y_i = f_i, \quad i = 1, 2, \cdots, n-1 \tag{8.6.2}$$

其中 $p_i = p(x_i), q_i = q(x_i), f_i = f(x_i)$.

将(8.6.2)整理,可以写成下列形式

$$a_i y_{i-1} + b_i y_i + c_i y_{i+1} = d_i, \quad i = 1, 2, \cdots, n-1 \tag{8.6.3}$$

其中

$$\begin{cases} a_i = 1 - \frac{1}{2}hp_i \\ b_i = -2 + h^2 q_i \\ c_i = 1 + \frac{1}{2}hp_i \\ d_i = h^2 f_i \end{cases}$$

(8.6.3)是含有 $n+1$ 个未知数 $y_i (i = 0, 1, 2, \cdots, n)$ 的线性方程组,方程的个数为 $n-1$.要使方程组(8.6.3)有唯一解,还需要有两上边值条件补充两个方程.

对于第一边值条件,直接就得到两个方程

$$\begin{cases} y_0 = \alpha \\ y_n = \beta \end{cases}$$

于是得到第一边值问题的差分方程组

$$\begin{bmatrix} b_1 & c_1 & & & \\ a_2 & b_2 & c_2 & & \\ & \ddots & \ddots & \ddots & \\ & & a_{n-2} & b_{n-2} & c_{n-2} \\ & & & a_{n-1} & b_{n-1} \end{bmatrix} \begin{bmatrix} y_1 \\ y_2 \\ \vdots \\ y_{n-2} \\ y_{n-1} \end{bmatrix} = \begin{bmatrix} d_1 - a_1 \alpha \\ d_2 \\ \vdots \\ d_{n-2} \\ d_{n-1} - c_{n-1} \beta \end{bmatrix} \tag{8.6.4}$$

这个方程组是三对角方程组,可以利用追赶法求解.

对于第二及第三边值条件,由于条件中包含了导数,所以边值条件也必须用差商来近似表示.为使截断误差达到 $O(h^2)$,需要用到牛顿等距插值公式,得

8.6 边值问题的数值解法

$$y' \approx \frac{1}{h}(\Delta y_0 - \frac{1}{2}\Delta^2 y_0) = \frac{-3y_0 + 4y_1 - y_2}{2h}$$

$$y'_n \approx \frac{1}{h}(\nabla y_n - \frac{1}{2}\nabla^2 y_n) = \frac{y_{n-2} - 4y_{n-1} + 3y_n}{2h}$$

将这两个近似公式代入边值条件中,就得到两个方程,再与(8.6.3)式联立,就可得到对应的差分方程组,用追赶法解出 $y_i(i=0,1,\cdots,n)$.

对于边值问题的收敛性,即考虑当 $h \to 0$ 时,差分方程组的解是否收敛于微分方程的准确解.以第一边值问题为例,给出如下结论,不加证明.

定理 若 $a_i > 0, c_i > 0, b_i \geqslant a_i + c_i, i = 1,2,\cdots,n-1$,则差分方程组(8.6.4)存在唯一解.且当 $h \to 0$ 时,(8.6.4)的解收敛于第一边值问题的准确解.

例 用差分法解边值问题

$$\begin{cases} y'' - y = x \\ y(0) = 0, \ y(1) = 1, \end{cases} \quad 0 \leqslant x \leqslant 1, \quad h = 0,1$$

解 $h = \frac{1}{10}$,节点 $x_i = \frac{i}{10}$,边值问题的差分方程可写成下列形式

$$\begin{bmatrix} -(2+10^{-2}) & 1 & & & \\ 1 & -(2+10^{-2}) & 1 & & \\ & \ddots & \ddots & \ddots & \\ & & 1 & -(2+10^{-2}) & 1 \\ & & & 1 & -(2+10^{-2}) \end{bmatrix} \begin{bmatrix} y_1 \\ y_2 \\ \vdots \\ y_8 \\ y_9 \end{bmatrix}$$

$$= \begin{bmatrix} 0.1 \times 10^{-2} \\ 0.2 \times 10^{-2} \\ \vdots \\ 0.8 \times 10^{-2} \\ -0.991 \end{bmatrix}$$

用追赶法解方程组,结果如表 8-8.

表 8-8

i	差分解 y_i	准确解 $y(x_i)$
1	0.070489	0.070467
2	0.142684	0.142641
3	0.218305	0.218244
4	0.299109	0.299033
5	0.386904	0.386819
6	0.483568	0.483480
7	0.591068	0.590985
8	0.711479	0.711411
9	0.847005	0.846963

8.6.2 试射法

设二阶微分方程第一边值问题

$$\begin{cases} y'' = f(x,y,y') \\ y(a) = \alpha, \quad y(b) = \beta \end{cases} \tag{8.6.5}$$

试射法的基本思想是把边值问题化为初值问题来解. 具体作法是通过反复调整初始时刻的斜率 $y'(a)$ 的值 m,使得初值问题

$$\begin{cases} y'' = f(x,y,y') \\ y(a) = \alpha, \quad y'(a) = m \end{cases} \tag{8.6.6}$$

的解满足另一个边值条件 $y(b) = \beta$,也就是从初值问题(8.6.6)的经过点 (a,α),而且有不同斜率的积分曲线中,去寻找一条通过 (b,β) 点的曲线.

首先凭经验或按照实际存在的运动规律选取 m 的两个预测值 m_1, m_2,再分别按照两个斜率求解相应的初值问题(8.6.6),可以得到 $y(b)$ 的两个结果 β_1, β_2. 如果 β_1, β_2 都不满足给定的精度,就用线性插值的方法校正 m_1 与 m_2,得到新的斜率值

$$m_3 = m_1 + \frac{m_2 - m_1}{\beta_2 - \beta_1}(\beta - \beta_1)$$

然后再按斜率值 m_3 计算初值问题(8.6.6),又得新的结果 $y(b) = \beta_3$. 继续这一过程,直到计算结果 $y(b)$ 与 β 相当接近为止.

值得注意的是,用线性插值的依据是不足的. 如果有更好的插值公式可利用的话,则可能使测试的次数有效地减少.

习 题 8

1. 初值问题

$$\begin{cases} y' = ax + b \\ y(0) = 0 \end{cases}$$

有解 $y(x) = \frac{1}{2}ax^2 + bx$,若 $x_n = nh$, y_n 是用欧拉法得到的 $y(x)$ 在 x_n 处的近似值,证明

$$y(x_n) - y_n = \frac{1}{2}ahx_n$$

2. 用欧拉法与预估-校正法求解初值问题

$$\begin{cases} y' = x + y \\ y(0) = 0, \quad 0 \leqslant x \leqslant 1, \quad h = 0.1 \end{cases}$$

并与准确解 $y = -x - 1 + 2e^x$ 相比较(取 5 位小数).

3. 用预估-校正公式求解初值问题

$$\begin{cases} y' = x^2 + x - y \\ y(0) = 0 \end{cases}$$

取步长 $h = 0.1$，计算 $y(0.5)$，并与准确解 $y = x^2 - x + 1 - e^{-x}$ 相比较.

4. 利用欧拉方法计算积分

$$\int_0^x e^{t^2} dt$$

在点 $x = 0.5, 1, 1.5, 2$ 处的近似值.

5. 用标准四阶龙格 - 库塔方法求解初值问题

$$\begin{cases} y' = x + y \\ y(0) = 1, \end{cases} \quad 0 \leqslant x \leqslant 1, \quad h = 0.2$$

并与第 2 题比较.

6. 用标准四阶龙格 - 库塔方法求解初值问题

$$\begin{cases} y' = x^2 - y^2 \\ y(-1) = 0, \end{cases} \quad -1 \leqslant x \leqslant -0.7, \quad h = 0.1$$

(按 4 位小数计算).

7. 利用第 6 题的结果，分别用亚当斯显式公式与预估 - 校正公式求解初值问题

$$\begin{cases} y' = x^2 - y^2 \\ y(-1) = 0, \end{cases} \quad -1 \leqslant x \leqslant -0.4, \quad h = 0.1$$

(取 4 位小数计算).

8. 求系数 a, b, c, d 使

$$y_{n+1} = a y_{n-1} + h(b y'_{n+1} + c y'_n + d y'_{n-1})$$

的局部截断误差为 $O(h^5)$.

第 9 章 偏微分方程的数值解法

偏微分方程的数值解法主要有两种:有限差分法和有限元法.基本思想都是将连续问题离散化,最终化成有限形式的线性代数方程组.步骤是:首先将求解区域做网格剖分,用有限网格节点代替连续区域;其次是把微分算子离散化,使微分方程定解问题成为线性代数方程组的求解问题.差分法与有限元法的主要区别是离散化的第二步.前者从定解问题的微分或积分形式出发,用数值微分或数值积分公式导出相应的线性代数方程组,后者从定解问题的变分形式出发,用里茨-伽辽金(Ritz-Galerkin)方法导出相应的线性代数方程组.

本章讨论的基本问题是:(1)如何对求解区域做网格剖分;(2)怎样构造逼近微分方程定解问题的差分格式和形成有限元方程;(3)解的收敛性、稳定性研究;(4)差分方程和有限元方程的解法.

9.1 椭圆型方程的差分解法

椭圆型方程中最简单的典型方程是拉普拉斯方程

$$\Delta u = \frac{\partial^2 u}{\partial x^2} + \frac{\partial^2 u}{\partial y^2} = 0 \qquad (9.1.1)$$

和泊松(Poisson)方程

$$\Delta u = \frac{\partial^2 u}{\partial x^2} + \frac{\partial^2 u}{\partial y^2} = -f(x,y) \qquad (9.1.2)$$

椭圆型方程的主要问题是边值问题,即要求出未知函数 u,使它在某个区域 Ω 内满足微分方程(9.1.1)或(9.1.2),并在区域的边界 $\partial\Omega$ 上满足给定的边界条件,边界条件一般有下面三种形式:

$$u\Big|_{\partial\Omega} = \alpha(x,y) \qquad (9.1.3)$$

$$\frac{\partial u}{\partial n}\Big|_{\partial\Omega} = \beta(x,y) \qquad (9.1.4)$$

$$\left(\frac{\partial u}{\partial n} + k(x,y)u\right)\Big|_{\partial\Omega} = \gamma(x,y) \qquad (9.1.5)$$

其中 n 为 $\partial\Omega$ 的外法线方向,$k(x,y) \geqslant 0$,边界条件(9.1.3)、(9.1.4)、(9.1.5)分别称为第一类、第二类、第三类边界条件.

9.1.1 矩形网格的差分格式

1. 五点差分格式

设 Ω 为 xOy 面上一有界区域,$\partial\Omega$ 为其边界,取沿 x 轴和 y 轴方向的步长为 h_1 和 h_2,$h = (h_1^2 + h_2^2)^{1/2}$,分别做与坐标轴平行的直线族

$$x_i = ih_1, \quad i = 0, \pm 1, \cdots$$
$$y_j = jh_2, \quad j = 0, \pm 1, \cdots$$

对平面区域 Ω 进行剖分,两族直线的交点 (ih_1, jh_2) 称为网格点或节点,记为 (x_i, y_j),仅考虑于 $\Omega \cup \partial\Omega$ 的网格点,如果两网格点 (x_i, y_j) 和 (x'_i, y'_j) 满足不等式

$$\left|\frac{x_i - x'_i}{h_1}\right| + \left|\frac{y_j - y'_j}{h_2}\right| \leqslant 1$$

称这两个网格点是相邻的.

如果一个节点的四个相邻的点都属于 $\Omega \cup \partial\Omega$,则称此节点为内邻节点,或简称内点,全部内点集合记作 Ω_h,如果一个节点的四个相邻的节点至少有一个不属于 $\Omega \cup \partial\Omega$ 则称其为边界节点,或简称界点,全体界点的集合记为 $\partial\Omega_h$. 在下面图 9-1 中,以"○"表示内点,以"●"表示界点.

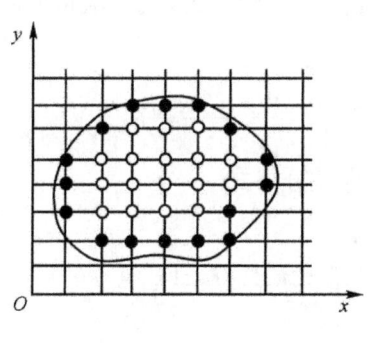
图 9-1

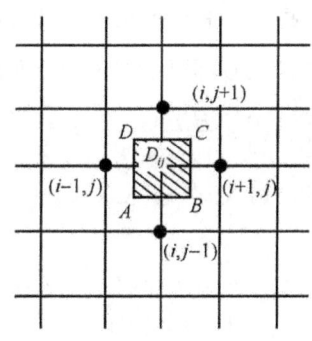
图 9-2

设 (x_i, y_j) 为任意内点,利用泰勒(Taylor)展开,有

$$\frac{u(x_{i+1}, y_j) - 2u(x_i, y_j) + u(x_{i-1}, y_j)}{h_1^2} = \frac{\partial^2 u(x_i, y_j)}{\partial x^2} + O(h_1^2) \quad (9.1.6)$$

$$\frac{u(x_i, y_{j+1}) - 2u(x_i, y_j) + u(x_i, y_{j-1})}{h_2^2} = \frac{\partial^2 u(x_i, y_j)}{\partial y^2} + O(h_2^2) \quad (9.1.7)$$

舍掉无穷小,并取 u_{ij} 为 $u(x_i, y_j)$ 的近似值,$f_{ij} = f(x_i, y_j)$,则得

$$\frac{u_{i+1,j} - 2u_{ij} + u_{i-1,j}}{h_1^2} + \frac{u_{i,j+1} - 2u_{ij} + u_{i,j-1}}{h_2^2} = -f_{ij} \qquad (9.1.8)$$

由于差分方程(9.1.8)中只出现 u 在 (x_i, y_j) 及其四个邻点上的值,故称之为五点差分格式,显见其截断误差为 $O(h_1^2 + h_2^2)$.

特别取正方形网格 $h_1 = h_2 = h$,则泊松方程差分格式成为

$$u_{ij} - \frac{1}{4}(u_{i-1,j} + u_{i,j-1} + u_{i+1,j} + u_{i,j+1}) = \frac{h^2}{4} f_{ij} \qquad (9.1.9)$$

拉普拉斯方程差分格式成为

$$u_{ij} = \frac{1}{4}(u_{i-1,j} + u_{i,j-1} + u_{i+1,j} + u_{i,j+1}) \qquad (9.1.10)$$

现在用积分插值法推导五点差分格式,对此需做对偶剖分.即记 $x_{i-\frac{1}{2}} = (i - \frac{1}{2})h_1$, $y_{j-\frac{1}{2}} = (j - \frac{1}{2})h_2$,在前面剖分上做两族平行于坐标轴的直线: $x = x_{i-\frac{1}{2}}$ 和 $y = y_{j-\frac{1}{2}}$, $i, j = 0, \pm 1, \cdots$. 考虑任一内点 (x_i, y_j),则对偶剖分形成以 (x_i, y_j) 为中心的矩形区域,如图 9-2 的阴影部分,以 A, B, C, D 表示矩形顶点,坐标分别是 $A(x_{i-\frac{1}{2}}, y_{j-\frac{1}{2}})$, $B(x_{i+\frac{1}{2}}, y_{j-\frac{1}{2}})$, $C(x_{i+\frac{1}{2}}, y_{j+\frac{1}{2}})$, $D(x_{i-\frac{1}{2}}, y_{j+\frac{1}{2}})$, 以 D_{ij} 表示内部区域,并在 D_{ij} 上对泊松方程(9.1.2)两边积分.利用格林(Green)公式,得

$$\int_{\widehat{ABCDA}} \frac{\partial u}{\partial n} \mathrm{d}s = -\iint_{D_{ij}} f \mathrm{d}x \mathrm{d}y \qquad (9.1.11)$$

式中 $\frac{\partial u}{\partial n}$ 表示 u 沿矩形 $\widehat{ABCDA}$ 的外法向导数,用中矩形公式代替沿矩形四边的线积分,并用中心差商代替外法向导数,则

$$\int_{\widehat{ABCDA}} \frac{\partial u}{\partial n} \mathrm{d}s \approx \frac{u_{i,j-1} - u_{ij}}{h_2} h_1 + \frac{u_{i+1,j} - u_{ij}}{h_1} h_2 + \frac{u_{i,j+1} - u_{ij}}{h_2} h_1 + \frac{u_{i-1,j} - u_{ij}}{h_1} h_2$$

代入(9.1.11)式,两边除以 $h_1 h_2$,就得到五点差分格式

$$\frac{u_{i+1,j} - 2u_{ij} + u_{i-1,j}}{h_1^2} + \frac{u_{i,j+1} - 2u_{ij} + u_{i,j-1}}{h_2^2} = -f_{ij}$$

这里

$$f_{ij} \approx \frac{1}{h_1 h_2} \iint_{D_{ij}} f \mathrm{d}x \mathrm{d}y$$

五点差分格式(9.1.9)是经常使用的,它的节点排列以 (x_i, y_j) 为中心,其余四个点是 (x_i, y_j) 的上、下、左、右四个相邻节点(图 9-3(a)).如果不采用上述节点,而采用图 9-3(b)的节点,也可得到另一种五点差分格式

$$u_{ij} - \frac{1}{4}(u_{i+1,j+1} + u_{i+1,j-1} + u_{i-1,j+1} + u_{i-1,j-1}) = \frac{h^2}{2} f_{ij} \qquad (9.1.12)$$

9.1 椭圆型方程的差分解法

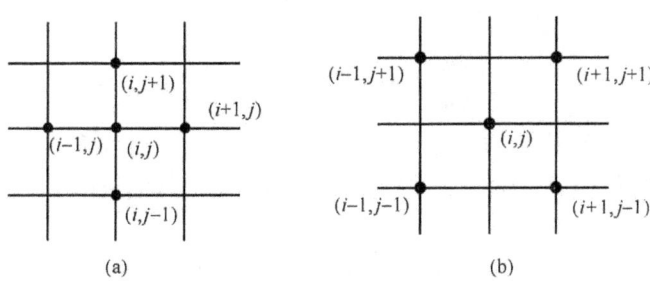

图 9-3

2. 边界条件的处理

在对内点列出差分方程后,为了求解,还必须对边界条件进行处理,以给出边界上的关系式.

对第一类边界条件

$$u\Big|_{\partial\Omega} = \alpha(x,y), \quad (x,y) \in \partial\Omega$$

由于在构造网格时,$\partial\Omega_h$ 通常都不与 $\partial\Omega$ 相重合,可能有少数边界节点落在 $\partial\Omega$ 上,而大部分边界节点不落在 $\partial\Omega$ 上,由此而产生边界条件的转换:

(1) 直接转移法 若边界节点 (x_i, y_j) 正好落在 $\partial\Omega$ 上,如图 9-4 所示,则 $u_{ij} = \alpha(x_i, y_j)$. 如果 (x_i, y_j) 不在 $\partial\Omega$ 上,此时 $\partial\Omega$ 与网格线交于 P 和 Q 两点,则取与点 (x_i, y_j) 距离最近的点 $\alpha(x, y)$ 的值为 u_{ij},容易看出,如此替代误差阶为 $O(h)$.

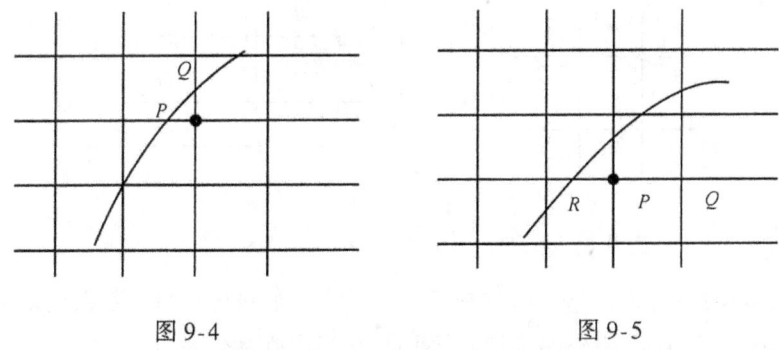

图 9-4　　　　　　　　图 9-5

(2) 线性插值 如图 9-5 所示,对界点 P 可用 $\partial\Omega$ 上的点 R 与内点 Q 沿 x 方向做线性插值

$$u(P) = \frac{h}{h+\delta}u(R) + \frac{\delta}{h+\delta}u(Q)$$

其中 $\delta = RP < h$. 可以验证误差阶为 $O(h^2)$.

第二类、第三类边界条件

$$\left(\frac{\partial u}{\partial n} + ku\right)\bigg|_{\partial\Omega} = \gamma(x, y)$$

的处理. 显然 $k = 0$, 即为第二类边界条件.

设 P 为界点, 过 P 做 $\partial\Omega$ 的垂线交 $\partial\Omega$ 于 Q, 交内部网格线 AB 于 C(图 9-6), 令

$$AC = t_1 h, \quad CB = t_2 h, \quad PC = th$$

其中 h 为正方形网格的边长, $t_1 + t_2 = 1, 1 \leq t \leq \sqrt{2}$, 则在点 P 处外法向导数 $\frac{\partial u}{\partial n}$ 近似为

$$\frac{u(P) - u(C)}{th} = \left(\frac{\partial u}{\partial n}\right)_P + O(h)$$

$u(C)$ 可用节点 A、B 上的 u 值的线性插值表示

$$u(C) = t_1 u(B) + t_2 u(A) + O(h^2)$$

略去无穷小量, 因此, 点 P 处第三类边界条件的差分方程为

$$\frac{1}{th}[u(P) - t_1 u(B) - t_2 u(A)] + ku(P) = \gamma(Q)$$

若界点 P 在 $\partial\Omega$ 上恰为两族网格线交点, 如图 9-7, $P(x_i, y_j)$ 是界点, $P_1(x_{i+1}, y_j)$ 和 $P_2(x_i, y_{j-1})$ 是相邻内点, 则用积分插值法处理第三类边界条件较为方便.

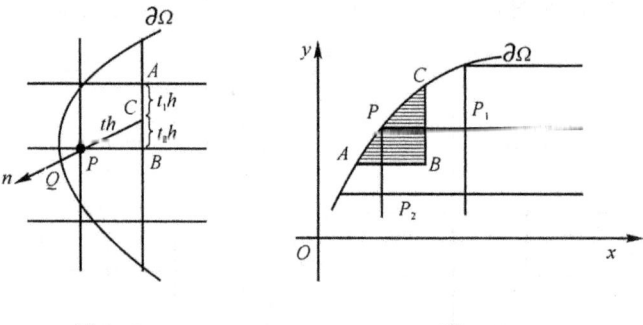

图 9-6　　　　　图 9-7

过点 $(x_{i+\frac{1}{2}}, y_j), (x_i, y_{j-\frac{1}{2}})$ 分别作为 y 轴和 x 轴的平行线, 与 $\partial\Omega$ 截出一曲边三角形 ABC. 于 ABC 积分 (9.1.2) 式两端, 并利用格林公式, 得

$$\int_{ABCA} \frac{\partial u}{\partial n} ds = -\iint_{\triangle ABC} f dx dy \tag{9.1.13}$$

由于

$$\int_{\overline{AB}} \frac{\partial u}{\partial n} ds = \frac{u(P_2) - u(P)}{h_2} \cdot \overline{AB}$$

$$\int_{\overline{BC}} \frac{\partial u}{\partial n} \mathrm{d}s = \frac{u(P_1) - u(P)}{h_1} \cdot \overline{BC}$$

$$\int_{\widehat{CA}} \frac{\partial u}{\partial n} \mathrm{d}s = \int_{\widehat{CA}} (\gamma - ku) \mathrm{d}s \approx [\gamma(P) - ku(P)] \overline{CA}$$

这里 h_1, h_2 分别是沿 x 轴, y 轴方向的步长. 将上面三式代入(9.1.13)式, 即得第三类边界条件的差分方程

$$\frac{u(P_2) - u(P)}{h_2}\overline{AB} + \frac{u(P_1) - u(P)}{h_1}\overline{BC} + [\gamma(P) - ku(P)]\overline{CA} = -\iint_{\triangle ABC} f \mathrm{d}x \mathrm{d}y$$

9.1.2 差分方程解的收敛性及差分方程组的解法

仅以泊松方程的第一类边界条件的五点差分格式进行讨论, 设

$$-\Delta_h u_{ij} = f_{ij}, \quad (x_i, y_j) \in \Omega_h \tag{9.1.14}$$

$$u_{ij} = \alpha_{ij}, \quad (x_i, y_j) \in \partial\Omega_h \tag{9.1.15}$$

其中 Δ_h 称为差分算子

$$\Delta_h u_{ij} \triangleq \frac{u_{i+1,j} - 2u_{ij} + u_{i-1,j}}{h_1^2} + \frac{u_{i,j+1} - 2u_{ij} + u_{i,j-1}}{h_2^2}$$

证明解的收敛性要借助于差分算子 Δ_h 的极值原理.

定理(极值原理) 设 u_{ij} 是定义在 $\Omega_h \cup \partial\Omega_h$ 上的函数.
(1) 如果 $\Delta_h u_{ij} \geq 0, (x_i, y_j) \in \Omega_h$, 则

$$\max_{\Omega_h} u_{ij} \leq \max_{\partial\Omega_h} u_{ij}$$

即 Ω_h 内的所取 u 值不会大于 u 在边界 $\partial\Omega_h$ 上的最大值.
(2) 如果 $\Delta_h u_{ij} \leq 0, (x_i, y_j) \in \Omega_h$, 则

$$\min_{\Omega_h} u_{ij} \geq \min_{\partial\Omega_h} u_{ij}$$

即 Ω_h 内的所取 u 值不会小于 u 在边界 $\partial\Omega_h$ 上的最小值.

证明 反证法 假设(1)的结论不成立, 即在 Ω_h 内一点 (x_{i_0}, y_{j_0}), 有 $u(x_{i_0}, y_{j_0}) = M$, 这里

$$M \geq u_{ij}, (x_i, y_j) \in \Omega_h, \text{且 } M > u_{ij}, (x_i, y_j) \in \partial\Omega_h$$

考虑

$$\Delta_h u_{i_0 j_0} = \frac{u_{i_0+1,j_0} - 2u_{i_0,j_0} + u_{i_0-1,j_0}}{h_1^2} + \frac{u_{i_0,j_0+1} - 2u_{i_0,j_0} + u_{i_0,j_0-1}}{h_2^2} \geq 0$$

有

$$M = u_{i_0 j_0} \leq \frac{1}{\frac{1}{h_1^2} + \frac{1}{h_2^2}} \left[\frac{u_{i_0+1,j_0} + u_{i_0-1,j_0}}{2h_1^2} + \frac{u_{i_0,j_0+1} + u_{i_0,j_0-1}}{2h_2^2} \right]$$

注意到 $M \geqslant u_{ij}, (x_i, y_j) \in \Omega_h$，因此得到
$$u_{i_0+1,j_0} = u_{i_0-1,j_0} = u_{i_0,j_0+1} = u_{i_0,j_0-1} = M$$
把已得四点重复上述证明可得同样的结论，如此下去，就推得
$$u_{ij} = M, \quad (x_i, y_j) \in \Omega_h \cup \partial\Omega_h$$
但这与 $M > u_{ij}, (x_i, y_j) \in \partial\Omega_h$ 矛盾.

对于(2)的证明，只需注意
$$\max(-u_{ij}) = -\min u_{ij} \text{ 及 } \Delta_h(-u_{ij}) = -\Delta_h u_{ij}$$

利用极值原理，我们就可以考察差分方程解的收敛性. 所谓收敛性，是指当步长 $h_1, h_2 \to 0$ 时，差分方程的解 u_{ij} 是否逼近微分方程的解 $u(x_i, y_j)$. 事实上，由极值原理，对定义在 $\Omega_h \cup \partial\Omega_h$ 上的函数 u_{ij}，有

$$\max_{\Omega_h} |u_{ij}| \leqslant \max_{\partial\Omega_h} |u_{ij}| + \frac{h^2}{2} \max_{\Omega_h} |\Delta_h u_{ij}|$$

其中 h 为矩形区域 Ω 的 x 方向的步长，从而得到估计式
$$\max_{\Omega_h} |u_{ij} - u(x_i, y_j)| \leqslant O(h_1^2 + h_2^2)$$
因此，当 $h_1, h_2 \to 0$ 时，差分方程的解收敛于微分方程的解.

由前面的讨论可知，椭圆型方程边值问题经离散化导出的差分方程是一个线性代数方程组，这个方程组有两个明显特点：①相应的系数矩阵有较高的阶数；②系数矩阵是带状矩阵，即在整个矩阵中，零元素占绝大多数，非零元素很少，且非零元素位于主对角线两侧，呈带状分布.

对这类方程组，通常采用迭代法求解，常用的迭代法有雅可比方法，高斯－赛德尔方法，逐次超松弛方法.

(1) 雅可比迭代公式
$$u_{ij}^{(k+1)} = \frac{1}{4}(u_{i-1,j}^{(k)} + u_{i,j-1}^{(k)} + u_{i+1,j}^{(k)} + u_{i,j+1}^{(k)}) + \frac{h^2}{4} f_{ij}, \quad i,j = 1,2,\cdots,n$$

(2) 高斯－赛德尔迭代公式
$$u_{ij}^{(k+1)} = \frac{1}{4}(u_{i-1,j}^{(k+1)} + u_{i,j-1}^{(k+1)} + u_{i+1,j}^{(k)} + u_{i,j+1}^{(k)}) + \frac{h^2}{4} f_{ij}, \quad i,j = 1,2,\cdots,n$$

(3) 逐次超松弛迭代公式
$$u_{ij}^{(k+1)} = (1-\omega) u_{ij}^{(k)} + \frac{\omega}{4}(u_{i-1,j}^{(k+1)} + u_{i,j-1}^{(k+1)} + u_{i,j-1}^{(k)} + u_{i,j+1}^{(k)}) + \frac{\omega h^2}{4} f_{ij}$$
$$i,j = 1,2,\cdots,n$$

其中松弛因子 ω 选取 $0 < \omega < 2$.

利用上述迭代公式及边界条件，就可以得到线性代数方程组. 当迭代矩阵 B 的谱半径 $\rho(B) < 1$ 时，迭代法是收敛的.

例 求解方程

$$\begin{cases} \dfrac{\partial^2 u}{\partial x^2} + \dfrac{\partial^2 u}{\partial y^2} = 0 \\ u(x,0) = u(0,y) = 0 \\ u(x,0.5) = 200x \\ u(0.5,y) = 200y \end{cases}$$

解 采用五点差分格式

$$4u_{ij} - u_{i+1,j} - u_{i-1,j} - u_{i,j+1} - u_{i,j-1} = 0, \quad i,j = 1,2,3$$

取正方形网格剖分区域 Ω, $h = 0.125$, 如图 9-8 所示.
用网格点表示上述量,则方程可写成

$$4u_1 - u_2 - u_4 = u_{0,3} + u_{1,4}$$
$$4u_2 - u_3 - u_1 - u_5 = u_{2,4}$$
$$4u_3 - u_2 - u_6 = u_{4,3} + u_{3,4}$$
$$4u_4 - u_5 - u_1 - u_7 = u_{0,2}$$
$$4u_5 - u_6 - u_4 - u_2 - u_8 = 0$$
$$4u_6 - u_5 - u_3 - u_9 = u_{4,2}$$
$$4u_7 - u_8 - u_4 = u_{0,1} + u_{1,0}$$
$$4u_8 - u_9 - u_7 - u_5 = u_{2,0}$$
$$4u_9 - u_8 - u_6 = u_{3,0} + u_{4,1}$$

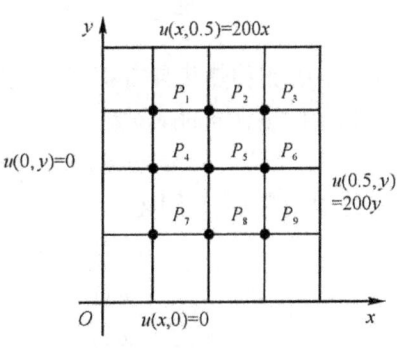

图 9-8

其中右端项从边界条件的直接转移法得到

$$u_{1,0} = u_{2,0} = u_{3,0} = u_{0,1} = u_{0,2} = u_{0,3} = 0$$
$$u_{1,4} = u_{4,1} = 25, \quad u_{2,4} = u_{4,2} = 50, \quad u_{3,4} = u_{4,3} = 75$$

从而得线性方程组

$$\begin{bmatrix} 4 & -1 & 0 & -1 & 0 & 0 & 0 & 0 & 0 \\ -1 & 4 & -1 & 0 & -1 & 0 & 0 & 0 & 0 \\ 0 & -1 & 4 & 0 & 0 & -1 & 0 & 0 & 0 \\ -1 & 0 & 0 & 4 & -1 & 0 & -1 & 0 & 0 \\ 0 & -1 & 0 & -1 & 4 & -1 & 0 & -1 & 0 \\ 0 & 0 & -1 & 0 & -1 & 4 & 0 & 0 & -1 \\ 0 & 0 & 0 & -1 & 0 & 0 & 4 & -1 & 0 \\ 0 & 0 & 0 & 0 & -1 & 0 & -1 & 4 & -1 \\ 0 & 0 & 0 & 0 & 0 & -1 & 0 & -1 & 4 \end{bmatrix} \begin{bmatrix} u_1 \\ u_2 \\ u_3 \\ u_4 \\ u_5 \\ u_6 \\ u_7 \\ u_8 \\ u_9 \end{bmatrix} = \begin{bmatrix} 25 \\ 50 \\ 150 \\ 0 \\ 0 \\ 50 \\ 0 \\ 0 \\ 25 \end{bmatrix}$$

用高斯－赛德尔方法求解上述线性方程组,其结果如下:

i	1	2	3	4	5	6	7	8	9
u_i	18.75	37.50	56.25	12.50	25.00	37.50	6.25	12.50	18.75

本例的解析解为 $u(x,y)=400xy$,因此求解是精确的.

9.2 抛物型方程的差分解法

抛物型方程中最简单的方程是扩散方程

$$\frac{\partial u}{\partial t} = a\frac{\partial^2 u}{\partial x^2}, \quad t>0, \quad -\infty < x < +\infty \tag{9.2.1}$$

其中 $a>0$,也称热传导方程,其定解条件有下列两类:

初值问题(Cauchy 问题)

$$u(x,0) = \varphi(x), \quad -\infty < x < +\infty \tag{9.2.2}$$

边值问题(混合问题)

$$\begin{cases} u(x,0) = \varphi(x), & 0 < x < l \\ u(0,t) = \mu_1(t), & 0 \leqslant t \leqslant T \\ u(l,t) = \mu_2(t), & 0 \leqslant t \leqslant T \end{cases} \tag{9.2.3}$$

(9.2.3)式中后两个式子表示边界条件,称为第一类边界条件,在二阶扩散方程中,还有其他边界条件

$$\begin{aligned} \left(\frac{\partial u}{\partial x} + \lambda_1(t)u\right)\bigg|_{x=0} &= v_1(t) \\ \left(\frac{\partial u}{\partial x} + \lambda_2(t)u\right)\bigg|_{x=l} &= v_2(t) \end{aligned} \tag{9.2.4}$$

其中 $\lambda_i(t) \geqslant 0 (i=1,2)$,称为第三类边界条件,如果上式 λ_1,λ_2 为零,则称为第二类边界条件.

抛物型方程还有一类形式是对流扩散方程

$$\frac{\partial u}{\partial t} + b\frac{\partial u}{\partial x} = a\frac{\partial^2 u}{\partial x^2}, \quad t>0, \quad -\infty < x < +\infty$$

可看成是对流方程与扩散方程耦合得到.

9.2.1 扩散方程的差分格式

1. 古典显格式与隐格式

在平面区域 $\Omega = \{(x,t) | 0 \leqslant x \leqslant l, 0 \leqslant t \leqslant T\}$ 上考虑扩散方程的边值问题

9.2 抛物型方程的差分解法

$$\begin{cases} Lu = \dfrac{\partial u}{\partial t} - a\dfrac{\partial^2 u}{\partial x^2} = 0, & (x,t)\in\Omega \\ u(x,0) = \varphi(x), & 0\leqslant x\leqslant l \\ u(0,t) = u(l,t) = 0, & 0\leqslant t\leqslant T \end{cases} \quad (9.2.5)$$

用平行直线族

$$x_i = ih, \quad i = 0,1,\cdots$$
$$t_k = k\tau, \quad k = 0,1,\cdots$$

对区域 Ω 进行矩形剖分, h, τ 为正常数, 分别称空间步长和时间步长, 对于固定的 $t = t_k$ 上的全体节点 (x_i, t_k) 称为网格的第 k 层, 并记全体内部节点为 Ω_h.

取 $(x_i, t_k) \in \Omega_h$, 利用差商代替导数, 有

$$L[u]_i^k = \frac{1}{\tau}[u(x_i, t_{k+1}) - u(x_i, t_k)] - \frac{a}{h^2}[u(x_{i+1}, t_k) - 2u(x_i, t_k) + u(x_{i-1}, t_k)] -$$
$$\frac{\tau}{2}\frac{\partial^2 u}{\partial t^2}(x_i, t_k + \theta_1\tau) + \frac{ah^2}{12}\frac{\partial^4 u}{\partial x^4}(x_i + \theta_2 h, t_k)$$

其中 $0 < \theta_1 < 1$, $-1 < \theta_2 < 1$, 舍去截断误差, 得

$$L_h[u]_i^k = \frac{1}{\tau}[u(x_i, t_{k+1}) - u(x_i, t_k)] -$$
$$\frac{a}{h^2}[u(x_{i+1}, t_k) - 2u(x_i, t_k) + u(x_{i-1}, t_k)]$$

称 $L_h[u]_i^k$ 为点 (x_i, t_k) 的差分算子, 式中 $[\ ]_i^k$ 表示函数在节点 (x_i, t_k) 处的值. 以 u_i^k 表示 $u(x_i, t_k)$ 的近似值, 就得到差分方程

$$L_h[u]_i^k = \frac{1}{\tau}(u_i^{k+1} - u_i^k) - \frac{a}{h^2}(u_{i+1}^k - 2u_i^k + u_{i-1}^k) = 0 \quad (9.2.6)$$

引进记号 $r = \dfrac{a\tau}{h^2}$, 整理可得

$$u_i^{k+1} = u_i^k + r(u_{i+1}^k - 2u_i^k + u_{i-1}^k) \quad (9.2.7)$$

r 称网格比, 显然, 差分方程(9.2.7)的截断误差为 $O(\tau + h^2)$.

由差分方程(9.2.7)可以看出, 计算第 $k+1$ 层任一节点处的值 u_i^{k+1}, 可由第 k 三个相邻节点处的值 $u_{i+1}^k, u_i^k, u_{i-1}^k$ 得到, 如图 9-9 所示, 所以利用(9.2.5)式的初始条件和边界条件在节点上的值

$$u_i^0 = \varphi(x_i), \quad i = 1, 2, \cdots, N-1$$
$$u_i^k = u_N^k = 0 \quad (9.2.8)$$

就可按 t 的方向逐点逐层计算 u_i^k.

称上述差分格式为方程(9.2.5)的古典显格式, 写成矩阵形式为

$$\boldsymbol{u}^{k+1} = A\boldsymbol{u}^k, \quad k = 1, 2, \cdots, J \quad (9.2.9)$$

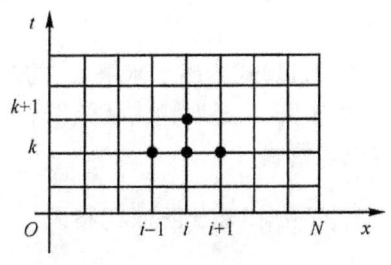

图 9-9

其中

$$A = \begin{bmatrix} 1-2r & r & & & \\ r & 1-2r & r & & \\ & \ddots & \ddots & \ddots & \\ & & r & 1-2r & r \\ & & & r & 1-2r \end{bmatrix}, \quad \boldsymbol{u}^k = \begin{bmatrix} u_1^k \\ u_2^k \\ \vdots \\ u_{N-1}^k \end{bmatrix}$$

在方程(9.2.5)中,如果对 t 的导数利用向后差商代替,对 x 的二阶导数仍用中心差商代替,则有

$$L_h[u]_i^k = \frac{1}{\tau}[u(x_i,t_k) - u(x_i,t_{k-1})] - \frac{a}{h^2}[u(x_{i+1},t_k) - 2u(x_i,t_k) +$$

$$u(x_{i-1},t_k)] + \frac{\tau}{2}\frac{\partial^2 u}{\partial t^2}(x_i,t_k - \theta_1\tau) + \frac{ah^2}{12}\frac{\partial^4 u}{\partial x^4}(x_i + \theta_2 h, t_k) = 0$$

其中 $0 < \theta_1 < 1, -1 < \theta_2 < 1$,略去截断误差,得差分格式

$$L_h[u]_i^k = \frac{1}{\tau}(u_i^k - u_i^{k-1}) - \frac{a}{h^2}(u_{i+1}^k - 2u_i^k + u_{i-1}^k) = 0$$

设 $r = \frac{a\tau}{h^2}$,上式可写成

$$u_i^k - r(u_{i+1}^k - 2u_i^k + u_{i-1}^k) = u_i^{k-1} \tag{9.2.10}$$

其截断误差为 $O(\tau + h^2)$. 考虑到初始条件与边界条件,就有

$$\begin{cases} -ru_{i-1}^k + (1+2r)u_i^k - ru_{i+1}^k = u_i^{k-1}, & i=1,2,\cdots,N-1 \\ u_i^0 = \varphi(x_i), & i=1,2,\cdots,N-1 \\ u_0^k = u_N^k = 0 \end{cases}$$

$$\tag{9.2.11}$$

写成矩阵形式为

$$A\boldsymbol{u}^k = \boldsymbol{u}^{k-1} \tag{9.2.12}$$

其中

$$A = \begin{bmatrix} 1-2r & & & & \\ -r & 1+2r & -r & & \\ & \ddots & \ddots & \ddots & \\ & & -r & 1+2r & -r \\ & & & -r & 1+2r \end{bmatrix}$$

(9.2.11)式给出了求解 u_i^k 的线性代数方程组,但 u_i^k 不能像显式格式那样直接解出. 因矩阵 A 是对角占优矩阵,一般用追赶法求解. 这一格式称为方程(9.2.5)的古典隐格式.

2. 理查森(Richardson)格式

为了提高截断误差的阶,需改进对 t 的精度,为此用中心差商代替对 t 的导数

$$\frac{u(x_i,t_{k+1}) - u(x_i,t_{k-1})}{2\tau} = \left[\frac{\partial u}{\partial t}\right]_i^k + \frac{\tau^2}{6}\frac{\partial^3 u}{\partial t^3}(x_i, t_k + \theta\tau), \quad 0 < \theta < 1$$

于是就得到如下差分格式

$$L_h[u]_i^k = \frac{1}{2\tau}(u_i^{k+1} - u_i^{k-1}) - \frac{a}{h^2}(u_{i+1}^k - 2u_i^k + u_{i-1}^k) = 0$$

整理后可写成

$$u_i^{k+1} = u_i^{k-1} - 2r(u_{i+1}^k - 2u_i^k + u_{i-1}^k), \quad i = 1,2,\cdots,N-1 \quad (9.2.13)$$

$r = \frac{a\tau}{h^2}$ 其截断误差为 $O(\tau^2 + h^2)$. 矩阵形式为

$$\boldsymbol{u}^{k+1} = \boldsymbol{u}^{k-1} + B\boldsymbol{u}^k \quad (9.2.14)$$

其中

$$B = \begin{bmatrix} -4r & 2r & & & \\ 2r & 1-4r & 2r & & \\ & \ddots & \ddots & \ddots & \\ & & 2r & 1-4r & 2r \\ & & & 2r & -4r \end{bmatrix}$$

差分方程(9.2.13)称为理查森格式.

由于在(9.2.13)式中出现了三层网格上的值,因此必须知道 $k-1$ 和 k 层上的节点值才能计算 $k+1$ 层的节点值,实际计算时,除初始条件及边界条件外,要事先用其他格式求得第一层上的值 u_i^1,方能按(9.2.13)式计算,稍后会看到,理查森格式是一个无条件不稳定的差分格式.

如果对理查森格式做如下修改,以 $u_i^{k+1} + u_i^{k-1}$ 代替(9.2.13)式中的 $2u_i^k$,则得杜福特-弗兰克尔(DuFort-Frankel)格式

$$\frac{u_i^{k+1} - u_i^{k-1}}{2\tau} - \frac{a}{h^2}[u_{i+1}^k - (u_i^{k+1} + u_i^{k-1}) + u_{i-1}^k] = 0 \quad (9.2.15)$$

其截断误差为 $O(\tau^2 + h^2)$,并且以后可证明,当 $\frac{\tau}{h} \to 0$ 时,它是无条件稳定的差分格式.

3. 加权六点格式

为了得到稳定性好,且有较高精度的差分格式,我们把古典显格式和古典隐格式进行线性组合,得如下差分格式:

$$\frac{u_i^k - u_i^{k-1}}{\tau} - \frac{a}{h^2}[\theta(u_{i+1}^k - 2u_i^k + u_{i-1}^k) +$$
$$(1-\theta)(u_{i+1}^{k-1} - 2u_i^{k-1} + u_{i-1}^{k-1})] = 0 \quad (9.2.16)$$

其中 $0 \leq \theta \leq 1$,这一差分方程用到相邻两层六个节点的函数值,图 9-10 称为加权六

点格式.

下面求差分格式(9.2.16)的截断误差,设 $u(x,t)$ 是微分方程(9.2.5)的充分光滑的解,在 (x_i,t_k) 处进行泰勒展开,得截断误差 R 为

$$R = a\tau\left(\frac{1}{2} - \theta\right)\left[\frac{\partial^3 u}{\partial x^2 \partial t}\right]_i^k + O(\tau^2 + h^2)$$

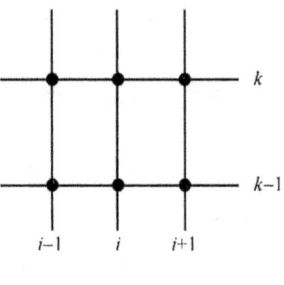

图 9-10

可以看出,$\theta \neq \frac{1}{2}$ 时,截断误差为 $O(\tau + h^2)$;$\theta = \frac{1}{2}$ 时,截断误差是 $O(\tau^2 + h^2)$,即关于 τ 和 h 有二阶精度,此差分格式常被使用,称为克兰克-尼科尔森(Crank-Nicolson)格式,其形式为

$$u_i^k - u_i^{k-1} - \frac{1}{2}r[(u_{i+1}^k - 2u_i^k + u_{i-1}^k) + (u_{i+1}^{k-1} - 2u_i^{k-1} + u_{i-1}^{k-1})] = 0$$

$$i = 1, 2, \cdots, N-1 \tag{9.2.17}$$

$r = \frac{a\tau}{h^2}$ 为网格比,用矩阵表示为

$$A_1 \boldsymbol{u}^k = A_2 \boldsymbol{u}^{k-1} \tag{9.2.18}$$

其中

$$A_1 = \begin{bmatrix} 1+r & -\frac{r}{2} & & & \\ -\frac{r}{2} & 1+r & -\frac{r}{2} & & \\ & \ddots & \ddots & \ddots & \\ & & -\frac{r}{2} & 1+r & -\frac{r}{2} \\ & & & -\frac{r}{2} & 1+r \end{bmatrix}$$

$$A_2 = \begin{bmatrix} 1-r & \frac{r}{2} & & & \\ \frac{r}{2} & 1-r & \frac{r}{2} & & \\ & \ddots & \ddots & \ddots & \\ & & \frac{r}{2} & 1-r & \frac{r}{2} \\ & & & \frac{r}{2} & 1-r \end{bmatrix}$$

加权六点格式是一个隐格式,但 $\boldsymbol{u}^k$ 的系数矩阵 A_1 是对角占优的三对角阵,结合定解条件,用追赶法就可求解方程组.

例1 考虑定解问题

9.2 抛物型方程的差分解法

$$\begin{cases} \dfrac{\partial u}{\partial t} = \dfrac{\partial^2 u}{\partial x^2}, & 0 < x < 1, \quad t > 0 \\ u(x,0) = \sin\pi x, & 0 \leqslant x \leqslant 1 \\ u(0,t) = u(1,t) = 0, & t > 0 \end{cases}$$

取 $h = 0.1, \tau = 0.01$,网格比 $r = \dfrac{\tau}{h^2} = 1$

① 用古典显格式;

② 古典隐格式;

③ 克兰克-尼科尔森格式求解.

并比较其结果(其精确解为 $u(x,t) = \mathrm{e}^{-\pi^2 t}\sin\pi x$).

解 ① 古典显格式

$$\begin{cases} \dfrac{u_i^{k+1} - u_i^k}{\tau} = \dfrac{1}{h^2}(u_{i+1}^k - 2u_i^k + u_{i-1}^k), & i = 1,2,\cdots,9 \\ u_i^0 = \sin\pi x_i, \quad i = 0,1,\cdots,10 \\ u_0^k = u_{10}^k = 0 \end{cases}$$

由于 $r = \dfrac{\tau}{h^2} = 1$,所以差分格式为

$$u_i^{k+1} = u_{i-1}^k - u_i^k + u_{i+1}^k, \quad i = 1,2,\cdots,9$$

矩阵形式

$$A\boldsymbol{u}^k = \boldsymbol{u}^{k+1}$$

其中

$$A = \begin{bmatrix} -1 & 1 & & & & \\ 1 & -1 & 1 & & & \\ & \ddots & \ddots & \ddots & & \\ & & 1 & -1 & 1 \\ & & & 1 & -1 \end{bmatrix}, \quad \boldsymbol{u}^k = \begin{bmatrix} u_1^k \\ u_2^k \\ \vdots \\ u_8^k \\ u_9^k \end{bmatrix}$$

由初始条件开始,直接计算可得到 $t = 0.5$ 的一组解,见表 9-1.

② 古典隐格式

$$\dfrac{u_i^{k+1} - u_i^k}{\tau} = \dfrac{1}{h^2}(u_{i+1}^{k+1} - 2u_i^{k+1} + u_{i-1}^{k+1}), \quad i = 1,2,\cdots,9$$

因为 $r = \dfrac{\tau}{h^2} = 1$,所以上述方程化简为

$$-u_{i+1}^{k+1} + 3u_i^{k+1} - u_{i-1}^{k+1} = u_i^k, \quad i = 1,2,\cdots,9$$

矩阵形式的系数矩阵 A 为对角占优的三对角阵

$$A = \begin{bmatrix} 3 & -1 & & & \\ -1 & 3 & -1 & & \\ & \ddots & \ddots & \ddots & \\ & & -1 & 3 & -1 \\ & & & -1 & 3 \end{bmatrix}$$

用追赶法求解,重复计算,可得 $t = 0.5$ 的一组解,见表9-1.

③ 克兰克-尼科尔森格式

$$\frac{u_i^{k+1} - u_i^k}{\tau} = \frac{1}{2h^2}[(u_{i+1}^k - 2u_i^k + u_{i-1}^k) + (u_{i+1}^{k+1} - 2u_i^{k+1} + u_{i-1}^{k+1})], \quad i = 1,2,\cdots,9$$

由于 $r = \frac{\tau}{h^2} = 1$,所以上述差分格式写成

$$-u_{i+1}^{k+1} + 4u_i^{k+1} - u_{i-1}^{k+1} = u_{i+1}^k + u_{i-1}^k, \quad i = 1,2,\cdots,9$$

此线性代数方程组的系数矩阵仍是对角占优的三对角矩阵,用追赶法重复计算,就可得到 $t = 0.5$ 的一组解,见表9-1.

表9-1 $t = 0.5$ 的一组解 u_i^{50}

x_i	精确解 $u(x_i, 0.5)$	显格式	隐格式	C-N 格式
0	0	0	0	0
0.1	0.00222241	8.19876×10^{-7}	0.00289802	0.00230512
0.2	0.00422728	-1.55719×10^{-8}	0.00551236	0.00438461
0.3	0.00581836	2.13833×10^{-8}	0.00758711	0.00603489
0.4	0.00683989	-2.50642×10^{-8}	0.00891918	0.00709440
0.5	0.00719188	2.62685×10^{-8}	0.00937818	0.00745954
0.6	0.0683989	-2.49015×10^{-8}	0.00891918	0.00709440
0.7	0.00581836	2.11200×10^{-8}	0.00758711	0.00603489
0.8	0.00422728	-1.53086×10^{-8}	0.00551236	0.00438461
0.9	0.00222241	8.03604×10^{-7}	0.00289802	0.00230512
1	0	0	0	0

从上面的计算结果可以看出,在网格比相同情况下,用隐格式计算结果要比显格式精确.但对于显格式,如果将网格比缩小取为 $r = 0.05$,则可得与克兰克-尼科尔森格式相近的结果.为什么会产生这样的情况,就是下面要研究的差分格式的稳定性和收敛性问题.

9.2.2 差分格式的稳定性和收敛性

1. 差分格式的稳定性概念

对一个有限差分格式,当初始数据有微小误差时,按时间上逐层计算,是否保证差分方程的解也是微小变化,即计算过程能否控制误差的增长或传播,这就是差分格式的稳定性问题.

例 2 考察古典显格式对于舍入误差的传播情况.

解 采用的方法称 ε-图法,就是在某层任意一个节点处给出一个误差 ε,然后通过图表观察这一误差的发展情形.

设 u_i^{k+1} 是古典显格式

$$u_i^{k+1} = u_i^k + r(u_{i+1}^k - 2u_i^k + u_{i-1}^k) \tag{9.2.7}$$

的精确解,$\bar{u}_i^{k+1}$ 是(9.2.7)式近似解,用 e_i^{k+1} 表示计算 u_i^{k+1} 时产生的误差,即 $e_i^{k+1} = \bar{u}_i^{k+1} - u_i^{k+1}$.假定在第 k 层的点 (i_0, k) 处产生误差 $e_{i_0}^k = \varepsilon$,而这一层其他各点的无误差,且以后计算中也不引入新的误差,显然由于 u_i^k 和 $\bar{u}_i^k$ 都满足差分格式(9.2.7),则 e_i^{k+1} 也满足差分格式(9.2.7).现分析 $r = \frac{1}{2}$ 和 $r = 1$ 时, $e_{i_0}^{k+1}$ 随 k 增加而变化情形.

当 $r = \frac{1}{2}$ 时,e_i^{k+1} 满足的方程为

$$e_i^{k+1} = \frac{1}{2}(e_{i+1}^k + e_{i-1}^k) \tag{9.2.19}$$

利用此公式,易计算在 (i_0, k) 的误差传播情况,如表 9-2 所列.

表 9-2 $r = \frac{1}{2}$ 时误差的传播情况

k \ i	$i_0 - 4$	$i_0 - 3$	$i_0 - 2$	$i_0 - 1$	i_0	$i_0 + 1$	$i_0 + 2$	$i_0 + 3$	$i_0 + 4$
k					ε				
$k+1$				$\frac{\varepsilon}{2}$	0	$\frac{\varepsilon}{2}$			
$k+2$			$\frac{\varepsilon}{4}$	0	$\frac{\varepsilon}{2}$	0	$\frac{\varepsilon}{4}$		
$k+3$		$\frac{\varepsilon}{8}$	0	$\frac{3\varepsilon}{8}$	0	$\frac{3\varepsilon}{8}$	0	$\frac{\varepsilon}{8}$	
$k+4$	$\frac{\varepsilon}{16}$	0	$\frac{4\varepsilon}{16}$	0	$\frac{6\varepsilon}{16}$	0	$\frac{4\varepsilon}{16}$	0	$\frac{\varepsilon}{16}$

由表 9-2 可知,初始数据的误差,在以后层次逐渐减小,说明 $r = \frac{1}{2}$ 时,差分

格式是稳定的.

当 $r=1$ 时,e_i^{k+1} 满足的方程为
$$e_i^{k+1} = e_{i+1}^k - e_i^k + e_{i-1}^k \tag{9.2.20}$$
计算结果如表 9-3 所示.

表 9-3 $r=1$ 时误差的传播情况

k \ i	i_0-4	i_0-3	i_0-2	i_0-1	i_0	i_0+1	i_0+2	i_0+3	i_0+4
k					ε				
$k+1$				ε	$-\varepsilon$	ε			
$k+2$			ε	-2ε	3ε	-2ε	ε		
$k+3$		ε	-3ε	6ε	-7ε	6ε	-3ε	ε	
$k+4$	ε	-4ε	10ε	-16ε	19ε	-16ε	10ε	-4ε	ε

此时初始数据的误差,随 k 的增大而迅速增大,因此,$r=1$ 时古典显格式是不稳定的.

结合前面介绍的古典隐格式和理查森格式,可以看出,一个差分格式是否稳定既与差分格式本身有关,还与网格比的大小有关.

差分格式的稳定性在差分方法的研究中,具有特别重要的意义,需进一步讨论,并找出判定方法,为此,先给出稳定的严格定义:

定义 对任意给定的 $\varepsilon < 0$,如果总存在与 h,τ 无关只依赖于 ε 的正数 δ,使当 $\|\bar{u}^0-u^0\|<\delta$ 时,不等式 $\|\bar{u}^n-u^n\|<\varepsilon$ 对任何对 $n(0 \leqslant n\tau \leqslant T)$ 都成立,则称差分格式是稳定的,其中范数 $\|u^n\| = \left\{\sum_i (u_i^n)^2 h\right\}^{\frac{1}{2}}$.

对逼近初边值问题(9.2.5)的两层差分格式,引用矩阵语言,将其统一写成
$$u^{k+1} = Hu^k \tag{9.2.21}$$
误差向量 $E^k = \bar{u}^k - u^k$ 显然也满足上式,即有
$$E^{k+1} = HE^k$$
逐次迭代,可推出
$$E^{k+1} = H^{k+1}E^0$$
上式两边取范数
$$\|E^{k+1}\| = \|H^{k+1}E^0\| \leqslant \|H^{k+1}\| \cdot \|E^0\| \leqslant \|H\|^{k+1} \cdot \|E^0\|$$
由此可见,差分格式稳定的充要条件是,$\|H\|^n \leqslant K$ 对任何 n 成立,于是得到差分格式稳定性的等价定义:

定义 2 差分格式(9.2.21)称对初值是稳定的,如果存在常数 K 及 t_0,使得

9.2 抛物型方程的差分解法

$0 < \tau < \tau_0$ 时,一致地有

$$\| u^n \| \leqslant K \| u^0 \| \quad (9.2.22)$$

通过对 H 的直接估计就可以探求差分格式的稳定性条件,常用的方法有矩阵方法、Hirt 启示方法等,下面我们介绍比较简便实用的傅里叶(Fourier)方法.

2. 判别稳定性的傅里叶方法

傅里叶方法的适用范围是线性常系数的初值问题,但在实际中,这一方法有着广泛用途,下面从具体例子入手,讨论该方法的基本思想.

对于古典显格式

$$u_i^{k+1} = u_i^k + r(u_{i+1}^k - 2u_i^k + u_{i-1}^k)$$

取解形式为 $u^k(x_i) = v^k(\sigma)e^{j\sigma x_i}$,其中 $j = \sqrt{-1}$,σ 是任意给定常数,物理意义是频率参数,代入上式,并约去公因式 $e^{j\sigma ih}$ ($x_i = ih$),则得

$$v^{k+1}(\sigma) = [(1-2r) + re^{-j\sigma h} + re^{j\sigma h}]v^k(\sigma) = \left(1 - 4r\sin^2\frac{\sigma h}{2}\right)v^k(\sigma)$$

记 $G(\sigma, \tau) = 1 - 4r\sin^2\frac{\sigma h}{2}$,就有

$$v^{k+1}(\sigma) = G(\sigma, t)v^k(\sigma)$$

逐层递推,得

$$v^{k+1}(\sigma) = G^{k+1}(\sigma, \tau)v^0(\sigma)$$

称 $G(\sigma, \tau)$ 为传播因子.

定理 1 如果存在常数 c,使得对一切 σ,成立

$$| G(\sigma, \tau) | \leqslant 1 + c\tau \quad (9.2.23)$$

则差分格式是稳定的.

这因为

$$| G^k(\sigma, \tau) | = | G(\sigma, \tau) |^k \leqslant (1 + c\tau)^k \leqslant e^{cT}, \quad k\tau \leqslant T$$

传播因子的任意 k 次幂有界.

条件(9.2.23)称为冯·诺伊曼(von Neumann)条件,简称为 V-N 条件. 应用该条件判别差分格式稳定性的方法,称为傅里叶方法.

现在我们用傅里叶方法给出古典显格式的稳定性条件,前面已求得传播因子为

$$G(\sigma, \tau) = 1 - 4r\sin^2\frac{\sigma h}{2}$$

要使差分格式稳定,只需

$$| G(\sigma, \tau) | = \left| 1 - 4r\sin^2\frac{\sigma h}{2} \right| \leqslant 1 + c\tau$$

得 $r \leqslant \frac{1}{2}$,即当 $r \leqslant \frac{1}{2}$ 时,古典显格式是稳定的.

利用傅里叶方法判别差分格式的稳定性,关键在于求出传播因子,对于线性两层差分格式,只要取 $u^k(x) = v^k(\sigma)e^{j\sigma x}$,代入差分格式两端,消去公因子就可得到 $G(\sigma,\tau)$.

例3 考察古典隐格式
$$u_i^k - r(u_{i+1}^k - 2u_i^k + u_{i-1}^k) = u_i^{k-1}$$
的稳定性.

解 应用傅里叶方法,令 $u^k(x_i) = v^k(\sigma)e^{j\sigma ih}$ 代入
$$v^k(\sigma)[e^{j\sigma ih} - r(e^{j\sigma(i+1)h} - 2e^{j\sigma ih} + e^{j\sigma(i-1)h})] = v^{k-1}(\sigma)e^{j\sigma ih}$$
约去公因子,便得传播因子
$$G(\sigma,\tau) = \frac{1}{1 - r(e^{j\sigma h} - 2 + e^{-j\sigma h})} = \frac{1}{1 + 4r\sin^2\frac{\sigma h}{2}}$$

显然,对任何网格比 r,都有
$$|G(\sigma,\tau)| \leqslant 1$$
古典隐格式是稳定的.

用定理1判断两层差分格式是否稳定,只需验证冯·诺伊曼条件,如果是三层差分格式,不能直接使用上述方法,要首先把它化成两层差分格式,但这时得到的传播因子是一个矩阵.对传播矩阵,有下面一些结论:

定理2 差分格式稳定的充分必要条件是当 $k\tau \leqslant T$ 时,传播矩阵的模 $G(\sigma,\tau)$ 一致有界,即
$$\|G^k(\sigma,\tau)\| \leqslant M \tag{9.2.24}$$
其中 M 是与 τ 无关的常数.

设 $\rho(G)$ 为矩阵 $G(\sigma,\tau)$ 的谱半径,由于 $\rho(G) \leqslant \|G\|$,得到

定理3 差分格式稳定的必要条件是
$$\rho(G) \leqslant 1 + c\tau \tag{9.2.25}$$
其中 c 为常数.

注意:对一个两层差分格式,$G(\sigma,\tau)$ 为一个数,所以有 $|\lambda| = |G(\sigma,\tau)|$,结合定理1,知 V-N 条件是稳定性的充分且必要的条件.

当 G 为正规矩阵时,即 $G^*G = GG^*$,G^* 是 G 的伴随矩阵,可以证明 $\rho(G) = \|G\|$,得出

定理4 如果传播矩阵 $G(\sigma,\tau)$ 为正规矩阵,则 V-N 条件是差分格式稳定性的充分必要条件.

例4 利用傅里叶方法讨论理查森格式的稳定性

解 理查森格式

9.2 抛物型方程的差分解法

$$u_i^{k+1} = u_i^{k-1} + 2r(u_{i+1}^k - 2u_i^k + u_{i-1}^k)$$

是一个三层格式，用傅里叶方法讨论其稳定性，首先把它化成等价的两层差分方程组

$$\begin{cases} u_i^{k+1} = v_i^k + 2r(u_{i+1}^k - 2u_i^k + u_{i-1}^k) \\ v_i^{k+1} = u_i^k \end{cases}$$

令 $\boldsymbol{u} = [u,v]^T$，可把上式写成

$$\boldsymbol{u}_i^{k+1} = \begin{bmatrix} 2r & 0 \\ 0 & 0 \end{bmatrix} \boldsymbol{u}_{i+1}^k + \begin{bmatrix} -4r & 1 \\ 1 & 0 \end{bmatrix} \boldsymbol{u}_i^k + \begin{bmatrix} 2r & 0 \\ 0 & 0 \end{bmatrix} \boldsymbol{u}_{i-1}^k$$

将 $\boldsymbol{u}^k(x_i) = \boldsymbol{v}^k(\sigma)e^{j\sigma i h}$ 代入上式并消去因子 $e^{j\sigma i h}$，整理后得到

$$\boldsymbol{v}^{k+1}(\sigma) = \begin{bmatrix} -8r\sin^2\frac{\sigma h}{2} & 1 \\ 1 & 0 \end{bmatrix} \boldsymbol{v}^k(\sigma)$$

传播矩阵为

$$G(\sigma,\tau) = \begin{bmatrix} -8r\sin^2\frac{\sigma h}{2} & 1 \\ 1 & 0 \end{bmatrix}$$

其特征值为

$$\lambda_{1,2} = -4r\sin^2\frac{\sigma h}{2} \pm \left(1 + 16r^2\sin^4\frac{\sigma h}{2}\right)^{\frac{1}{2}}$$

显然有

$$|\lambda_1| = \left| -4r\sin^2\frac{\sigma h}{2} - \left(1 + 16r^2\sin^4\frac{\sigma h}{2}\right)^{\frac{1}{2}} \right| > 1 + 4r\sin^2\frac{\sigma h}{2}$$

不满足 V-N 条件，所以理查森格式是不稳定的。

对方程是高维情形，也可用傅里叶方法判别其差分格式的稳定性。

例 5 推导二维热传导方程的古典显格式，并判别稳定性，其定解问题为

$$\begin{cases} \dfrac{\partial u}{\partial t} = a\left(\dfrac{\partial^2 u}{\partial x^2} + \dfrac{\partial^2 u}{\partial y^2}\right), & 0 \leqslant x,y \leqslant 1 \\ u(x,y,0) = \varphi(x,y), & 0 < x,y < 1 \\ u(0,y,t) = u(1,y,t) = u(x,0,t) = u(x,1,t) = 0 \end{cases} \quad (9.2.26)$$

解 取 t 的步长为 τ，x,y 的步长均为 h，则 (9.2.26) 式的差分显格式为

$$\frac{u_{ij}^{k+1} - u_{ij}^k}{\tau} = a\left(\frac{u_{i+1,j}^k - 2u_{ij}^k + u_{i-1,j}^k}{h^2} + \frac{u_{i,j+1}^k - 2u_{ij}^k + u_{i,j-1}^k}{h^2}\right)$$

令 $r = \dfrac{a\tau}{h^2}$，整理成便于计算的形式

$$u_{ij}^{k+1} = (1-4r)u_{ij}^k + r(u_{i+1,j}^k + u_{i-1,j}^k) + r(u_{i,j+1}^k + u_{i,j-1}^k) \quad (9.2.27)$$

令 $u^k(x_i,y_i) = \boldsymbol{v}^k(\boldsymbol{\sigma})e^{\sqrt{-1}(\sigma_1 x_i + \sigma_2 y_i)}$ 代入上式，并记 $x_i = ih, y_i = ih$，消去公

因子,得

$$G(\boldsymbol{\sigma},\tau) = 1 - 2r(1-\cos\sigma_1 h) - 2r(1-\cos\sigma_2 h) = 1 - 4r\left(\sin^2\frac{\sigma_1 h}{2} + \sin^2\frac{\sigma_1 h}{2}\right)$$

其中 $\boldsymbol{\sigma} = [\sigma_1,\sigma_2]^T$,利用 V-N 条件,知

$$\left|1 - 4r\left(\sin^2\frac{\sigma_1 h}{2} + \sin^2\frac{\sigma_1 h}{2}\right)\right| \leqslant 1 + c\tau$$

即 $r \leqslant \dfrac{1}{4}$ 时,差分格式稳定.

上面用傅里叶方法考察了一些差分格式的稳定性,为了区别稳定性的不同情况,我们称差分格式在网格比取一定条件稳定为条件稳定;差分格式对任何网格比都稳定为无条件稳定;差分格式对任何网格比都不稳定为无条件不稳定.在实际应用中,建立稳定性限制较弱的差分格式是十分必要的.一般说来,显式差分格式往往是条件稳定的,而隐式差分格式无条件稳定的要多,但因显格式计算简单,因此计算具体问题时,常常把显、隐格式交替使用.

3. 收敛性定理

差分格式的稳定性不仅对实际计算十分重要,对差分格式的收敛性研究也有着重要作用.

在此先给出差分格式的相容性概念.

定义 如果当 $\tau,h \to 0$ 时,差分格式的截断误差也趋于零,称差分格式与微分方程是相容的.

显然,相容性条件是用差分方程求解微分方程的必备条件,可以看出,前面介绍的古典显格式、古典隐格式、理查森格式都与扩散方程(9.2.1)是相容的.

下面给出由稳定性推出收敛性的重要定理:

定理 5 设

$$Lu = \frac{\partial u}{\partial t} - a\frac{\partial^2 u}{\partial x^2} = 0 \tag{9.2.5}$$

其差分格式为

$$L_h[u]_i^k = 0 \tag{9.2.28}$$

若 Lu 与 $L_h[u]_i^k$ 相容,且差分格式对初值稳定,则(9.2.28)式的解 u_i^k 收敛于(9.2.5)式的解 $u(x_i,t_k)$,即

$$\|\boldsymbol{u}^k - [\boldsymbol{u}]^k\| \to 0, \qquad 当 \tau,h \to 0 时$$

式中

$$\boldsymbol{u}^k = [u(x_1,t_k),u(x_2,t_k),\cdots,u(x_{N-1},t_k)]^T$$
$$[\boldsymbol{u}]^k = [u_1^k,u_2^k,\cdots,u_{N-1}^k]^T$$

若(9.2.28)式的截断误差阶为 $O(\tau^\alpha + h^\beta)$,则收敛速度有估计式
$$\| u^k - [u]^k \| = O(\tau^\alpha + h^\beta)$$

定理 5 也称拉克斯(Lax)等价定理,我们不给予证明,只给出一般叙述:给定一个适定的线性初值问题,如果逼近它的差分格式和它相容,则差分格式的收敛性等价于差分格式的稳定性.

由此定理,我们可以着重讨论差分格式的稳定性,一般不再讨论收敛性问题,只要差分格式是稳定的,就可以用差分格式计算微分方程的近似解.

9.3 双曲型方程的差分解法

本节就最简单的双曲型方程——对流方程和波动方程,建立差分格式,并对其稳定性进行讨论.

9.3.1 双曲型方程的特征

对流方程是一阶双曲型方程,其初值问题是
$$\begin{cases} \dfrac{\partial u}{\partial t} + a \dfrac{\partial u}{\partial x} = 0, & -\infty < x < +\infty, \quad t \geqslant 0 \\ u(x,0) = \varphi(x), & -\infty < x < +\infty \end{cases} \quad (9.3.1)$$

其中 a 为常数,令
$$x - at = \xi$$

则(9.3.1)式的解 $u(x,t)$ 满足
$$\frac{\mathrm{d}u}{\mathrm{d}t} = \frac{\mathrm{d}u(at+\xi,t)}{\mathrm{d}t} = a\frac{\partial u}{\partial x} + \frac{\partial u}{\partial t} = 0$$

显见,方程的解为仅依赖于 ξ 的函数,由此可知,初值问题(9.3.1)的解为
$$u(x,t) = \varphi(x - at) \quad (9.3.2)$$

直线 $x - at = c$ 称方程的特征线,(9.3.2)式指出,初值问题(9.3.1)的解沿特征线是常数,其依赖域为特征线与 x 轴交点的坐标,是一点 ξ,如图 9-11 所示.

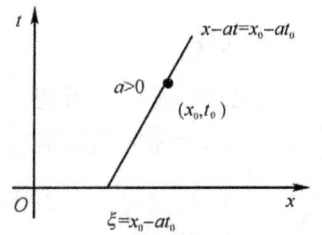
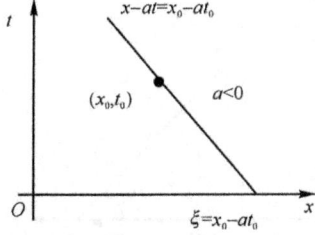

图 9-11

波动方程为二阶双曲型方程,初值问题是

$$\begin{cases} \dfrac{\partial^2 u}{\partial t^2} = a^2 \dfrac{\partial^2 u}{\partial x^2}, & -\infty < x < +\infty, \quad t \geqslant 0 \\ u(x,0) = \varphi(x), & -\infty < x < +\infty \\ \dfrac{\partial u(x,0)}{\partial t} = \psi(x), & -\infty < x < +\infty \end{cases} \quad (9.3.3)$$

其中 $a > 0$,令

$$\begin{cases} \xi = x + at \\ \eta = x - at \end{cases}$$

则(9.3.3)式成为

$$\dfrac{\partial^2 u}{\partial \xi \partial \eta} = 0$$

解此方程,可得通解为

$$u(x,t) = F_1(x + at) + F_2(x - at)$$

其中 F_1, F_2 为两个任意函数,代入初始条件,就得初值问题(9.3.3)的解

$$u(x,t) = \dfrac{1}{2}[\varphi(x + at) + \varphi(x - at)] + \dfrac{1}{2a}\int_{x-at}^{x+at} \psi(\xi)\mathrm{d}\xi \quad (9.3.4)$$

称(9.3.4)为达朗贝尔(d'Alembert)公式.

由达朗贝尔公式不难看出,初值问题(9.3.3)的解 $u(x,t)$ 在点 (x_0, t_0) 的值只依赖于 x 轴从 $x_0 - at_0$ 到 $x_0 + at_0$ 之间的初值,称区间 $[x_0 - at_0, x_0 + at_0]$ 为解在点 (x_0, t_0) 的依赖区间,过点 (x_0, t_0) 做两条特征线

$$\begin{cases} x - at = x_0 - at_0 \\ x + at = x_0 + at_0 \end{cases}$$

则依赖区间就是它们在 x 轴上截得的闭区间,图 9-12 所示.

9.3.2 对流方程的差分格式

网格划分如同抛物型方程,记 h 为 x 轴方向步长,τ 为 t 轴方向步长,以 u_i^k 代替 $u(x_i, t_k)$,可得如下差分格式.

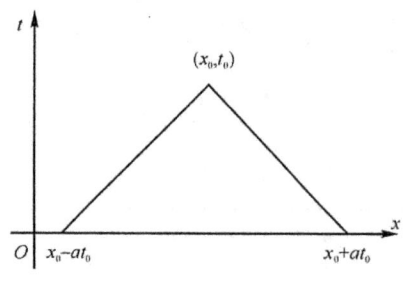

图 9-12

1. 迎风格式

迎风格式的基本思想是关于 x 的导数用偏在特征线一侧的差商来代替,即有

$$\dfrac{u_i^{k+1} - u_i^k}{\tau} + a\dfrac{u_i^k - u_{i-1}^k}{h} = 0, \quad a > 0$$

$$\dfrac{u_i^{k+1} - u_i^k}{\tau} + a\dfrac{u_{i+1}^k - u_i^k}{h} = 0, \quad a < 0$$

$$(9.3.5)$$

9.3 双曲型方程的差分解法

方向及节点见图 9-13.

令 $r = \dfrac{|a|\tau}{h}$, 称网格比, 整理成如下形式

$$u_i^{k+1} = u_i^k - r \begin{cases} (u_i^k - u_{i-1}^k), & a > 0 \\ (u_i^k - u_{i+1}^k), & a < 0 \end{cases}$$

(9.3.6)

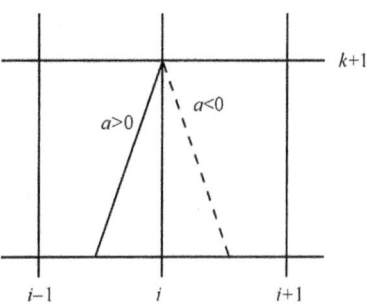

图 9-13

显然, (9.3.6)式为两层显格式, 其截断误差为 $O(\tau + h)$.

用傅里叶方法判别差分格式(9.3.6)的稳定性, 先考察 $a > 0$ 情形, 令 $u^k(x) = v^k(\sigma)e^{j\sigma x}$ 代入(9.3.6)的上式, 可得传播因子

$$G(\sigma, \tau) = 1 - r(1 - e^{-j\sigma h}) = 1 - r(1 - \cos\sigma h) - rj\sin\sigma h$$

因此得到

$$|G(\sigma, \tau)|^2 = \left(1 - 2r\sin^2\frac{\sigma h}{2}\right)^2 + (r\sin\sigma h)^2 = 1 - 4r(1-r)\sin^2\frac{\sigma h}{2}$$

知 $r \leqslant 1$ 时, 有 $|G(\sigma, \tau)| \leqslant 1$, 满足 V-N 条件, 差分格式稳定. 对于 $a < 0$ 的情形可做同样讨论, 稳定性条件也是 $r \leqslant 1$.

由上述分析可见, 差分格式(9.3.6)的稳定性与特征线方程中 a 符号有关. 实际上, 如果将(9.3.6)式中 a 分别变号, 差分格式则是不稳定的. 对此, 下面从几何直观给予进一步说明.

我们已经知道, 对流方程(9.3.1)的解 $u(x, t)$ 在点 (x_i, t_k) 的依赖域是过该点特征线与 x 轴的交点 $(x_i - at_k, 0)$, 考察差分方程(9.3.6)在 (x_i, t_k) 点的依赖域, 当 $a < 0$ 时, 由(9.3.6)式计算 u_i^k, 需要用到 $k-1$ 层 u_i^{k-1}, u_{i+1}^{k-1}, 计算 u_i^{k-1}, u_{i+1}^{k-1}, 又要用到用到 $k-2$ 层的 $u_i^{k-2}, u_{i+1}^{k-2}, u_{i+2}^{k-2}$, 如此递推, 用到 $k=0$ 的值 $u_i^0, \cdots, u_{i+k}^0$, 因此差分方程解在点 (x_i, t_k) 的依赖域为 $[x_i, x_{i+k}]$. 显然, 当 $a < 0, r = \dfrac{|a|t}{h} \leqslant 1$, 即网格对角线斜率 $\dfrac{\tau}{h} \leqslant \dfrac{1}{|a|}$ 时, 微分方程的依赖域一定落在差分方程(9.3.6)的依赖域内, 见图 9-14(a). 同样, 当 $a > 0, r \leqslant 1$ 时, $x_i - at_k$ 落在差分方程(9.3.6)的依赖域 $[x_{i-k}, x_i]$ 内, 图 9-14(b) 所示.

由此得到差分方程解稳定的一个必要条件, 即差分方程的依赖域必须包含微分方程的依赖域, 此条件称柯朗(Courant)**条件**, 柯朗条件实际上指出, 差分格式如与微分方程特征线走向不一致, 对任何网格比都是不稳定的, 当差分格式(9.3.6)时 a 分别变号时, 就是这种情形.

注意: 柯朗条件是稳定的必要条件, 不是充分条件.

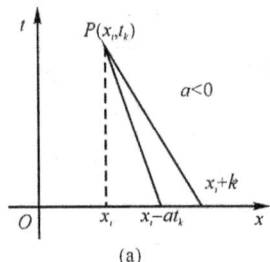
(a)

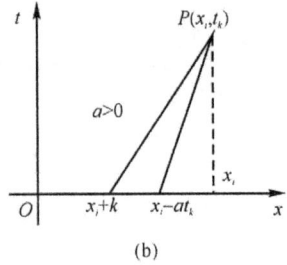
(b)

图 9-14

2. 蛙跳格式

对 x 和 t 导数都用中心差商来代替,所得差分格式称为蛙跳格式

$$\frac{u_i^{k+1} - u_i^{k-1}}{2\tau} + a \frac{u_{i+1}^k - u_{i-1}^k}{2h} = 0 \tag{9.3.7}$$

节点如图 9-15.

容易看出,这一差分格式对 τ 和 h 具有二阶精度,化简整理得

$$u_i^{k+1} = u_i^{k-1} - r(u_{i+1}^k - u_{i-1}^k), \quad a > 0 \tag{9.3.8}$$

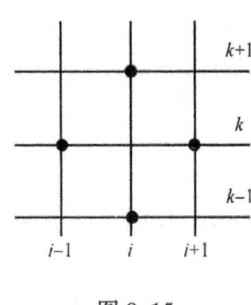

图 9-15

是一个三层显格式.在实际计算中,除要使用初始条件外,还必须用一个两层格式计算出第一层的值 u_i^1,才能应用(9.3.8)式进行计算.

讨论其稳定性,要先将三层格式化为等价的二层差分方程组

$$\begin{cases} u_i^{k+1} - v_i^k - r(u_{i+1}^k - u_{i-1}^k) \\ v_i^{k+1} = u_i^k \end{cases}$$

令 $\boldsymbol{u} = [u, v]^T$,就可求得传播矩阵为

$$G(\sigma, \tau) = \begin{bmatrix} -2r\mathrm{j}\sin\sigma h & 1 \\ 1 & 0 \end{bmatrix}$$

其中 $\mathrm{j} = \sqrt{-1}$,两个特征值为

$$\lambda_{1,2} = r\mathrm{j}\sin\sigma h \pm \sqrt{1 - r^2\sin^2\sigma h}$$

当 $r = \dfrac{|a|\tau}{h} \leqslant 1$ 时,有

$$|\lambda_{1,2}|^2 = r^2\sin^2\sigma h + 1 - r^2\sin^2\sigma h = 1$$

满足 V-N 条件.注意:由于 $G(\sigma, \tau)$ 此时是一个矩阵,所以 V-N 条件只是稳定的必要条件,但可以证明,当 $r \leqslant 1$ 时,这一条件也是稳定的充分条件.

3. 拉格斯-温德罗夫格式

拉格斯-温德罗夫格式是一个具有二阶精度的两层格式,其构造方法与前面直接用差商代替导数方法有所不同,它是利用泰勒级数展开,并借助方程本身特点构造的.

将 $u(x_i, t_{k+1})$ 在点 (x_i, t_k) 作泰勒级数展开

$$u(x_i, t_{k+1}) = u(x_i, t_k) + \tau \left[\frac{\partial u}{\partial t}\right]_i^k + \frac{\tau^2}{2!}\left[\frac{\partial^2 u}{\partial t^2}\right]_i^k + O(\tau^3)$$

利用微分方程(9.3.1),有

$$\frac{\partial u}{\partial t} = -a\frac{\partial u}{\partial x}$$

$$\frac{\partial^2 u}{\partial t^2} = \frac{\partial}{\partial t}\left(-a\frac{\partial u}{\partial x}\right) = -a\frac{\partial}{\partial x}\left(\frac{\partial u}{\partial t}\right) = a^2\frac{\partial^2 u}{\partial x^2}$$

将上述两式代入前式,得

$$u(x_i, t_{k+1}) = u(x_i, t_k) - a\tau\left[\frac{\partial u}{\partial x}\right]_i^k + \frac{a^2\tau^2}{2}\left[\frac{\partial^2 u}{\partial x^2}\right]_i^k + O(t^3)$$

对 x 的一阶、二阶导数用中心差商代替

$$\left[\frac{\partial u}{\partial x}\right]_i^k = \frac{1}{2h}[(u(x_{i+1}, t_k) - u(x_{i-1}, t_k)] + O(h^2)$$

$$\left[\frac{\partial^2 u}{\partial x^2}\right]_i^k = \frac{1}{h^2}[u(x_{i+1}, t_k) - 2u(x_i, t_k) + u(x_{i-1}, t_k)] + O(h^2)$$

代入整理后得到

$$u(x_i, t_{k+1}) = u(x_i, t_k) - \frac{a\tau}{2h}[u(x_{i+1}, t_k) - u(x_{i-1}, t_k)] +$$
$$\frac{a^2\tau^2}{2h^2}[u(x_{i+1}, t_k) - 2u(x_i, t_k) + u(x_{i-1}, t_k)] +$$
$$O(\tau h^2) + O(\tau^2 h^2) + O(\tau^3)$$

略去误差项,以 u_i^k 代替 $u(x_i, t_k)$,得到如下差分格式

$$u_i^{k+1} = u_i^k - \frac{a\tau}{2h}(u_{i+1}^k - u_{i-1}^k) + \frac{a^2\tau^2}{2h^2}(u_{i+1}^k - 2u_i^k + u_{i-1}^k) \quad (9.3.9)$$

(9.3.9)式称为拉格斯-温德罗夫格式,其截断误差为 $O(\tau^2 + h^2)$,节点如图9-16.

令 $r = \dfrac{|a|\tau}{h}$,就得到 $a > 0$ 时的公式

$$u_i^{k+1} = u_i^k - \frac{r}{2}(u_{i+1}^k - u_{i-1}^k) + \frac{r^2}{2}(u_{i+1}^k - 2u_i^k + u_{i-1}^k) \quad (9.3.10)$$

当 $a < 0$ 时同样可得.

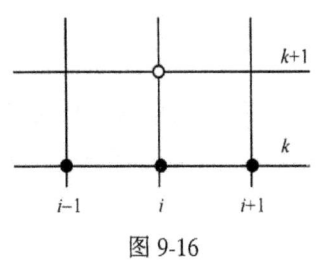

图 9-16

用傅里叶方法分析这一格式的稳定性,容易见(9.3.10)式的传播因子为

$$G(\sigma,\tau) = 1 - 2r^2\sin^2\frac{\sigma h}{2} - jr\sin\sigma h$$

所以,有

$$|G(\sigma,\tau)|^2 = (1 - 2r^2\sin^2\frac{\sigma h}{2})^2 + r^2\sin^2\sigma h$$

$$= 1 - 4r^2(1 - r^2)\sin^4\frac{\sigma h}{2}$$

于是当 $r \leqslant 1$ 时有 $|G(\sigma,\tau)|^2 \leqslant 1$,知差分格式(9.3.10)在条件 $r \leqslant 1$ 下是稳定的.

由于拉格斯-温德罗夫格式是二阶精度的两层显格式,具有计算简单、精度高的特点,在实用中受到广泛重视.

上述建立的差分格式都是显格式,且一般为条件稳定,如果寻求稳定性好的差分格式,需建立相应隐格式,例如迎风隐格式

$$\frac{u_i^{k+1} - u_i^k}{\tau} + a\frac{u_i^{k+1} - u_{i-1}^{k+1}}{h} = 0, \quad a > 0 \qquad (9.3.11)$$

中心隐格式

$$\frac{u_i^{k+1} - u_i^k}{\tau} + a\frac{u_{i+1}^{k+1} - u_{i-1}^{k+1}}{2h} = 0, \quad a > 0 \qquad (9.3.12)$$

它们都是无条件稳定的.

最后指出,关于一阶双曲型方程的讨论,可直接推广到一阶线性双曲型方程组上去.

4. 波动方程的差分格式

波动方程(9.3.3)的差分格式可直接由中心差商代替导数得到

$$\frac{u_i^{k+1} - 2u_i^k + u_i^{k-1}}{\tau^2} - a^2\frac{u_{i+1}^k - 2u_i^k + u_{i-1}^k}{h^2} = 0 \qquad (9.3.13)$$

其截断误差为 $O(\tau^2 + h^2)$. 令 $r = \dfrac{a\tau}{h}$,则上式可写成

$$u_i^{k+1} = r^2 u_{i+1}^k + 2(1 - r^2)u_i^k + r^2 u_{i-1}^k - u_i^{k-1} \qquad (9.3.14)$$

这是一个三层五点显格式,节点如图 9-17.

初始条件用下列差分方程代替

$$u_i^0 = \varphi(x_i) = \varphi_i \qquad (9.3.15)$$

$$\frac{u_i^1 - u_i^0}{\tau} = \psi(x_i) = \psi_i \qquad (9.3.16)$$

容易看出,(9.3.16)式的截断误差为 $O(\tau)$,如果采用差分格式(9.3.14)计算,两者精度不一致,为使(9.3.16)式截断误差为 $O(\tau^2)$,可采用中心差商代替导数

$$\frac{u_i^1 - u_i^{-1}}{2\tau} = \psi_i \qquad (9.3.17)$$

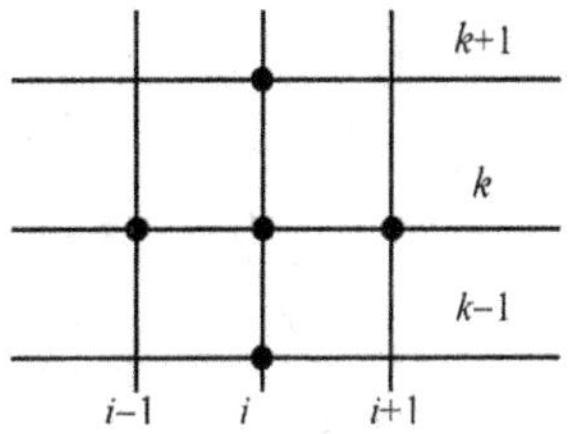

对引进的新未知数 u_i^{-1},在(9.3.14)式中令 $k=0$,得

$$u_i^1 = r^2 u_{i+1}^0 + 2(1-r^2)u_i^0 + r^2 u_{i-1}^0 - u_i^{-1}$$

与(9.3.17)式联立消去,得到

$$u_i^1 = \frac{r^2}{2}(\varphi_{i-1} + \varphi_{i+1}) + (1-r^2)\varphi_i + \tau\psi_i \qquad (9.3.18)$$

图 9-17

于是利用(9.3.15)式和(9.3.18)式可算出初始层 ($k=0$) 和第一层 ($k=1$) 网格点上的值,再应用差分格式(9.3.14)就能逐层算出任意网格点上的值.

关于差分格式(9.3.14)的稳定性讨论,通常做法是将三层格式化成等价的两层格式方程组,然后判断传播矩阵族 $\{G(\sigma,\tau)\}$ 的一致有界性,这是比较麻烦的.一般情况下,当差分方程是线性常系数的,就可假定其解为

$$u^k(x) = v^k(\sigma)e^{j\sigma x}$$

其中 $j = \sqrt{-1}$,$v(\sigma)$ 是传播因子,把上式代入差分格式(9.3.14),可得

$$v^2(\sigma) - 2v(\sigma)\left(1 - 2r^2\sin^2\frac{\sigma h}{2}\right) + 1 = 0 \qquad (9.3.19)$$

令 $c = 2r\sin\frac{\sigma h}{2}$,则得二次方程

$$v^2(\sigma) - (2-c^2)v(\sigma) + 1 = 0$$

它的根按模 $\leqslant 1$ 的充要条件是

$$|2 - c^2| \leqslant 2$$

由此解得差分格式(9.3.14)稳定条件是 $r \leqslant 1$.

下面再从几何直观考察差分格式的稳定性条件. 由方程(9.3.14)看出,u_i^k 的计算依赖前两层值 $u_{i-1}^{k-1}, u_i^{k-1}, u_{i+1}^{k-1}, u_i^{k-2}$,这四项的计算又依赖 $u_{i-2}^{k-2}, u_{i-1}^{k-2},$ $u_i^{k-2}, u_{i+1}^{k-2}, u_{i+2}^{k-2}, u_{i-1}^{k-3}, u_i^{k-3}, u_{i+1}^{k-3}$ 及 u_i^{k-4},依次递推,可知 u_i^k 要依赖 $k=0$ 上的值:$u_{i-k}^0, u_{i-k+1}^0, \cdots, u_i^0, \cdots, u_{i+k-1}^0, u_{i+k}^0$,称区间 $[x_{i-k}, x_{i+k}]$ 为差分格式(9.3.14)解的依赖区间,它是过点 (x_i, t_k) 的两条直线

$$x - x_i = \pm\frac{h}{\tau}(t - t_k)$$

与 x 轴的交点围成的区间,而微分方程(9.3.3)解在点 (x_i, t_k) 的依赖区间是过点 (x_i, t_k) 的两条特征线

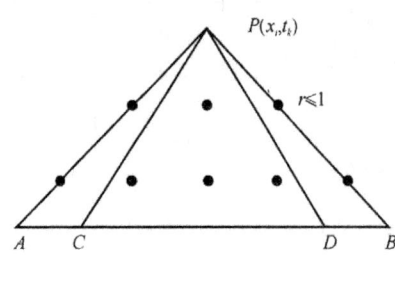

图 9-18

$$x - x_i = \pm a(t - t_k)$$

与 x 轴的交点围成的区间 $[x_i - at_k, x_i + at_k]$,可见稳定性条件 $r \leqslant 1$ 或 $\frac{\tau}{h} \leqslant \frac{1}{a}$ 是指,差分方程稳定的必要条件是:差分方程解的依赖区间必须包含微分方程解的依赖区间,否则差分方程不稳定,这就是柯朗条件(图 9-18).

如果要得到无条件稳定的差分格式,应考虑建立隐格式,用 $k-1, k, k+1$ 层的加权中心差商代替 $\left[\frac{\partial^2 u}{\partial x^2}\right]_i^k$,得

$$\frac{u_i^{k+1} - 2u_i^k + u_i^{k-1}}{\tau^2} - \frac{a^2}{h^2}[\theta(u_{i+1}^{k+1} - 2u_i^{k+1} + u_{i-1}^{k+1}) +$$
$$(1 - 2\theta)(u_{i+1}^k - 2u_i^k + u_{i-1}^k) + \theta(u_{i+1}^{k-1} - 2u_i^{k-1} + u_{i-1}^{k-1})] = 0 \quad (9.3.20)$$

其中 $0 \leqslant \theta \leqslant 1$,其截断误差为 $O(\tau^2 + h^2)$. 此格式当 $\frac{1}{4} \leqslant \theta < 1$ 时,无条件稳定;当 $0 \leqslant \theta \leqslant \frac{1}{4}$ 时,稳定性条件为 $0 < r < \frac{1}{\sqrt{1 - 4\theta}}$,特别 $\theta = 0$ 时,就是显格式 (9.3.14).

格式(9.3.20)的重要情形是 $\theta = \frac{1}{4}$,称为冯·诺伊曼格式

$$\frac{u_i^{k+1} - 2u_i^k + u_i^{k-1}}{\tau^2} - \frac{a^2}{h^2}\left[\frac{1}{4}(u_{i+1}^{k+1} - 2u_i^{k+1} + u_{i-1}^{k+1}) + \right.$$
$$\left. \frac{1}{2}(u_{i+1}^k - 2u_i^k + u_{i-1}^k) + \frac{1}{4}(u_{i+1}^{k-1} - 2u_i^{k-1} + u_{i-1}^{k-1})\right] = 0 \quad (9.3.21)$$

这是一个无条件隐格式,其系数矩阵为三对角阵,在对每一个 k 求解方程组时,可用追赶法.

建立波动方程的差分格式,也可通过其他方法. 例如,令 $v = \frac{\partial u}{\partial t}, w = a\frac{\partial u}{\partial x}$,利用关系式 $\frac{\partial^2 u}{\partial x \partial t} = \frac{\partial^2 u}{\partial t \partial x}$,则波动方程可化成等价的一阶偏微分方程组

$$\begin{cases} \frac{\partial v}{\partial t} - a\frac{\partial w}{\partial x} = 0 \\ \frac{\partial w}{\partial t} - a\frac{\partial v}{\partial x} = 0 \end{cases} \quad (9.3.22)$$

引进向量 $\boldsymbol{u} = [v, w]^T$,上面方程组可写为

$$\frac{\partial \boldsymbol{u}}{\partial t} - A\frac{\partial \boldsymbol{u}}{\partial x} = 0 \quad (9.3.23)$$

于是就可建立相应波动方程的一阶差分方程组,并把一阶差分方程的有关结论推广过来.

9.4 变分方法

变分方法在微分方程边值问题的近似计算中有着广泛应用,本节主要介绍变分原理及求泛函极值的常用方法——里茨法与伽辽金法.

9.4.1 二次函数的极值问题

变分方法实际上是微分学处理函数极值问题的扩展形式,所不同的是,变分问题是处理泛函.即自变量是函数的函数的极值问题,其解是一个函数或函数组,而函数极值问题的解为单个或有限个数值变量.

考察以 x 为变量的二次函数

$$J(x) = J(x_1, x_2, \cdots, x_n) = \frac{1}{2}\sum_{i=1}^{n}\sum_{j=1}^{n} a_{ij}x_ix_j - \sum_{i=1}^{n} b_ix_i$$

写成矩阵形式,则

$$J(x) = \frac{1}{2}(Ax, x) - (b, x) \tag{9.4.1}$$

其中

$$A = \begin{bmatrix} a_{11} & a_{12} & \cdots & a_{1n} \\ a_{21} & a_{22} & \cdots & a_{2n} \\ \vdots & \vdots & & \vdots \\ a_{n1} & a_{n2} & \cdots & a_{nn} \end{bmatrix}, \quad x = \begin{bmatrix} x_1 \\ x_2 \\ \vdots \\ x_n \end{bmatrix}, \quad b = \begin{bmatrix} b_1 \\ b_2 \\ \vdots \\ b_n \end{bmatrix}$$

记号 $(\cdot, \cdot)$ 表示内积,$J(x)$ 也称为 x 的泛函.一般来说,如果某函数集或向量集 D 中的每一函数或向量,都按某一规则有一确定的数值与之对应,称在 D 上定义了一个泛函.

考察 $J(x)$ 的极小值,由多元函数的极值理论,其必要条件是

$$\frac{\partial J}{\partial x_i} = \sum_{j=1}^{n} a_{ij}x_j - b_i = 0, \quad i = 1, 2, \cdots, n$$

即

$$Ax - b = 0 \tag{9.4.2}$$

其充分条件由多元函数泰勒公式可以看出

$$J(x_1 + \Delta x_1, x_2 + \Delta x_2, \cdots, x_n + \Delta x_n) =$$

$$J(x_1, x_2, \cdots, x_n) + \sum_{i=1}^{n} \frac{\partial J}{\partial x_i}\Delta x_i + \frac{1}{2}\sum_{i=1}^{n}\sum_{j=1}^{n} \frac{\partial^2 J}{\partial x_i x_j}\Delta x_i \Delta x_j$$

写成矩阵形式

$$J(x + \Delta x) = J(x) + (Ax - b, \Delta x) + \frac{1}{2}(A\Delta x, \Delta x)$$

显然,当矩阵 A 对称正定时,二次函数 $J(x)$ 在 x^* 取极小值的充分条件是 x^* 满足条件(9.4.2),即

$$Ax^* - b = 0$$

此时有

$$J(x^* + \Delta x) = J(x^*) + \frac{1}{2}(A\Delta x, \Delta x) > J(x^*)$$

上式对任何 Δx 都成立,于是得到以下结论:

若 A 对称正定,则下列两个命题等价

① 求 $x^* \in R^n$,使

$$J(x^*) = \min_{x^* \in R^n} J(x) = \min_{x^* \in R^n} \left[\frac{1}{2}(Ax, x) - (b, x)\right]$$

② 求线性方程组 $Ax = b$ 的解 x^*.

这表明,求解方程组②可转化成求泛函 $J(x)$ 的极小值. 变分方法就是借助这一思想,通过变分问题,即泛函 $J(x)$ 的极值问题来求解微分方程的边值问题.

9.4.2 变分方法的基本引理

引理 1 设 $f(x)$ 在 $[a, b]$ 上连续,若对任意在 $[a, b]$ 上连续且满足条件 $\eta(a) = \eta(b) = 0$ 的函数 $\eta(x)$,都有

$$\int_a^b f(x)\eta(x)\mathrm{d}x = 0$$

则在 $[a, b]$ 上 $f(x) = 0$.

证明 反证法 设有 $x_0 \in [a, b]$,使 $f(x_0) \neq 0$,不妨设 $f(x_0) > 0$. 由于 $f(x)$ 的连续性,存在 x_0 的一个邻域 $(x_0 - \delta, x_0 + \delta)$,使在其上 $f(x) > 0$,取函数

$$\eta(x) = \begin{cases} [(x - x_0)^2 - \delta^2]^2, & x \in (x_0 - \delta, x_0 + \delta) \\ 0, & \text{其他} \end{cases}$$

显然 $\eta(x)$ 在 $[a, b]$ 连续,而

$$\int_a^b f(x)\eta(x)\mathrm{d}x = \int_{x_0 - \delta}^{x_0 + \delta} f(x)[(x - x_0)^2 - \delta^2]^2 \mathrm{d}x > 0$$

与已知条件矛盾.

在二维情形,同样可证下述原理:

引理 2 设 $f(x, y)$ 在闭区域 Ω 上连续,$\partial\Omega$ 为 Ω 的边界,如果对每一个在 Ω 上连续且满足 $\eta\big|_{\partial\Omega} = 0$ 的函数 $\eta(x, y)$,都成立

$$\iint_\Omega f(x,y)\eta(x,y)\mathrm{d}x\mathrm{d}y = 0$$

则 $f(x,y)$ 在 Ω 上恒为零.

9.4.3 椭圆型方程边值问题的变分原理

1. 里茨形式变分原理

考察椭圆型方程第一边值问题

$$\begin{cases} Lu = -\left[\dfrac{\partial}{\partial x}\left(p\dfrac{\partial u}{\partial x}\right) + \dfrac{\partial}{\partial y}\left(p\dfrac{\partial u}{\partial y}\right)\right] + qu = f(x,y), & (x,y) \in \Omega \\ u\big|_{\partial\Omega} = 0 \end{cases} \quad (9.4.3)$$

其中 $p = p(x,y) > 0, q = q(x,y) \geqslant 0$.

仿照前面(9.4.1)式,建立泛函

$$J(u) = \frac{1}{2}(Lu,u) - (f,u) = \frac{1}{2}\iint_\Omega Lu \cdot u \mathrm{d}x\mathrm{d}y - \iint_\Omega fu\mathrm{d}x\mathrm{d}y \quad (9.4.4)$$

利用格林公式,得

$$(Lu,v) = \iint_\Omega \left\{-\left[\frac{\partial}{\partial x}\left(p\frac{\partial u}{\partial x}\right) + \frac{\partial}{\partial y}\left(p\frac{\partial u}{\partial y}\right)\right] + qu\right\}v\mathrm{d}x\mathrm{d}y$$

$$= \iint_\Omega \left[p\left(\frac{\partial u}{\partial x}\frac{\partial v}{\partial x} + \frac{\partial u}{\partial y}\frac{\partial v}{\partial y}\right) + quv\right]\mathrm{d}x\mathrm{d}y - \int_{\partial\Omega} p\frac{\partial u}{\partial n}v\mathrm{d}s$$

其中 $\dfrac{\partial u}{\partial n}$ 是 u 沿 $\partial\Omega$ 外法线的方向导数,如果 u,v 都满足边界条件(9.4.3),则上式第二项积分为零,即有

$$J(u) = \frac{1}{2}\iint_\Omega \left\{p\left[\left(\frac{\partial u}{\partial x}\right)^2 + \left(\frac{\partial u}{\partial y}\right)^2\right] + qu^2\right\}\mathrm{d}x\mathrm{d}y - \iint_\Omega fu\mathrm{d}x\mathrm{d}y \quad (9.4.5)$$

记

$$a(u,v) = \iint_\Omega \left[p\left(\frac{\partial u}{\partial x}\frac{\partial v}{\partial x} + \frac{\partial u}{\partial y}\frac{\partial v}{\partial y}\right) + quv\right]\mathrm{d}x\mathrm{d}y \quad (9.4.6)$$

则(9.4.5)式可写成

$$J(u) = \frac{1}{2}a(u,u) - (f,u) \quad (9.4.7)$$

于是,得边值问题(9.4.3)里茨定义下的变分问题:求函数 $u^* \in C_E^2$,使得 $J(u^*) = \min J(u)$,其中

$$C_E^2 = \{u \mid u \in C^2(\Omega), u\big|_{\partial\Omega} = 0\} \quad (9.4.8)$$

由(9.4.6)式定义的 $a(u,v)$ 十分重要,称双线性泛函,它具有如下性质:

① 对称性 $a(u,v) = a(v,u)$,对任意 $u,v \in C_E^2$.

② 双线性 $a(u,v)$ 分别对 u,v 都是线性泛函,即
$$a(c_1u_1+c_2u_2,v)=c_1a(u_1,v)+c_2a(u_2,v)$$
$$a(u,c_1v_1+c_2v_2)=c_1a(u,v_1)+c_2a(u,v_2)$$
③ 正定性 $a(u,u)\geqslant \gamma\|u\|$,其中 γ 是与 u 无关的正常数.

下面给出里茨形式的变分原理:

定理 1 设 $u\in C^2(\Omega)$,则 u 是边值问题(9.4.3)的解的充要条件是在该边值条件下,u 使泛函(9.4.7)取极小值.

证明 充分性 设 $u(x,y)\in C_E^2=\{u|u\in C^2(\Omega),u|_{\partial\Omega}=0\}$,使 $J(u)$ 取极小值,即对任给的 $u\in C_E^2$ 及任意实数 t,有
$$J(u+tv)\geqslant J(u)$$
把 $J(u+tv)$ 展开,并应用 $a(u,v)$ 的性质,得
$$J(u+tv)=\frac{1}{2}a(u+tv,u+tv)-(u+tv,f)$$
$$=J(u)+t[a(u,v)-(f,v)]+\frac{t^2}{2}a(v,v)$$
$J(u+tv)$ 为 t 的一元函数,从 $t=0$ 取得极值的必要条件
$$\left.\frac{\mathrm{d}}{\mathrm{d}t}J(u+tv)\right|_{t=0}=0$$
得
$$a(u,v)-(f,v)=0,\quad 对任给 v\in C_E^2 成立 \qquad(9.4.9)$$
应用格林公式,得
$$a(u,v)-(f,v)=(Lu,v)-(f,v)=(Lu-f,v)=0$$
上式对任给的 $v\in C_E^2$ 成立,由变分法基本引理,$Lu-f=0,(x,y)\in\Omega$.注意到 $u\in C_E^2$,因此 $u|_{\partial\Omega}=0$,由此 $u(x,y)$ 是边值问题(9.4.3)的解.

必要性 设 $u(x,y)$ 是边值问题(9.4.3)的解即有 $a(u,v)-(f,v)=0$,同样考察
$$J(u+tv)=\frac{1}{2}a(u+tv,u+tv)-(u+tv,f)$$
$$=J(u)+t[a(u,v)-(f,v)]+\frac{t^2}{2}a(v,v)=J(u)+\frac{t^2}{2}a(v,v)$$
由于 $a(v,v)$ 正定,于是 $J(u+tv)\geqslant J(u)$,对任何实数 t 及 $v\in C_E^2$ 成立,即 u 是变分问题(9.4.8)的解.

这一定理也称**极小位能原理**,其解称边值问题在里茨定义下的广义解.

2. 伽辽金形式变分原理

由上面证明看出,(9.4.9)式

9.4 变分方法

$$a(u,v) - (f,v) = 0$$

是一关键式子,它可由方程 $Lu - f = 0$ 两边乘以 v,并在 Ω 上积分直接得到,即

$$(Lu - f, v) = a(u,v) - (f,v) = 0$$

其中

$$a(u,v) = \iint_\Omega \left[p\left(\frac{\partial u}{\partial x}\frac{\partial v}{\partial x} + \frac{\partial u}{\partial y}\frac{\partial v}{\partial y}\right) + quv \right] \mathrm{d}x\mathrm{d}y$$

$$(f,v) = \iint_\Omega fv\,\mathrm{d}x\mathrm{d}y$$

由此有伽辽金形式变分问题,求 $u \in H_E^1$,使得

$$a(u,v) - (f,v) = 0 \tag{9.4.10}$$

对一切 $v \in H_E^1$ 成立,$H_E^1 = \left\{ u \,\Big|\, u, \frac{\partial u}{\partial x}, \frac{\partial u}{\partial y} \in L_2(\Omega), u\big|_{\partial\Omega} = 0 \right\}$.

与定理 1 证法类似,得伽辽金形式变分原理:

定理2 设 $u \in C^2(\Omega)$,则 u 为边值问题(9.4.3)的解的充要条件是 u 为变分问题(9.4.10)的解.

这一定理也叫**虚功原理**,其解为边值问题(9.4.3)在伽辽金意义下的广义解.

例 求椭圆型方程

$$\begin{cases} -\Delta u = f(x,y), & (x,y) \in \Omega \\ \left(\dfrac{\partial u}{\partial n} + \alpha u\right)\Big|_{\partial\Omega} = 0, & \alpha \geqslant 0 \end{cases}$$

对应的变分问题.

解 由格林公式,得

$$\begin{aligned}
(-\Delta u - f, v) &= \iint_\Omega -\left(\frac{\partial^2 u}{\partial x^2} + \frac{\partial^2 u}{\partial y^2}\right) v\,\mathrm{d}x\mathrm{d}y - \iint_\Omega fv\,\mathrm{d}x\mathrm{d}y \\
&= \iint_\Omega \left(\frac{\partial u}{\partial x}\frac{\partial v}{\partial x} + \frac{\partial u}{\partial y}\frac{\partial v}{\partial y}\right)\mathrm{d}x\mathrm{d}y - \int_{\partial\Omega}\frac{\partial u}{\partial n}v\,\mathrm{d}s - \iint_\Omega fv\,\mathrm{d}x\mathrm{d}y \\
&= \iint_\Omega \left(\frac{\partial u}{\partial x}\frac{\partial v}{\partial x} + \frac{\partial u}{\partial y}\frac{\partial v}{\partial y}\right)\mathrm{d}x\mathrm{d}y + \int_{\partial\Omega}\alpha uv\,\mathrm{d}s - \iint_\Omega fv\,\mathrm{d}x\mathrm{d}y
\end{aligned}$$

定义

$$a(u,v) = \iint_\Omega \left(\frac{\partial u}{\partial x}\frac{\partial v}{\partial x} + \frac{\partial u}{\partial y}\frac{\partial v}{\partial y}\right)\mathrm{d}x\mathrm{d}y + \int_{\partial\Omega}\alpha uv\,\mathrm{d}s$$

$$(f,v) = \iint_\Omega fv\,\mathrm{d}x\mathrm{d}y$$

于是变分问题提法是:求 $u \in H_E^1$,使对任给 $v \in H_E^1$ 满足伽辽金方程

$$a(u,v) - (f,v) = 0$$

注意:利用格林公式

$$a(u,v) - (f,v) = \iint_\Omega (-\Delta u - f)v dx dy + \int_{\partial\Omega}\left(\frac{\partial u}{\partial n} + \alpha u\right)v ds$$

边界条件在这里被自然满足,所以第二、三边界条件称自然边界条件,而称第一边界条件为本质边界条件.

9.4.4 里茨-伽辽金方法在微分方程近似解法中的应用

前面讨论了如何化边值问题为等价的变分问题,本节给出变分问题的近似解法——里茨-伽辽金方法,这一方法在解微分方程边值问题中有着广泛应用,同以前的函数极值问题相比,变分问题的难点是在无穷维空间上求泛函数的极值,因此解决问题的关键要选取有穷维空间近似代替无穷维空间.

以 V 表示 C_E^2, H_E^1 等无穷维函数空间, V_n 是 V 的 n 维子空间, $\varphi_1, \varphi_2, \cdots, \varphi_n$ 为 V_n 的一组基函数,于是对 V_n 的任一函数 u_n,有

$$u_n = \sum_{i=1}^n c_i \varphi_i \tag{9.4.11}$$

里茨方法的要点是:

(1) 将 u_n 代入 $J(u)$

$$J(u_n) = \frac{1}{2}a(u_n, u_n) - (f, u_n) = \frac{1}{2}\sum_{i=1}^n\sum_{j=1}^n a(\varphi_i, \varphi_j)c_i c_j - \sum_{j=1}^n c_j(f, \varphi_i)$$

得 $c_1, c_2, \cdots, c_n$ 的二次函数;

(2) 令 $J(u_n)$ 取极小值,由

$$\frac{\partial J(u_n)}{\partial c_j} = 0, \quad j = 1, 2, \cdots, n$$

得 $c_1, c_2, \cdots, c_n$ 的线性方程组

$$\sum_{i=1}^n c_i a(\varphi_i, \varphi_j) = (f, \varphi_j), \quad j = 1, 2, \cdots, n \tag{9.4.12}$$

(3) 求出 $c_i(i = 1, 2, \cdots, n)$ 代入(9.4.13)式,就得到近似解 u_n.

伽辽金方法的步骤是:

(1) 将(9.4.13)式代入伽辽金方程

$$a(u_n, v_n) = (f, v_n), \quad 对任意 v_n \in V_n$$

得方程组

$$\sum_{i=1}^n c_i a(\varphi_i, \varphi_j) = (f, \varphi_j), \quad j = 1, 2, \cdots, n \tag{9.4.13}$$

(2) 解出 $c_1, c_2, \cdots, c_n$,得到近似解 u_n.

上述方程组与里茨方法导出的方程组(9.4.12)完全相同,可见在处理边值问题的变分问题时,里茨法与伽辽金法是一样的,但里茨法要求 $a(u,v)$ 对称正定,

伽辽金法则没有这些限制,所以应用更为广泛.

无论是用里茨法还是伽辽金法求近似解,基函数的选取都是非常重要的,在有限元方法出现以前,通常选取代数或三角多项式作为基函数,并要求所选基函数满足本质边界条件,这就使得实际应用中里茨-伽辽金方法会遇到较多困难.

9.5 偏微分方程的有限元方法

有限元法是针对里茨-伽辽金方法的缺陷,在变分原理基础上,通过对区域的剖分和插值建立起来的方法,具有基函数选取容易,边界条件处理简单,便于上机计算等优点,下面以二阶椭圆型方程为例介绍有限元法解边值问题的基本思想.设

$$\begin{cases} -\Delta u = f(x,y), & (x,y) \in \Omega \\ \dfrac{\partial u}{\partial n} + \alpha u = g(x,y), & (x,y) \in \partial\Omega \end{cases} \quad (9.5.1)$$

对应变分问题的伽辽金方程为

$$(-\Delta u - f, v) = \iint_\Omega \left(\frac{\partial u}{\partial x}\frac{\partial v}{\partial x} + \frac{\partial u}{\partial y}\frac{\partial v}{\partial y}\right)dxdy - \iint_\Omega fv\,dxdy + \int_{\partial\Omega}(\alpha u - g)v\,ds = 0 \quad (9.5.2)$$

1. 进行区域的剖分

常用方法是把区域 Ω 剖分成三角形组合,如图 9-19,称三角形的顶点为节点,每一个三角形为单元.

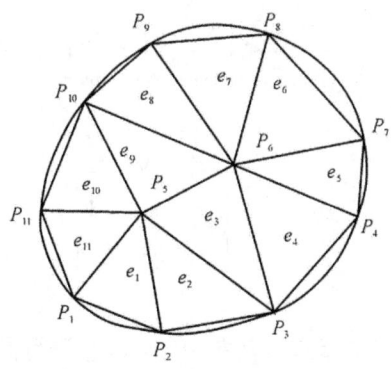

图 9-19

设节点为 $P(x_i,y_i), i=1,2,\cdots,n$;单元为 $e_k, k=1,2,\cdots,m$ 对区域 Ω 进行三角剖分及节点编号时,应注意以下几点:

(1) 每个单元顶点一定是相邻单元顶点,不能是相邻单元边上的内点;

(2) 三角形单元的大小不一定相等,但尽量避免出现大的钝角;

(3) 在 $u(x,y)$ 梯度变化较大的地方,网格要适当加密,梯度变化小的地方可相对稀一些;

(4) 单元的编号可以任意,但节点编号会直接影响总刚度矩阵元素的排列,故要求相邻节点编号差的绝对值尽可能小,以减少计算量.

2. 构造插值函数

所谓构造插值函数,就是用分片光滑曲面来近似代替 Ω 上的光滑曲面 $u(x,y)$,为了简单,通常采用线性插值,此时分片光滑曲面是三角形单元上的空间平面,设单元 e_n 的三顶点分别为 $P_i(x_i,y_i), P_j(x_j,y_j), P_m(x_m,y_m)$,对应函数 $u(x,y)$ 的值为 u_i, u_j, u_m,做线性插值函数

$$u_n(x,y) = ax + by + c \tag{9.5.3}$$

使得

$$\begin{cases} u_n(x_i, y_i) = ax_i + by_i + c = u_i \\ u_n(x_j, y_j) = ax_j + by_j + c = u_j \\ u_n(x_m, y_m) = ax_m + by_m + c = u_m \end{cases} \tag{9.5.4}$$

求解此方程组,可得

$$a = \frac{1}{2\Delta e}\begin{vmatrix} u_i & y_i & 1 \\ u_j & y_j & 1 \\ u_m & y_m & 1 \end{vmatrix}, \quad b = \frac{1}{2\Delta e}\begin{vmatrix} x_i & u_i & 1 \\ x_j & u_j & 1 \\ x_m & u_m & 1 \end{vmatrix}$$

$$c = \frac{1}{2\Delta e}\begin{vmatrix} x_i & y_i & u_i \\ x_j & y_j & u_j \\ x_m & y_m & u_m \end{vmatrix}$$

其中

$$\Delta e = \frac{1}{2}\begin{vmatrix} x_i & y_i & 1 \\ x_j & y_j & 1 \\ x_m & y_m & 1 \end{vmatrix}$$

为单元 e_n 的面积.

把上述 a,b,c 代入(9.5.3)式,并对 u_i, u_j, u_m 进行同类项合并,得到

$$u_n(x,y) = N_i(x,y)u_i + N_j(x,y)u_j + N_m(x,y)u_m \tag{9.5.5}$$

其中

$$N_i(x,y) = \frac{1}{2\Delta e}\begin{vmatrix} x & y & 1 \\ x_j & y_j & 1 \\ x_m & y_m & 1 \end{vmatrix}, \quad N_j(x,y) = \frac{1}{2\Delta e}\begin{vmatrix} x & y & 1 \\ x_m & y_m & 1 \\ x_i & y_i & 1 \end{vmatrix}$$

9.5 偏微分方程的有限元方法

$$N_m(x,y) = \frac{1}{2\Delta e} \begin{vmatrix} x & y & 1 \\ x_i & y_i & 1 \\ x_j & y_j & 1 \end{vmatrix} \quad (9.5.6)$$

函数 $N_i(x,y), N_j(x,y), N_m(x,y)$ 称单元 e_n 上的基函数. 满足

$$N_s(x_t, y_t) = \delta_{st} = \begin{cases} 1, & s = t \\ 0, & s \neq t \end{cases}$$

$$s, t = i, j, m$$

且有

$$N_i + N_j + N_m = 1$$

引入记号

$$N = [N_i(x,y), N_j(x,y), N_m(x,y)]$$
$$u_e = [u_i, u_j, u_m]^{\mathrm{T}}$$

则在单元 e_n 上,有

$$u_n = N u_e^{\mathrm{T}} \quad (9.5.7)$$

u_n 的梯度向量可表为

$$\nabla u_n = \begin{bmatrix} \dfrac{\partial u_n}{\partial x} \\ \dfrac{\partial u_n}{\partial y} \end{bmatrix} = B u_e \quad (9.5.8)$$

其中

$$B = \begin{bmatrix} \dfrac{\partial N_i}{\partial x} & \dfrac{\partial N_j}{\partial x} & \dfrac{\partial N_m}{\partial x} \\ \dfrac{\partial N_i}{\partial y} & \dfrac{\partial N_j}{\partial y} & \dfrac{\partial N_m}{\partial y} \end{bmatrix}$$

由(9.5.6)式可看出,N_i, N_j, N_m 是两三角形面积之比,也称点(x,y)的面积坐标,如图 9-20 所示. 由此知, (9.5.5)式或(9.5.7)式就是单元 e_n 上的线性插值函数.

当点(x,y)在 $\Delta P_i P_j P_m$ 的某一条边上时, 例如在 $\overline{P_i P_j}$,若 $l = |\overline{P_i P_j}|$,t 为点(x,y)与 P_i 的距离,这时 $N_m(x,y) = 0$,成为两点插值函数

$$u_n(x,y) = \frac{l-t}{l} u_i + \frac{t}{l} u_j$$

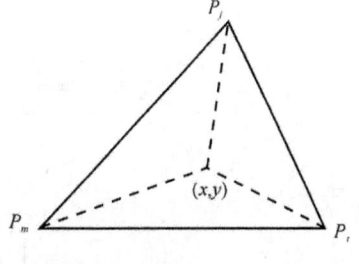

图 9-20

3. 形成有限元方程

由对区域 Ω 的三角划分,(9.5.2)式就可写成

$$\sum_n \iint_{e_n} \nabla u_n \cdot \nabla v_n \mathrm{d}x\mathrm{d}y + \sum_n \int_{\gamma_n} \alpha u_n v_n \mathrm{d}s = \sum_n \iint_{e_n} f v_n \mathrm{d}x\mathrm{d}y + \sum_n \int_{\gamma_n} g v_n \mathrm{d}s \quad (9.5.9)$$

其中 $\gamma_n = \partial e_n \cap \partial \Omega$. 当 e_n 的边至少有一条是在 $\partial \Omega$ 上,称这样的 e_n 为边界元.

(1) 单元刚度矩阵的计算

设 u_n, v_n 在单元 e_n 为 $\Delta P_i P_j P_m$ 三顶点的值分别是 u_i, u_j, u_m 与 v_i, v_j, v_m. 记

$$u_e = \begin{bmatrix} u_i \\ u_j \\ u_m \end{bmatrix}, \qquad v_e = \begin{bmatrix} v_i \\ v_j \\ v_m \end{bmatrix}$$

当 e_n 是内部元时,由(9.5.8)式

$$\iint_{e_n} \nabla u_n \cdot \nabla v_n \mathrm{d}x\mathrm{d}y = \iint_{e_n} (\nabla v_n)^\mathrm{T} (\nabla u_n) \mathrm{d}x\mathrm{d}y = \iint_{e_n} [Bv_e]^\mathrm{T}[Bu_e]\mathrm{d}x\mathrm{d}y = v_e^\mathrm{T}[K]_e u_e$$

其中

$$[K]_e = \iint_{e_n} B^\mathrm{T} B \mathrm{d}x\mathrm{d}y = \Delta e B^\mathrm{T} B = \begin{bmatrix} k_{ii} & k_{ij} & k_{im} \\ k_{ji} & k_{jj} & k_{jm} \\ k_{mi} & k_{mj} & k_{mm} \end{bmatrix} \quad (9.5.10)$$

$[K]_e$ 称单元刚度矩阵,式中 k_{st} 计算公式为

$$k_{st} = \Delta e \left[\frac{\partial N_s}{\partial x} \frac{\partial N_t}{\partial x} + \frac{\partial N_s}{\partial y} \frac{\partial N_t}{\partial y} \right], \qquad s,t = i,j,m$$

如果 e_n 是边界元,设 γ_n 是 $\overline{P_i P_j}$,$|\overline{P_i P_j}| = l$,则 $N = \left[1 - \dfrac{t}{l}, \dfrac{t}{l}, 0 \right]$,还需计算

$$\int_{\gamma_n} \alpha u_n v_n \mathrm{d}s = \int_0^l \alpha [N v_e]^\mathrm{T}[N u_e] \mathrm{d}t = v_e^\mathrm{T}[\overline{K}]_e u_e$$

其中

$$[\overline{K}]_e = \int_0^l \alpha N^\mathrm{T} N \mathrm{d}t = \begin{bmatrix} \overline{k}_{ii} & \overline{k}_{ij} & \overline{k}_{im} \\ \overline{k}_{ji} & \overline{k}_{jj} & \overline{k}_{jm} \\ \overline{k}_{mi} & \overline{k}_{mj} & \overline{k}_{mm} \end{bmatrix} \quad (9.5.11)$$

式中

$$\overline{k}_{ii} = \int_0^l \alpha N_i^2 \mathrm{d}t = \int_0^l \alpha \left(1 - \frac{t}{l}\right)^2 \mathrm{d}t$$

9.5 偏微分方程的有限元方法

$$\overline{k}_{ij} = \overline{k}_{ji} = \int_0^l \alpha N_i N_j \mathrm{d}t = \int_0^l \alpha \left(1 - \frac{t}{l}\right)\frac{t}{l}\mathrm{d}t$$

$$\overline{k}_{jj} = \int_0^l \alpha \left(\frac{t}{l}\right)^2 \mathrm{d}t, \quad \overline{k}_{sm} = \overline{k}_{ms} = 0, \quad s = i,j,m$$

因此,对 e_n 是边界元,它的单元刚度矩阵应是 $[K]_e + [\overline{K}]_e$,其元素是 $k_{st} + \overline{k}_{st}, s, t = i,j,m$,仍简记为 $[K]_e$ 及 k_{st}.

用同样方法可计算(9.5.9)式的右端积分项. 当 e_n 为内部元时,只有一项

$$\iint_{e_n} f v_n \mathrm{d}x\mathrm{d}y = \iint_{e_n} [N v_e]^{\mathrm{T}} f \mathrm{d}x\mathrm{d}y = v_e^{\mathrm{T}} F_e$$

其中

$$F_e = \iint_{e_n} N^{\mathrm{T}} f \mathrm{d}x\mathrm{d}y = \begin{bmatrix} F_i \\ F_j \\ F_m \end{bmatrix} \quad (9.5.12)$$

$$F_s = \iint_{e_n} N_s f \mathrm{d}x\mathrm{d}y, \quad s = i,j,m$$

F_e 称单元荷载向量,当 e_n 为边界元时,仍设 $\overline{P_i P_j}$ 为 γ_n,此时 $N = \left[1 - \frac{t}{l}, \frac{t}{l}, 0\right]$,还应计算

$$\int_{\gamma_n} g v_n \mathrm{d}s = \int_{\gamma_n} [N v_e]^{\mathrm{T}} g \mathrm{d}s = v_e^{\mathrm{T}} \overline{F}_e$$

其中

$$\overline{F}_e = \int_{\gamma_n} N^{\mathrm{T}} g \mathrm{d}s = \begin{bmatrix} \int_0^l \left(1 - \frac{t}{l}\right) g \mathrm{d}t \\ \int_0^l \frac{t}{l} g \mathrm{d}t \\ 0 \end{bmatrix} \quad (9.5.13)$$

对边界元,单元荷载向量为 $F_e + \overline{F}_e$,仍简记 F_e.

(2) 总刚度矩阵的计算

将各单元刚度矩阵及荷载向量分别扩展成 N 阶矩阵及 N 维向量,单元节点的序号 i,j,m 按实际大小放在扩展后的矩阵和向量的相应行列上,记号设为 $[K]_{e_n}$ 及 F_{e_n} 有

$$[K]_{e_n} = \begin{bmatrix} \vdots & \vdots & \vdots & \\ \cdots k_{ii} & \cdots k_{ij} & \cdots k_{im} & \cdots \\ \vdots & \vdots & \vdots & \\ \cdots k_{ji} & \cdots k_{jj} & \cdots k_{jm} & \cdots \\ \vdots & \vdots & \vdots & \\ \cdots k_{mi} & \cdots k_{mj} & \cdots k_{mm} & \cdots \\ \vdots & \vdots & \vdots & \end{bmatrix}, \quad F_{e_n} = \begin{bmatrix} \vdots \\ F_i \\ \vdots \\ F_j \\ \vdots \\ F_m \\ \vdots \end{bmatrix}$$

矩阵及向量中其他元素皆为零.

设 $u = [u_1, u_2, \cdots, u_N]^T$,$v = [v_1, v_2, \cdots, v_N]^T$,则(9.5.9)式成为

$$\sum_n v_e^T [K]_e u_e - \sum_n v_e^T F_e = \sum_n v^T [K]_{e_n} u - \sum_n v^T F_{e_n} = v^T \sum_n [K]_{e_n} u - v^T \sum_n F_{e_n} = v^T [K] u - v^T F = 0 \quad (9.5.14)$$

式中 $[K] = \sum_n [K]_{e_n}$ 称总刚度矩阵,是各单元刚度矩阵叠加组成,$F = \sum_n F_{e_n}$ 称总荷载向量,是各单元荷载向量叠加组成.

由(9.5.14)式,得

$$v^T([K]u - F) = 0 \quad (9.5.15)$$

对一切向量 v 都成立,就得到 u 满足的方程组

$$[K]u - F = 0 \quad (9.5.16)$$

该方程组称为有限元方程,可以证明,矩阵 $[K]$ 对称、正定,所以(9.5.16)式有唯一解 $u = [u_1, u_2, \cdots, u_N]^T$.

4. 约束条件的处理

上面讨论的是第三边值问题,其边界条件为自然边界条件,不必进行处理,若是第一边值问题,则需进行约束处理,设 $P_1, P_2, \cdots, P_l$ 是边界节点,$P_{l+1}, \cdots, P_N$ 是其他节点,考虑在 $\partial\Omega$ 上为零的条件,取

$$v = [0, \cdots, 0, v_{l+1}, \cdots, v_N]^T$$

(9.5.15)式可写成

$$[0, (v^2)^T] \left\{ \begin{bmatrix} k_{11} & k_{12} \\ k_{21} & k_{22} \end{bmatrix} \begin{bmatrix} u^1 \\ u^2 \end{bmatrix} - \begin{bmatrix} F^1 \\ F^2 \end{bmatrix} \right\} = 0$$

其中 $v^2 = [v_{l+1}, \cdots, v_N]^T$,$u^1$,$F^1$ 是 1 至 l 行元素组成向量,$k_{11}, k_{12}, k_{21}, k_{22}$ 为矩阵 $[K]$ 的分块矩阵.

$$k_{11} = \begin{bmatrix} k_{11} & \cdots & k_{1l} \\ \vdots & & \vdots \\ k_{l1} & \cdots & k_{ll} \end{bmatrix}, \quad k_{22} = \begin{bmatrix} k_{l+1\,l+1} & \cdots & k_{l+1\,N} \\ \vdots & & \vdots \\ k_{N\,l+1} & \cdots & k_{NN} \end{bmatrix}$$

上式展开为

$$(\boldsymbol{v}^2\quad)^{\mathrm{T}}(\boldsymbol{k}_{22}\boldsymbol{u}^2 + \boldsymbol{k}_{21}\boldsymbol{u}^1 - \boldsymbol{F}^2) = 0$$

它对一切 $\boldsymbol{v}^2$ 都成立,所以得到

$$\boldsymbol{k}_{22}\boldsymbol{u}^2 = \boldsymbol{F}^2 - \boldsymbol{k}_{21}\boldsymbol{u}^1 \tag{9.5.17}$$

这是一个 $N-l$ 阶方程组,其系数矩阵对称正定,实际计算中,也可保留 $[K]$ 的阶数,将方程组改成

$$\begin{bmatrix} E_l & 0 \\ 0 & k_{22} \end{bmatrix} \begin{bmatrix} \boldsymbol{u}^1 \\ \boldsymbol{u}^2 \end{bmatrix} = \begin{bmatrix} \boldsymbol{u}_0^1 \\ \boldsymbol{F}^2 - \boldsymbol{k}_{21}\boldsymbol{u}_0^1 \end{bmatrix}$$

即

$$\begin{bmatrix} 1 & \cdots & 0 & \cdots & 0 \\ \vdots & & \vdots & & \vdots \\ 0 & \cdots & 1 & \cdots & 0 \\ \vdots & & \vdots & & \\ & & & k_{22} & \\ 0 & \cdots & 0 & & \end{bmatrix} \begin{bmatrix} u_1 \\ \vdots \\ u_l \\ u_{l+1} \\ \vdots \\ u_N \end{bmatrix} = \begin{bmatrix} u_1^0 \\ \vdots \\ u_l^0 \\ \vdots \\ F_i - \sum_{j=1}^{l} k_{ij}u_j^0 \end{bmatrix}$$

其中 $u_j^0(j=1,2,\cdots,l)$ 是 u 在约束边界点 $P_1,\cdots,P_l$ 的值,在齐次边界条件时,$u_j^0 = 0, j = 1,2,\cdots,l$.

综上,可看出用有限元方法解边值问题的步骤:

(1) 写出微分方程对应的变分形式;

(2) 选定单元形状,对求解区域进行剖分,确定各单元编号及节点编号,求出节点坐标;

(3) 利用(9.5.10)式计算单元刚度矩阵,用(9.5.12)式计算单元荷载向量,注意对边界元还要到用(9.5.11)式及(9.5.13)式;

(4) 合成总刚度矩阵及总荷载向量;

(5) 处理边界条件;

(6) 解有限元方程组,求得节点处解的近似值 $u_1, u_2, \cdots, u_N$.

习 题 9

1. 用古典显格式在 $h = 0.2, r = \dfrac{1}{6}$ 时,计算

$$\begin{cases} \dfrac{\partial u}{\partial t} = \dfrac{\partial^2 u}{\partial t^2}, & 0 < x < 1, t > 0 \\ u(x,0) = 4x(1-x), & 0 \leqslant x \leqslant 1 \\ u(0,t) = u(1,t) = 0, & t \geqslant 0 \end{cases}$$

前两层的差分解.

2. 用显格式解

$$\begin{cases} \dfrac{\partial^2 u}{\partial t^2} - \dfrac{\partial^2 u}{\partial x^2} = 0, & 0 < x < 1, t > 0 \\ u(x,0) = \sin\pi x, \quad \dfrac{\partial u(x,0)}{\partial t} = x(1-x), & 0 \leqslant x \leqslant 1 \\ u(0,t) = u(1,t) = 0, & t \geqslant 0 \end{cases}$$

取 $r = 1, h = 0.2$,求 $k = 1,2$ 层上的差分解.

3. 用有限元法解下列边值问题

$$\begin{cases} -\Delta u + 12u = 18xy + 2, & (x,y) \in \Omega \\ \dfrac{\partial u}{\partial n} + 3u \bigg|_{\partial\Omega} = 0 \end{cases}$$

其中 Ω 是图 9-21 表示的正方形,$\partial\Omega$ 是其边界,设 Ω 剖分成两个三角形.

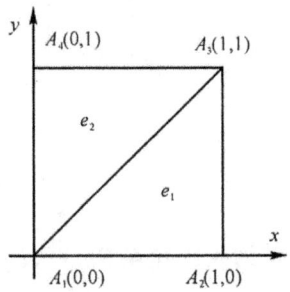

图 9-21

第 10 章　数 值 实 验

数值实验是数值计算方法课程中不可缺少的部分,通过典型的数值实验,能有效的回顾有关章节的主要结果,加深对实验涉及的定义、定理的理解,对相关算法的优缺点及适用范围进一步了解.

10.1　数值实验报告格式

一个完整的实验,应包括数据准备、理论基础、实验内容及方法,最终对实验结果进行分析,以期达到对理论知识的感性认识,进一步加深对相关算法的理解,数值实验以实验报告形式完成,要求实验报告格式如下:

10.1.1　实验目的

首先要求每一个做实验者明确,为什么要做某个实验,实验目的是什么,做完该实验应达到什么结果,在实验过程中的注意事项,实验方法对结果的影响也可以以实验目的的形式列出.

10.1.2　实验题目

在下一节中分若干个实验详细给出,实验者可根据报告形式需要适当改写或重述.

10.1.3　实验原理与基础理论

数值实验本身就是为了加深对基础理论及方法的理解而设置的,所以要求将实验涉及的理论基础,算法原理详尽列出.

10.1.4　实验内容

实验内容主要包括实验的实施方案、步骤、实验数据准备、实验的算法流程图以及可能用到的仪器设备.

10.1.5　实验结果

实验结果应包括实验的原始数据、中间结果及实验的最终结果,复杂的结果可以用表格形式实现,较为简单的结果可以与实验结果分析合并出现.

10.1.6 实验结果分析

实验结果分析是数值实验的重要环节,只有对实验结果认真分析,才能对实验目的、实验方法进一步理解对实验的重要性充分认识,明确数值计算方法的实用范围及其优缺点.

每个实验都应在计算机上实现或演示,由实验者独立编程实现,语言种类不限.编程语言的种类、运行环境及程序清单以附录形式给出.

10.2 数值实验报告范例

为了更好地做好数值实验,现给出一简单范例供读者参考.

数值实验报告

一、实验目的
1. 理解数值计算稳定性的概念
2. 了解数值计算方法的必要性
3. 体会数值计算的收敛性与收敛速度

二、实验题目

$$\text{计算 } I_n = \int_0^1 \frac{x^n}{x+10} \mathrm{d}x$$

三、实验原理

由 $I_n = \int_0^1 \frac{x^n}{x+10} \mathrm{d}x$,知

$$I_{n-1} = \int_0^1 \frac{x^{n-1}}{x+10} \mathrm{d}x$$

则

$$I_n + 10 I_{n-1} = \int_0^1 \frac{x^n + 10 x^{n-1}}{x+10} \mathrm{d}x = \int_0^1 x^{n-1} \mathrm{d}x = \frac{1}{n}$$

可得递推关系

1. $I_n = \frac{1}{n} - 10 I_{n-1}, \quad n = 1, 2, \cdots$

2. $I_{n-1} = \frac{1}{10}(\frac{1}{n} - I_n), \quad n = N, N-1, \cdots$

下面分别以 1,2 递推关系求解:

方案 1 $\quad I_n = \frac{1}{n} - 10 I_{n-1}, \quad n = 1, 2, \cdots$

当 $n = 0$ 时,

$$I_0 = \int_0^1 \frac{1}{x+10}dx = \ln\frac{11}{10} = \ln 1.1$$

递推公式为

$$\begin{cases} I_n = \frac{1}{n} - 10I_{n-1}, & n = 1,2,\cdots \\ I_0 = \ln 1.1 \end{cases} \quad (10.2.1)$$

方案 2 $\quad I_{n-1} = \frac{1}{10}(\frac{1}{n} - I_n), \quad n = N, N-1, \cdots, 1$

当 $0 < x < 1$ 时

$$\frac{1}{11}x^n \leqslant \frac{x^n}{x+10} \leqslant \frac{1}{10}x^n$$

则

$$\int_0^1 \frac{1}{11}x^n dx \leqslant \int_0^1 \frac{x^n}{x+10}dx \leqslant \int_0^1 \frac{1}{10}x^n dx$$

即

$$\frac{1}{11(n+1)} \leqslant I_n \leqslant \frac{1}{10(n+1)}$$

取递推初值

$$I_N \approx \frac{1}{2}\left[\frac{1}{11(N+1)} + \frac{1}{10(N+1)}\right] = \frac{21}{220(N+1)}$$

递推公式为

$$\begin{cases} I_{n-1} = \frac{1}{10}(\frac{1}{n} - I_n), & n = N, N-1, \cdots, 1 \\ I_N = \frac{21}{220(N+1)} \end{cases} \quad (10.2.2)$$

四、实验内容

由于实验方案明显、简单,实现步骤及流程图省略.

将递推公式(10.2.1)中的初值 $I_0 = \ln 1.1 \approx 0.095310$,得

$$\begin{cases} I_n = \frac{1}{n} - 10I_{n-1}, & n = 1,2,\cdots \\ I_0 \approx 0.095310 \end{cases}$$

将递推公式(10.2.2)中的初值 $I_N = I_{10} \approx 0.008678$ 得

$$\begin{cases} I_{n-1} = \frac{1}{10}(\frac{1}{n} - I_n), & n = 10, 9, \cdots, 1 \\ I_{10} \approx 0.008678 \end{cases}$$

五、实验结果

计算结果如表 10-1 所示.

表 10-1

n	$\tilde{I}_n(1)$	$I_n^*(2)$
0	0.095310	0.095310
1	0.046900	0.046898
2	0.031000	0.031018
3	0.023333	0.023153
4	0.016667	0.018465
5	0.033333	0.015353
6	−0.166667	0.013138
7	1.809524	0.011481
8		0.010188
9		0.009232
10		0.008678

六、实验结果分析

由递推公式(10.2.1)知当 $I_0=\ln 1.1$ 时,I_n 应当为精确解,递推公式的每一步都没有误差的取舍,但计算结果 $\tilde{I}_5=0.033333>0.016667=\tilde{I}_4$,$\tilde{I}_6$ 出现负值. 由此看出,当 n 较大时,用递推公式(10.2.1)中的 $\tilde{I}_n$ 近似 I_n 是不正确的.

主要原因为初值 $\tilde{I}_0=0.095310$ 不是精确值,设有误差 $e(\tilde{I}_0)$,由递推公式(10.2.1)知

$$e(\tilde{I}_n)=-10e(\tilde{I}_{n-1})$$

则有

$$e(\tilde{I}_n)=-10e(\tilde{I}_{n-1})=100e(\tilde{I}_{n-2})=(-10)^n e(\tilde{I}_0)$$

误差 $e(\tilde{I}_n)$ 随 n 的增大而迅速增加,增加到 $e(\tilde{I}_0)$ 的 $(-10)^n$ 倍. 由此可见,递推公式计算的误差不仅取决于初值的误差,公式的精确性,还有赖于误差的传递即递推计算的稳定性.

由递推公式(10.2.2)知 $I_{10}\approx 0.008678$,I_n 为估计值,并不精确,有 $\left|e(I_{10}^*)\right|$ $\leqslant\dfrac{1}{1210}$,而由 $e(I_{n-1}^*)=-\dfrac{1}{10}e(I_n^*)$ 得

$$e(I_0^*)=\left(-\dfrac{1}{10}\right)^n e(I_n^*)$$

误差 $e(I_0^*)$ 随递推公式逐步缩小. 综上所述,在递推计算中,数值计算方法是非常重要的,误差估计、误差传播及递推计算的稳定性都会直接影响递推结果.

10.3 数值实验

本节列出 8 个数值实验类型,分别对应第 2~9 章,可根据课时安排在讲对应章节之后,完成实验.

数值实验一

1. 递推计算的稳定性

实验题目

$$I_n = \int_0^1 \frac{x^n}{a+x} dx, \qquad n = 0, 1, \cdots, 10$$

其中 a 为参数,分别对 $a = 0.05$ 及 $a = 15$ 按下列两种方法计算,列出结果,并对其可靠性进行分析比较,说明原因.

方案 1 用递推公式

$$I_n = -aI_{n-1} + \frac{1}{n}, \qquad n = 1, 2, \cdots, 10$$

递推初值可由积分直接得 $I_0 = \ln \frac{a+1}{a}$.

方案 2 用递推公式

$$I_{n-1} = \frac{1}{a}\left(-I_n + \frac{1}{n}\right), \qquad n = N, N-1, \cdots, 1$$

根据估计式

$$\frac{1}{(a+1)(n+1)} < I_n < \frac{1}{a(n+1)}, \qquad 当 a \geqslant \frac{n}{n+1}$$

或

$$\frac{1}{(a+1)(n+1)} < I_n \leqslant \frac{1}{n}, \qquad 当 0 \leqslant a < \frac{n}{n+1}$$

取递推初值

$$I_N \approx \frac{1}{2}\left[\frac{1}{(a+1)(N+1)} + \frac{1}{a(N+1)}\right]$$

$$= \frac{2a+1}{2a(a+1)(N+1)} \triangleq \bar{I}_N, \qquad 当 a \geqslant \frac{N}{N+1}$$

或

$$I_N = \frac{1}{2}\left[\frac{1}{(a+1)(N+1)} + \frac{1}{N}\right] \triangleq \bar{I}_N, \qquad 当 0 \leqslant a \leqslant \frac{N}{N+1}$$

2. 不同方案收敛速度的比较

实验题目

三种求 ln2 的算法比较.

构造逼近 ln2 的数列,求出 ln2 的近似值,要求精度 $\varepsilon = \frac{1}{2} \times 10^{-5}$,观察比较 3 种计算方案的收敛速度.

方案 1 利用级数

$$\ln 2 = 1 - \frac{1}{2} + \frac{1}{3} - \frac{1}{4} + \cdots = \sum_{k=1}^{\infty} \frac{(-1)^{k-1}}{k}$$

设 $S_n = \sum_{k=1}^{n} \frac{(-1)^{k-1}}{k}$,则 $\ln 2 \approx S_n$.

方案 2 对上述 $S_n = \sum_{k=1}^{n} \frac{(-1)^{k-1}}{k}$,按 $\hat{S}_n = S_n - \frac{(S_n - S_{n-1})^2}{S_n - 2S_{n-1} + S_{n-2}}$,$n = 3, 4 \cdots$,生成新数列 $\hat{S}_n$,则 $\ln 2 \approx \hat{S}_n$.

方案 3 利用级数

$$\ln 2 = \frac{1}{1 \times 2} + \frac{1}{2 \times 2^2} + \frac{1}{3 \times 2^3} + \frac{1}{4 \times 2^4} + \cdots = \sum_{k=1}^{\infty} \frac{1}{k 2^k}$$

设 $S_n = \sum_{k=1}^{n} \frac{1}{k 2^k}$,则 $\ln 2 \approx S_n$.

数值实验二

1. 迭代函数对收敛性的影响

实验题目

用迭代法求方程 $f(x) = 2x^3 - x - 1 = 0$ 的根.

方案1 化方程为等价方程

$$x = \sqrt[3]{\frac{x+1}{2}} = \varphi(x)$$

取初值 $x_0 = 0$,迭代 10 次.

方案2 化 $f(x) = 0$ 为等价方程

$$x = 2x^3 - 1 = \varphi(x)$$

取初值 $x_0 = 0$,迭代 10 次,观察其计算值,并加以分析.

2. 初值的选取对迭代法的影响

实验题目

用牛顿法求方程 $x^3 - x - 1 = 0$ 在 $x = 1.5$ 附近的根.

方案1 使用牛顿法并取 $x_0 = 1.5$,由

$$x_{k+1} = x_k - \frac{f(x_k)}{f'(x_k)}$$

得

$$x_{k+1} = x_k - \frac{x_k^3 - x_k - 1}{3x_k^2 - 1}$$

迭代 10 次.

方案2 取 $x_0 = 0$,使用同样的公式

$$x_{k+1} = x_k - \frac{x_k^3 - x_k - 1}{3x_k^2 - 1}$$

迭代 10 次.观察比较并分析原因.

3. 收敛性与收敛速度的比较

实验题目
求方程 $f(x) = x^3 - \sin x - 12x + 1$ 的全部实根,$\varepsilon = 10^{-6}$.
方案1 用牛顿法求解;
方案2 用简单迭代法;
方案3 用埃特金迭代加速法,
取相同迭代初值,比较各方法的收敛速度.

数值实验三

1. 用高斯消元法求解时选主元的必要性

例 解二元线性方程组

$$\begin{bmatrix} a_{11} & a_{12} \\ a_{21} & a_{22} \end{bmatrix} \begin{bmatrix} x_1 \\ x_2 \end{bmatrix} = \begin{bmatrix} b_1 \\ b_2 \end{bmatrix}$$

解 设 $a_{11} \neq 0$,高斯消元法过程如下:

$$\begin{bmatrix} a_{11} & a_{12} & b_1 \\ a_{21} & a_{22} & b_2 \end{bmatrix} \rightarrow \begin{bmatrix} a_{11} & a_{12} & b_1 \\ 0 & a_{22} - la_{12} & b_2 - lb_1 \end{bmatrix}$$

其中 $l = \dfrac{a_{21}}{a_{11}}$. 如果 a_{12} 有误差 ε_1,b_1 有误差 ε_2,则高斯消元法结果为

$$\begin{bmatrix} a_{11} & a_{12}+\varepsilon & b_1+\varepsilon_2 \\ a_{21} & a_{22} & b_2 \end{bmatrix} \rightarrow \begin{bmatrix} a_{11} & a_{12}+\varepsilon_1 & b_1+\varepsilon_2 \\ 0 & a_{22}-la_{12}-l\varepsilon_1 & b_2-lb_1-l\varepsilon_2 \end{bmatrix}$$

比较以上两式,可知 $\varepsilon_1, \varepsilon_2$ 被放大了 l 倍传到下一行,如果 $|l| > 1$,则误差放大了,且有可能造成大数"吃掉"小数的现象,所以在消元过程中要设法使得 $|l| \leqslant 1$,即在消元前,先比较增广矩阵第 1 列的两个元素,如果 $|a_{21}| > |a_{11}|$,则将增广矩阵的第 1 行和第 2 行互换,交换之后再进行消元,以便使 $|l| \leqslant 1$.

实验题目

(1) 用列主元消元法求解

$$\begin{bmatrix} 1 & 2 & 3 \\ 0 & 1 & 2 \\ 2 & 4 & 1 \end{bmatrix} \begin{bmatrix} x_1 \\ x_2 \\ x_3 \end{bmatrix} = \begin{bmatrix} 14 \\ 8 \\ 13 \end{bmatrix}$$

(2) 用列主元消元法求 $A = \begin{bmatrix} 2 & 1 & -2 & 0 \\ 4 & 0 & -1 & 3 \\ 0 & 3 & 2 & -2 \\ 1 & 1 & 0 & 5 \end{bmatrix}$ 的行列式.

实验题目

分别用列主元消元法与不选主元消元法求解,分析对结果的影响.

(1) $A = \begin{bmatrix} 0.3 \times 10^{-15} & 59.14 & 3 & 1 \\ 5.291 & -6.130 & -1 & 2 \\ 11.2 & 9 & 5 & 2 \\ 1 & 2 & 1 & 1 \end{bmatrix}$, $b = \begin{bmatrix} 59.17 \\ 46.78 \\ 1 \\ 2 \end{bmatrix}$

(2) $A = \begin{bmatrix} 10 & -7 & 0 & 1 \\ -3 & 2.099999 & 6 & 2 \\ 5 & -1 & 5 & -1 \\ 1 & 0 & 2 \end{bmatrix}$, $b = \begin{bmatrix} 8 \\ 5.909901 \\ 5 \\ 1 \end{bmatrix}$

2. LU 分解法的优点

实验题目

给定矩阵 A 与向量 b

$$A = \begin{bmatrix} n & & & & \\ n-1 & n & & & \\ \vdots & \vdots & \ddots & & \\ 2 & 3 & \cdots & n & \\ 1 & 2 & \cdots & n-1 & n \end{bmatrix}, \quad b = \begin{bmatrix} 1 \\ 0 \\ \vdots \\ 0 \\ 0 \end{bmatrix}$$

(1) 求 A 的 LU 分解;
(2) 利用 A 的 LU 分解求解下列方程组:
① $Ax = b$; ② $A^2 x = b$; ③ $A^3 x = b$.
对③,若先求 $LM = A^3$,再解 $LMx = b$ 有何缺点?
(3) 利用 A 的 LU 分解求 A^{-1}, n 值自己选定.

10.3 数值实验

实验题目

对矩阵 $A = \begin{bmatrix} 4 & 2 & 1 & 5 \\ 8 & 7 & 2 & 10 \\ 4 & 8 & 3 & 6 \\ 12 & 6 & 11 & 20 \end{bmatrix}$ 做 LU 分解.

3. 追赶法的优点

实验题目

用追赶法分别对 $n = 5, 100, 300$ 解下述方程组

$$Ax = b$$

其中

$$A = \begin{bmatrix} 2 & 1 & & & \\ 1 & 2 & 1 & & \\ & \ddots & \ddots & \ddots & \\ & & 1 & 2 & 1 \\ & & & 1 & 2 \end{bmatrix}, \quad b = \begin{bmatrix} -7 \\ -5 \\ \vdots \\ -5 \\ -5 \end{bmatrix}$$

再用现有的 LU 分解法解此方程组,并对二者进行比较.

4. 迭代法收敛速度实验

认识迭代法收敛的含义以及迭代法初值和方程组系数矩阵性质对收敛速度的影响.

实验题目

用迭代法求解 $Ax = b$

$$A = \begin{bmatrix} 3 & -\frac{1}{2} & -\frac{1}{4} & & & & & \\ -\frac{1}{2} & 3 & -\frac{1}{2} & -\frac{1}{4} & & & & \\ -\frac{1}{4} & -\frac{1}{2} & 3 & -\frac{1}{2} & -\frac{1}{4} & & & \\ & \ddots & \ddots & \ddots & \ddots & \ddots & & \\ & & -\frac{1}{4} & -\frac{1}{2} & 3 & -\frac{1}{2} & -\frac{1}{4} & \\ & & & & -\frac{1}{4} & -\frac{1}{2} & 3 & -\frac{1}{2} \\ & & & & & -\frac{1}{4} & -\frac{1}{2} & 3 \end{bmatrix}_{20 \times 20}$$

(1) 选取不同初值 x_0 和不同的 b,给定迭代误差用两种迭代法计算,观测得到的迭代向量并分析计算结果给出结论.

(2)取定 x_0 及 b,将 A 的主对角线元素成倍放大,其他不变,用简单迭代法计算多次,比较收敛速度,分析计算结果并给出结论.

实验题目

① $A = \begin{bmatrix} 6 & 2 & -1 \\ 1 & 4 & -2 \\ -3 & 1 & 4 \end{bmatrix}$, $b_1 = \begin{bmatrix} -3 \\ 2 \\ 4 \end{bmatrix}$, $b_2 = \begin{bmatrix} 100 \\ -200 \\ 345 \end{bmatrix}$

② $A = \begin{bmatrix} 1 & 3 \\ -7 & 1 \end{bmatrix}$, $b = \begin{bmatrix} 4 \\ -6 \end{bmatrix}$

数值实验四

1. 求特征值与特征向量(各种方法的使用与比较)

实验题目

$$A = \begin{bmatrix} 1 & 2 & 1 & 2 \\ 2 & 2 & -1 & 1 \\ 1 & -1 & 1 & 1 \\ 2 & 1 & 1 & 1 \end{bmatrix}, \quad B = \begin{bmatrix} -2 & 1 & 0 \\ -6 & 0 & 2 \\ 1 & 1 & 3 \end{bmatrix}$$

$$C = \begin{bmatrix} 4 & -1 & & & \\ -1 & 4 & -1 & & \\ & -1 & 4 & -1 & \\ & & -1 & 4 & -1 \\ & & & -1 & 4 & -1 \end{bmatrix}$$

分别用幂法、反幂法、雅可比方法求 A、B、C 的主特征值、模最小特征值、全部特征值.

2. 幂法的收敛性

实验题目

(1)幂法 $A = \begin{bmatrix} 2 & -1 & 0 \\ -1 & 2 & -1 \\ 0 & -1 & 2 \end{bmatrix}$.

(2)反幂法 $A = \begin{bmatrix} 2 & 8 & 9 \\ 8 & 3 & 4 \\ 9 & 4 & 7 \end{bmatrix}$,三位小数稳定,迭代终止.

(3)幂法 求 $A = \begin{bmatrix} 3 & 2 \\ 4 & 5 \end{bmatrix}$ 的按模最大的特征值和特征向量,精确至 6 位有效数字.

(4)反幂法 求 $A = \begin{bmatrix} 3 & 2 \\ 4 & 5 \end{bmatrix}$ 的按模最小的特征值和特征向量,精确至 7 位有效数字.

3. 分析"三维"雅可比算法的数值性质

内容:雅可比算法可以看成选择 (l,r) 和 A 的 2×2 矩阵 $A(l,r) = \begin{bmatrix} a_{ll} & a_{lr} \\ a_{rl} & a_{rr} \end{bmatrix}$
计算出 $A(l,r)$ 的特征值和正交特征向量,对角化后,重复进行直至收敛.
把以上方法改为选择 (l,r,k) 和 A 的 3×3 子矩阵

$$A(l,r,k) = \begin{bmatrix} a_{ll} & a_{lr} & a_{lk} \\ a_{rl} & a_{rr} & a_{rk} \\ a_{kl} & a_{kr} & a_{kk} \end{bmatrix}$$

建立"三维"雅可比算法,用数值例子说明算法有效或无效,试验不同的 (l,r,k) 选取方法对于算法的影响.

数值实验五

1. 龙格现象的发生、防止,插值效果的比较

实验题目

将区间 $[-5,5]$ 10 等分,有函数:(1) $y = \dfrac{5}{1+x^2}$;(2) $y = \arctan x$;(3) $y = \dfrac{x}{1+x^4}$.分别对上述函数计算点 x_k 上的值,做出插值函数的图形并与 $y = f(x)$ 的图形比较.

① 做拉格朗日插值;
② 做分段线性插值;
③ 做三次样条插值.

将计算结果与函数的准确值比较并对结果进行分析.

2. 观察直接利用拉格朗日插值多项式的病态性

内容:直接利用拉格朗日插值多项式的定义,即
$$y(x_i) = a_0 + a_1 x_i + a_2 x_i^2 + \cdots + a_n x_i^n = y_i$$
确定系数,求解方程

$$\begin{bmatrix} 1 & x_0 & \cdots & x_0^n \\ 1 & x_1 & \cdots & x_1^n \\ \vdots & \vdots & & \vdots \\ 1 & x_n & \cdots & x_n^n \end{bmatrix} \begin{bmatrix} a_0 \\ a_1 \\ \vdots \\ a_n \end{bmatrix} = \begin{bmatrix} y_0 \\ y_1 \\ \vdots \\ y_n \end{bmatrix}$$

它是严重病态的. 取不同的 n, 并在 $[0,1]$ 区间上取 n 个等分点, 计算上述系数矩阵 A 的条件数, 画出 $\ln(\text{cond}(A))$-n 曲线.

数值实验六

1. 拟合多项式实验

实验题目

给定数据点 (x_i, y_i) 及 ε_i 如表 10-2 所示.

表 10-2

x_i	0	0.5	0.6	0.7	0.8	0.9	1.0
y_i	1	1.75	1.96	2.19	2.44	2.71	3.00

$\varepsilon_i = 1$.

用最小二乘法求拟合数据的多项式, 并求平方误差, 做出离散函数 (x_i, y_i) 和拟合函数的图形.

2. 观察最小二乘多项式的数值不稳定现象

在 $[-1,1]$ 区间上取 $n=20$ 个等距节点, 计算出以相应节点上 e^x 的值作为数据样本, 以 $1, x, x^2, \cdots, x^l$ 为基函数做出 $l=3,5,7,9$ 次的最小二乘拟合多项式, 画出 $\ln(\text{cond}(A))$-n 曲线, 其中 A 是确定最小二乘多项式系数的矩阵, 计算出不同阶最小二乘多项式给出的最小偏差 $\sigma(l) = \sum_{i=1}^{n} [y(x_i) - y_i]^2$.

如将基函数改为 $1, P_1(x), P_2(x), \cdots, P_l(x)$, 其中 $P_i(x)$ 是勒让德多项式, 结果如何?

数值实验七

1. 复合求积公式计算定积分

实验题目

(1) $\ln 2 = -2\int_2^3 \dfrac{1}{x^2-1} dx$;

(2) $e^2 = \int_1^2 x e^x dx$.

用复合梯形公式、复合抛物线公式、龙贝格公式求定积分,要求绝对误差为 $\varepsilon = \frac{1}{2} \times 10^{-7}$,将计算结果与精确解做比较,并对计算结果进行分析.

2. 比较一阶导数和二阶导数的数值方法

实验题目

(1) $y = \frac{1}{24}x^6 - \frac{13}{8}x^2, \quad x \in [0,3]$;

(2) $y = e^{\frac{1}{x}}, \quad x \in [0.5, 2]$.

要求利用等距节点的函数值,及端点导数值,用不同方法求一阶和二阶导数,并分析各种方法的有效性,用现有软件显示函数图形并观察其特点.

3. 设计一数值实验,验证题目的结论

实验题目

设 $f(x) = e^x, x_0 = 0, x_1 = 0.1, x_2 = 0.2$. 用数值微分出 $f''(0)$,并把真正的误差和估计的误差界进行比较.

数值实验八

1. 常微分方程性态和 R-K 法稳定性

实验题目

常微分方程初值问题

$$\begin{cases} \dfrac{dy}{dx} = \alpha y - \alpha x + 1, & 0 < x < 1 \\ y(0) = 1 \end{cases}$$

其中 $-50 \leqslant \alpha \leqslant 50$.

要求:(1)对参数 α 取不同的值,取步长 $h = 0.01$,用 4 阶经典 R-K 法计算,将计算结果画图比较,并分析相应的初值问题的性态.

(2)取参数 α 为一个绝对值不大的负值和两个不同的步长,一个步长使参数 α, h 在经典 R-K 法的稳定域内,另一步长在经典 R-K 法的稳定域外,分别用 R-K 法计算并比较计算结果,取全域等距的 10 个点上的计算值.

2. 解初值问题各种方法比较

实验题目

给定的初值问题

$$\begin{cases} \dfrac{\mathrm{d}y}{\mathrm{d}x} = \dfrac{2}{x}y + x^2\mathrm{e}^x, & 1 < x \leqslant 2 \\ y(1) = 0 \end{cases}$$

其精确解为 $y = x^2(\mathrm{e}^x - \mathrm{e})$,按

(1) 欧拉法,步长 $h = 0.025, h = 0.1$;

(2) 改进的欧拉法,步长 $h = 0.05, h = 0.01$;

(3) 四阶标准龙格 - 库塔法,步长 $h = 0.1$;

求在节点 $x_k = 1 + 0.1k (k = 1, 2, \cdots, 10)$ 处的数值解及误差比较各方法的优缺点.

3. 认识刚性微分方程

实验题目

$$\begin{cases} \dfrac{\mathrm{d}y}{\mathrm{d}t} = -2000u + 999.75v + 1000.25 \\ \dfrac{\mathrm{d}v}{\mathrm{d}t} = u - v \\ u(0) = 0, \quad v(0) = -2 \end{cases}$$

任选一显式方法,取不同步长求解.

答 案

习 题 1

1. 816.96, 6.0000, 17.323, 1.2357, 93.182, 0.015236
2. 5位, 3位, 6位, 4位
3. 2位
4. 3位, 3位
5. 0.5×10^{-4}, 0.8×10^{-2}
6. 0.020685
7. $100 \pm \dfrac{1}{200}$
8. 允许的相对误差限为 $\dfrac{1}{300}$
9. $n\alpha\%$
11. $x_1 = 55.98$, $x_2 = \dfrac{1}{x_1} = 0.01786$
12. $\arctan \dfrac{1}{1+n(n+1)}$
13. $\dfrac{1}{(3+2\sqrt{2})^3}$
14. (1) $\ln \dfrac{x_1}{x_2}, x_1 \approx x_2$; (2) $\dfrac{3x-x^2}{1-x^2}, |x| \leqslant 1$;
    (3) $\dfrac{2}{x\left(\sqrt{x+\dfrac{1}{x}}+\sqrt{x-\dfrac{1}{x}}\right)}, x \gg 1$; (4) $\dfrac{x}{1+\cos x}, x \neq 0, |x| < 1$;
    (5) $\dfrac{1}{3}x, x \neq 0, |x| \ll 1$

习 题 2

1. 1.6180
2. 0.90546
3. 二分 14 次
4. (1) 发散;(2) 收敛;(3) 收敛, 1.32472
6. $-\dfrac{2}{f'(a)} < c < 0$
7. 1.3248
9. 10.72381
10. 1.32473
11. $x_{n+1} = \dfrac{1}{2}\left(x_n + \dfrac{1}{ax_n}\right)$, $n = 0, 1, 2, \cdots$

12. 1.87934

13. 1.142

习 题 3

1. $(1) x = (2, -2, 1)^T; (2) x = (75, -46, -3)^T; (3) x = (0.934, 1.541, 1.208)^T$

2. 用列主元素消元法. $(1) x = (1.857, 1, 0.714)^T; (2) x = (1, 2, 3.001)^T;$
   $(3) x = (1.998, 0.999, 0.501)^T$

3. 用全主元素消元法, $(1) x = (1.857, 1, 0.714)^T; (2) x = (1, 2, 3)^T;$
   $(3) x = (1.9993, 0.9995, 0.5004)^T$

4. $(1)(1, 2, 1)^T; (2)(75, -46, -3)^T$

5. $(1) L = \begin{bmatrix} 1 & & \\ -1.5 & 1 & \\ 0.5 & 1.75 & 1 \end{bmatrix}, U = \begin{bmatrix} 2 & 0 & 1 \\ & 4 & -0.5 \\ & & -4.625 \end{bmatrix};$

   $(2) L = \begin{bmatrix} 1 & & & \\ -1 & 1 & & \\ 2 & 1 & 1 & \\ 0 & 2 & 1 & 1 \end{bmatrix}, U = \begin{bmatrix} 2 & -1 & 0 & 0 \\ & 4 & 1 & 0 \\ & & 3 & -1 \\ & & & 11 \end{bmatrix}$

6. $(1) x = (1.865, 0.784, 0.270)^T; (2) x = (-0.261, 1.491, -0.365)^T$

7. (1) 不能分解为三角阵的乘积,但换行后可以;
   (2) 可以,但不唯一;
   (3) 可以且唯一.

9. $x = (2, 1, -1)^T$

10. $(1) x = (-2.76, 3.20, 0.761)^T; (2) x = (0.834, 0.667, 0.501, 0.334, 0.167)^T$

14. $(1) \|A\|_\infty = 1.1, \|A\|_1 = 0.8, \|A\|_1 = 0.8, \|A\|_2 = 0.825, \|A\|_F = 0.8426$
    $(2) \|A\|_\infty = 3, \|A\|_1 = 3, \|A\|_2 = 8.674, \|A\|_F = 4.472$

15. $(1) x = (2.425, 3.573, 1.926)^T; (2) x = (1.809, 1.032, 3.251)^T$

18. (1) 0.5; (2) 两种方法均收敛

习 题 4

1. $(1) \lambda_1 = 11, v_1 = (0.5, 1, 0.75)^T;\quad (2) \lambda = 1, v_1 = (8.156, 19.57, 43.88)^T;$
   $(3) \lambda = 6.9992, v_1 = (0.2999, 0.0666, 1)^T$

3. $(1, -0.7302, 0.2679)$

4. $(1) \lambda_1 = 4.4610, \lambda_2 = 2.2392, \lambda_3 = 0.3005, v_1 = (0.9019, 0.4151, 0.1203)^T,$
   $v_2 = (-0.4029, 0.7069, 0.5815)^T, v_3 = (0.1563, -0.5729, 0.8046)^T;$
   $(2) \lambda_1 = 2.5365, \lambda_2 = -0.0166, \lambda_3 = 1.4802, v_1 = (0.5316, 0.4613, 0.7103)^T,$
   $v_2 = (-0.7211, 0.6865, 0.0939)^T, v_3 = (-0.4443, -0.5621, 0.6976)^T$

5. $(1) \lambda^3 - 4\lambda^2 + 13\lambda - 10 = 0;\quad (2) \lambda^3 - 9\lambda^2 + 26\lambda - 24 = 0$

(3) $\lambda^3 - 6\lambda^2 + 11\lambda - 6 = 0$;　　(4) $\lambda^3 - \lambda^2 + 1 = 0$

6. (1) $\lambda_1 = 4.7321$; (2) $\lambda_2 = 3.0000, \lambda_3 = 1.2680$

习　题　5

1. $P_2(x) = \frac{1}{2}(x^2 + x + 2)$

2. $P_1(x) = 1 + (e^{-1} - 1)x$; $e^{-0.5} \approx 0.31608$, $|R_1(x)| \leqslant \frac{1}{8}$, $\forall x \in [0,1]$

3. $\sqrt{115} \approx P_2(115) = 10.7227$, $|R_2(115)| \leqslant 0.163 \times 10^{-2}$

4. $0.54667, 0.000470; 0.54714, 0.000029$

5. $f(1.682) \approx 2.596120, f(1.813) \approx 2.983322$

6. $P_3(x) = x^4 - (x+1)x(x-1)(x-2) = 2x^3 + x^2 - 2x$

10. $3, 0$

11. $f(0.45) \approx N_1(0.45) = 0.4444, f(0.45) \approx N_2(0.45) = 0.4449$

12. $H_3(x) = 4x^3 - 3x$

13. $P(x) = \frac{1}{4}x^2(x-3)^2$

14. $h \leqslant 0.00038$

15. (1) $S(x) = \begin{cases} \frac{1}{15}x^2(32 - 17x) + x(x-1)^2, & x \in [0,1] \\ \frac{1}{15}x(x-2)^2(43x - 28) + \frac{1}{15}(x-1)^2(119 - 52x), & x \in [1,2] \\ \frac{1}{15}(x-3)^2(8x - 1) + 2(x-3)(x-2)^2, & x \in [2,3] \end{cases}$

(2) $S(x) = \begin{cases} -\frac{1}{6}(x-1)^2 - \frac{2}{9}x^3 + \frac{1}{6}(x-1) + \frac{11}{9}x, & x \in [0,1] \\ \frac{2}{9}(x-2)^3 - \frac{8}{15}(x-1)^3 - \frac{11}{9}(x-2) + \frac{23}{18}(x-1), & x \in [1,2] \\ \frac{8}{15}(x-3)^3 + \frac{1}{3}(x-2)^3 - \frac{23}{18}(x-3) - \frac{1}{3}(x-2), & x \in [2,3] \end{cases}$

16. $0.5885, 10^{-4}$

17. (1) 0.4830562; (2) 0.4955624

习　题　6

1. $y = 2.014 + 2.25x, y = 1.9983 + 2.25x + 0.0314x^2$

2. (1) $\begin{bmatrix} x_1 \\ x_2 \end{bmatrix} = \frac{1}{4}\begin{bmatrix} 21 \\ 1 \end{bmatrix}$; (2) $\begin{bmatrix} x_1 \\ x_2 \end{bmatrix} = \frac{1}{7}\begin{bmatrix} 12 \\ 10 \end{bmatrix}$

3. $y = 11.436 e^{0.2912x}$

4. $y = 0.050035 + 0.972555x^2$, $\|r\|_2 = 0.1226$

5. $y = \dfrac{x}{2.0158x + 1.0061}$

6. $y = 2.937 + 0.531\ln x$

7. $P_0(x) = 1, P_1(x) = x, P_2(x) = x^2 - \dfrac{5}{12}$

8. $y = 2.0132 + 2.2517x, y = 2.0132 + 2.2517x + 0.0315x^2$

9. $x_1 = 15\dfrac{4}{15}$ 米, $x_2 = 5\dfrac{13}{15}$ 米

10. $S_1(x) = \dfrac{2}{3}x + \dfrac{17}{48}$

11. $S_2(x) = 1.103 + 0.851x + 0.839x^2$

12. $a = -\dfrac{8}{\pi^2}(3-\pi), b = \dfrac{24}{\pi^3}(4-\pi)$

习 题 7

2. (1) $A_0 = A_1 = \dfrac{1}{3}h, A_1 = \dfrac{4}{3}h$,代数值精确度为3;

   (2) $x_1 = -0.28990, x_2 = -0.62660$;或 $x_1 = 0.68990, x_2 = -0.12660$. 代数精确度为2

3. (1) $T_8 = 0.11140, S_4 = 0.11157$;(2) $T_4 = 17.22774, S_2 = 17.32222$;

   (3) $T_6 = 1.03562, S_3 = 1.03577$

4. $0.99423, 262$ 等份

5. $n \geqslant \sqrt[4]{\dfrac{(b-a)^5 M}{2880\varepsilon}}, M = \max\limits_{a \leqslant x \leqslant b}\left|f^{(4)}(x)\right|$

6. (1) 0.713272;(2) 0.713272

7. (1) 1.099768;(2) 1.09862;(3) 1.098612

8. (1) $1.09840, 1.09862$;(2) 1.09854

9. $-0.247, -0.217, -0.198$

习 题 8

2.

x_n	y_n		
	欧拉法	预估-校正法	准确解
0	1	1	
0.1	1.1	1.11	1.11
0.2	1.22	1.24205	1.24381
0.3	1.362	1.39847	1.39971
0.4	1.5282	1.58181	1.58365
0.5	1.72102	1.79490	1.79744
0.6	1.94312	2.04086	2.04424
0.7	2.19743	2.32315	2.32751
0.8	2.48718	2.64558	2.65108
0.9	2.81589	3.01237	3.01921
1.0	3.18748	3.42817	3.43656

3. $y_5 = 0.145, y(0.5) = 0.143$
4. $0.500, 1.142, 2.501, 7.245$
5.

x_n	y_n	x_n	y_n
0	1	0.6	2.0442129
0.2	1.2428	0.8	2.651074
0.4	1.583635	1.0	3.4365023

6.

x_n	y_n
-0.9	0.0901
-0.8	0.1608
-0.7	0.2136

7.

x_n	y_n	
	亚当斯显示法	预估－校正法
-0.6	0.2506	0.2505
-0.5	0.2741	0.2739
-0.4	0.2866	0.2863

8. $a = 1, b = \dfrac{1}{3}, c = \dfrac{4}{3}, d = \dfrac{1}{3}$

习 题 9

1. $u_0^1 = 0, u_1^1 = 0.586667, u_2^1 = 0.906667, u_3^1 = 0.906667, u_4^1 = 0.586667, u_5^1 = 0;$
   $u_0^2 = 0, u_1^2 = 0.542222, u_2^2 = 0.853333, u_3^2 = 0.853333, u_4^2 = 0.542222, u_5^2 = 0$
2. $u_0^1 = 0, u_1^1 = 0.6200, u_2^1 = 0.9992, u_3^1 = 0.9992, u_4^1 = 0.6200, u_5^1 = 0;$
   $u_0^2 = 0, u_1^2 = 0.4112, u_2^2 = 0.6680, u_3^2 = 0.6680, u_4^2 = 0.4112, u_5^2 = 0$
3. $u1 = u3 = \dfrac{7}{32}, u2 = u4 = \dfrac{4}{23}$